隧道标准规范
【盾构篇】及解说

（2006年制定）

［日］土木学会　主编

朱　伟　译
钟小春　陈　剑　校

中国建筑工业出版社

著作权合同登记图字：01—2008—3749 号

图书在版编目 (CIP) 数据

隧道标准规范【盾构篇】及解说（2006 年制定）/（日）土木学会主编；朱伟译．—北京：中国建筑工业出版社，2011.1
ISBN 978-7-112-12824-2

Ⅰ.①隧… Ⅱ.①土… ②朱… Ⅲ.①盾构（隧道）-标准-解释-日本
Ⅳ.①U455.43-65

中国版本图书馆 CIP 数据核字（2010）第 264903 号

"原著：日本土木学会出版「2006 年制定トンネル標準示方書シールド工法・同解説（初版出版：2006 年 7 月）」"

本书由日本国社团法人土木学会授权翻译出版

  由日本土木学会主编的《隧道标准规范（盾构篇）及解说》是日本在各种工程中使用盾构施工技术经验的高度总结，也是日本各种盾构施工工程应遵循的基本标准。由于盾构隧道施工技术的发展非常迅速，新技术、新施工法的开发等技术革新活动也成绩显著，使得盾构隧道的设计更加合理、安全。本次翻译的是 2006 年修订后的版本，也是目前的最新版本。全书分总论、衬砌、盾构、施工及施工设备、极限状态设计法 5 篇，后附特殊盾构资料。

  本书可供土木工程、地铁工程、地下工程技术人员及相关工作人员参考。

* * *

责任编辑：王 跃 刘文昕
责任设计：张 虹
责任校对：陈晶晶 王 颖

隧道标准规范【盾构篇】及解说
（2006 年制定）
[日] 土木学会 主编
朱 伟 译
钟小春 陈 剑 校
*
中国建筑工业出版社出版、发行（北京西郊百万庄）
各地新华书店、建筑书店经销
北京红光制版公司制版
北京市书林印刷有限公司印刷
*
开本：787×1092 毫米 1/16 印张：21¼ 字数：510 千字
2011 年 8 月第一版 2011 年 8 月第一次印刷
定价：**65.00 元**
ISBN 978-7-112-12824-2
（20080）

版权所有 翻印必究
如有印装质量问题，可寄本社退换
（邮政编码 100037）

再次翻译序言

从第一次翻译由日本土木学会主编的《隧道标准规范（盾构篇）及解说》到现在一晃已经过了将近十年。我国盾构隧道技术已经从开始使用进入大规模使用阶段。上一稿翻译时译者就曾预言："我国近几年在各主要城市开始大规模的地下铁路工程建设，盾构技术除在上海有较为成熟的使用以外，在北京、广州、南京、深圳等地都开始了广泛的使用。在全国其他几个主要城市也正在筹划地下铁路的建设工作，届时盾构隧道施工法也会得到相当广泛的使用。"回首我国这几年地铁工程建设，发现翻译者的预言正在逐步成为现实，当时正在筹划阶段的杭州、沈阳、成都、武汉等大城市都已经开始了大规模的地铁建设工作，南水北调中线穿黄隧道盾构工程也已开始动土施工。盾构技术由于其对地层扰动小、对城市机能影响小、适合于在城市地下穿行等独到的优点，已经成为了城市地铁开挖、建设的主流技术。

随着我国城市公交优先发展战略的实施，可以预见新一轮的地铁大规模建设高潮即将来临。到目前为止，北京市已经规划了13条地铁线路，上海市和广州市也规划了13条地铁线路，深圳市规划了8条地铁线路，南京规划了8条地铁线路，武汉规划了6条地铁线路，成都规划了5条地铁线路，沈阳规划了5条地铁线路。未来十年将是我国大规模使用盾构隧道施工技术进行地铁建设期，地铁工程如火如荼大规模建设与我国缺乏全国性的盾构技术标准形成鲜明对比，日本的施工技术和经验仍然将会给我们提供重要的参考。

日本土木学会主编的《隧道标准规范（盾构篇）及解说》是日本在各种工程中使用盾构施工技术经验的高度总结，也是日本各种盾构施工工程应遵循的基本标准。上次翻译的版本已是日本十年前的技术水准，经过十年发展，敞开式盾构和气压施工法的使用数量锐减，而闭胸式盾构则获得了普遍使用。另外，新技术、新施工法的开发等技术革新活动也成绩显著，例如在地面结构中广泛使用的极限状态设计法也首次引入隧道衬砌设计，使得盾构隧道的设计将更加合理、安全。为此翻译者深感有必要将日本的最新技术成果引进到国内来，有助于进一步促进盾构技术在我国的普及。

在此书的翻译过程中得到了中国建筑工业出版社领导的指导和大力支持，为本书的出版也提供了重要的帮助。正是由于这些专家的热心操办才使《隧道标准规范（盾构篇）及解说》中文版能够尽早面世。另外，在翻译本书的图表制作方面，河海大学岩土工程研究所在校博士、硕士研究生韩月旺、寇晓强、刘洪忠、韩晓瑞、冯亮付出了辛勤的劳动。在此对以上诸位表示真诚的感谢。

译者

2010年10月

翻译序言

日本是盾构隧道技术得到广泛使用的国家之一。由于其国土面积非常狭小，城市建筑物高度集中，不得不在地下进行大规模的立体交叉施工。这些外在的施工条件决定了盾构隧道施工法在地下工程中的地位。目前，除地下铁路、地下公路以外，城市的上下水隧道、煤气输送隧道、通信设施隧道以及共同沟的建设都大量采用盾构隧道施工法。另外在水利工程中，一些大型的地下河、取水隧道通常也采用盾构法进行施工。根据日本隧道协会的统计，日本已施工的盾构隧道占世界总施工长度的90%，开挖体积占世界总开挖体积的80%，每年由盾构施工的隧道长度达到300km左右。因为大量的施工经验使得日本在盾构机械制造、施工技术、设计理论方面日趋成熟，并具有独到之处。

由日本土木学会主编的《隧道标准规范（盾构篇）及解说》是日本在各种工程中使用盾构施工技术经验的高度总结，也是日本各种盾构施工工程应遵循的基本标准。由于盾构隧道施工技术的发展非常迅速，此规范已经过4次修订，不断总结一些新的施工方法和经验。本次翻译的是1996年修订后的版本，也是目前的最新版本。此版本的特点是以先进的闭胸式盾构为主要内容，丰富了最新的盾构隧道施工经验。

我国近几年在各城市开始大规模的地下铁路工程建设，盾构技术除在上海有较为成熟的使用以外，在北京、广州、南京、深圳等地都开始了广泛的使用。在全国其他几个主要城市也正在筹划地下铁路的建设工作，届时盾构隧道施工法也会得到相当广泛的使用。另外，举世瞩目的南水北调工程中，穿黄隧道的施工也预定使用盾构施工法。由此可见，未来10年我国将开始广泛使用盾构隧道施工法，而日本的施工技术和经验将会给我们提供重要的参考。

当初，翻译《隧道标准规范（盾构篇）及解说》主要是为了辅助深圳地铁盾构施工的监理工作。此后，通过介绍本书的内容，引起了各个方面的广泛兴趣，最后决定由中国国际工程咨询公司深圳地铁监理部、河海大学岩土工程研究所和深圳市渤鹏工程咨询有限公司三方合作将此规范正式翻译。通过中国建筑工业出版社与日本土木学会交涉版权转让等事宜，最后得以正式出版。

全书由朱伟翻译，在翻译过程中得到了中国国际工程咨询公司深圳地铁监理部翁守根总监的指导和大力支持，监理部办公室李莹主任也提供了重要的帮助。深圳市渤鹏工程咨询有限公司端木瑾总经理始终关怀了翻译和出版的各种工作。正是由于这些专家的热心帮助才使《隧道标准规范（盾构篇）及解说》中文版能够尽早面世。另外，在翻译本的图表制作方面，河海大学岩土工程研究所在校硕士研究生谈小龙、胡如军、张春雷、魏康林付出了辛勤的劳动。在此对以上诸位表示真诚的感谢。

中国国际工程咨询公司深圳地铁监理部
河海大学岩土工程研究所
深圳市渤鹏工程咨询有限公司
2001年8月

修订序言

《隧道标准规范》1969 年以《盾构施工法指南》为题出版，1977 年以《隧道标准规范（盾构篇）及解说》为题作了修订并出版。此后，经过 1986 年的修订，1996 年以《隧道标准规范（盾构篇）及解说》正式出版，现在已被广泛使用。

1996 年版本发表以来，经过 10 年，在盾构施工法的技术方面，敞开式盾构和气压施工法的使用数量锐减，而闭胸式盾构则获得了普遍使用。另外，新技术、新施工法的开发等技术革新活动也成绩显著，需要将这些技术和知识吸收到标准规范中来，考虑降低成本和保护环境、施工条件复杂化等，还必须充实标准规范。

面对此种情况，土木学会于 1999 年在隧道工学委员会设立规范修订委员会，下设山岭、盾构、开挖 3 分会，向学者、有关机构等就修订工作进行了意见征询和调查，确定了修订方向。根据其结果，自 2002 年起，规范修订委员会盾构隧道小委员会和在其下设置的 5 个分科会以及近百名的有关人员参与下，开始了修订工作。其后 3 年间，进行了慎重的审议，现在终于有幸将《隧道标准规范（盾构篇）及解说》出版。

在此次修订之际，在隧道以外的种种结构物以设计合理化为目的引进了极限状态设计法的背景影响下，还吸收了隧道程序库第 11 号的《极限状态设计法在隧道上的应用》的研究成果，还新设了《极限状态设计法》，尽管该法的实际业绩不多。

另外，在研究衬砌结构时，在充实和追加了有关施工时荷载的影响和新形式的二次衬砌的叙述，同时关于特殊盾构，新设了章节，对内容作了说明；对于近年来重要性不断增加的大覆土施工、长距离施工、高速施工、地下连接、地下加宽开挖、邻近施工等作了详述。

而且在上述意见征询调查中，有许多人要求在标准规范中也要加入维护管理的内容，因此在技术小委员会中，下设维护管理部，负责收集汇总有关山岭、盾构、开挖三种施工法的当前的维护管理技术，并以隧道程序库第 14 号，公布了其成果。同时在规范中新设了有关维护管理的条目，说明其必要性。

如上所述，值此《隧道标准规范（盾构篇）及解说》（2006 年制定）出版之际，对 1996 年版本的内容作了进一步充实，首次发行了各种隧道程序库，并与上述内容相关地、努力详细阐述了最近的隧道技术。

经过此次修订的标准规范，但愿能在从事盾构隧道计划、勘查、设计、施工的技术人员的案头，得到充分利用，有助于隧道技术的普及和更进一步的发展，并对此次修订期间给予鼎力相助的各位委员致以崇高的谢意。

土木学会隧道工学委员会
委员长　矢萩秀一
2006 年 7 月

《隧道标准规范（盾构篇）及解说》
（2006 年制定）
修订的宗旨和概要

此次《隧道标准规范（盾构篇）及解说》（2006年制定）修订的宗旨如下。

近年来，在隧道以外的种种结构物上，引进了可谋求设计合理化的、可将使用材料、作用于结构物的荷载、所采用的结构计算法等的偏差和变动以及不可靠性分别作为各自的安全系数加以设定的极限状态设计法。此次修订，在这样的背景下，另外又吸收了隧道程序库第11号的（极限状态设计法在隧道上的应用）的研究成果，新增添了（极限状态设计法）篇。

还有，减少了近年来使用非常少的敞开式盾构和压气施工法的篇幅，代之以闭胸式盾构为主体的内容。随着近年来盾构技术的多样化，特殊截面盾构和分叉盾构等的业绩不断增加，关于这些特殊盾构，专门新设章节加以说明。在各说明中还反映了修订之前所进行的征询意见调查的结果，同时对于众望所求的维护管理和耐久性也设专门条目进行了说明。

各篇主要的修订内容简述如下
1) 第1篇 总论
①停止使用"责任技术员"这一暧昧不清的表达术语，改用"具备明确判断能力的技术员"这一表达形式。并规定不得将两者一起混用。
②在衬砌设计中，原则上规定采用"容许应力设计法"这一术语，但又新增了"极限状态设计法"的术语。并规定两者不得混用。
③关于盾构形式的选用，作了如下变更：重新审视盾构形式和土质的关系，除了大多采用的泥浆式盾构和土压式盾构外，只有在限定的地基条件下可另行选定。
④根据最近的动向，新增了隧道施工法的选型和研究程序、隧道计划、维护管理计划等条目，另外，对于不进行二次衬砌时的处理方法作了说明。

2) 第2篇 衬砌
①选定衬砌结构时，要明确一次衬砌和二次衬砌的功能；关于选定衬砌结构时的注意事项，对于大覆土时和受到内水压时等具体事例分别作了叙述。
②关于荷载，传统的分类表述为主荷载、附加荷载、特殊荷载，现变更为按隧道所处的状况选定应考虑的荷载。另外，根据试算结果，侧向土压系数作了部分变更。
③关于容许应力，考虑到有中心柱的双圆形隧道和矩形隧道，新追加了球墨铸铁的压屈容许应力强度。另外，为了与极限状态设计法篇整合，还一并追加了与球墨铸铁管片的局部压屈相对应的容许应力强度。
④在管片的结构计算中，考虑到要研究地震的影响、急曲线施工的影响、并行设置隧道的影响、邻近施工的影响等，将结构计算的方法按隧道横向和隧道纵向分开叙述，同时还对它们的结构模型进行了叙述。
⑤管片的耐久性，考虑到隧道的维护管理，新设专门章节，对管片的耐久性，作了叙述。

3) 第3篇　盾构

①以采用实例占压倒性多数的闭胸式盾构为主体作了叙述。

②追加了有关近年来采用实例较多的地下接合、分岔等特殊盾构的条文。另外，随着高水压下和长距离施工的增多，增加了对盾尾密封和刀头的说明。

③采用较少的敞开式盾构视作特殊盾构的一种。

4) 第4篇　施工及施工设备

①对于近年来重要性不断增加的大覆土、长距离、急曲线施工、地下接合、地下加宽开挖、地下障碍物应对措施、邻近施工等等（各种条件下的施工），设专门章节叙述，并突出与一般施工不同的注意事项等。另外，还新添了有关施工事例增多的高速施工、地下分岔、截面变化的条文。

②由于闭胸式盾构达到全盛时期，辅助施工法的重要性减少，将各种施工法汇集在一条里，缩小了叙述的篇幅。

③关于土压式盾构和泥浆式盾构，新追加了开挖面稳定所需要的管理流程，说明内容更充实。

④关于劳动安全卫生、事故防止、隧道内环境改善和环保等，根据近年来的形势，扩充了内容。尤其关于发生土的处理、有效利用，整理了最近的动向。

5) 第5篇　极限状态设计法

①给出了按极限状态设计法进行盾构隧道衬砌设计时的基本要求。

②与混凝土标准规范一样，关于安全性、适用性和耐久性，基本上要进行确认，至于具体的核查方法，决定遵照混凝土标准的规定。

③核查使用的安全系数，对于核查的极限状态和材料、荷载等给出了具体的数据。

④抗震设计依据土木学会的建议，规定要考虑1级地震和2级地震的两阶段地震，根据地震等级等核查抗震性能。

《1969年制定盾构施工法指南(序)》

众所周知，作为城市再开发的有力手段，需在城市市区内进行地铁，上下水管道，电力，通信，输气，共同沟以及地下道路等隧道工程的施工，这种必要性正在不断地增加。

最近，城市内的施工条件发生了急剧的变化。为了保证城市的路面交通，避免振动、噪声等公害的发生，克服与地下已有构筑物的相互交叉以及近接施工的困难，不得不取代明挖施工方法，从而促进了盾构技术的开发。

盾构施工法原来是为了在海底或河底等非常恶劣地质条件下进行隧道施工而开发的一种高技术隧道施工方法。由于上述的理由，最近在城市市区内的隧道施工中得到了广泛的使用。由于在使用中又暴露出很多新的问题，因此，就迫切需要对其进行研究和总结。

土木学会隧道委员会自1964年3月制定了以山岭隧道为主要内容的隧道规范以来，1965年9月设立了盾构施工法小委员会，针对盾构施工法展开了调查研究。为了明确现在的盾构施工技术的实际情况和动向，于1966年出版了《我国盾构施工法的实例—第1集》。此后作为规范编制的初期工作开始了盾构施工法指南的编制工作。经过所设置的4个分科委员会各位委员的努力，这本盾构施工法指南终于面世了。众所周知，由于盾构施工技术正处在开发完善的过程之中，所以这次的指南与规范不同，对于盾构施工单位不具有约束作用，而只是局限于技术指导的范围，以便于这一施工技术的进一步发展。

幸运的是，以这本指南的出版为契机，隧道施工技术的研究变得更加活跃。全体委员一致希望在不远的将来这一指南会通过修订而制定为规范。

作为序言，我们希望与隧道工程有关的企业，施工单位能够理解这一指南的精神，安全、更加经济地进行工程的施工。

土木学会隧道工学委员会
委员长　藤井松太郎
1969年11月

《1977年版隧道标准规范(盾构篇)及解说》
制定的序

　　为了满足各方面的需要，土木学会于1969年制定了盾构施工法指南。这一指南幸运地得到了各方面的广泛使用，为盾构隧道技术的发展作出了贡献。到目前为止，指南制定以后又经过了7年的岁月流逝，这期间盾构技术得到了普及、进步和发展。为了弥补由此所产生的空白，尽快地进行修订是非常必要的。

　　土木学会在盾构施工法指南制定后不久，就与日本下水道协会合作于1973年制定、发行了《盾构工程用标准管片》。对于盾构施工法，各方面都表现出积极活跃的态度。为了进行这次修订工作，于1974年8月对盾构施工法小委员会进行了重组了并再次开始了工作。到目前为止，对盾构施工法的实例和现状进行了调查，并通过下设的4个小委员会，经过2年时间、数十次的慎重讨论、审议的结果最后得到了这次的《隧道标准规范（盾构篇）及解说》。

　　通过这次制定《隧道标准规范（盾构篇）及解说》，我们期望盾构施工法以及与其相关的隧道技术能够得到进一步的进步和发展，以达到更加安全、更加经济的进行隧道工程施工的目的。当然，为了达到这一目的，一方面要将规划阶段的调查结果很好地利用到隧道的设计施工中，另一方面，也要将隧道施工时得到的各种经验反映到以后的调查、设计工作中。

　　最后，向在这次《隧道标准规范（盾构篇）及解说》的制定工作中，付出了巨大努力的各位委员表示深深的敬意和谢意。

土木学会隧道工学委员会
委员长　比留间丰
1977年1月

《1986年版隧道标准规范(盾构篇)及解说》
修订的序

以1969年制定的盾构施工法指南为基础,土木学会于1977年制定了《隧道标准规范(盾构篇)及解说》。

迄今为止,该规范受到各方面的广泛使用,在促进盾构隧道技术的进步和发展方面作出了贡献。但制定后已过去了9年,在此期间,盾构施工法在新型盾构的开发及实用化以及与之相适应的系统化等方面都取得了长足进步。为了符合技术发展的需要,有必要对规范进行修订。

为进行本次的修订工作,土木学会于1983年6月重组了盾构隧道小委员会并再次开始了工作。在小委员会之下设置了四个分科会,在两年多时间,通过数十次慎重地讨论、审议,最终制定了本次修订的《隧道标准规范(盾构篇)及解说》。

希望通过本次对《隧道标准规范(盾构篇)及解说》的修订能够促使盾构施工法以及与此相关的隧道技术进一步的进步和发展,使隧道工程更加安全和经济。

鉴于盾构施工法仍处于迅速发展的阶段,这次1986年版规范需要进行修订的时期将会很快到来,故隧道工学委员会拟继续进行有关下次改订的调查、研究工作。

最后,向在修订《隧道标准规范(盾构篇)及解说》工作中始终努力作出贡献的各位委员表示深厚的谢意。

土木学会隧道工学委员会
委员长 山本稔
1986年6月

《1996年版隧道标准规范(盾构篇)及解说》
修　订　序

　　通过对原来的盾构施工法指南进行了两次修订，《隧道标准规范（盾构篇）及解说》于1986年正式出版，此后受到了广泛的使用。近几年，盾构技术又有了飞速的发展，闭胸式盾构受到了普遍的采用，施工的自动化、系统化程度也有了大大地提高。由于在施工条件艰苦、断面形状复杂的隧道工程中盾构施工法的使用不断增加，促进了技术改良以及特殊盾构的开发，使得盾构施工得到了非常显著的技术进步。由于盾构技术的这种飞速发展，使得以前所使用的隧道标准规范已经很难完全对应，就使得修改规范成为当务之急。

　　鉴于这一状况，土木学会考虑到《隧道标准规范及解说》的修订工作需要充分的时间，作为第一阶段，于1988年设立了隧道工学规范委员会。下设山岭，盾构，明挖三个分科委员会。首先通过实施问卷调查听取学术界，有关机构对规范修订的意见以及施工方法的实际情况，制定了规范修订的主要方针。在这一基础上，于1993年设立了规范修订委员会盾构小委员会，下设5个新的分科委员会，开始了具体的修订工作。在此后的3年多的时间里，经过数十次慎重的审议，最后完成了这本《隧道标准规范（盾构篇）及解说》。

　　这次修订和以往一样，对应盾构技术的新发展，主要目的是使盾构施工工程能够更加安全和经济。当然，也考虑了法律对单位使用的新要求、构件设计方法的发展等上次修订以来发生较大变化的内容。但是，由于新的技术仍然在日新月异的发展，如将规范固定于现在的技术水准上，对于新技术的开发定会产生一些弊害。因此对于新技术只作为技术资料进行了总结，以期待今后的技术开发和发展。

　　另外，在这次修订的最终阶段，发生了兵部县南部地震的大灾害，地下结构物发生了前所未有的破坏。隧道工学委员会立即向现场派遣了调查团，收集灾害现场的实际情况。根据这一调查结果，认为有必要对抗震设计的有关条文重新审订，并在现在所能明确的范围内对有些条文和解说进行了调整。但是，对于隧道的抗震设计，包括现在正在有关机构进行讨论的问题在内，都需要进一步的调查和研究。作为隧道工学委员会，也准备继续进行这一方面的调查研究工作。

　　经过这样一个过程，修订版的规范问世了。我们希望这一规范能在安全、经济地进行盾构隧道工程建设时得到广泛使用，并期望对于今后的技术改良和技术革新能够有所帮助。

　　最后，让我们深切地感谢为《隧道标准规范（盾构篇）及解说》修订付出巨大努力的各位委员。

土木学会隧道工学委员会
委员长　猪濑二郎
1996年5月

关于《隧道标准规范(盾构篇)及解说》
(2006年制定)的适用范围

  盾构施工法是作为城市隧道工程的有效施工法而加以定位的，其适用范围已扩大到特殊截面形状和特殊条件下的施工，其结果，致使盾构施工法可以按地质条件和施工条件，采用多种多样的形式和施工方法。但是各种形式的盾构工程自然有许多共同事项，所以该规范以最近的各种工程事例为基础，整理了这些共同点，给出了利用安全、经济的盾构施工法可得到隧道法的标准。标准的对象拟为圆形、且为密封型的盾构，随着今后适用范围的扩大，关于其他的盾构施工法，也可充分考虑施工条件，加以援用。

  该规范是以盾构施工法施工的隧道工程为前提加以总结起来的，而隧道施工法，除了盾构施工法外，还有许多其他的施工方法，选择适当的隧道施工法对于安全、经济地建造隧道极为重要。选择隧道施工法时，需要充分比较各自的利害得失，进行研究，所以关于主要的隧道施工法的适用性，将其大致的比较情况归纳在第1篇总论第1章总则内。

  如前所述，该规范给出了选择盾构施工法时的一般原则，而不能包罗万象、涵盖一切。适用该规范时，必须好好理解该规范的精神，如需要，可在实验和其他研究的基础上进行适当的修正，灵活应用。尤其从此次开始，如条件具备，还将增设可开展更为合理设计的设计法（极限状态设计法）和增补容许应力强度设计法。为了与该极限状态设计法和维护管理技术协调发展，今后谋求在新的领域应用的可能性也极高，届时，以该规范为基础，进一步进行综合研究，以期适用。

  还有，该规范通常会作为条件由工程的业主出示给施工单位，用于明确双方各自的权利义务。但是该规范的各个条款并非全部区分上述两者，而是作为广义的工程当事者使用盾构施工法进行隧道工程施工时，给出了必须遵守的事项和应参考的事项。因此将该规范应用于承包工程时，应按需要，加上适当的条件加以应用。

土木学会隧道工学委员会成员

（2006 年）

顾　　问	足立　纪尚	伊藤友太郎	大门　信之	河田　博之	今田　　彻
	西冈　　隆	平出　　亨	松本　正敏	峯本　　守	三桥　晃司
委 员 长	矢萩　秀一				
副委员长	饭田　广臣	田村　　武			
专业委员会	赤木　宽一	朝仓　俊弘	金安　　进	串山宏太郎	小泉　　淳
	小长井一男	小山　幸则	坂元　义人	杉本　光隆	西村　和夫
	久武　胜保	三浦　　克	水谷　敏则		
领域委员	荒川　贤治	伊藤　范行	伊藤　　博	伊东　三夫	入江　键二
	大藏雄二郎	大塚　康范	北川　滋树	桐谷　祥治	久田　俊男
	小西　真治	小森　和男	齐藤　俊树	铃木　雅行	砂道　纪人
	竹内　友章	千叶　　隆	中村　兵次	西村　清亮	端　　则夫
	服部　修一	堀井　宣幸	真下　英人	松尾　胜弥	松本　公一
	宫口　尹秀	守屋　　洋	山口　　勉	山口　温朗	山田　隆昭
	山道　哲二	和气　辉幸	绵谷　茂则		

土木学会隧道工学委员会隧道标准规范修订小委员会　成员

（按日语发音顺序，[　]内为前任委员及当时任职单位）

委 员 长　串山宏太郎（东京下水道服务株式会社）
　　　　　[三浦　　克（日本道路集团）]
委　　员　伊藤　范行（鹿岛建设株式会社）　　　　田村　　武（京都大学）
　　　　　入江　键二（东京地下铁道株式会社）　　中村　隆良（大成建设株式会社）
　　　　　太田　裕之（应用地质株式会社）　　　　中村　兵次（太平洋咨询株式会社）
　　　　　大塚　正博（东京电力株式会社）　　　　西村　和夫（东京首都大学）
　　　　　桓尾　恒次（东京都交通局）　　　　　　真下　英人（土木研究所）
　　　　　小泉　　淳（早稻田大学）　　　　　　　松浦　将行（下水道新技术推进机构）
　　　　　小西　真治（铁道综合技术研究所）　　　吉川　大三
　　　　　白砂　　健（大林组株式会社）　　　　　（铁道建设・运输设施装配支援机构）
　　　　　[田中　一雄　　　　　　　　　　　　　[长岛　　康（大成建设株式会社）]
　　　　　（铁道建设・运输设施装配支援机构）]　[中田　雅博（日本道路集团）]

土木学会隧道工学委员会隧道标准规范修订小委员会
盾构隧道小委员会　成员

（按日语发音顺序，[　]内为前任委员及当时任职单位）

委 员 长　大塚　正博（东京电力株式会社）
副委员长　松浦　将行（下水道新技术推进机构）
委　　员　冈田　　仁（东电设计株式会社）　　　　田村　　武（京都大学）

　　　　桒尾　恒次（东京都交通局）　　　　西村　高明（东京地下铁道株式会社）
　　　　小泉　　淳（早稻田大学）　　　　　藤井　茂男（石川岛播磨重工业株式会社）
　　　　小山　幸则（地域地基环境研究所）　藤木　育雄（地铁开发株式会社）
　　　　后藤　　彻（清水建设株式会社）　　守山　　亨（佐藤工业株式会社）
　　　　小西　真治（铁道综合技术研究所）　渡边志津男（东京都下水道局）
　　　　坂根　良平（东京都下水道局）　　　串山宏太郎（东京都下水道服务株式会社）

总论分科会　委员

（按日语发音顺序，［　］内为前任委员及当时任职单位）

主　审　桒尾　恒次（东京都交通局）
副主审　渡边志津男（东京都下水道局）
委　员　五十岚宽昌（鹿岛建设株式会社）　　关　　伸司（清水建设株式会社）
　　　　荻原　　淳（基础网络株式会社）　　关口　易丈（东京都建设局）
　　　　鹿子木　清（东京电力株式会社）　　田屿　仁志（首都高速公路株式会社）
　　　　木村　　宏（铁道建设・运输设施装配支援机构）西田与志雄（大成建设株式会社）
　　　　佐藤　睦雄（国土交通省关东地区装备局）　　胁本　　景（横滨市环境创造局）
　　　　［笠井　靖浩（东京电力株式会社）］

衬砌分科会　委员

（按日语发音顺序，［　］内为前任委员及当时任职单位）

主　审　小泉　　淳（早稻田大学）
副主审　藤木　育雄（地铁开发株式会社）
委　员　石村　利明（土木研究所）　　　　　　田代　　升（株式会社东洋浅野）
　　　　入江　浩志（日本电信电话）　　　　　建山　和由（立命馆大学）
　　　　入田健一郎（清水建设株式会社）　　　田中　　弘（日本工营株式会社）
　　　　岩田　　宰（名古屋市交通局）　　　　土门　　刚（东京首都大学）
　　　　冈留　孝一（东京电力株式会社）　　　中川　雅由（鹿岛建设株式会社）
　　　　冈野　法之（铁道综合技术研究所）　　桥本　博英（石川岛建材工业株式会社）
　　　　荻野　竹敏（东京地下铁道株式会社）　早川　淳一（佐藤工业株式会社）
　　　　木村　定雄（金泽工业大学）　　　　　藤野　　丰（Geo-star株式会社）
　　　　小林　　亨（日本土木咨询株式会社）　水上　博之（太平洋咨询株式会社）
　　　　清水　幸范（太平洋咨询株式会社）　　向野　胜彦（久保田株式会社）
　　　　杉屿　敏夫（中央复建咨询株式会社）　森川　一弘（大阪市交通局）
　　　　杉本　克美（东京都下水道局）　　　　山森　规安（熊谷组株式会社）
　　　　［大藏雄二郎（名古屋市交通局）］　　［寺田　武彦（佐藤工业株式会社）］
　　　　［小松　秀一（日本电信电话株式会社）］［山崎　　刚（东京电力株式会社）］

盾构分科会　委员

（按日语发音顺序，［　］内为前任委员及当时任职单位）

主　审　西村　高明（东京地下铁道株式会社）

副主审	藤井　茂男（石川岛播磨重工业株式会社）	
委　员	石田　　修（大成建设株式会社）	开米　　淳（日立建机株式会社）
	伊藤　广幸（日本电信电话株式会社）	建山　和由（立命馆大学）
	岩井　义雄（户田建设株式会社）	小屿　一夫（横滨市交通局）
	岩切　满行（小松）	近藤　纪夫（大丰建设株式会社）
	场冶　幸男（东京电力株式会社）	杉本　雅彦（三菱重工业株式会社）
	大石　敬司（东京地下铁道株式会社）	田中　雄次（日立造船株式会社）
	小田　　诚（川屿重工业株式会社）	野田　贤治（前田建设工业株式会社）
	小山　　昭（铁道建设·运输设施装配支援机构）	
	[冈和田　刚（日立建机株式会社）]	[宗像　　保（川屿重工业株式会社）]
	[深泽　成年（铁道建设·运输设施装配支援机构）]	[南　　雅史（三菱重工业株式会社）]

施工分科会　委员
（按日语发音顺序，[　] 内为前任委员及当时任职单位）

主　审	坂根　良平（东京都下水道局）	
	[松浦　将行（东京都下水道局）]	
副主审	后藤　　彻（清水建设株式会社）	
委　员	荒井　久男（NTT 基础网络株式会社）	辻　　雅行（东京地下铁道株式会社）
	荒川　贤治（株式会社奥村组）	中谷　诚一（东京都水道局）
	矶　　阳夫（西松建设株式会社）	名仓　　浩（株式会社间组）
	伊藤　昌弘（东京都交通局）	平冈　清典（大阪市城市环境局）
	河越　　胜（熊谷组株式会社）	藤本　直昭（株式会社藤田）
	川田　成彦（首都高速公路株式会社）	水岛　实一（飞岛建设株式会社）
	神田　　大（铁道建设·运输设施装配支援机构）	守屋　洋一（株式会社大林组）
	杉山　仁实（日本工营株式会社）	守山　　亨（佐藤工业株式会社）
	玉手　　聪（劳动卫生安全综合研究所）	绵引　秀夫（东京电力株式会社）
	[鹿间　贞夫（东京都交通局）]	[中原　美教（东京都水道局）]
	[多泽　秀信（东京都水道局）]	[藤田　一昭（铁道建设·运输设施装配支援机构）]

极限状态设计法分科会　委员
（按日语发音顺序，[　] 内为前任委员及当时任职单位）

主　审	冈田　　仁（东电设计株式会社）	
副主审	小西　真治（铁道综合技术研究所）	
委　员	阿男　健一（东电设计株式会社）	津野　　究（铁道综合技术研究所）
	今野　　勉（株式会社久保田）	桥本　博英（石川岛建材工业株式会社）
	大塚　　努（东京地下铁道）	三户　实二（西松建设株式会社）
	小泉　　淳（早稻田大学）	三宅　正人（新日本制铁株式会社）
	齐藤　正幸（日本土木咨询株式会社）	横沟　文行（株式会社大林组）
	清水　　沟（东日本旅客铁道株式会社）	吉本　正浩（东京电力株式会社）

清水　幸范（太平洋咨询株式会社）
［河畑　充弘（帝都高速交通营团）］

编辑 WG　委员
（按日语发音顺序，［　］内为前任委员及当时任职单位）

WG 主　审　　大塚．正博（东京电力株式会社）
WG 副主审　　后藤　彻（清水建设株式会社）
委　　　员　　荒川　贤治（株式会社奥村组）　　　　清水　幸范（太平洋咨询株式会社）
　　　　　　　五十岚宽昌（鹿岛建设株式会社）　　　名仓　浩（株式会社间组）
　　　　　　　岩切　满行（小松）　　　　　　　　　西田与志雄（大成建设株式会社）
　　　　　　　场冶　幸男（东京电力株式会社）　　　早川　淳一（佐藤工业株式会社）
　　　　　　　大塚　努（东京地下铁道株式会社）　　守屋　洋一（株式会社大林组）
　　　　　　　木村　定雄（金泽工业大学）　　　　　吉本　正浩（东京电力株式会社）
　　　　　　　小西　真治（铁道综合技术研究所）
　　　　　　　［冈和田　刚（日立建机株式会社）］　　［关　深司（清水建设株式会社）］

目　　录

再次翻译序言
翻译序言
修订序言
《隧道标准规范（盾构篇）及解说》
（2006 年制定）修订的宗旨和概要
《1969 年制定盾构施工法指南（序）》
《1977 年版隧道标准规范（盾构篇）及解
　说》制定的序
《1986 年版隧道标准规范（盾构篇）及解
　说》修订的序
《1996 年版隧道标准规范（盾构篇）及解
　说》修订序
关于《隧道标准规范（盾构篇）及解说》
（2006 年制定）的适用范围
土木学会隧道工学委员会成员

第 1 篇　　总论 ………………………… 1

第 1 章　　总则 …………………………… 1
第 1 条　适用的范围 ………………… 1
第 2 条　术语定义 …………………… 2
第 3 条　有关法规 …………………… 2
第 4 条　隧道施工方法的选择和
　　　　　研究顺序 …………………… 5

第 2 章　　勘察 …………………………… 8
第 5 条　勘察的目的 ………………… 8
第 6 条　选址勘察 …………………… 8
第 7 条　障碍物勘察 ………………… 9
第 8 条　地形和地质勘察 …………… 10
第 9 条　环境保护勘察 ……………… 13

第 3 章　　计划 …………………………… 14
第 10 条　隧道计划 …………………… 14
第 11 条　隧道净空形状 ……………… 14
第 12 条　隧道的线路 ………………… 20
第 13 条　隧道的覆土厚度 …………… 22
第 14 条　盾构法的选型 ……………… 24
第 15 条　衬砌 ………………………… 28
第 16 条　工程计划 …………………… 29
第 17 条　环境保护措施 ……………… 31

第 18 条　维护管理计划 ……………… 32

第 2 篇　　衬砌 ………………………… 33

第 1 章　　总则 …………………………… 33
第 19 条　适用的范围 ………………… 33
第 20 条　术语 ………………………… 33
第 21 条　符号 ………………………… 37
第 22 条　衬砌结构的选择 …………… 39
第 23 条　设计的基础 ………………… 41
第 24 条　设计计算书 ………………… 43
第 25 条　设计图 ……………………… 43

第 2 章　　荷载 …………………………… 44
第 26 条　荷载种类 …………………… 44
第 27 条　垂直土压力和水平土压力 … 44
第 28 条　水压力 ……………………… 47
第 29 条　自重 ………………………… 48
第 30 条　上覆荷载的影响 …………… 48
第 31 条　地基抗力 …………………… 49
第 32 条　施工荷载 …………………… 50
第 33 条　地震的影响 ………………… 52
第 34 条　近接施工的影响 …………… 55
第 35 条　地基沉降的影响 …………… 56
第 36 条　平行设置隧道间的
　　　　　相互影响 …………………… 56
第 37 条　内部荷载 …………………… 58
第 38 条　其他的荷载 ………………… 59

第 3 章　　材料 …………………………… 60
第 39 条　材料 ………………………… 60
第 40 条　材料试验 …………………… 66
第 41 条　材料的弹性模量及泊松比 … 67

第 4 章　　容许应力 ……………………… 68
第 42 条　容许应力 …………………… 68
第 43 条　容许应力的提高 …………… 74

第 5 章　　管片的形状、尺寸 …………… 75
第 44 条　管片的形状、尺寸 ………… 75
第 45 条　接头角度和插入角度 ……… 76
第 46 条　楔形管片环 ………………… 77

第 6 章　　管片结构计算 ………………… 79
第 47 条　结构计算的基本原则 ……… 79

第 48 条　管片的截面内力计算 …………… 80	第 83 条　盾构重量 ……………………… 129
第 49 条　纵断面方向的结构计算 …………… 87	第 3 章　盾构主体 …………………… 130
第 50 条　面板和背板的有效宽度 …………… 90	第 84 条　盾构构成 ……………………… 130
第 51 条　主截面的应力 …………………… 91	第 85 条　盾构外径 ……………………… 130
第 52 条　接头的计算 ……………………… 92	第 86 条　盾构长度 ……………………… 132
第 53 条　面板和背板计算 ………………… 93	第 87 条　切口环 ………………………… 133
第 54 条　纵肋的计算 ……………………… 95	第 88 条　支承环 ………………………… 133
第 7 章　管片的设计细节 …………… 98	第 89 条　盾尾 …………………………… 134
第 55 条　主截面和主梁结构 ……………… 98	第 90 条　盾尾止水带 …………………… 135
第 56 条　钢筋的一般规定 ………………… 99	第 4 章　开挖装置 …………………… 137
第 57 条　接头结构 ……………………… 101	第 91 条　开挖装置的选型 ……………… 137
第 58 条　螺栓配置 ……………………… 103	第 92 条　刀盘型式 ……………………… 137
第 59 条　纵肋结构 ……………………… 103	第 93 条　刀盘的支承方式 ……………… 138
第 60 条　注浆孔 ………………………… 104	第 94 条　刀盘装备扭矩 ………………… 139
第 61 条　起吊环 ………………………… 104	第 95 条　刀盘开口 ……………………… 140
第 62 条　其他设计细节 ………………… 105	第 96 条　刀头 …………………………… 140
第 8 章　管片的耐久性 ……………… 109	第 97 条　切削刀驱动装置 ……………… 142
第 63 条　耐久性的基本要求 …………… 109	第 98 条　超挖装置 ……………………… 143
第 64 条　止水性 ………………………… 110	第 5 章　推进机构 …………………… 145
第 65 条　对开裂的研究 ………………… 111	第 99 条　总推力 ………………………… 145
第 66 条　防蚀、防锈 …………………… 112	第 100 条　盾构千斤顶的选型
第 9 章　管片制造 …………………… 113	和配置 ……………………… 146
第 67 条　一般事项 ……………………… 113	第 101 条　盾构千斤顶行程 ……………… 147
第 68 条　制造要领书 …………………… 113	第 102 条　盾构千斤顶的工作速度 ……… 147
第 69 条　尺寸精度 ……………………… 114	第 6 章　管片组装机构 ……………… 148
第 70 条　检查 …………………………… 115	第 103 条　组装机选择 …………………… 148
第 71 条　标志 …………………………… 117	第 104 条　组装机能力 …………………… 149
第 10 章　管片的贮存及搬运 ………… 118	第 105 条　管片装配辅助装置 …………… 149
第 72 条　一般事项 ……………………… 118	第 7 章　液压、电气、控制 ………… 152
第 73 条　贮存 …………………………… 118	第 106 条　液压 …………………………… 152
第 74 条　搬运和运出 …………………… 118	第 107 条　电气设备 ……………………… 152
第 11 章　二次衬砌 …………………… 119	第 108 条　控制 …………………………… 152
第 75 条　一般事项 ……………………… 119	第 8 章　附属设备 …………………… 154
第 76 条　截面内力和应力 ……………… 121	第 109 条　姿势控制装置 ………………… 154
第 77 条　设计细节 ……………………… 122	第 110 条　中折装置 ……………………… 154
第 3 篇　盾构 ………………………… 124	第 111 条　姿势测量设备 ………………… 156
第 1 章　总则 ………………………… 124	第 112 条　壁后注浆设备 ………………… 156
第 78 条　适用范围 ……………………… 124	第 113 条　后方台车 ……………………… 156
第 79 条　术语 …………………………… 124	第 114 条　润滑设备 ……………………… 157
第 80 条　盾构计划 ……………………… 126	第 9 章　土压平衡式盾构 …………… 158
第 2 章　设计基本原则 ……………… 127	第 115 条　土压平衡式盾构的
第 81 条　荷载 …………………………… 127	系统设计 …………………… 158
第 82 条　结构设计 ……………………… 128	第 116 条　土压平衡式盾构的构成 …… 158
	第 117 条　开挖面稳定系统 …………… 159

第118条 添加剂注入装置 …………… 160
第119条 搅拌装置 ………………………… 160
第120条 排土装置 ………………………… 161
第10章 泥水加压式盾构 …………… 162
第121条 泥水加压式盾构的系统设计 …………………… 162
第122条 泥水加压式盾构的构成 …… 162
第123条 开挖面稳定系统 ……………… 163
第124条 送排泥装置 …………………… 164
第11章 特殊盾构 ……………………… 165
第125条 特殊盾构 ………………………… 165
第12章 盾构的制造、组装和检查
第126条 制造 ………………………………… 169
第127条 组装和运输 …………………… 169
第128条 检查 ………………………………… 170
第13章 盾构维护管理 ……………… 172
第129条 维护和检查 …………………… 172

第4篇 施工及施工设备 ………… 173
第1章 总则 ……………………………… 173
第130条 适用范围 ………………………… 173
第131条 施工计划 ………………………… 173
第2章 测量 ……………………………… 174
第132条 隧道外测量 …………………… 174
第133条 隧道内测量 …………………… 174
第134条 推进管理测量 ………………… 175
第3章 施工 ……………………………… 177
第135条 竖井 ………………………………… 177
第136条 出发与到达 …………………… 178
第137条 推进 ………………………………… 180
第138条 土压平衡式盾构的开挖、开挖面的稳定 …………… 182
第139条 泥水加压式盾构的开挖、开挖面的稳定 …………… 185
第140条 敞开式盾构的开挖、开挖面的稳定 ……………………… 188
第141条 一次衬砌 ………………………… 188
第142条 壁后注浆 ………………………… 189
第143条 防水，防腐蚀 ………………… 191
第144条 二次衬砌 ………………………… 193
第145条 辅助施工法 …………………… 194
第146条 地基变形及其防止 ………… 195

第4章 各种条件下的施工 ………… 198
第147条 小覆土施工 …………………… 198
第148条 大覆土施工 …………………… 198
第149条 急曲线施工 …………………… 200
第150条 急坡度施工 …………………… 201
第151条 长距离施工 …………………… 202
第152条 高速施工 ………………………… 204
第153条 切削刀头的交换 ……………… 205
第154条 地下接合和地下分岔 ……… 206
第155条 断面变化 ………………………… 207
第156条 地中扩挖 ………………………… 209
第157条 地中障碍物撤除 ……………… 210
第158条 邻近施工 ………………………… 211
第159条 平行盾构隧道的施工 ……… 215
第160条 穿越河流 ………………………… 216

第5章 施工设备 ……………………… 217
第161条 施工设备的一般原则 ……… 217
第162条 材料堆置场和仓库 ………… 220
第163条 渣土运输设备 ………………… 220
第164条 材料运输设备 ………………… 221
第165条 电力设备 ………………………… 222
第166条 照明设备 ………………………… 222
第167条 通信联络设备 ………………… 223
第168条 通风设备 ………………………… 223
第169条 安全通道、升降设备 ……… 223
第170条 给排水设备 …………………… 224
第171条 消防、防火设备 ……………… 225
第172条 可燃性气体、有害气体的处理设备 …………………… 225
第173条 盾构出发、到达、转向设备 ……………………………… 226
第174条 一次衬砌设备 ………………… 226
第175条 壁后注浆设备 ………………… 227
第176条 操作台车 ………………………… 228
第177条 二次衬砌设备 ………………… 228
第178条 压气设备 ………………………… 229
第179条 土压平衡式盾构施工法的控制设备 …………………… 230
第180条 泥土处理设备 ………………… 230
第181条 泥水加压式盾构施工法的控制设备 …………………… 231
第182条 液力输送设备和泥浆处理设备 …………………… 232
第183条 砾石处理设备 ………………… 234

第6章　施工管理 ………………… 236
　第184条　进度管理 ……………… 236
　第185条　质量管理 ……………… 237
　第186条　施工质量管理 ………… 238
第7章　安全卫生管理 …………… 240
　第187条　安全卫生管理原则 …… 240
　第188条　作业环境的保持维护 … 244
　第189条　压气管理 ……………… 246
　第190条　灾害防止 ……………… 247
　第191条　紧急时措施、救护措施 … 250
第8章　环境保护措施 …………… 251
　第192条　环境保护的一般规定 … 251
　第193条　噪声防止 ……………… 251
　第194条　振动防止 ……………… 252
　第195条　水质污染防止 ………… 253
　第196条　地下水措施 …………… 254
　第197条　缺氧症的防止 ………… 255
　第198条　工程发生土的有效利用 … 255
　第199条　工程发生土的适当处理、
　　　　　　处置 …………………… 256

第5篇　极限状态设计法 …… 258

第1章　总则 ……………………… 258
　第200条　适用范围 ……………… 258
　第201条　符号 …………………… 259
第2章　设计的基本要求 ………… 260
　第202条　一般事项 ……………… 260
　第203条　设计使用年限 ………… 261
　第204条　设计的前提 …………… 262
　第205条　极限值和响应值的计算 … 262
　第206条　安全系数 ……………… 263
　第207条　修正系数 ……………… 264
第3章　材料的设计值 …………… 265
　第208条　一般事项 ……………… 265
　第209条　强度 …………………… 265
　第210条　应力-应变曲线 ………… 271
　第211条　弹性模量 ……………… 272
　第212条　其他材料的设计值 …… 274
第4章　荷载 ……………………… 275
　第213条　一般事项 ……………… 275
　第214条　设计荷载的种类和组合 … 275
　第215条　荷载的特性值 ………… 276

第5章　安全系数 ………………… 277
　第216条　一般事项 ……………… 277
　第217条　材料系数 ……………… 277
　第218条　构件系数 ……………… 278
　第219条　荷载系数 ……………… 279
　第220条　结构分析系数 ………… 279
　第221条　结构系数 ……………… 280
第6章　结构分析 ………………… 281
　第222条　一般事项 ……………… 281
　第223条　结构分析使用的构件模型 … 281
第7章　终极极限状态的核查 …… 288
　第224条　一般事项 ……………… 288
　第225条　混凝土管片主截面的核查 … 288
　第226条　混凝土管片接头的核查 … 291
　第227条　钢制管片主截面的核查 … 291
　第228条　钢制管片接头的核查 … 293
　第229条　稳定性核查 …………… 294
第8章　使用极限状态的核查 …… 295
　第230条　一般事项 ……………… 295
　第231条　应力的计算 …………… 297
　第232条　应力的限制 …………… 298
　第233条　裂纹的研究 …………… 299
　第234条　管片环的变形研究 …… 301
　第235条　接头部分的变形研究 … 302
第9章　抗震设计 ………………… 303
　第236条　一般事项 ……………… 303
　第237条　安全系数 ……………… 304
　第238条　结构分析 ……………… 305
　第239条　安全性核查 …………… 306

资料篇 ………………………… 308

【特殊盾构】 ……………………… 308
　1. 特殊断面盾构 ………………… 308
　2. 地中接合盾构 ………………… 310
　3. 母子盾构 ……………………… 312
　4. 掘进组装同步盾构 …………… 312
　5. 直角连续掘进盾构 …………… 313
　6. 现场浇注衬砌盾构 …………… 314
　7. 局部扩径盾构 ………………… 315
　8. 分支盾构 ……………………… 315
　9. 敞开式盾构 …………………… 316

第1篇 总 论

第1章 总 则

第1条 适用的范围

本规范是关于盾构法的勘察、规划、设计、施工和施工管理的一般标准。

【解说】 本规范总结了传统的理论和经验，是适用于盾构施工方法的一般标准。规范中没有指明的技术细节可由技术负责人自行判断。技术负责人是指在盾构法隧道施工方面具有丰富的知识和经验，在勘察、规划、设计和施工的各阶段都具有准确判断能力的技术人员。

本规范是以圆形断面的隧道为前提编制的，对于圆形断面以外的隧道，应在研究其适用性的基础上，沿用该标准。

为了保证隧道投用后维护管理的准确顺利进行，应按照本规范的要点，认真做好建设期结构物、地基、周围环境等信息的记录。

本规范没有提及的事项，可参考下列规范。在使用这些规范的最新版本的同时，需要特别注意新添加和变更的内容。

(1) 盾构工程用标准管片（2001），日本土木学会、日本下水道协会。

(2) 隧道标准规范（山岭隧道篇）及解说（2006），日本土木学会。

(3) 隧道标准规范（明挖隧道篇）及解说（2006），日本土木学会。

(4) 混凝土标准技术规范（结构性能核查篇）（2002），日本土木学会。

(5) 混凝土标准技术规范（施工篇）（2002），日本土木学会。

(6) 混凝土标准技术规范（维护管理篇）（2001），日本土木学会。

(7) 混凝土标准技术规范（标准篇）（2005），日本土木学会。

(8) 混凝土标准技术规范（抗震性能核查篇）（2002），日本土木学会。

(9) 道路桥梁规范（Ⅰ～Ⅴ）及解说（2002），日本道路协会。

(10) 共同沟设计指南（1986），日本道路协会。

(11) 日本工业规格（JIS），日本工业标准调查会。

(12) 国铁结构物设计标准及解说，SI国际单位版（盾构隧道）（2002），铁道综合技术研究所。

本规范所阐述的技术理念，也可适用于《大深度地下公共设施的特别处置法》中定义的大深度隧道。但是，在适用本规范时，需要充分研究与上述特别处置法相关联的法律、规定、指南等的一致性。

基于当前已很少采用敞开式和压气式盾构施工法的现实，本次修订省略了关于这两个施工法的部分内容。上述施工法的详细内容，请参考1996年版本的《隧道标准规范（盾构篇）及解说》。

关于岩石掘进机（TBM）的技术内容，应参照《隧道标准规范（山岭隧道篇）及解说》(2006)。

第2条 术语定义

盾构——主要是指用来开挖土砂围岩的隧道机械,由切口环、支承环及盾尾三部分组成。也称为盾构机。

盾构法——用盾构一边防止土砂的坍塌,一边进行开挖、推进,并在盾尾进行衬砌作业从而修建隧道的方法。

盾构隧道——用盾构法修建的隧道。

竖井——为进行盾构隧道的施工,用来作为盾构运入、运出、转向、组装、解体、出渣,设备材料的运入及运出,施工人员的出入,供电、给水排水、通风等的作业坑道。根据其作用和目的可将竖井分为出发竖井、中间竖井、转向竖井及到达竖井。

隧道曲率半径——隧道中心线处的曲线半径。

隧道覆土厚度——从地表面到衬砌顶端的深度。

衬砌——承受盾构隧道周围的土压力、水压力,以确保隧道净空的结构物叫衬砌。衬砌分为一次衬砌和二次衬砌。一般来说,一次衬砌是将管片组装成环形而形成的结构物。也有代替管片而直接浇筑混凝土形成一次衬砌的方法(压注混凝土施工法)。二次衬砌是在一次衬砌内侧修筑,一般采用现浇混凝土施工。

管片——是指盾构法所使用的衬砌材料。一般是由钢筋混凝土或钢材制成。将分割为数个的管片组装成圆形、复圆形等环形结构就可形成衬砌。

壁后注浆——是指在盾构隧道的管片和围岩之间的空隙(盾尾空隙)内注入填充材料的施工过程。

第3条 有关法规

在进行盾构法施工之前,必须详细调查应该遵循的有关法律及规定,明确其内容、手续及相关措施。

【解说】 由于工程的实施受法律、规定的制约,因此必须事先对与工程有关的规定、各种手续、相应措施等进行详细的调查和研究,并向有关政府部门、管理机构申请取得施工的许可。另外,从申办各种手续到获得施工许可一般都需要一定的时间,对此问题也应充分考虑。而且,还要注意各种法律、规定会因地区不同而多少有些差异,同时也要充分注意新规定的发布或者更改的情况。

主要的有关法规列于解说表1.1中。

主要的有关法律、规定　　　　　　　解说表1.1

依据法律	主要的制约事项	发布年月日及法律编号
(有关城市规划) 城市规划法 关于地下公共利用的基本规划	城市规划区域,风景区,土地整理规划施工区域内的行为限制 地下空间利用方法的调整,大深度地下使用方法基准,城市再生资源利用的基本方针	68.6.15 法100 89.9.18 建设省

续表

依据法律	主要的制约事项	发布年月日及法律编号
关于道路地下空间利用计划		89.9.22 建设省
关于使用大深度地下公共设施的特别处置法（大深度地下空间使用法）		92.5.26 法 87
城市再生资源特别处置法		94.4.5 法 22
（有关环境保护）		
自然公园法	国立公园、国家级公园、都道府县立自然公园内的行为限制	57.6.1 法 161
城市公园法	城市公园内的行为限制	56.4.20 法 79
文物保护法	史迹，名胜，天然纪念物，文物埋藏地内的行为限制	50.5.30 法 214
环境基本法	关于环境保护基本政策法规	93.11.19 法 91
环境影响评价法	事业经营对环境影响的评估	00.5.19 法 73
大深度公共设施使用时的环境保护指南	大深度地下环境保护	04.2.3 国土交通省
噪声规制法	对于施工噪声的限制	68.6.10 法 98
振动规制法	对于施工振动的限制	76.6.10 法 64
水质污染防止法	对于向公共用水域排水的限制	70.12.25 法 138
关于废弃物处理及清扫的法律	对于废弃物处理的限制	70.12.25 法 137（91.10.5 法 95）
关于化学注浆的暂行指南		74.7 建设省
建设施工所引起的噪声振动对策指南		76.3 建设省
关于地下水水质污染的环境标准	地下水水质污染的环境标准	84.7.27 法 61
二噁英类特别处置法	二噁英类环境污染防治及其清除标准	02.5.31 法 91
土壤污染防治法	特定有害物质的土壤污染情况的掌握、土壤污染预防措施的规定	04.5.29 法 53
（有关海，河川）		
海岸法	海岸保护地区的行为限制	56.5.12 法 101
河川法	河川区域内的行为限制	64.7.10 法 167
港湾法	港湾区域内的施工等的限制	50.5.31 法 218
共有水面填埋法	河川，湖沼，海，公共水域及水面的占用及行为限制	35.4.9 法 57
海洋污染和海上灾害的相关法律	关于废弃物的处理限制	70.12.25 法 136
（有关道路交通）		
道路法	道路的使用	52.6.10 法 180
道路交通法	道路的占用	60.6.25 法 105
（有关航空）		
航空法	飞机飞行对建筑物高度限制的要求	52.7.15 法 231
（有关资源）		
关于促进再生资源有效利用的法律	资源的有效利用、废弃物产生的抑制及因环境保护而产生的废弃土再生利用的判断标准	91.4.26 法 48

续表

依据法律	主要的制约事项	发布年月日及法律编号
关于从事建设业的企业有关再生资源利用的基本事项的省令		91.10.25 建设省
循环型社会形成推进法	制品等废弃物的防治、适当的循环利用规定	00.6.2 法 110
关于建设工程材料再生资源化的法律	建筑材料的再生资源化促进法	00.5.31 法 104
国家有关对环境有影响的物资的调查的法律	环境物资的采购	00.5.31 法 100
（有关灾害防治）		
住宅地开发等的规制法	住宅地开发施工区域内的行为限制	61.11.7 法 191
滑坡等防止法	滑坡防止区域内的行为限制	58.3.31 法 30
急倾斜地滑坡灾害防治法	急倾斜地滑坡灾害防治区域内的限制	69.7.1 法 57
消防法		48.7.24 法 186
火药类管制法	火药类的制造，买卖，搬运及其他事项的制约	50.5.4 法 149
劳动安全卫生法		72.6.8 法 57
劳动安全卫生规则	为了防止灾害而必须遵守的安全措施	72.9.30 劳 32
高气压作业安全卫生规则		72.9.30 劳 40
蒸汽机及压力容器安全规则		72.9.30 劳 33
压力容器构造规则		59.3.27 劳告 11
缺氧症等的防止规则		72.9.30 劳 42
建设施工公众灾害防治对策要纲		30.1.12 建设省
电器机械器具防爆构造规格	电气机械器具防爆结构的标准	69.4.1 劳 16
机械等的鉴定规则	特定机械以外的机械和劳动安全卫生法 42 条规定的含防爆结构电气机械器具的机械等鉴定手续等规则	72.9 劳 45
作业施工环境测定法	合适的作业环境施工保护所需要的作业环境测定	75.5.1 法 28
矽肺防治法	粉尘作业劳动者的健康保护	60.3.31 法 30
健康促进法	国民的营养改善及其他促进国民健康的措施	92.8.2 法 103
盾构工程安全评估指南	盾构施工瓦斯爆炸等重大灾害的防治	85.2.24 劳动省
大深度公共设施使用时的安全保护指南		04.2.3 国土交通省
（有关建筑规范）		
建筑基准法	有关建筑物的场地，结构，设备及用途的规范	50.5.24 法 201
（有关电器）		
电器事业法	有关电器设备的施工，维护及运行的规定	64.7.11 法 170
电器设备技术规范		65.6.15 通产 61

第4条　隧道施工方法的选择和研究顺序

(1) 选择隧道施工方法时，必须就地基条件、布局条件、对周围环境的影响和工期以及经济性加以研究。

(2) 建设盾构隧道时，必须对调查、计划和施工各个阶段的工作进行认真研究。

【解说】　关于(1)：隧道施工方法除了有盾构施工法外，还有山岭施工法、明挖施工法等各具特色的施工方法。选择适当的隧道施工法对安全、经济地建设隧道极为重要。选择隧道施工法时，必须认真比较、研究各个施工方法的特色、特点。解说表1.2就盾构施工法和山岭施工法、明挖施工法的适用性作了大致的比较。

关于(2)：

1) 调查：为了得到制订计划、进行设计、施工和维修管理的各个阶段所需要的基础性资料，必须进行调查。调查的结果还将为隧道的路线选择、盾构施工法的选择、隧道设计、环境保护措施等研究以及隧道竣工后的维修管理提供必不可少的资料，所以必须充分考虑这些因素，进行实地调查。

2) 计划：制订计划时，必须考虑盾构隧道的用途、地基条件、布局条件、工程安全、对周围环境的影响、经济性等诸多因素进行周密的计划。

3) 设计：设计时，必须充分考虑地基条件、地震的影响、邻近工程的影响、对周围环境的影响等各种因素，进行周密的设计。设计时，必须从各种设计条件中，根据其使用目的和隧道的布局条件、环境条件全面掌握各种需要的条件，综合判断安全性、经济性、施工和易性、耐久性等因素，进行周密的设计。

衬砌设计基本上采用容许应力强度设计法。然而，近年来，由于隧道之外的混凝土构造物开始采用极限状态设计法，出于此种背景的考虑，对有圆形截面的衬砌设计用极限状态设计法进行时，其基本要求见第5篇。

4) 施工：施工时必须充分把握工程的目的、规模、工期，根据设计文件、特别指定的规格文件，详细调查地基条件、环境条件等情况，制订安全经济的施工计划后开始施工。

主要隧道施工方法的比较表　　　　　　　　　　　　　解说表1.2

	盾构施工法	山岭施工法	明挖施工法
施工法概要	利用泥土或泥浆抵抗开挖面的土压力和水压力、确保开挖面稳定，使盾构顺利掘进，并进行衬砌拼装、稳定岩体、建造隧道的施工方法	有效地利用隧道周围岩体的支护功能、利用掘进后喷射的混凝土、岩石锚杆、钢制支架等确保岩体稳定而进行掘进的施工方法 以周围岩体形成拱效应和挖掘时开挖面自立稳定为前提，如上述前提得不到保证，则需要另行采用辅助施工方法	从地表面掘进到指定的位置、建造构造物、并在其上方回填、从而恢复地表面原状的施工方法 在日本，一般采用全截面挖掘的方式

续表

	盾构施工法	山岭施工法	明挖施工法
适用地质（过去的标准性业绩，对岩体条件等变化的适应性）	一般说来，对从超软弱冲积层到洪积层和新第三系软岩的地基均可适用。比较容易适应地质的变化。近年来也有用于硬岩的事例	一般说来，可适用于硬岩至新第三系的软岩的地基。在有些条件下往往也能适用于洪积层（对于未胶结岩体，可适用于无侧限抗压强度 $q_u = 0.1N/mm^2$，变形系数 $E_s = 10N/mm^2$ 以上的地基，有些事例表明甚至还能适用于比此更松弛的岩体）。对于地质的变化，可通过变更支架刚性和挖掘方法以及辅助施工方法得以适应	基本上不受地质条件限制，可按各种地质条件选择、使用适当的挡土工程、辅助施工方法等
地下水防治措施（开挖面的自立性和稳定性）	采用封闭式盾构时，除了始发区间和到达区间之外，一般不需要辅助施工法	如有影响挖掘时的开挖面的自立性和岩体的稳定性之类的涌水时，需要采用地基灌浆截水、深井排水、井点排水以降低隧道地下水位等的辅助施工方法	为防止涌沙和土基膨胀，大多需要采用加大挡土墙埋入深度、降低地下水位和地基改良等辅助施工法
隧道深度（最小覆土最大深度）	迄今为止的最小覆土记录为盾构直径的1/2左右，但需要认真研究。同时采用压气施工法和泥浆式盾构机时，需要注意喷发的可能性。最大深度大多取决于盾构对地下水压力的防护能力和衬砌的截水性能	对于未胶结的岩体，当覆土高度/隧道直径之比（H/D）较小（不足2）时，需要采用有效的辅助施工法以抑制隧道顶部下沉量	施工上没有最小覆土的要求 最大挖掘深度的实际作业业绩大多为40m左右
截面形状	标准形状为圆形。使用特殊盾构，也可为双圆形、椭圆形、矩形等 在施工中途改变形状，一般很困难	开挖截面顶部原则上要有拱形。只有如此，施工时才有可能有相当程度的自由截面，并且在施工中途可以有变更截面形状的可能	截面形状一般采用矩形为宜，也能适应复杂的形状
截面大小（对最大截面面积变化的适应性）	隧道外径的最高纪录为14m。施工中途变更外径一般很难。但扩大或缩小直径的施工记录不乏其例	一般为150m² 左右，也有200m² 以上的记录通过使用支架和改变挖掘方法，也可在施工中途变更截面面积	对于截面的大小及其变化施工上没有特别的限制。对于截面有变化的角隅部分，需要进行足够的加固
线路（对急曲线的适应性）	有曲线半径和盾构外径之比为3~5左右的小半径施工的业绩	施工上几乎没有限制	施工上没有限制

续表

	盾构施工法	山岭施工法	明挖施工法
对周围环境影响（近距离施工，路上交通、噪声、振动）	近距离施工时，根据临近的程度，有时也需要采取辅助施工法和加固现有建筑物等措施 除竖井部分外，对路上交通的影响极小 噪声、振动一般限定在竖井附近，一般用隔声墙、隔声房等进行防护	近距离施工时，需要采用辅助施工方法。有时会因为地下水位下降使四周出现问题。尤其在城市等地区，对地下水下降引起的问题需要进行认真研究 除了竖井部分外，对路上交通的影响均极小 噪声、振动一般限定在竖井洞口附近，一般可用隔声墙、隔声房等进行防护	近距离施工时，设法提高挡土墙的刚性，同时根据临近的程度，还可采用辅助施工方法。因为需要在施工路段长时间设置作业区，对路上交通影响颇大。在各施工阶段，需要分别采取防噪声和防振措施

第 2 章 勘 察

第 5 条 勘察的目的
勘察是以达到安全、迅速且经济地进行盾构施工为目的而实施的。
勘察可分为：
(1) 选址勘察
(2) 障碍物勘察
(3) 地形及地质勘察
(4) 环境保护勘察

【解说】 勘察是为了获取规划、设计、施工及维护管理各阶段所需要的基础资料而实行的。

勘察结果被用来选定隧道线路及平面位置，确定可否采用盾构法，进行环境保护措施的论证，决定工程的规模及内容，隧道竣工后还将成为维护管理的资料，因此，勘察工作必须充分考虑这些内容。

对于此处所述的勘察内容以外与工程有关的各种量测和观测记录请参照第 16 条。

第 6 条 选址勘察
选址勘察必须包括以下项目。
(1) 土地利用和权利的关系
(2) 未来规划
(3) 道路类别和路面交通情况
(4) 确保工程用地的难易程度
(5) 河川、湖沼、海的状况
(6) 工程用电和给排水设施

【解说】 所谓选址勘察是针对上述各项，对隧道经过地区周围的环境进行调查。主要用来选定线路、论证盾构法的可行性及确定隧道工程的规模及内容，也被用作实际施工时的资料。

关于 (1)：所谓土地利用调查是指根据各种地图和实地踏勘，调查市区、农地、山林、河海等的利用情况。在市区内，还要特别进行该地区的用途（住宅、商业、工业）及城市密集化程度的调查。所谓土地权利调查是要首先区分其属于公共用地还是民间用地，据此对有关土地的各种权利进行调查。尤其是在市中心，民间用地的各种权利非常复杂，必须进行详尽的调查。另外，还应根据需要进行有无文物的调查，必须充分掌握隧道周围的地上、地下的各种制约条件。

关于 (2)：调查施工地区的城市规划以及其他各种规划设施的规模、工期、限制事项等，必须在线路选定、衬砌结构、施工计划中进行充分考虑。

关于（3）：在道路下使用盾构法时，应该进行道路类别、重要程度，路面开挖和回填时的限制以及路面交通量等调查。竖井的设置位置对道路交通的影响最大，在位置选定时应综合将来的使用计划、可否在路面上设置施工场地、渣土的处理以及机械材料的搬运等条件进行充分考虑。另外，还要预先论证盾构施工引起路面变形时会对周围产生的影响。

关于（4）：竖井作业基地在隧道选线阶段到竣工为止的全过程中都是极为重要的施工场地。为确保竖井作业基地的用地，先以地图、踏勘等手段进行充分的调查，必要时采取确保用地的措施。另外，盾构法施工一般需要一定的渣土处理场地，应对渣土处理场地、运土路线进行调查，并将其结果反映在设计和施工计划中。

关于（5）：计划在河川底下或河川附近进行盾构隧道施工时，应对河川断面、堤防结构、地质条件、河川和桥梁的改修计划进行调查，必须将隧道设置于足够的深度和合适的间隔距离之外。此外，根据情况还要对河川水文、航运、用水状况等进行调查。在湖沼、海底修建隧道时也应据此办理。

关于（6）：为了确保施工用电，必须对作业基地附近已有的送、配电线的容量、电压和变电、配电的难易程度进行调查，并考虑保证足够的预备电源。另外，在进行给排水规划时，要对可以取水的上水道的位置、管径、流量和可以排水的地点（下水道、河川、海等）、可能的排水量和水质标准等进行调查。

第7条　障碍物勘察

障碍物勘察必须包含以下内容。
（1）地上、地下结构物
（2）埋设物
（3）水井和旧井
（4）建筑物及临时建筑物遗迹
（5）其他

【解说】　在选定线路前，必须对直接障碍物的有无以及位于施工影响范围内的各种设施进行详细调查。

这一勘察具有保护隧道周围各种设施和确保盾构施工安全的双重目的。主要是对结构物变形、水井枯水、水井污染、喷发、漏气、逸泥等施工影响以及隧道作用土压力、上载荷重等荷载条件进行论证。

关于（1）：对于地上结构物，应调查其结构型式、基础型式、有无地下室及基础埋深。对于地下结构物（地下停车场，地下商店，地铁等），应调查结构型式，结构物底面的埋深等。同时，对这些建筑的使用情况进行调查也是非常重要的，尤其是对备有精密仪器的建筑物更要进行细致的调查。

关于（2）：对于煤气管道、上下水道、电力、通信电缆等埋设物，有必要预先进行沿线调查，对设置竖井的地点尤其要作充分的调查。

除查阅管理者所有的技术档案等书面资料之外，还要在现场通过试坑对地下状况进行探查，对埋设物的实际位置、规模、深度、老朽程度等情况进行确认。

关于（3）：对于水井和旧井，主要是调查在盾构施工时是否具有引起喷发、逸泥、缺氧空气的喷出等危险性。调查内容包括水井位置、深度、使用情况；缺氧空气的存在与否、缺氧程度等。存在引起枯水和污染的可能性时，还应调查测试一年间的水位变化及水质情况。对于旧井，应以旧井所有者提供的信息为基础通过与现场实际情况的对照进行确认。

关于（4）：一般来说对建筑物和临时建筑遗迹的调查比较困难。但为了避免盾构推进过程中遇到意外障碍和由于旧建筑对周围地层产生过大的扰动而引起危险，应尽可能地向土地管理人进行咨询。另外，还应对残留物、回填情况、土壤和地下水的污染情况进行调查。

关于（5）：如正在计划修建结构物、埋设物时，应该对其规模、深度等进行调查。为了使其与盾构隧道不相互影响，应进行充分的协商决定其结构、施工方法和工期。另外，在旧炸弹可能残存的地区，要通过向周围居民了解情况以及采用地下探查的方法确保施工安全。

第 8 条　地形和地质勘察

必须按照下列各项进行地形和地质勘察。

（1）地形
（2）地层构成
（3）土质
（4）地下水
（5）缺氧气体、有害气体的有无、其他

通过踏勘、钻孔等适当的方法进行上述各项调查，调查位置和调查内容要考虑周围环境、工程内容、规模等。

【解说】　由于地形和地质条件是影响盾构法设计以及施工难易的决定性因素，必须详细进行该项勘察。一般的盾构工程所要进行的地形、地质勘察的主要项目列于解说表 1.3，但也可根据工程内容和规模进行部分省略或增加。

初步勘察阶段是收集整理既有资料，通过踏勘等调查手段，来掌握全线的地质情况。通过此阶段的调查，一般可以明确地层构成是单一还是复杂，是否存在问题隐患的不良土质等总体的状况。技术负责人将根据这一结果决定基本勘察所需要的规模和内容。

基本勘察是进行以伴随着标准贯入试验的钻孔为主的地质勘察。根据地形条件和由初步调查推定的围岩条件、隧道覆盖层厚度以及附近的环境条件等确定钻孔数量、间距、深度等，一般来说钻孔间距多选用 200m。根据这一勘察结果，绘制沿线地质纵断面图，常规的比例尺取为水平方向 1/15000～1/1000，垂直方向 1/200～1/500。绘制地质断面图，标明地层构成和各层的 N 值，就可以明确与盾构施工相关的土质上的问题。针对这些问题，进一步对代表性的地段及存在问题的位置实施详细勘察。应该注意的是，以钻孔为主的各种调查孔在以后的盾构施工过程中，易成为逸泥、漏水、漏气等问题的原因，要在选择钻孔位置以及回填钻孔时考虑这一因素。

详细勘察是对初步勘察和基本勘察的补充，追加勘察点，详细调查设计、施工上存在问题隐患的土质，收集地震以及其他特殊条件下的设计资料是主要的工作内容。其中包含调查砾石最大直径的大口径钻孔，孔内水平载荷试验，PS检层等项目。

预测到地基条件急剧变化时，应追加钻孔数量。由于布局条件限制难以增加钻孔数量时，利用大深度的X射线断层照相术、小型动贯入试验、旋转压入试验，在钻孔间进行补充调查。

关于（1）：由于地形往往反映地下的围岩条件，故调查的第一步应从观察和掌握地形开始。如果调查地点为丘陵和台地，其地下一般不会有冲积层存在，因此软弱地层较少。另外，即使是在冲积平原地区，也可通过对地形条件和环境条件的详尽调查，在某种程度上推断出地下围岩的地层构成。

盾构工程的地形和地质勘察表　　　　　　解说表1.3

勘察种类	初步勘察	基本勘察	详细勘察
勘察目的	①把握地形、土质、地层构成的概略情况 ②预测将成为问题的不良土质，为以后的调查积累资料	①全线路的地层构成及地质条件的把握 ②岩土工程性质的把握 ③地质纵断面图的绘制	①地质勘察的补充 ②对于设计施工中成为问题的土质进行详细调查 ③收集地震及其他特殊条件下的设计资料
勘察方法	①收集整理既有资料 ②附近类似工程的资料收集 ③文献调查 ④根据现场踏勘进行观察	①钻孔调查 ②标准贯入试验 ③试样采取 ④地下水位调查 ⑤孔隙水压测定 ⑥土工试验（土的物理、力学性质试验）	①钻孔调查 ②标准贯入试验 ③试样采取 ④孔隙水压测定 ⑤透水试验 ⑥土工试验 ⑦孔内水平载荷试验 ⑧缺氧空气、有毒气体、可燃气体的调查 ⑨大口径调查孔 ⑩PS检层 ⑪X射线断层照相术 ⑫小型动贯入试验 ⑬旋转压入试验
勘察内容	● 地图等资料调查（地形、地质、地基断面图） ● 土质调查记录 ● 既有结构物的施工记录 ● 水井、地下水 ● 通过现场踏勘对地形、地质、周围状况进行观察 ● 地基下沉	● 地层构成 ● N值 ● 透水系数 ● 地下水位，孔隙水压 ● 粒度分布 ● 含水率 ● 土粒相对密度 ● 表观密度 ● 无侧限压缩强度 ● 液限、塑限 ● 黏聚力 ● 强度参数（黏聚力、内摩擦角） ● 固结特性	● 详细地层构成 ● N值 ● 透水系数 ● 地下水位，孔隙水压 ● 粒度分布 ● 含水率 ● 土粒相对密度 ● 表观密度 ● 无侧限压缩强度 ● 液限、塑限 ● 黏聚力 ● 内摩擦角 ● 固结特性 ● 地下水流速、流向 ● 散佚气体及可溶性气体的种类及分类 ● 砾石、卵石大小 ● 地基抗力系数 ● 弹性波速度 ● 抗震设计的基础资料 ● 地基初始刚度 ● 剪切刚度下降率

在地形由河流近旁高地向低地过渡的地区，估计地层结构、地基条件、地下水条件会有较大的变化，需要采取缩短钻孔间距等措施。

关于（2）：首先，应该配合地形调查进行资料收集和踏勘，掌握包括对照线路在内的广域范围内的地层构成。在进行盾构施工的地区，一般说已有资料都比较丰富，可收集到非常多的有用资料。代表性的资料有地质图、土地利用图、古地图、附近工程的施工记录、钻孔数据及地质调查报告等。

其次，通过伴随有标准贯入试验的钻孔进行基本勘察，绘制标明地层构成的地层纵断面图。根据这一过程，可以明确盾构施工时可能面临的土质问题，从而对这些问题进行必要的详细勘察。

关于（3）：衬砌和盾构的设计，以及安全经济地施工时，需要掌握地基的工程性质。

衬砌设计时，为了设定荷载，需要考虑土的湿密度、强度参数、地基反力系数等。还需要调查发生地震时地基液化的可能性，填埋使上覆荷载变化造成压密沉降的可能性，地下水变化造成地基下沉的可能性。

盾构设计时，为了设定荷载，需要考虑土的湿密度、强度参数、地基抗力系数等。另外，设计切削刀头和螺旋式排土器（土压平衡式盾构）、排泥管（泥水加压式盾构）等时，需要调查粒度分布和砾石的形状、尺寸、含量、硬度、透水系数等。

施工时，为了确保开挖面的稳定，需要调查土的湿密度、强度参数、粒度分布、砾石的形状、尺寸、含量、硬度、透水系数等。

关于（4）：地下水位和承压水头的调查以及地下水水质（盐分、铁分等离子化合物、有害物质的有无及其浓度）调查也很重要。

地下水位，通常在钻孔调查时进行测定，介于中间的黏土、粉土等不透水层下面存在砂层、砂砾层等含水层时，这些含水层中的地下水压未必一定都是同一静水压分布，因此需要对各含水层分别测量孔隙水压。在山地及高地的附近和扇形地等的砂砾层中，也往往会有高于地表面的承压水。市区的深井抽水，水头低于地表面，也可能完全没有水头。而且，地下水位和承压水头大多随季节的变化或人为因素的影响而变动，故需确认测定的水头是在什么条件下的水头。尤其要加以注意的是，在某些地形条件下，因季节变化或连续降雨的影响，有时地下水位会发生数米以上的变动。

关于（5）：存在于不透水层下部，由于深井、过度抽水等原因而使地下水下降的砂砾层和砂层，在其孔隙中往往充满着缺氧空气和有害气体。从防治灾害的观点来看，需要调查气体逸出的可能性（参照第188条，解说表4.7）。

有害气体中的甲烷出漏和坑内涌水分离出的甲烷，引起爆炸事故的可能性很高。周围沼气的预备性调查有效方法，如开挖地层是否有可能生成甲烷的土层（腐蚀性地层），其附近是否存在天然气、煤、石油的采挖区等。同时，调查附近工程的施工记录。其他的有害气体有硫化氢、氧化氮等气体。硫化氢得到确认时，还需要采取对衬砌等的防腐蚀措施。

缺氧空气是在不饱和土层中，由土颗粒中的铁和有机物与孔隙中的空气产生氧化作用消耗氧气而引起的。由于外界的新鲜空气很难流入，土层内的孔隙中变为以氮气为主的缺氧状态。

所以，当预计有上述气体存在时，应对孔隙中有害气体的成分、浓度、含量进行调查，需要设置报警装置，充分通风，甚至还要采取防爆措施（参照第190条）。

第9条 环境保护勘察

为在隧道施工过程中保护周围环境，根据需要应对以下各项进行勘察。

(1) 噪声、振动
(2) 地基变形
(3) 地下水
(4) 化学注浆，泥水和壁后注浆等对地下水的影响
(5) 施工副产物处理方法及再利用
(6) 土壤污染
(7) 其他

【解说】 所谓环境保护调查，就是针对盾构施工会对周围环境可能产生的各种影响，在施工前和施工中进行各种调查，作为设计及施工管理的资料进行使用。

根据需要，有些项目在施工后仍要继续检测，以掌握对周围环境的影响。

关于(1)：为了正确地掌握伴随隧道施工所产生的噪声及振动的影响，不但要测定施工中的噪声和振动，对施工前的本底噪声及本底振动也应进行测定。为了满足法律、法规的要求，必须熟悉有关法律和法规。特别是对需要保持安静的医院、学校等设施，必须在开工前进行调查。

关于(2)：为了正确地把握伴随隧道施工而产生的地基隆起、下沉等变形的程度，以及变形对附近房屋、结构物所产生的影响，应对施工前的状况及施工中、施工后的地基变形以及房屋状况进行监测，作为判断是否需要采取防护措施的资料。

关于(3)：地下水位的变化，除对地基产生影响以外，还可能成为影响自然环境、居民生活的问题。因此，在预计影响范围内要对水井的使用情况进行调查，还需对水井、观测井及涌泉的水位、水质进行监测。由于地下水会随着季节而发生变化，需要考虑调查时期与施工时期的相互关系。另外，包括施工期在内要进行长期观测，从调查阶段开始掌握降雨量与地下水位的关系。

隧道竣工后，由于隧道阻碍了地下水流动，有时会出现上游地下水位上升、下游地下水位下降而影响了地下水的环境，有时不仅仅发生在施工部位附近，而且会影响到更为广泛的区域，因此对以上区域需要进行评估。

关于(4)：对预测属于化学注浆泄漏范围内的水井、河流等水质进行调查，施工中和施工后也必须监测水质变化情况。另外，估计泥水盾构逸泥和壁后注浆等对地下水造成影响时也需要采取同样的措施。

关于(5)：在盾构的规划、设计、施工中，为了能够顺利地施工和保证生活环境，必须努力抑制施工副产物的产生和促进其再生资源化。因此有必要对搬运路线和最终处理地进行调查（参照第198条）。

关于(6)：为了防止土壤中的有害物质影响人体健康，制定了土壤污染防治法。在工程规划阶段，必须调查挥发性有机化合物、重金属等26种特定有害的物质。

关于(7)：为了考虑工程车辆的通行对竖井附近道路交通及周围环境的影响，选定工程车辆的走行路线，应进行交通量调查、工程车辆台数的预测。另外，在有些情况下，法律还规定了以保护环境为目的进行环境影响评价的义务。

第3章 计 划

第10条 隧道计划
(1) 在制订隧道计划时,必须规定隧道的衬砌内侧空间断面、线路、覆土、盾构型式、衬砌、工程计划、环保计划等事项。
(2) 制订上述计划时还需要考虑使用期间的维护管理等事项。

【解说】 关于(1):对于隧道的衬砌内侧空间断面,要有与用途相适应的形状和面积,同时还必须考虑和规定施工上的必需条件。

关于隧道线路,不仅需要考虑隧道的使用目的、使用条件等,还必须考虑包括布局条件、障碍物条件以及围岩条件在内的施工上的必要条件,以决定平面线路和纵向线路。

关于隧道的覆土,必须考虑地表面和地下构造物的状况、地质条件、开挖截面的大小、施工方法等因素来决定。

关于盾构的式样,当然要考虑施工路段的岩体的条件、地表状况、截面形状和尺寸、施工总长度、隧道线路、工期等诸多因素,同时还必须考虑挖掘和衬砌等施工作业因素,决定安全、经济施工的盾构式样。

关于衬砌,必须考虑能承受周围岩体的土压力、水压力等荷载,能确保有规定的内侧空间断面,确保其能成为具有与隧道使用目的和施工条件相匹配的作用和功能的构造物。

关于工程计划,必须研究施工方法和机械设备,使其能符合施工条件、工期、周围环境等的要求;同时还必须能保证工程的安全性和经济性以及能达到环保要求。关于竖井的位置,必须认真调查、研究地基条件和现有地下建筑物等的情况,同时必须保证施工期间的机械、材料运进运出的畅通无阻。

关于环保计划,必须认真考虑不仅要保护周围环境,还必须保护全球环境;必须努力减少和有效利用、处理、处置建设副产物。

关于(2):制订盾构隧道计划时必须考虑使用期间的维护管理工作。为了保证整个使用期间能维持应有的性能水准,必须制订切实可行的维护管理计划,将检查、调查、评估、判断、改进措施、记录合理地组合在一起,加强维护管理。

第11条 隧道净空形状
(1) 盾构的标准断面形状为圆形。
(2) 隧道净空在具有与用途相适应的形状和大小的同时还应考虑施工因素。

【解说】 关于(1):盾构采用圆形截面的主要理由如下:
1) 能坚固地承受外部压力。
2) 在施工上有利于盾构掘进和管片制作、拼装。
3) 盾构掘进时,即使机身发生沿开挖方向的刚体旋转,也不会对建成后的隧道截面形状造成不利影响。

从截面的有效利用、机能、占用场地、与近接结构物的距离、覆土厚度等制约上来讲，有时圆形截面并不是最优，所以可以利用双圆形、矩形等特殊截面。使用这些特殊截面时，对于盾构、管片的强度和形状以及施工上的问题必须进行认真研究。

关于（2）：隧道内空的大小必须按照用途考虑必需的内空和作业所需要的截面来决定。

1) 铁路的场合：内空截面除了要考虑车辆界线、建筑界线外，还必须考虑有无二次衬砌、维护管理所需要的余度、轨道的结构、保养避车用空间、电车线、信号通信、照明、通风和排水等各种设备所需要的空间，而且要考虑盾构工程的施工误差（上下、左右偏差，变形和下沉等）而加以决定。关于施工误差，一般从中心向上下左右各取50～150mm，根据施工条件（开挖断面的大小、土质条件、盾构的操作性能、有无二次衬砌、弯转曲线和坡度等），经过充分研究后确定（参照解说图1.1）。如没有二次衬砌施工时，

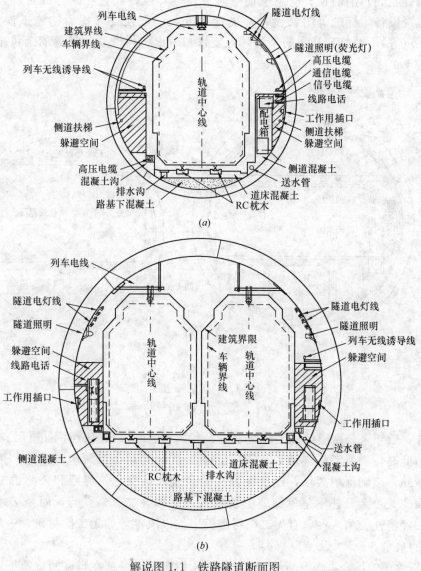

解说图1.1 铁路隧道断面图
(a) 单线隧道设施配置例；(b) 复线隧道设施配置例

就有可能缩小隧道的截面,在铁路隧道内,从隧道的长期使用寿命的观点考虑,作为将来的补强空间,可确保二次衬砌施作余地。选择单线隧道平行设置或复线型隧道时,要根据沿线条件、障碍物、地形及地质、地下车站规划等条件进行综合性论证。一般来说,从车站计划上考虑,单线隧道的优点如下:岛式站台和上下两层式站台的路线线形可采用直线、开挖区间短。双线隧道,采用相对式站台有同样的效果。道路宽度狭窄的区间和民居的地下,往往存在城市设施等障碍物,不能采用单线隧道并设的方法时,复线隧道在民用地占有等线路计划上更为有利。另外,最近在隧道区间需要泵室时,大多都在双线隧道内设置泵室。

2) 公路的场合:净空断面除依据公路构造令中所制订的对应于公路级别的建筑界限和公路设施(维修躲避用通道和紧急出口、保养维修用道路、通风管道和换气扇或者烟道设置空间,消防栓、应急电话等防灾设施,电缆设置空间等的管理设备,照明设备,监视设备,标志等附属设备)决定之外,一般还要考虑盾构施工误差(蛇行、变形和下沉等),补修和补强的余量,内装修和耐火材料设置空间等的余量来决定(参照解说图1.2)。

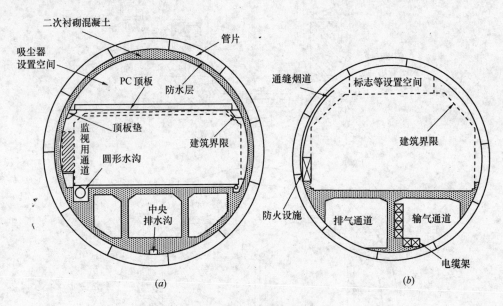

解说图 1.2 道路隧道断面图
(a) 直径14m;(b) 直径12m

另外,近年来公路隧道从经济性考虑大多采用能缩小开挖断面不进行二次衬砌的施工方法。此时,需要考虑隧道发生火灾时的一次衬砌耐火、漏水等措施、接头螺栓等防腐蚀措施,以确保耐久性;还要设置一定余量来确保建筑界限和公路设施所决定的内空截面。关于余量并不是单纯地把各个因素简单叠加起来就行,而是必须综合研究施工性、经济性、耐久性、有无二次衬砌等来加以决定。如无二次衬砌,一般取100~150mm的余量。

3) 下水道的场合:净空断面应满足在二次衬砌后,保证在容许的流速下计划流量能顺利通过。下水道隧道一般需进行二次衬砌(参照解说图1.3a)。二次衬砌有使用模板浇筑混凝土的方法，和设置 FRPM 管等内插管、管片内表面和内插管的外表面的间隙中充填加气水泥砂浆等填充材料的方法。另外，为了分离污水和雨水而需要将隧道内部进行分割时，可以设置隔墙使其成为复断面管道（参照解说图 1.3b）。

近年来，随着盾构施工技术的飞跃发展，在一般隧道中不使用二次衬砌的做法也较为普遍。但是，下水道隧道在特有的环境条件下（硫化氢和药品类等）需要采取防腐蚀措施，不进行二次衬砌时对此需要注意。

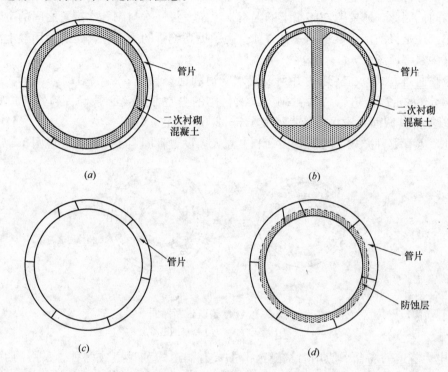

解说图 1.3　下水道断面图
(a) 一般断面；(b) 复断面；(c) 一次衬砌无防蚀层；(d) 一次衬砌含防蚀层

不在现场进行二次衬砌浇筑时，有一次衬砌不设防腐蚀层的方法（参照解说图 1.3c），也有一次衬砌设置防腐蚀层的方法（参照解说图 1.3d）。这些方法的使用，可以根据下水道隧道的使用环境参考解说表 1.4。

不进行二次衬砌施工的适用范围　　　　　　　　　　　　解说表 1.4

适用方法	环境条件	内　容	适用管渠例
一次衬砌无防蚀层（参照解说图 1.3c）	一般环境	有干湿循环的场合	● 雨水管渠 ● 处理水排水管渠
一次衬砌含防蚀层（参照解说图 1.3d）	腐蚀性环境	由硫化氢化学物质等影响造成的腐蚀	● 污水管渠 ● 合流管渠

一次衬砌有防腐蚀层的方法，通常在钢筋的保护层上根据环境条件再加上一层将来可以补修的防腐蚀层，并不考虑其结构上的承载作用。另外，一次衬砌不设置防腐蚀层时，也必须确保必不可少的钢筋保护层。

4) 上水道的场合：除一部分导水管外，上水道隧道均为压力管路。在压力管路中，由于只靠隧道的二次衬砌混凝土不能抵抗水压，因此，一般采用在隧道内插入钢管或铸铁管等耐压管的方式。目前该方式中具有代表性的做法如下：

①填充方式：一次衬砌内水管道配管后，一次衬砌和水管道的空隙之间充填混凝土的方法。根据水道管的直径，其半径增加 325～350mm 作为一次衬砌的内径修筑隧道。内空截面除了考虑配管作业空间外，还取决于曲线部分的轨道设备和可燃性气体的预防所用的风管空间，因此，需要考虑施工上的因素来决定。将一次衬砌和水道管之间的空隙用混凝土填充，这是目前使用最多的一种方式。为了提高配管的施工性，也有使用气泡混合土的方法（参照解说图 1.4a）。

②检修通道方式：在隧道内并列设置水管道和检修通道。一次衬砌修筑后，用厚度 200～300mm 的混凝土进行二次衬砌。二次衬砌的内空截面，必须确保检修通道宽度在 750mm 以上，其截面要比水道管直径大 1.5～2.0m 左右。

另外，不管哪种方式，为防止振动和上浮大多设置管固定带（参照解说图 1.4b）。

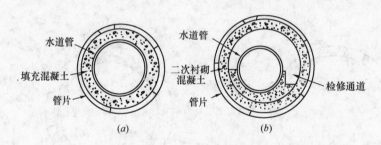

解说图 1.4　上水道隧道断面图
(a) 混凝土填充方式；(b) 检修通道方式

5) 电力隧道的场合：使用盾构隧道的方式有洞道式和管道式两种。采用洞道式时，其净空断面尺寸应根据铺设的电缆、冷却管、照明、排水等设备所需要的空间和检修通道、铺设时的施工空间来确定。管道式内空截面根据铺设电缆的根数、配置方法和作业空间来决定（参照解说图 1.5）。

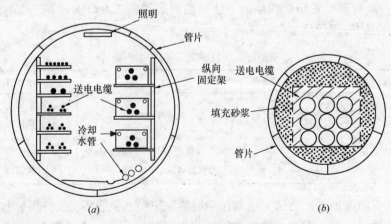

解说图 1.5　电力隧道断面图
(a) 洞道式；(b) 管道式

6）通信隧道的场合：必须根据容纳电缆的根数、电缆铺设用的零部件、照明、通风、排水等设置空间，还有检修通道、电缆敷设和连接用的作业空间来确定隧道的净空断面（参照解说图1.6）。

7）煤气管道的场合：一般采用在隧道内铺设钢管等耐压管的使用方式。代表性的方式如下：

①充填方式：修筑一次衬砌内径大于煤气管道内径1300～1500mm的隧道，将焊接钢管等煤气管依次搬入隧道内进行配管连接，最后在煤气管和一次衬砌之间填注水泥砂浆、砂和气泡混合土。

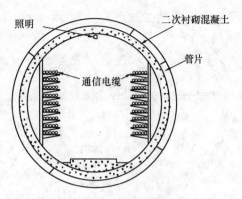

解说图1.6　通信隧道断面图

决定内空截面时，应考虑到配管的焊接空间，以便即使盾构隧道发生偏移时也能将煤气管设置在规定位置（参照解说图1.7）。

②检修通道方式：在该方式下，一次衬砌半径必须大于煤气管道半径1900～2100mm，在其内部设置附带设备用的二次衬砌后，配置焊接钢管等导气管（参照解说图1.7b）。

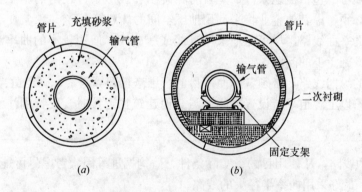

解说图1.7　输气管隧道断面图
(a) 砂浆充填方式；(b) 检查通道方式

8）共用隧道的场合：共同隧道通过道路管理者进行维修管理，以期达到道路维修和道路畅通无阻的目的，将两个以上的公益事业单位的使用物件集中设置在同一隧道内。

内空截面要综合考虑电力线路的电压和线路数、通信电缆的线路数、上下水管道和煤气管道的管径等各种公益事业单位的配置线路和管路来决定。同时还要考虑隧道本身及配置的线路、管路的维护管理所需要的空间（通道宽度、附属设备等），以及将来维修所需要的空间来决定（参照解说图1.8）。

一般关于隧道内的隔墙，不作为结构体考虑。为了确保各公益事业单位的空间，不进行二次衬砌时，往往使用预制板等作隔墙加以分隔。

同时设置煤气管道时，原则上要使用隔墙加以分离，应使用防爆型附属设备。

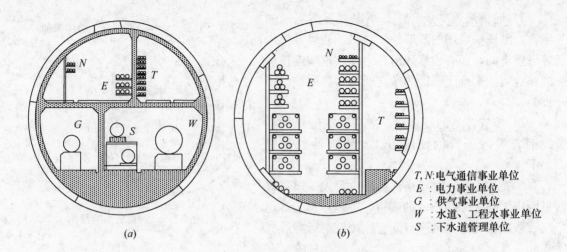

解说图 1.8 共用隧道断面图
(a) 有二次衬砌的场合；(b) 只有一次衬砌的场合

第 12 条 隧道的线路

隧道的线路有平面线路和纵向线路，应根据隧道使用目的、使用条件等因素制订计划。同时还必须考虑包括占地条件，是否有障碍物和地形条件在内的施工上的必要的条件。另外，还必须考虑其他企业将来利用地下空间的计划等。

(1) 隧道的平面线路，尽可能地采用直线或缓曲线，使用较小的曲率半径时，必须充分考虑设计、施工上的问题。

(2) 隧道的纵向线路，必须考虑使用目的、维修管理等因素，确定适当的坡度。

(3) 在两条以上隧道平行设置或隧道与其他建筑物近接时，要特别注意相互之间的影响。

【解说】 隧道的线路，从使用目的、实际条件，盾构掘进等因素考虑尽可能采用直线，即使采用曲线时，最好采用曲率半径大的线路。

关于盾构施工方法，因为大多在城市中采用，盾构经过的线路主要受到竖井位置、地表面利用状况、障碍物、近接结构物的影响，因此其范围受到制约，同时还要考虑到开挖面的稳定和有害气体等因素。

另外，还必须充分考虑其他企业将来对于地下空间有效利用的计划和隧道建成后的维修管理。

关于 (1)：盾构曲线掘进施工时，所受到的影响因素有：盾构所通过位置的地质条件、开挖断面的大小、盾构长度、坡度的陡缓、盾构形式、盾构结构、管片种类、管片环的宽度及楔形量等。必须注意下列事项：

1) 通常的曲率半径：在不采用中折装置及辅助施工法的时候，施工可能的最小曲率半径（小于这一曲率半径的曲线称为急曲线）受到上述各种因素的综合影响，其具体值不一定非常明确。

闭胸式盾构最小曲线半径和盾构外径之间的关系的施工实例如解说图 1.9。

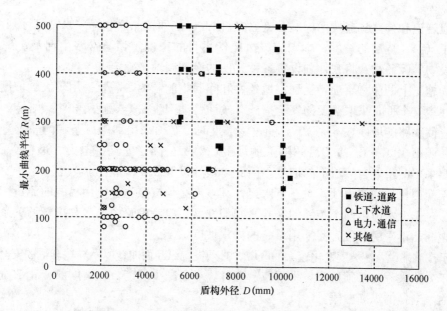

解说图 1.9 最小曲线半径与盾构外径（无中折装置）

2）急曲线的场合：在小于以上曲率半径进行急曲线施工时，必须考虑采取相应的措施。比如，加固围岩的注浆施工、盾构机各种机构和管片种类、构造等措施（参考第 110 条，第 149 条）。采用中折装置时最小的曲率半径与盾构外径如解说图 1.10 所示。

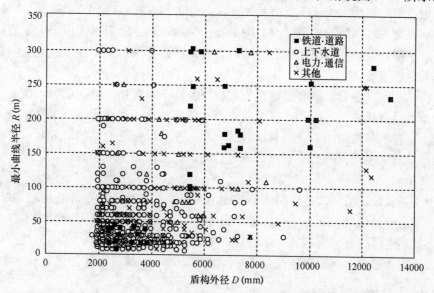

解说图 1.10 最小曲率半径与盾构外径（中折装置）

盾构法用于修建上下水道及电力通信用的隧道时，会遇到在道路交叉点不得不采用非常小的曲线半径，或必须进行地下接合的情况。此时，应根据道路情况和障碍物等条件，除了上述急曲线的措施外，还可采用修建方向转换用的竖井和盾构隧道连接用的竖井，或盾构和盾构在地中接合的方法。最近还有在母机的球体中内装子机进行掘进，在转向位置上进行 90°转弯，子机启动前进，这是一种不需要竖井的水平向连续掘进盾构（参考第 125 条）。

铁道隧道和公路隧道技术标准[1,2]已作过修改，必须按照这些标准来制订计划。

关于（2）：隧道的坡度，本来应该按照使用目的来确定，通常多由河流、地下构造物、埋设物等障碍物和将来计划设置各种其他的设施制约来确定。

作为施工上的注意事项，受到占地条件和障碍物的制约，需要采用较大的坡度时，必须充分注意安全性，采取必要的安全措施。按照劳动卫生安全规则第202条规定，采用机动车时应使线路的坡度在5%以下，超过该坡度时，必须采用利用齿条和齿轮等直接驱动设备（参照第150条）。竣工后的隧道的坡度，对于公路、铁路、电力、通信等的隧道，原则上要采用漏水能自然流下的坡度，因此，最好设置0.2%以上的坡度。

关于使用目的的注意事项，对于下水道，其坡度必须按照适合使用目的的流量、流速等来确定。对于上水道，两个相邻的竖井之间的坡度，应考虑管内排水和排气的关系，中间不能出现凹凸不平的区段，需采用单一的排水坡度。

对于铁道来说，在坡度变化较大的区域，必须设置纵断面曲线以不影响车辆的安全行驶。

对于公路来说，必须按照技术规范[2]文件，尽量减少坡度，在坡度的变化部位，必须设置大曲率半径的纵断曲线。

关于（3）：当两条盾构隧道平行设置时，由于后施工隧道的推进所发生的荷载及壁后注浆压力，会使先施工的隧道承受与单独隧道所不同的土压力。为了防止邻近隧道的变形和地基下沉，保证后来隧道的施工安全，必须在两隧道之间设置适当的间隔距离。在这种条件下，相互间的间隔距离根据地质条件、隧道断面大小、掘进方法、隧道布置而异，没有统一规定，但一般均取大于盾构外径的间隔（参考第36条，第159条）。

但是，在出发区间或受道路宽度、障碍物的制约，相互间距不能保证大于盾构外径的实例很多。这时，应研究隧道的相互之间的影响，按需要采用化学注浆或高压喷射搅拌等加固地基的辅助方法。

当盾构从桥墩、桥台、中高层建筑物或铁道及地下埋设物附近通过时，应对这些建筑物的设计条件及现状进行详细调查。为防止使这些建筑物受到偏压、下沉和振动等不良影响，在上下、左右各方向都必须留有足够的间隔。在难以保证充足的间隔时，要根据需要考虑加固地基或采用托换的方法对建筑物进行加固（参照第158条）。

参考文献

[1] 国土交通省铁道局：铁道に関する技术上の基准を定ある省令等の解釈基准，2002
国土交通省铁道局：部委法令中关于确定铁道相关技术标准的解释，2002
[2] （社）日本道路协会：道路トンネル技术基准（构造编）同解说，2003
（社）日本道路协会：道路隧道技术标准（构造篇）及解说，2003

第13条　隧道的覆土厚度

决定隧道的覆土厚度时，必须考虑地面和地下结构物的状况、围岩条件、开挖断面的大小、施工方法等。

【解说】 在一般情况下，考虑到施工时作业效率（设备材料的搬运和渣土运出、人员的上下）、竖井建造的难易、地下水防止措施、水处理的便利以及竣工后对结构物的维护管理等因素，隧道埋深小一些为好。但应对本条所述的各种因素进行慎重研究，以不影响周围环境为原则，选用必要的覆土厚度。

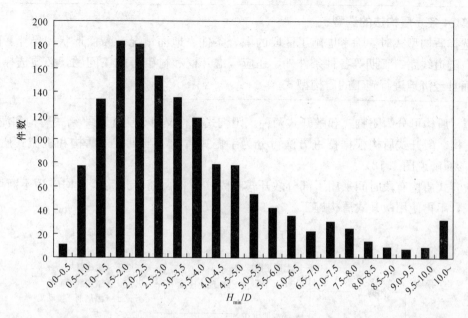

解说图1.11 最小覆土厚度比（H_{min}/D）的分布（1994.4～2004.3）

必要的最小覆土厚度，一般取$1.0D$～$1.5D$（D为盾构外径）。但隧道纵断面布置一般多根据隧道的使用目的和已有建筑物的障碍等情况来决定，所以也出现一些小于最小覆土厚度的施工实例（参照解说图1.11，解说表1.5）。

在实施工程时必须注意上述事项，根据需要考虑采取适当的辅助施工法，慎重地决定覆土厚度。

在进行小覆土掘进时，塌方、逸泥、喷发等的危险性增大，在作计划时，必须根据需要研究采用辅助施工方法。在施工时，加强掘进管理极为重要（参考第147条）。

在通过河海底部时，尤其要对逸泥和隧道上浮问题进行研究（参考第160条）。

近几年，由于大城市的道路公用用地方面，铁路、公路、上下水道等地下空间利用的加剧，为了避开这些构筑物，在道路下部的公共用地修建隧道时有越来越深的倾向。在隧道的覆土厚度很大时，对管片及盾构，要考虑高水压加强设计和施工管理（参考第148条）。

$H_{min}/D \leqslant 0.5$ 的主要实例　　　　　　　解说表1.5

开工日期	用途	形式	主要土层	最小覆土 H_{min}（m）	盾构外径 D（m）	H_{min}/D
1996/3	铁道	泥水式	黏性土、砂质土	4.50	9.60	0.47
1996/9	下水道	泥土式	黏性土、砂质土	0.82	3.93	0.21
1996/10	下水道	泥土式	砾	0.67	2.88	0.23
1999/1	下水道	泥土式	砾	2.50	5.14	0.49
2000/10	铁道	泥土式	黏性土、砂质土	3.60	7.45	0.48
2001/3	道路	泥水式	黏性土、砂质土、砾	4.30	10.82	0.40
2001/12	下水道	泥土式	黏性土、砂质土	0.54	2.75	0.20
2002/10	道路	泥水式	黏性土、砂质土、砾	5.20	12.40	0.42
2003/3	共同沟	泥土式	岩基	2.00	4.88	0.41

第14条 盾构法的选型

选择盾构型式时，除考虑施工区段的围岩条件、地面情况、断面形状和尺寸、隧道长度、隧道线路、工期等各种条件外，还应考虑开挖和衬砌等施工问题，必须选择能够安全而且经济地进行施工的盾构型式。

【解说】 盾构可分为闭胸式和敞开式两种。闭胸式盾构又可分为土压平衡式盾构和泥水加压式盾构。敞开式盾构根据掘进方法可分为手掘式盾构、半机械式盾构和机械式盾构三种。（参照解说图1.12）。

敞开式盾构有段时间采用了部分敞开式封闭式盾构，随着封闭式盾构应用不断增加，近年来，不再使用敞开式盾构施工。

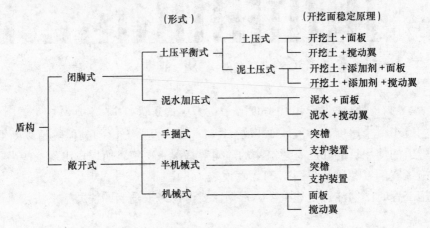

解说图1.12 盾构的分类

选用盾构型式最需要注意的是要选择能保证开挖面稳定的形式。为此需要调查研究土质、地下水的情况。为了选择最佳盾构型式，除此之外还必须认真研究用地、竖井周围环境、安全性、经济性等。一旦选型失误，往往会增加意想不到的辅助施工方法和发生无法进行掘进的故障。盾构机选型的流程如解说图1.13所示。

近几年由竖井或渣土处理而影响盾构型式选择的实例不断增加，另外，在一些实例中，施工经验也会成为选择盾构型式的重要因素。另外，障碍物多、掘进距离极短时，还可采用敞开式盾构。在选择盾构型式时，解说表1.6可以作为参考。

各种盾构的特征及所适用的土质条件如下：

1) 闭胸式盾构：通过密封隔板在隔板和开挖面之间形成压力舱，保持充满泥砂或泥水的压力舱内的压力，保证开挖面稳定性的机械式盾构型式。

①土压平衡式盾构：将开挖的泥砂进行泥土化，通过控制泥土的压力以保证开挖面的稳定性。根据开挖土泥土化所需要的添加剂的注入装置的有无，可分为土压式盾构和泥土式盾构。土压式盾构有一种机构能够在连续掘进时保持土压开挖土砂，所以不仅能通过检查掘进数据保持开挖面的稳定，而且能够减少对周围地基的影响。其优点是原则上不需要辅助施工方法，不需要地面作业（参考第115～120条，第138条，第179～180条）。

i) 土压式盾构：适用的土质应当是含水比和粒度组分比较适当，能让开挖面的土砂直接流动，能够充满压力舱和螺旋式输送机，保持开挖面稳定性。

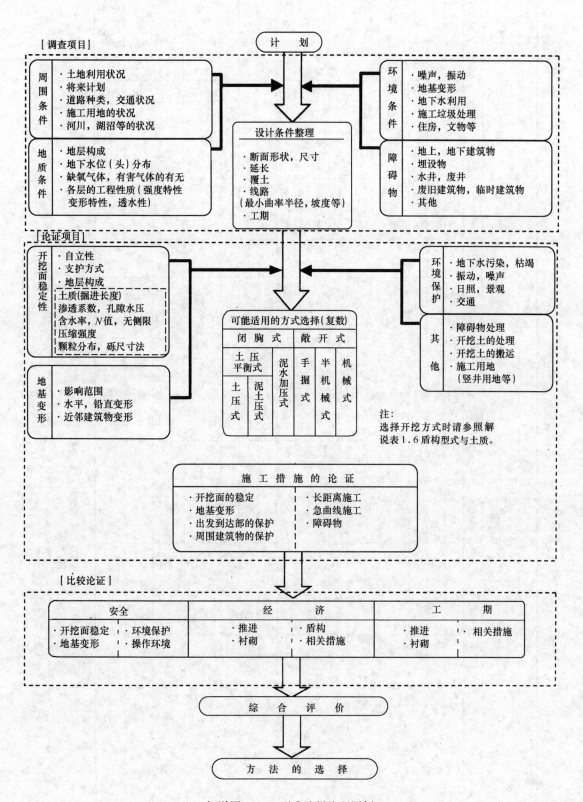

解说图1.13 型式选择流程图例

盾构型式与土质　　　　　　　　　　　　　　　　　　　　　　　　　　　　解说表1.6

地层	土质	N值[4]	闭胸式 土压平衡式 土压式 适合性[1]	土压平衡式 土压式 留意点	泥土压式 适合性	泥土压式 留意点	泥水加压式 适合性	泥水加压式 留意点	开 敞 式 手掘式 适合性	手掘式 留意点	半机械式 适合性	半机械式 留意点	机械式 适合性	机械式 留意点
冲积黏土	腐植土	0	×	—	△	地基变形	△	地基变形	×	—	×	—	×	—
冲积黏土	粉土・黏土	0～2	○	—	○	—	○	—	△	地基变形	×	—	×	—
洪积黏土	砂质粉土 砂质黏土	0～5	○	细粒组分含有率	○	—	○	—	△	地基变形	×	—	×	—
洪积黏土	砂质粉土 砂质黏土	5～10	△	—	○	—	○	—	△	地基变形	△	地基变形	△	地基变形 切削土砂引起堵塞
洪积黏土	粉质・黏土	10～20	×	—	○	—	○	—	△	地基变形	△	地基变形	△	地基变形
洪积黏土	粉砂质黏土 砂质黏土	15～25	×	—	○	—	○	—	△	施工效率	○	—	×	—
洪积黏土	砂质黏土	25以上	×	—	○	—	○	—	△	施工效率 地下水压	△	地下水压 超挖量	△	地下水压
	泥岩[2]	50以上	×	—	○	—	○	—	×	—	×	—	×	—
砂质土	混砂粉质黏土	10～15	×	—	○	—	○	—	×	—	×	—	×	—
砂质土	松砂	10～30	×	—	○	—	○	—	×	—	×	—	×	—
砂质土	紧砂	30以上	×	—	○	—	○	—	×	—	×	—	×	—
砂砾・卵石	松砂砾	10～40	×	—	○	—	○	—	×	—	×	—	×	—
砂砾・卵石	固结砂砾	40以上	×	—	○	—	△	闭塞 逸泥措施	×	—	×	—	×	—
砂砾・卵石	混卵石砂砾[3]	—	×	—	△	刀头规格	△	砾的破碎 逸泥措施	×	—	×	—	×	—
砂砾・卵石	巨砾・卵石[3]	—	×	—	△	刀头规格	△	刀头规格	×	—	×	—	×	刀头规格 地下水压
岩体		—												

注：1）适合性记号的含义如下所示：
○—原则上适合于土质条件。△—其适应性需要研究。×—原则上不适合土质条件。
2）关于泥岩，对象为硬黏土层之类的强度较低的土体。
3）粗石（砾径75～300mm），巨石（砾径300mm以上）的名称，是参考「日本统一土质分类法」和「地基材料工学分类法」确定的。
4）N值，给出了各土质的大致标准值。

ii) 泥土压盾构：细粒组分少，流动性差的土质，通过添加水、泥水等添加剂使开挖面的土砂具有塑性流动，能较好地传递开挖面的土压力。

泥土压盾构是一种适用范围最广的施工方法，适用于冲积砂砾、砂、粉土、粘土等固结度较低的软弱地基，洪积地基和硬软交替的互层地基等。但是，对于高水压地基，仅仅依靠用螺旋排土器排土不能适应，需要研究螺旋输送机的加长，各种压力保持用的装备，直接连接的压力输送泵等设备，开挖土的土质性状的改良等方法。

②泥水加压式盾构：泥水加压式盾构所施加压力舱的压力比作用于开挖面的土水压力稍高些，保持开挖面稳定，不仅仅靠泥水压力，还要同时选择适当的泥水性状来增加开挖面的稳定性，该形式也适用于河底海底等水压较高的地方。利用压力输送泵和配管将泥水从地面输送到开挖面，开挖面完全封闭，安全性高，施工环境好。通过检查掘进的数据，可以保证不会给围岩加上过大的压力，围岩的反作用力小，对周围地基的影响小。原则上不使用辅助施工方法，不需要地面作业，所以与土压式盾构具有相同的优点（参照第121～124条，第139条，第181～182条）。

泥水加压式盾构适用于冲积砂砾、砂、粉土、黏土层或者地基固结缓慢软弱层，含水率高、开挖面不稳定的土层，和洪积砂砾、砂、粉土、黏土层，或者互层含水多，涌水可能造成地基崩塌的多种土层。但是，对于透水性高的地基、巨石地基，因泥水的逸泥等，难以确保开挖面的稳定，此时，需要研究泥水性状和辅助施工方法。

2）敞开式盾构：全断面敞开式盾构是指开挖面全部或大部分敞开的盾构型式，以开挖面能够自立稳定作为前提。对于不能自立稳定的开挖面，要通过辅助施工方法，使其能够满足自立稳定条件。但是，在机构上，在很多场合下对盾尾空隙不能进行充分的注浆（参照第140条）。

①手掘式盾构：就是使用挖土机、镐、气钻等由人工开挖土砂，以皮带运输机或搬运车辆进行出渣的盾构。一般根据土质条件的不同，安装突檐或挡土支撑等稳定开挖面的机械。盾构的前部是敞开的，所以遇到开挖面的软硬和出现块石时最容易处理，同时使用压气施工法能使开挖面保持稳定。但是该施工方法原则上开挖面的自立能很长时间保持。对于开挖面多少存在不稳定的土质，需要加固地基，地下水位高涌水导致开挖面不稳定时，需要同时使用降低地下水位的施工方法，受周围环境条件的影响大。

洪积坚硬的砂砾、砂、固结粉土、黏土层等，开挖面自立好，可以在研究的基础上加以选用。冲积软弱砂、粉土、黏土层因开挖面不能自立，所以需要同时使用辅助施工方法。该型式是盾构的原型，在20世纪70年代前半期应用实绩最多，近年来随着对辅助施工方法的依存度不断下降，闭胸式盾构不断增加，现在采用的实例极为罕见。

②半机械式盾构：在手掘式盾构内组装了切削机、装载机或切削装载通用机等机械，造成开挖面敞开部分增大，原则上用于开挖面自立的围岩，其适用的土质主要是洪积层的砂砾、砂、固结粉土、黏土，不适用于软弱冲积层。关于同时适用压气施工法，地下水位降低施工法，化学注浆施工法等辅助施工方法，与手掘式盾构机一样。

③机械式盾构：在盾构前部安装有切削刀头，可用机械连续地开挖土砂的盾构。刀盘一般采用面板式。机械式盾构，利用刀盘可望有某种程度的挡土效果，与手掘式盾构机、半机械式盾构一样，一般适用于开挖面易于自立的洪积地层。

> **第 15 条 衬砌**
>
> 衬砌必须能够承受围岩压力、水压等荷载，确保隧道的设计净空尺寸。同时，具有与隧道的使用目的和施工条件相适应的功能和安全而且坚固的结构。
>
> 衬砌设计，原则上采用容许应力设计法，也可使用极限状态设计法，但不能两者混用。

【解说】 衬砌的主要作用可总结如下：
①确保隧道内空尺寸，足够安全地承受作用于隧道上的荷载。
②具有适应于隧道使用目的的功能和耐久性。
③具有适合于隧道施工条件的结构形式。

盾构隧道衬砌由一次衬砌和二次衬砌组成。一般来说，一次衬砌是由管片组成的预制装配式结构，二次衬砌是在一次衬砌内侧就地浇筑混凝土而形成的，是盾构法的重要组成部分。

关于①：一般将一次衬砌视为主体结构，也有一次衬砌和二次衬砌共同分担承受荷载的考虑方法，还有将一次衬砌作为临时材料，二次衬砌承担作用于一次衬砌上的全部土压力和外水压力的考虑方法。

关于②：由于隧道投用后的维护管理的难易和隧道使用寿命是重要的事项，必须充分考虑衬砌构件的不透水性、防水性及耐久性。

关于③：一次衬砌不但要承受盾构推进时的反力还要对抗壁后注浆时的注入压力。另外，在盾尾脱离的同时立刻就要发挥其作为隧道衬砌的作用。

另一方面，不使用预制管片的压注混凝土施工方法也正在得到使用（参照第125条）。

由于从一次衬砌开始施工到二次衬砌完成施工之间一般需经过很长的时间，在此期间作用在衬砌上的荷载随时间的推移而变化，具有很多不确定因素。另外也由于目前还不能准确区分一次衬砌和二次衬砌对荷载的分担量，所以一般均将一次衬砌作为衬砌的主体，考虑长时期承受作用于隧道上的荷载而进行设计。

隧道设计方法，原则上采用容许应力设计法，这是因为长期以来所使用的设计方法没有出现特别需要注意的问题，而且，使用极限状态设计法设计的实例非常少（参照第23条，第33条）。但是，近年来，对更为合理的设计方法的要求，引进了极限状态设计法，所以，也可采用极限状态设计法进行设计。但是不能为了贪图方便将两者混用。按照容许应力设计法设计时，对于2级地震时的结构，应按极限状态设计法进行研究（参照第200条）。

进行二次衬砌施工时，二次衬砌应当承受周围环境变化等所产生的附加荷载，以保护一次衬砌，起到防腐和补强的作用，在结构上也保证隧道蛇行偏移的修正、防水及其他隧道使用目的的功能。另外，近年来，不进行二次衬砌的做法也在不断增加，对于上下水合流式和污水用下水道沟渠应进行认真研究（参照第75条）。

因此，二次衬砌一般以保护一次衬砌，防腐和加固为目的，同时兼有修正隧道蛇行偏移、防水以及满足与隧道使用目的相适应的功能而进行施工。

盾构隧道使用期限，一般为50～100年，对使用后的维护管理也必须加以足够的重视。从该观点看，对周围地基条件以及对影响管片的防水、防腐蚀等隧道耐久性的因素，尤应引起足够的重视（参照第63~66条）。对于软弱地基还需要注意不均匀沉降，也许要考虑采用可挠性结构作为不均匀沉降的应对措施（参照第35条）。

> **第16条　工程计划**
> （1）工程计划
> 　　对于隧道工程计划，应该研究适合现场条件、地基条件、环境条件、障碍物等施工方法和机械设备，制订施工计划，以便能确保工程安全性和环境保护、经济性和工程质量。
> （2）工程进度
> 　　工程进度必须考虑工程规模、施工顺序、工期和施工条件等因素，安全而有效地作好工程进度计划。
> （3）竖井及施工基地
> 　　为使盾构工程能够安全、高效地进行施工，需要考虑盾构通过地区的场地条件和施工条件，在合适的位置根据其功能上的需要对竖井和施工基地进行规划。
> （4）辅助施工法
> 　　在盾构工程始发部和到达部，为保持开挖面的稳定性，在急拐弯部为保证围岩和衬砌的稳定性，在拆除障碍物和地中接合部为保证围岩的稳定性，必须考虑各自地点的围岩条件、施工条件等因素，预先研究辅助施工方法。隧道施工时，有时会给周围现有建筑物造成下沉、损坏等变形，为了防止此类事故的发生必须事先研究必要的应对措施。
> （5）观测、测量、施工记录
> 　　在盾构隧道施工时，应进行必要的观测和测量工作，为了确保盾构工程的施工质量，对与质量管理和施工管理有关的事项进行测量并做好记录，与施工记录一起保存，并充分加以利用。

【解说】　关于（1）：因为盾构工程在施工期间难以更改施工方法和结构，所以对施工方法事先应进行充分地讨论。制订工程计划时应遵守相关的法律法规，对于隧道截面、隧道线路、衬砌结构等，应适应竖井和隧道的占地条件、地基条件、环境条件和障碍物等，在规定的施工期间内，确保施工安全和环境保护，做好施工方法、施工机械、施工设备等的计划，确保施工的经济性、工程质量。

　　关于（2）：直接影响工程进度的工种有，竖井的建造，始发和到达部位的防护，障碍物的拆除，盾构隧道的施工（开挖，土砂搬运，管片组装，壁后注浆，二次衬砌），施工设备的安装和拆除等。尤其盾构工程的进度，取决于盾构掘进时的掘进速度和开挖土的处理能力。

　　关于（3）：竖井分为出发竖井、中间竖井、转向竖井和到达竖井。盾构的出发竖井是用于盾构机械的搬进、组装，衬砌材料及各种机械的运入，出渣和工作人员的出入等。另外，为了盾构的方向转换或盾构机械的解体等目的有时也在隧道中间或终点设置竖井。竖井一般都在竣工后作为隧道附属设备的设置空间而加以利用。

　　竖井的位置必须根据隧道的工程规模（隧道长度和断面大小）、盾构通过地区的土地利用状况、未来规划、用地取得的难易度、渣土和材料的搬运、竖井施工的难易程度等条件进行选定。

竖井的规模一般根据盾构断面、盾构机械结构以及竖井的使用目的来决定。竖井的净空尺寸及其详细构造应参照第135条来决定。

施工基地最好能够保证设置在出发竖井附近。施工基地的规模要充分保证竖井、洞外设备、渣土和材料的集散场地所需的用地。但是，最近对于用地紧张的工地，可考虑洞外设备的立体配置，另外占地面积小的隧道施工特殊设备系统也已经走向实用化（参照161条）。

关于（4）：由于现在常用的闭胸式盾构法，利用泥土压力或泥水压力保持开挖面的稳定性，所以很少需要在一般部位采用辅助施工。但是，在盾构出发部、到达部或地中接合部由于需要敞开围岩，在急拐弯部需要控制盾构姿态和保证围岩及衬砌稳定，必要时要考虑使用辅助施工法。此外，最近开始实际应用一种不需要敞开围岩就可以直接用盾构开挖挡土墙的施工方法，该施工方法原则上不需要辅助施工工程，但在高水压或软弱地基等条件下，有时仍然需要辅助施工法。

闭胸式盾构法，在遇到块石、卵石层或覆土很小、障碍物存在等施工困难的特殊条件及地中隧道与隧道接合时等，都有必要考虑使用化学加固、高压喷射注浆、冻结、压气等辅助施工方法。

另一方面，在采用现在已比较少用的敞开型盾构时，为保证盾构施工安全、按计划工期完成，同时保证开挖面的稳定和防止涌水以及控制地表变形和周围地基变形，有必要考虑使用以稳定围岩为目的的辅助施工法。

在盾构隧道开挖可能影响已有建筑物的场合时，应该根据其施工性、安全性、经济性、工期以及环境条件，考虑有效的辅助施工方法。作为已有结构物的防护措施，除了托换技术以外也常采用高压喷射注浆施工、化学加固等方法（参照第145条，第158条）。

关于（5）：在盾构隧道工程中进行现场观测、测量和施工记录等的主要目的如下：

①确保盾构施工的安全性

②确保盾构施工质量

③出现施工事故和纠纷时可作为查明原因和进行补偿的资料

④作为竣工后进行维护管理及修补时的资料

⑤作为今后的盾构施工技术改进，发展的资料等

由于有种种好处，应尽量详细地、正确地做好记录。另外，对上述资料应认真整理和妥善保存，以便今后使用。

盾构施工中应进行观测、测量和施工记录的内容如下：

1) 调查和观测

①房屋调查

②水井调查

③障碍物调查

④盾构隧道附近的地表面及构造物和埋设物变形

⑤地基变形

⑥地下水位变化

2) 安全卫生管理测量与记录

①可燃性气体的浓度，二氧化碳的浓度，氧气浓度和有无有毒气体
②坑内温度
③隧道内作业场所的风速（通气量）及隧道内通风状况

3) 质量管理测量与记录
①工程检查记录
②验收记录
③跟踪记录

4) 施工管理测量与记录
①压力舱内的土压力，开挖面的泥水压、泥水状态
②千斤顶推力，刀盘扭矩
③盾构隧道的变形、蛇行偏移
④盾构机的蛇行偏移和姿态
⑤壁后注浆的管理
⑥排土量的管理
⑦作用于盾构或衬砌的土压和水压
⑧盾构或衬砌发生的变形和应力

5) 工程记录
①施工日志
②竣工图（平面图、纵断面图等）
③土质资料
④照片、录像、工程说明资料

第 17 条　环境保护措施

隧道施工时，应十分注意周围环境和地球环境的保护，为削减建设副产品及其有效利用和适当处理处置而制订计划。

【解说】　一般认为盾构施工对周围环境产生的影响比较小，但在市区、靠近居住区进行昼夜施工的情况较多。

尤其是在施工基地周围，由于修建竖井、盾构掘进时的吊车、抽水泵、空气压缩机、出渣处理、泥土、泥水处理设施等所产生的振动和噪声会对周围产生影响，需要采取适当的处置措施。虽然施工基地一般多使用钢板等隔声墙和隔声房进行隔声屏蔽，这种情况下也有必要考虑采取适当的措施来协调周边环境。

对周围产生影响的其他原因还有：竖井遮挡阳光；因盾构通过而引起的地基下沉和隆起、水井枯水、水质污染及对地上及地下各种设备的影响；压气施工时由于缺氧、漏气喷发、有害气体泄漏而产生的影响等。对于上述问题，必须在施工计划阶段进行充分地论证，采取适当措施，努力做好环境保护工作。

另外，还要考虑隧道竣工后由于地下水位、附属设施（换气塔等）造成的采光不良、电波屏蔽、噪声、振动和大气污染等环境问题。

为了保护地球环境，对于工程所采用的施工方法和使用的材料、机械，要努力选用环

境负荷小的设备和方法。

盾构施工期间，开挖会产生大量的废弃土，这些废弃土或建设产生的污泥必须进行适当地处理和处置。最近，也有往剩余的泥水中加入固化材料作为隧道仰拱的填充材料，以及在废弃土中加入适当配比的固化材料和水，作为具有流动性的土加以再次利用的事例。对建设中产生的污泥的再生利用问题，创建了4个制度：自利用，上市销售，个别指定，再生利用认定（参照第192~199条）。

特定有害物超标的污染地基开挖和运出时，必须按照土壤污染防治法根据其污染程度进行适当地处理、处置。

第18条　维护管理计划

（1）盾构隧道在计划、设计和施工时，必须充分考虑维护管理问题。

（2）盾构隧道，经过一段时间的使用，为了保持其应有的性能水准，必须制订适当的维护管理计划。

（3）在盾构隧道维护管理过程中，必须将检查、评估和评定、管理措施、记录有机地结合起来，进行综合考虑。

【解说】　关于（1）：在计划、设计、施工中，考虑了维护管理问题，可以使隧道在使用期间的维护管理变得容易。尤其，适当地配置必要的设施和设备，能让维护管理过程变得更为有效。

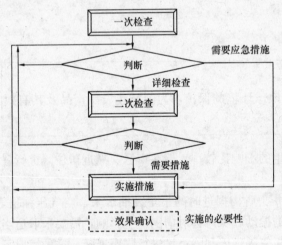

解说图1.14　一般的维护管理流程手册[1]

关于（2）：所谓隧道的维护管理，系指分阶段进行一次检查，二次检查，并根据检查结果，进行诊断，判断是否需要实施相应的措施，以维护应有的性能水准。一般维护管理的流程如解说图1.14所示。在制订维护管理计划时，应充分理解衬砌工作状态，衬砌结构，确保隧道内空截面，确保结构使用上的安全性，确保防水性，应充分考虑防止劣化地下结构物的功能，并根据隧道的用途保持相应的功能。

关于（3）：作为盾构隧道维护管理的第一步，在开始使用前，记录保存隧道竣工时的状态极为重要。维护管理工作对于检查、调查、评估、判断、采取措施等一连串的行为，尽可能定量的客观的记录，进行一贯性的评估极为重要。从各个阶段到采取措施的整个过程必须做好记录，以备今后维护管理参考，与隧道的计划、设计、施工的记录一起保存并长期积累，以便不断地更新和充分利用，也是极为重要的事情。

第2篇 衬　　砌

第1章 总　　则

第19条　适用的范围

本篇以圆形断面的盾构隧道为对象，规定了有关衬砌设计和制造的基本事项。对圆形断面以外的其他盾构隧道，应对本篇条款的适用性进行研究，在此基础上可沿用这些条款。

【解说】　在盾构隧道中，除围岩条件外，由于隧道的断面形状、施工方法等的不同，其力学行为也不相同，所以，衬砌设计必须以对应这些条件为原则。但是，从过去的施工实例来看，盾构隧道的绝大多数都采用圆形断面，因此，如果只说盾构隧道的话，通常就是指圆形断面的盾构隧道。因此，本规范的制订只以圆形断面的盾构隧道为对象，而对于复圆形、椭圆形、矩形等其他断面的盾构隧道来说，被认为妥当的条款，也可沿用。

第20条　术语

有关衬砌的术语如下：

（1）衬砌厚度

衬砌厚度包括一次衬砌和二次衬砌厚度的总和（参照图2.1）。

（2）箱型管片

具有由主肋和接头板或纵向肋构成的凹形管片的总称。钢制和球墨黑铅铸铁制管片（以下简称为铸铁管片）称作箱形管片，钢筋混凝土制管片也称作中子型管片（参照图2.7、图2.8）。另外，在铸铁管片之中，具有波纹形断面并在其背面凹部用填充材料进行填充的管片称为波纹型管片。一般用钢铁制管片作为钢制管片和铸铁管片的总称。

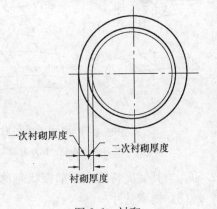

图2.1　衬砌

（3）平板形管片

指具有实心断面的平板状管片（参照图2.7）。

一般都是由钢筋混凝土制作，有时会对钢管片的内表面凹部充填填充材料或用钢材代替钢筋制作合成管片（参照图2.7）。

（4）管片环

一次衬砌拼装完成后形成的环。由A、B和K管片组成。A管片是两端接头上没有接头角度的管片。B管片是一端接头上有接头角度或插入角度的管片。K管片是两端接头有接头角度或插入角度,使管片环闭合的管片。另外 A、B 和 K 管片的中心角分别用 θ_A,θ_B,θ_K 来表示(参照图 2.2)。

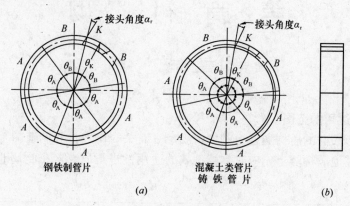

图 2.2 管片环的构成
(a) 横断面;(b) 侧面

K 型管片又可分为半径方向插入型 K 管片和轴方向插入型 K 管片。在隧道半径方向上设有锥度,沿隧道内侧插入者称为半径方向插入型 K 管片,在轴向设有锥度沿隧道轴向插入者称为轴方向插入型 K 管片(参照图 2.3)。

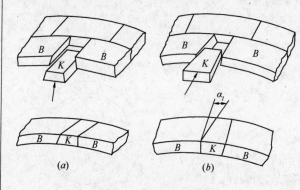

图 2.3 K 型管片的种类
(a) 沿半径方向插入型;(b) 沿轴向插入型

(5) 分块数
构成一环管片的管片数称为分块数。

(6) 顺接和错接
管片的接头在隧道轴向上连续分布的接头方式称为顺接,管片接头相互错开的接头方式称为错接(参照图 2.4)。

(7) 楔形管片环
用在曲线段施工和修正蛇行偏移,具有锥度的管片环(参照图 2.5)。当其宽度特别小呈窄板状时称为楔形垫板环。

(8) 楔形管片
构成楔形管片环的管片。

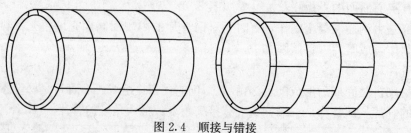

图 2.4 顺接与错接

(9) 楔形量（Δ）

在楔形管片环中最大宽度及最小宽度之差（参照图2.5）。

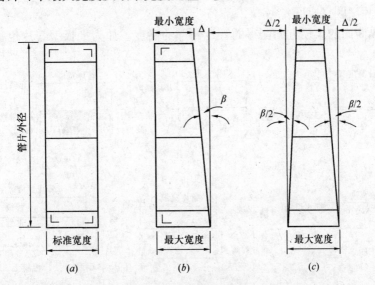

图 2.5 楔形管片环

(a) 普通环；(b) 单侧楔形环；(c) 两侧楔形环

(10) 楔形角（β）

图2.5中所示的β角。

(11) 接头角度（$α_r$）

如图2.2，图2.6所示，主要针对半径方向插入型管片使用。

(12) 插入角度（$α_1$）

如图2.3所示，针对轴方向插入型管片使用。

(13) 管片宽度

沿隧道纵向量测的管片尺寸（参照图2.7）。

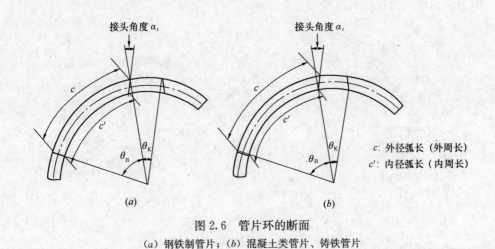

图 2.6 管片环的断面

(a) 钢铁制管片；(b) 混凝土类管片、铸铁管片

(14) 管片长度

沿隧道横断面测得的管片弧长（参照图2.6）。

(15) 管片高度（厚度）

在隧道纵断面的半径方向测得的管片侧壁的高度。如为平板型管片也称为管片厚度（参照图2.7）。

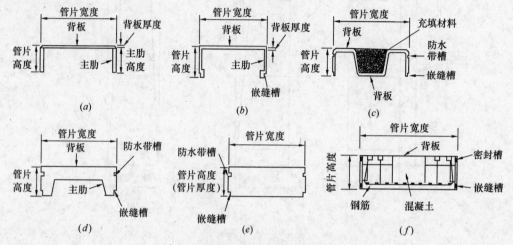

图2.7 管片的断面例

(a) 钢制管片；(b) 铸铁管片；(c) 波纹形铸铁管片；(d) 中子型管片；(e) 平板型管片；(f) 合成管片

(16) 主肋

在隧道横断面上的箱形管片侧壁（如是钢铁制管时要除去背板部分）。是承受作用于隧道上荷载的主要部分（参照图2.7）。

(17) 管片接头

在隧道横断面上连接管片形成管片环的部分称为管片接头。

(18) 管片环接头

在隧道纵断面上连接管片环形成隧道的部分称为管片环接头。

(19) 接头板（端肋）

用作接头连接的板或板状结构（参照图2.8）。

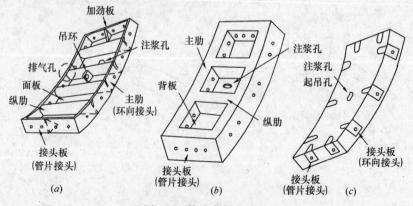

图2.8 管片各部的名称

(a) 箱形管片；(b) 中子型管片；(c) 平板型管片

(20) 面板和背板

在箱形管片中指由管片主肋和接头板支承的面板。在钢铁制管片中则称其为面板，在中子型管片中称为背板（参照图2.7，2.8）。

(21) 纵肋

是指箱形或中子型管片中沿隧道纵断面方向设置的构件，同时起承受盾构千斤顶的推力的作用和将作用在面板上的荷载传递给主肋的作用（参照图2.8）。

(22) 管片接头螺栓

为了构成管片环，连接管片用的螺栓。

(23) 管片环接头螺栓

管片环之间相互连接的螺栓。

(24) 防水带槽

为设置防水带条而沿管片侧壁预留的沟槽（参照图2.7）。

(25) 嵌缝槽

为了进行嵌缝，沿管片侧壁预留的沟槽（参照图2.7）。

(26) 注浆孔

为了进行壁后注浆而在管片上预留的孔（参照图2.8）。

(27) 吊环

为管片组装器抓握管片而在管片上预埋的配件。在钢筋混凝土管片中往往与注浆孔兼用（参照图2.8）。

(28) 加劲板

在钢铁制管片中，用来加强接头板的三角形衬板（参照图2.8）。

第21条 符号

在进行衬砌的结构计算时，使用的有关符号如下：

E_c, E_s, E_d——混凝土，钢材，球墨黑铅铸铁的弹性模量；

A——截面积；

I——截面惯性矩；

M、N、Q——弯矩、轴力和剪力（截面力的符号以图2.9所表示的方向为正）；

η——弯曲刚度（EI）的有效率（参照第48条）；

ζ——弯矩的增加率（参照第48条）；

R_0, R_c, R_i——一次衬砌的外圆半径、轴线半径和内圆半径；

h_1, h_2——一次衬砌，二次衬砌的厚度；

b——管片宽度；

θ——管片截面力计算位置的角度（从隧道顶部开始，顺时针为正的中心角）；

γ, γ', γ_w——土的重度、土的浮重度和水的重度；

H——从衬砌外侧顶点计算的覆土厚度；

H_w——从衬砌外侧顶点计算的静水面高度；

p_0——上覆荷载；

W_1, W_2——一次衬砌，二次衬砌的自重（隧道纵断面上的单位长度）；

ω_1,ω_2——沿衬砌轴线上的单位周长的一次衬砌,二次衬砌自重(隧道纵断面上的单位长度);

p——垂直方向的荷载强度;

q——水平方向的荷载强度;

λ——土的水平土压力系数(参照第 27 条);

k——地基抗力系数(参照第 27 条,第 31 条);

δ——管片环的水平直径点的水平方向变形(向围岩一侧的位移为正);

c——土的黏聚力;

φ——土的内摩擦角;

k_θ——管片螺栓的旋转弹簧系数(参照第 48 条);

k_r——管片环螺栓的半径方向的剪切弹簧系数(参照第 48 条);

k_t——管片环螺栓的切线方向的剪切弹簧系数(参照第 48 条)。

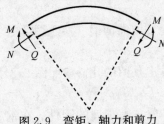

图 2.9 弯矩、轴力和剪力

【解说】 以上是为了便于结构计算而对符号进行的统一。由于用相同的符号表示不同的意义会引起混乱,所以希望符号能够尽可能地进行统一。但是由于把所有的符号都进行统一是非常困难的,所以只把常用的符号进行了统一的表示。因此,当用相同的符号表示其他意义时或使用本条款没有表示的符号时将在相应的地方加以说明。

为便于对符号的理解,解说图 2.1 中给出了符号的使用例。

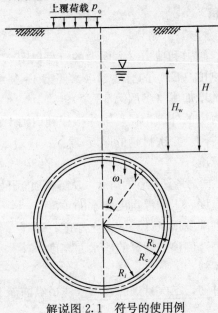

解说图 2.1 符号的使用例

> **第 22 条　衬砌结构的选择**
> 必须根据隧道的使用目的、围岩条件和施工方法，同时考虑防水、防腐蚀的耐久性，选择衬砌的结构、材料和形式等。

【解说】　隧道衬砌直接支撑围岩保持本身应具有的净空尺寸的同时，还要符合隧道的使用目的和满足施工上所要求的功能。

隧道衬砌原来由一次衬砌和二次衬砌组成，一般，一次衬砌主要承担力学上的功能，二次衬砌承担耐久性功能。但是，从社会背景考虑，最近为了提高经济性和施工性，将二次衬砌的功能由一次衬砌来承担，或者采取替代措施增加一次衬砌的功能。基于以上背景，《盾构工程用标准管片》（2001）首次明确阐述了关于二次衬砌的功能替代措施等的研究事项。

本解说将一次衬砌和二次衬砌分开叙述。

1）一次衬砌的功能和种类：一次衬砌是承受作用于隧道的土水压力、自重、上覆荷载的影响、地基抗力等的主体结构，同时，还要支承千斤顶推力，壁后注浆压力等施工荷载。另外，还有装配的可靠性，作业性和防水性等施工上的功能的要求。根据隧道的使用目的，进一步地还必须考虑隧道建成后的耐久性和维护管理的难易程度。

一次衬砌一般都是由工厂制造的箱型或平板型管片，在隧道横断面方向及纵断面方向通过螺栓接头等进行连接而形成的。

管片的种类可根据所用的材料分为钢筋混凝土、钢、铸铁以及由这几种材料复合制成的管片，它们各有特点。

混凝土管片由于具有良好的耐久性和耐压性，在土压和千斤顶推力作用下，很少发生压屈破坏。另外，这种构件的刚度大，只要在施工时加以注意的话就可以保持良好的防水性能。另一方面，由于它的重量大，抗拉强度低，构件端部容易破损，故在脱模、运输和施工时需特别小心。

钢管片的材料均匀，强度易保证，具有良好的焊接性，由于重量比较轻，易于施工，在现场进行加工和调整也较容易。但与混凝土类的管片相比，钢管片易变形。当千斤顶推力或壁后注浆压力过大时，需要考虑其压屈问题。

铸铁管片强度高，制造精度良好，防水性好。和钢管片一样，需要考虑压屈问题，当不浇筑二次衬砌时，还需要采取防腐蚀措施。

复合型管片属于平板型管片的一种，一般是由钢材和钢筋混凝土或者钢材和素混凝土复合制成的。最近也开发出用交叉桁架、扁钢、型钢等代替钢筋而制成钢骨混凝土系列的管片。在相同断面的情况下，复合型管片可以设计出较高的强度和刚度，虽然比钢筋混凝土管片要昂贵一些，但是具有可以减少管片高度的优点。

管片也可以根据管片间以及管片环间接头结构和管片的平面形状来分类。

管片接头结构在原来使用的螺旋接头上，最近加上了嵌合式接头，楔形接头，销型插入型接头，混凝土对接接头。嵌合式接头，楔形接头，销型插入型接头，混凝土对接接头等，连接方法简单，充分利用了千斤顶的推力，原来的螺旋紧箍作业可以实现自动化，省力化，所以施工性较优。但与传统的螺旋接头相比，刚度有所下降，需要选择与地基相匹配的接头结构（参照第 57 条）。

管片的平面形状除了传统所使用的矩形外，还有六角形，台形，平行四边形及以上的混合形状。最近，为了提高施工效率，将管片分割数为偶数块，一边盾构掘进，一边连续组装一半的管片。

2) 二次衬砌的功能和种类：二次衬砌在一次衬砌内现场浇筑而成。一次衬砌作为隧道的主体结构，二次衬砌所具有的功能将因隧道使用目的、使用条件、使用环境条件等而异，大致可分为如下（参照第 11 章，二次衬砌）：

①管片的防腐蚀
②防水
③线路确保
④内表面平滑确保
⑤防磨损措施
⑥管片的补强和防止变形
⑦防止上浮
⑧防振，防噪声
⑨防火
⑩内部设施的设置，固定
⑪隔墙

以往，二次衬砌大多采用现场浇筑混凝土建造，近年来，为了提高经济性和施工性，已经出现了替代措施的施工实例。例如：

①通过内插管在一次衬砌间充填垫空材料的方法
②一次衬砌内侧喷射混凝土的施工方法
③在一次衬砌的内侧粘贴分割片，在其内侧组装板材，在其间充填垫空材料合成塑脂等板材在一次衬砌内表面形成整体成为管片的制作方法
④管片内表面涂料或管片浸泡的方法

另外，使一次衬砌具有二次衬砌的功能，而不再实施二次衬砌时，必须考虑隧道的使用目的、使用环境条件，修筑隧道周围地基的性能状况，作用于隧道的荷载的变化情况，隧道的寿命、周期、成本（LCC）等因素。充分研究一次衬砌作为主体结构的力学作用，以及二次衬砌是否具有应有的功能。二次衬砌功能转让到一次衬砌困难时，不要拘泥于缩减工程费的社会潮流，仍然按照以往的做法实施二次衬砌。

3) 管片的选择：根据上述特性选择管片的型式和种类，使其能适合于隧道的使用目的、围岩条件、环境条件和施工方法等。现在的上下水道、电力通信等中小断面隧道，以混凝土系管片和钢制管片为主，大多根据《盾构工程用标准管片》（2001）选用。铁道等大断面隧道，以混凝土系管片为主，此外还使用铸铁管片和厚壁钢制管片。另外，铁道等大截面管片，根据隧道使用目的，大多不以《盾构工程用标准管片》（2001）为依据，而是根据使用目的由施工企业选择独自开发的形式和种类。此时，不管什么样的地基，一般都选用箱形或平板形混凝土管片；开口欠圆管片环和有特殊荷载作用下要考虑选用铸铁管片和钢制管片。

在计算管片环的截面内力时，根据管片的种类、接头的型式、错缝添接效益等，对衬砌的结构特性进行确切的评价是非常重要的。在计算管片环的截面内力时，大致有三种方

法，把管片环作为具有均质刚度的环来考虑的方法、作为具有多个铰支的环来考虑的方法、作为具有回转弹簧和剪切弹簧的环来考虑的方法。采用哪种方法要根据隧道的使用目的及围岩的条件、衬砌的结构特征来决定。因此，在选择衬砌结构时，充分考虑衬砌与管片设计方法之间的关系也非常重要。

建造大覆土的盾构隧道时，其管片的选择需要考虑地下水压，研究其防水性，特别是在高水压下，水压决定的盾尾油脂压力和壁后注浆压力等的施工荷载会明显变大，因此，对此应进行充分地考虑加以设计。

地下河流和引水道等受到内水压时，其管片的选择，可以设想存在拉伸力作用于接头，需要提高接头部刚度，防止漏水需要设置防水薄片等防水层。

在选择衬砌结构时，不要忘记考虑使用时的维护管理。应根据隧道的使用目的、隧道内的使用环境、周围环境、考虑了使用年限的结构的耐久性、维护管理以及修理补强等的容易性，认真研究结构设计。

> **第 23 条　设计的基础**
> 衬砌的设计必须以获取与其使用目的相适应的安全性为基础，以使用合格材料、合理进行施工为前提，根据容许应力法进行设计计算。

【解说】　此条款规定了衬砌设计计算的基本方针和原则。虽然是要根据经验和理论来假定荷载和选择结构模型，但对实际现象仍应尽量给予正确的说明。因为隧道的力学机制非常复杂，如有不清楚的问题存在时，必须以在最低限度内保证其结构的安全性为基础。

衬砌设计，根据铁道、公路、上下水道、电力、通信等隧道的使用目的，确保必要的承载力、耐久性来进行设计，对于千斤顶推力和壁后注浆等施工时荷载，要确保其安全性，这也是重要的内容。

隧道结构的设计基本方针应以选用符合设计意图的材料，按照设计方案进行施工为前提。一般要根据本篇第 3 章［材料］，第 9 章［管片的制作］以及第 4 篇［施工以及施工设备］中的规定，始终在严格管理下进行施工是极为重要的。

最近几年，以混凝土结构为主开始使用极限状态设计法。基于这种情况，在修订本规范时，以具有丰富工程经验的容许应力设计方法为基本方法，同时新增设了「第 5 篇极限状态设计法」。极限状态设计法，是通过与发生作用荷载的关系来核查结构物的耐久性和最终的承载力，从能够明确结构物所具有综合的安全性意义上来说，这是一种合理的设计方法。但是，在衬砌设计中，难以正确掌握荷载和隧道的破坏机制来明确定义隧道的极限状态，所以现在还是处于实施例极少的状态，今后还有很多的课题需要通过更多的实例进行研究。

使用哪种设计方法，需要在充分理解各个设计方法的特性和现阶段需要解决的课题的基础上，进行正确的判断，但两种设计方法不得混用。但是，对 2 级地震展开研究时最好选用极限状态设计法。

解说图 2.2 中列出了容许应力设计法设计衬砌的流程。

为了进行安全经济的衬砌设计，需要准确掌握隧道的动态特性，同时还必须经常不懈的研究，将其成果应用于设计中。

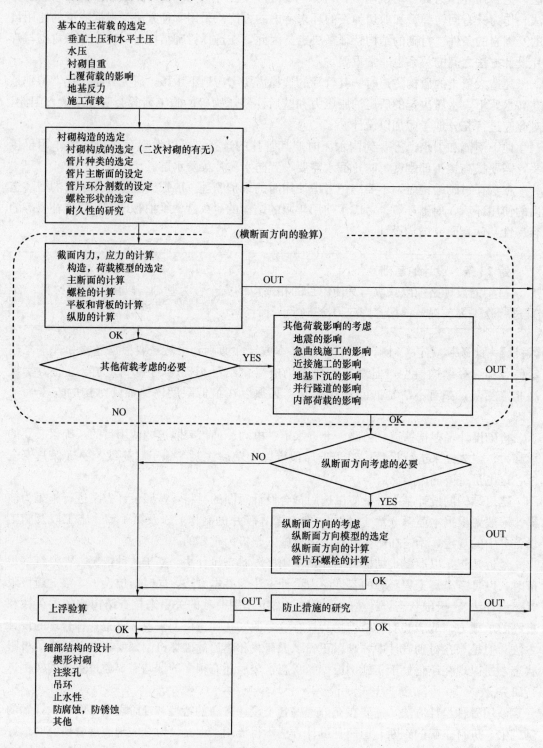

解说图 2.2 衬砌设计流程

第 24 条　设计计算书

（1）设计计算书中必须写明计算条件、计算方法、假定及计算过程和计算结果。

（2）原则上，设计计算书中必须写明以下的基本事项。

　　1）围岩的条件和地下水位
　　2）设计荷载
　　3）使用材料的种类和性能
　　4）容许应力或安全系数
　　5）施工条件
　　6）主任设计师的所属部门、姓名
　　7）设计年月日

【解说】　关于（1）：设计计算书中除计算结果以外，需要写明计算过程，适用条件，计算方法，设计假定等，以便在施工中发生问题时，竣工后的维护管理和补修加固中易于采取合适的措施。

　　关于（2）：设计条件应写在设计计算书的最前面，以便容易确认设计与施工之间是否具有差异。

第 25 条　设计图

（1）设计图必须明确指出结构物的位置、结构物或衬砌结构的形状、尺寸和断面强度等有关的各种要素。

（2）在设计图中，应根据需要写明以下所列的设计计算的基本事项。

　　1）围岩的条件和地下水位
　　2）设计荷载
　　3）使用材料的种类及性能
　　4）容许应力或安全系数
　　5）施工条件
　　6）主任设计师的所属部门、姓名
　　7）设计年月日
　　8）比例尺

【解说】　关于（1）：设计图是明确表示隧道与其周围各种物件间的平面和纵断面位置关系的文件，而且应绘出结构物本身的形状、尺寸和细部结构的尺寸，不应有所遗漏。设计图也能在施工中发生问题时和竣工后维护管理、补修加固等方面发挥作用。

　　关于（2）：在图纸上也应注明设计条件，以使设计与施工间的条件不致产生差异，易于确认。

第2章 荷 载

第26条 荷载种类

设计衬砌结构时应考虑下列各种荷载：
1) 垂直和水平土压力
2) 水压力
3) 衬砌自重
4) 上覆荷载的影响
5) 地基抗力
6) 施工荷载
7) 地震的影响
8) 临近施工的影响
9) 地基沉降的影响
10) 并行设置隧道的影响
11) 内部荷载
12) 其他荷载

【解说】 衬砌的设计不仅应满足隧道投入使用后，而且必须满足施工过程中的安全性和功能的要求。从这种观点出发，列举了设计时应考虑的荷载种类。其中，垂直土压力和水平土压力，水压力，衬砌自重，上覆荷载的影响，地基抗力，千斤顶推力和壁后注浆压力等的施工荷载，是设计时必须考虑的基本的荷载。此外，地震的影响，临近施工的影响，地基沉降的影响，并行设置隧道的影响，内水压等内部荷载，应根据隧道的使用目的，施工条件和占地条件等加以考虑。

通常这些荷载在设计时作为静荷载加以处理，关于地震的影响，应用动态解析方法进行结构设计的实例正在增加。

第27条 垂直土压力和水平土压力

(1) 计算土压力时，对于水的影响应依围岩的条件，采用下列之一的处理方法：
  1) 土、水分离计算
  2) 将水作为土的一部分进行计算

(2) 将垂直土压力作为作用于衬砌顶部的均布荷载来考虑。其大小宜根据隧道的覆土厚度、隧道的断面形状、外径和围岩条件等来决定。

(3) 水平土压力考虑为作用在衬砌两侧，沿其横断面圆的直径水平作用的分布荷载。其大小根据垂直土压力与侧向土压力系数来计算。

【解说】 作用于衬砌上的土压力是复杂的，对其进行正确的推断较为困难。本规范规定采用一般通用的方法计算设计土压力,在作用于隧道上的土压力中,不考虑与隧道变形的关系而制订设计计算用的土压力。比如说作用于隧道底部的土压力,即使不考虑其与隧道变形的关系进行制订,也会作为由地基抗力所得到的土压,按地基抗力来计算(参照第31条)。

关于(1):计算土压力的方法有两种。一种是将土压与水压分开的计算方法(土水分离),另一种方法是将水压作为土压的一部分进行计算的方法(土水一体)。一般来说虽然具有1)对于砂质土,2)对于黏性土的使用倾向,但对于自立性好的硬质黏土及固结粉土也有以土水分离进行考虑的情况。在土木学会、日本下水道协会的《盾构工程用标准管片》(2001)中,将可以把土压和水压分离计算的土质称作砂性土,将不能把土压与水压分开计算的土质称作黏性土。设计时,当不能立即断定应该采用哪种方法时,1)能够把土和水的力学作用看作互相独立的,似乎矛盾较少。但是,由于正确地掌握土中水的变化、地下水位等是非常困难的,即使进一步根据围岩条件、隧道的使用目的慎重地进行分析也难以作出判断时,可以使用1)、2)两种方法同时进行计算,然后根据衬砌的应力考虑采用安全一侧的方法。

采用1)时,对于土的密度,在地下水位以上时采用湿密度,在地下水位以下时采用水中浮密度。采用2)时,在地下水位以上,与1)相同,而地下水位以下,则采用饱和密度。土的密度,原则上是根据工程地质勘察结果来决定。根据过去的经验,使用1)时,地下水位以上一般为16~18kN/m³,水中浮密度为8~10kN/m³;使用2)时,地下水位以下一般采用18~20kN/m³ 的值。

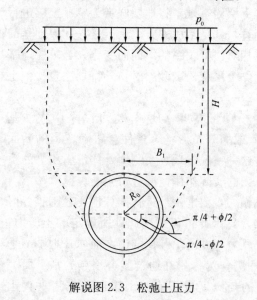

解说图2.3 松弛土压力

$$\sigma_v = \frac{B_1(\gamma - c/B_1)}{K_0 \tan\phi} \cdot (1 - e^{-K_0 \tan\phi \cdot H/B_1}) + p_0 \cdot e^{-K_0 \tan\phi \cdot H/B_1}$$

$$B_1 = R_0 \cdot \cot\left(\frac{\pi/4 + \phi/2}{2}\right)$$

式中 σ_v——Terzaghi 的松弛土压力;
K_0——水平土压力与垂直土压力之比(一般取 $K_0=1$);
ϕ——土的内摩擦角;
p_0——上覆荷重;
γ——土的单位体积重量;
c——土的黏聚力。

但是,p_0/γ 小于 H 时可使用下式。

$$\sigma_v = \frac{B_1(\gamma - c/B_1)}{K_0 \cdot \tan\phi} \cdot (1 - e^{-K_0 \tan\phi \cdot H/B_1})$$

解说图2.3 松弛土压力

关于(2):垂直荷载基本上看做作用于衬砌顶部的均布荷载。对于圆形隧道,从顶部到侧面之间的拐角部土压力荷载未作考虑,但是在大截面隧道中,该部分土压力荷载已大到不可忽视的程度。但是,按初步设计,考虑到这一点未必就是一个安全的设计,所以还是按照以往的垂直荷载进行考虑。对于圆形以外的隧道,当认为拐角部分荷载的影响较大时，最好另行考虑。

考虑长期作用于隧道上的土压力时，如果覆土厚度小于隧道外径，一般不考虑地基的拱效应。不仅是黏性土，即使是砂质土，采用松弛土压力作为设计计算土压力也有许多问题。在这种情况下，一般认为采用考虑全部覆土厚度的总土压力作为垂直土压力较为妥当。但当覆土厚度大于隧道的外径时，地基产生拱效应的可能性比较大，可以考虑在设计计算时采用松弛土压力。

在砂性土中，当覆土厚度大于（1~2）D_0（D_0：管片环外径）时多采用松弛土压力。在黏性土中，如果是由硬质黏土（$N \geqslant 8$）构成的良好地基，当覆土厚度大于（1~2）D_0时多采用松弛土压力。对于中等固结的黏土（$4 \leqslant N < 8$）或软黏土（$2 \leqslant N < 4$），将隧道的全覆土重量作为土压力考虑的实例比较常见。

关于松弛土压力的计算方法一般多采用太沙基（Terzaghi）的公式。在计算松弛土压力时如果考虑土的黏聚力，松弛土压力会变得很小甚至变为负值，所以在公式的应用方面要加以注意。一般来说，当垂直土压力采用松弛土压力时，考虑到施工时的荷载以及隧道竣工后荷载的变动，多设定一个土压力的下限值。垂直土压力的下限值虽然根据隧道的使用目的会有所不同，但在下水道、电力及通讯隧道中一般将其作为相当于隧道外径2倍的覆土厚度的土压力值，铁道隧道则以隧道外径1.0~1.5倍的覆土厚度的土压力值或采用200kN/m^{2}的值。需要注意的是，太沙基的公式已经包含了上覆荷载的项，设计衬砌时，必须区分该公式可以考虑和无法考虑的上覆荷载，对于无法考虑的上覆荷载，应对其影响进行适当的判断。

当地层为互层分布时，以地层构成中的支配土层为基础，将地层假定为单一土层进行计算，或者就以互层的状态进行松弛土压力的计算，都是常用的方法。但是，互层地基的松弛土压力会随各层的土质、层厚以及与隧道的相对位置关系的不同而变化，与单层地基相比其计算比较困难。尤其在隧道的上部存在软黏土层或松散砂层时，要特别注意松弛土压力的评价问题。

对于圆形断面以外的隧道只要合理地评价松动带宽度（B_1），也可以采用太沙基（Terzaghi）的公式计算松弛土压力。但是由于荷载的分布形状等条件会跟随隧道的断面而发生变化，应慎重地进行分析判断。另外，在这种情况下现场实测值是评价土压力的重要参考，希望能够根据类似工程的土压力和水压力的实际作用情况进行判断。

关于（3）：水平土压力与垂直土压力的情况相同，要准确地进行推算也比较困难。但是，作为设计主要是从确认结构安全性的观点出发，因此可以采用此处所规定的土压力。必须注意，此处与侧向土压力系数相乘的垂直土压力，并不是开挖隧道之前原来地基的垂直土压力。而是根据（2）所得到的设计计算土压力作为作用在通过隧道顶点的水平面上的上覆荷载，并加上以隧道顶点为基点所计算的与深度成正比的土体自重作为垂直土压力。

在难以得到地基抗力的条件下，可以选择考虑到施工条件的静止土压力作为侧向土压力系数。在可以得到地基抗力的条件下，使用主动土压力系数作为侧向土压力系数，或者以上述的静止土压力系数为基础考虑适当的减少进行计算都是常用的方法。侧向土压力系数不但应该考虑到土的性质，也要考虑与设计计算方法和施工方法的关系进行决定。但是要进行恰如其分的设定是非常困难的，一般可按解说表2.1所示的范围内，根据与地基抗力系数的关系来进行确定。管片的设计断面应力会由于垂直方向荷载和水平方向荷载之间微妙的平衡关系而发生变化，侧向土压力系数（λ），地基抗力系数（k）要在充分考虑地基条件和隧道的用途之后，慎重地进行确定。

侧向土压力系数（λ）和地基抗力系数（k） 解说表 2.1

土与水的计算	土的种类	λ	k（MN/m³）	N 值的大致范围
土水分离	非常密实的砂性土	0.35～0.45	30～50	30≤N
	密实的砂性土	0.45～0.55	10～30	15≤N<30
	松散的砂性土	0.50～0.60	0～10	N<15
	固结黏性土	0.35～0.45	30～50	25≤N
	硬的黏性土	0.45～0.55	10～30	8≤N<25
	中硬黏性土	0.45～0.55	5～10	4≤N<8
土水一体	中硬黏性土	0.65～0.75	5～10	4≤N<8
	软黏土	0.65～0.75	0～5	2≤N<4
	超软黏土	0.75～0.85	0	N<2

在解说表 2.1 中，土水一体这一类中的中硬黏土的侧压力系数 λ 值此次修订作了变更。在该地基条件下，根据以往的 λ-k 的关系计算的隧道断面内力非常大，根据经验与设计情况偏离较大，所以按照下面的设计方法进行设计。

对中硬黏土，以往的土水分离和土水一体的两种方法依然适用。N 值小于 8 时的黏性土一般难以想象土水各自分离。一方面，硬黏土，或者固结黏土采用土水分离的分类，与其认为是土的透水性大，不如认为是较多的龟裂隙引起的土水分离。中硬黏性土，还受到含砂率和土的组成的影响，在黏度方面处于分类临界点，认为土水分离或者土水一体都是合理的。中硬黏性土和硬黏性土在土水分离这一类对 λ 的评价是一致的，中硬黏性土和软黏土在土水一体这一分类中对 λ 的评价是一致且可以接受的。

第 28 条 水压力

（1）从保证设计的安全性出发，应考虑到施工过程以及将来的地下水位变化确定地下水位。

（2）垂直方向的水压力作为均布荷载，作用在衬砌顶部的水压力等于作用在其顶点的静水压力值；作用于衬砌底部的水压力等于作用在衬砌最低点上的静水压力。

（3）水平方向的水压力作为线性分布荷载，其大小与静水压力相同。

【解说】 本条款适用于根据第 27 条中规定按土水分离进行计算的场合。

作用于衬砌上的水压力，根据隧道施工过程中的施工条件的不同，与原地层中的水压力大不相同。另外，由于隧道施工后，在很长的时期内由于自然或人为的影响地下水位会发生变动，预测水压力是非常困难的。在圆形隧道设计计算中，采用较高的地下水位，并不等于是偏于安全的设计，相反采用较低的地下水压值进行设计往往会得到比较安全的设计。因此，选择用来计算水压力的地下水位时进行充分的论证是很重要的。

如果地下水位以下的土体密度采用浮密度时，采用静水压力作为水压力是妥当的。但是，在这里为了简化设计计算，对水压力的分布形式及其大小，按土压力那样垂直方向和水平方向分布作用。近年来，梁-弹簧模型计算法计算截面内力时，有时会采用衬砌中心位置的地下水压力，沿着隧道半径方向作用。

由于隧道开挖而去掉的水的重量作为浮力作用在隧道上。一般来说，考虑安全侧的设计将垂直方向水压力的差作为浮力处理。当作用于衬砌顶部的垂直荷载（除掉水压力）与衬砌自重的和小于浮力时，在衬砌顶部的地层中由于抗力产生土压力，以抵抗浮力的作用。这种现象易出现在隧道的覆土厚度小、地下水位高以及地震时容易发生液化的地基中，由于这种情况的出现而容易引起问题，要加以注意。如果顶部地层难以产生与浮力相当的抗力时，隧道会发生上浮，这时有必要通过二次衬砌增加隧道的重量，或在上部地面进行压重处理。

第29条　自重

自重是沿着衬砌中心线分布的垂直荷载。

【解说】 一次衬砌的自重根据下式计算。

箱形管片如果自重沿衬砌轴线的分布变化不同的话，可以采用平均重量。

$$\omega_1 = \frac{W_1}{2\pi \cdot R_c}$$

箱形管片的自重沿着中心线分布不均匀时，可采用平均重量。

二次衬砌的施工时间一般多在管片环已具有某种程度稳定后才进行，而且二次衬砌本身也是环形或拱形的，因此二次衬砌的自重由二次衬砌自身来承担，在一次衬砌设计时可不考虑二次衬砌的自重。但是，二次衬砌与一次衬砌共同作用承受荷载时，必须根据二次衬砌的施工时间，考虑二次衬砌的自重进行计算。

计算衬砌自重时所用的单位体积重量可按解说表2.2采用。但如果实际重量明确时应按实际重量计算。另外，对于采用压注混凝土施工法的混凝土重量，可参考解说表2.2由技术负责人判断决定。

对于自重的抗力，可参考第31条。

材料的单位体积重量（kN/m³）　　　　解说表2.2

	一次衬砌			二次衬砌	
	混凝土类	钢制	铸铁制	素混凝土	钢筋混凝土
单位体积重量	26.0	78.5	72.5	23.5	25.0

第30条　上覆荷载的影响

衬砌设计中上覆荷载的影响要能够再现路面交通荷载，建筑物荷载，堆土荷载等，并考虑土中应力的传播来确定。

【解说】 上覆荷载对衬砌的影响，因荷载种类，上覆土厚度，荷载的位置和范围，建筑物和结构物的基础型式，应力传播介质的地基特性而异。因此，设计时荷载的评价方法难以统一规定，地表面的荷载传递到衬砌的过程是在土中应力分散传播的过程，在评价上覆荷载影响时，一般应考虑这种土中的应力传播特性。在计算地基中的应力传播时，应用布辛尼斯克（Boussinesg）和威士特卡德（Westergaard）等的公式是有效的，应用实例较多。最近采用有限元进行数值计算的方法也逐渐增多，但是应该注意选择适合的土的本构模型及足够的计算范围。

《盾构工程用标准管片》（2001）中所适用的隧道很多情况下都是建造在道路的下面，所以假定公路桥的设计所使用的 T-25 满载的荷载，采用全覆土压时，作为上覆荷载的影响，隧道顶部使用 $10kN/m^2$。采用松弛土压力时，作为上覆荷载也采用 $10kN/m^2$（参考解说图 2.3）。对于受到路面交通荷载影响的隧道，除了要考虑以往的经验外，在覆土较浅时，还需要考虑冲击荷载的影响。

> **第 31 条　地基抗力**
> 地基抗力的作用范围，分布形状和大小，都应根据侧压力系数和截面内力的设计计算方法来确定。

【解说】 所谓地基抗力是指作用于衬砌上的全部荷载中，独立设定的设计计算用地基抗力的总称。通常，地基抗力的考虑方法有两种，一种方法是认为地基抗力与地层位移无关，另一种方法则认为地基抗力从属于地基的位移。关于前者，将其认为是与作用荷载相平衡的反作用力，一般预先对其分布形状进行假定。关于后者，例如温克列尔（Winkler）的假定等，认为地基抗力是由衬砌向围岩方向位移而发生的反力。

地基抗力的发生范围，分布形状和大小，与截面内力的计算方法有很大的关系，其考虑方法也将有很大的不同。作为实例，以下以惯用计算法和梁-弹簧模型法（参考第 48 条）为代表，列出地基抗力的考虑方法。

在惯用计算法中，对第 27 条，第 28 条，29 条和 30 条规定的垂直方向的地基抗力与地基位移无关，取与垂直荷载相平衡的均布反力作为地基抗力。另一方面，作用在隧道侧面的水平方向的地基抗力，则是伴随衬砌向围岩方向的变形而产生。故在衬砌水平直径上下各 45°中心角的范围内，采用以水平直径处为顶点，三角形分布的地基抗力。作用于水平直径点上地基抗力的大小与衬砌向围岩方向的水平变形成正比关系进行计算（解说图 2.16）。在使用惯用计算法进行设计计算时，水平方向的地基抗力系数可根据土质条件，参考解说表 2.1 进行取值。

梁-弹簧模型计算方法，根据地基变位确定的地基抗力来考虑管片与围岩的相互作用，将地基考虑为地基弹簧评价地基抗力。此时，管片环向地基侧变位使地基处于被动受力状态，管片环向隧道内侧变位时，地基处于主动受力状态。这些行为所产生的荷载作为地基抗力要得到合理的体现。欧美各国，地基被动和主动行为所产生的地基抗力，通过全周地基弹簧模型（参考解说图 2.4a）考虑的实例很多，在日本，只有地基的被动行为产生的地基抗力通过部分地基弹簧模型（参考解说图 2.4b）考虑的实例很多。评价地基被动行为，将周围地基假定为弹性体，地基弹簧的常数考虑了该地基的变形模量和泊松比以及壁后注浆的影响等因素而确定，或者参考了惯用计算法中的地基抗力系数来规定。评价地基主动行为的主动地基弹簧，其拉伸作用力，部分的减少了设计荷载，所以地基弹簧常数的设定及其使用需要考虑地基主动特性和壁后注浆的影响等施工条件。但是另一方面，在大覆土条件下，在自立性高的地基中建造盾构隧道时，合适的评价主动地基弹簧，有可能得到合理设计管片环的有效方法。地基弹簧一般按照半径方向和切线方向进行模型化，在通常荷载状态下，考虑切线方向的地基抗力，截面内力会变小，从设计安全角度出发，仅考虑半径方向的地基弹簧的设计实例较多。另外，研究临近施工影响，切线方向的地基抗力对于截面内力的计算极为重要时，大多采用半径方向地基弹簧常数的1/3左右。

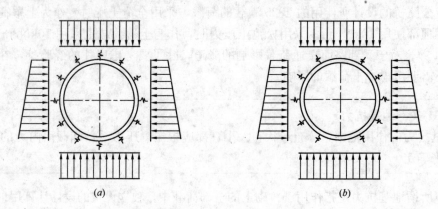

解说图2.4 地基弹簧模型一例
(a) 全周地基弹簧模型；(b) 部分地基弹簧模型

采用多铰系统的管片环，由于本身是一非静定结构，只能通过管片环的变形所产生的地基抗力而成为静定结构。因此地基抗力的评价变得较为复杂，但是由于计算机技术的进步，可以利用与梁-弹簧模型相同的计算方法来评估地基抗力。

最近，在盾构推进的同时进行壁后注浆的施工实例较多。由于采用了这种注浆方式，加上真圆保持装置及千斤顶推力的正确使用，以前不作考虑的由管片自重引起的变形所产生的地基抗力也可以成为考虑对象。尤其是隧道外径较大时，与土水压力所产生的断面应力相比，自重所引起的断面应力要大得多，因此，采用由管片自重引起的变形提供地基抗力的施工方法是非常有效的。

第32条 施工荷载

施工时的荷载应考虑如下：
(1) 千斤顶推力
(2) 壁后注浆压力
(3) 管片装配器的操作荷载
(4) 其他

【解说】 从管片组装开始，到盾尾空隙中壁后注浆材料的硬化为止，正在组装的管片和已经组装好的管片上作用着各种各样的载荷。在曲线部，壁后注浆材料硬化后，仍然受到千斤顶推力及其伴生的地基抗力等的影响。本规范将施工期间作用在管片上的临时荷载统称为施工荷载。

设计管片时，要根据围岩条件和施工条件，针对施工荷载进行必要的结构部件复核。对于施工荷载在管片上会出现较大的应力和变形的情况，应重新审视管片的形状和施工设备等的计划，充分注意衬砌使用阶段应有的性能不受到损害。

尤其，随着隧道向大截面和大深度发展，千斤顶的推力和壁后注浆压力等施工荷载的影响增大，对此需要注意。随着大深度发展，建设隧道的地基为坚硬的硬质地基时，对土水压力等的荷载进行设计时，与以往的设计实例相比管片厚度有变薄的趋势。在这样的条件下，由于高地下水压的作用，千斤顶推力增大，施工荷载会损害结构部件并使其产生漏水等，这些情况都会影响衬砌的使用性能，对此需要注意。

尤其近年来所常见的省略二次衬砌的做法，管片宽度加大，管片分割数减少，引起的管片大型化，对接的接头简化，采用急曲线、大坡度曲线等隧道线形，施工荷载很容易损害管片，对此要给予充分注意。

关于（1）：千斤顶推力是在盾构推进过程中以盾构千斤顶推力的反力形式作用于管片上的临时荷载，在施工荷载中对管片影响最大。为此展开管片的研究，考虑壁后注浆硬化过程评价地基抗力，对照隧道纵向的隧道计算模型，考虑施工条件，正确评估千斤顶推力的大小，作用位置和作用方向等极为重要。

根据《盾构工程用标准管片》（2001）的规定，盾构千斤顶的偏心量在设计上一般考虑为10mm，实际上发生30~40mm偏心量的实例也很多。尤其急曲线施工，由于管片环的变形和千斤顶作用方向的变化等原因，千斤顶的偏心量会变大。另外，局部使用小桁架高度的钢制管片和小口径管片等，与直线部分不一样的形状的管片，千斤顶相对于管片的偏心量也往往会增大，对此应予注意。如此，千斤顶推力偏心量过大，由此引起的弯矩会作用于盾构管片环，在曲线的内侧的管片环接头部分会有过大的拉伸力作用其上，接头面会张开，由于管片的移动等原因，盾尾部分和管片会发生接触。另外，作用于环接头面的弯曲拉伸力，由螺栓承担，容易引起螺栓的断裂。曲线外侧，由于过度压应力的作用，混凝土管片上的棱线部分，边角部分破裂，钢制管片纵肋变形。

管片在组装过程中，由于K管片的脱落等产生接头面的错位，盾构千斤顶靴刚性不足，跟随管片错位而移动，管片接头面的防水薄层过大的反力等原因，产生了局部应力集中现象，导致管片损坏，对此，应加以注意。

关于（2）：在对壁后注浆对管片影响展开研究时，考虑围岩条件和施工方法，评价壁后注浆压力和压力分布极为重要。壁后注浆压力一般取比泥水压力、泥土压力大50~100kN/m² 为标准，为了控制地基沉降为目的有时也会设定高注入压力（比泥水压、泥土压大200~300kN/m²）。另外，在注入孔压力会更大，对此应加以注意。

使用半径方向插入K管片时，要对壁后注浆压力引起K管片的脱落开展研究，特别是K管片较大时（A、B管片的1/3以上），和支承K管片接头的抗剪力较小时，尤其需要进行慎重的研究。而且在使用箱形管片和中子形管片时，需要核查挡板和背板构件，确保施工时构件的安全性（参照第53条）。

关于（3）：管片装配器的操作荷载是作用于管片上的装配器荷载。除用此荷载计算起吊环之外，也要用来计算管片装配过程对管片各部分的影响。最近，对接接头的简化，管片的大型化，管片的装配自动化，管片组装机的装备能力有增大的倾向。因此，在组装管片时，对于拉伸、压入、旋转、滑动等管片组装机的能力，需要考虑冲击等因素，确保管片完整性。

对于混凝土类的管片，将螺栓孔或注浆孔作为管片起吊环使用的场合较多。另外，也有在螺栓孔或注浆孔内安装拉杆作为反力座在施工时进行设备材料吊装、管片环变形防止用的场合。在「盾构工程用标准管片」(2001)中，考虑到这种因素对于混凝土类管片的影响，吊环采用能完全支承相当于1环管片重量的荷载，需要对吊环零件采用螺纹的形状，螺纹的深度，锚筋焊接规格等进行研究。

关于（4）：作为施工荷载，除上述内容外，还有应予考虑的对象，例如后方台车、管片运输车、土砂运送台车等自重的影响，真圆保持器操作的影响，刀盘旋转力的影响，盾尾反力，盾尾油脂压力，盾尾和管片的接触等等。对于施工荷载一般不予研究，尤其关于盾尾与管片的接触，随着大断面，大深度化的施工，千斤顶推力增大，管片的宽度加大，盾尾长度和盾构千斤顶长度加大，不能无视盾尾空隙减少的影响，需要对这些施工荷载进行研究。

第33条 地震的影响

当考虑地震的影响时，应根据隧道的重要程度，考虑隧道的选址条件、围岩条件、所在地区的地震烈度、隧道的结构、形状及其他必要的条件。

【解说】 地震对地下结构物的影响一般按下述方法进行考虑。隧道的重量与隧道置换土体的重量相比，隧道轻的情况比较多。因此，对有相当的上覆土厚度的隧道，当地震力作用时，与作用在周围围岩上的惯性力相比较，作用在隧道上的惯性力比较小。这样，地下结构物受地震的影响一般认为并不比地上结构物大。然而，日本兵库县南部发生地震时，一部分明挖隧道发生了崩塌，由此重新审视了地下结构物的抗震的设计思想，认为需要将设计地震力设定得大一些，并提高构件的韧性等。

另一方面，日本兵库县南部地震时，该地区的盾构隧道虽受到了若干损坏，但与明挖隧道不同，并没有影响到主体结构。这可以归因于盾构隧道采用的是在较深的地基中建造隧道的施工方法；结构上采用了较为稳固的圆形结构；并配置了许多接头，是一种易于跟随地基变位的结构。因此，覆土厚、处于良好地基中的隧道，一般对于地震的影响也可不予研究。不过符合下列条件时，一般认为隧道会受到地震的影响，需要特别慎重研究。

（1）如地下接合部位以及与竖井的接合部等衬砌结构发生变化的时候
（含管片种类的变化、二次衬砌的有无等情况）
（2）在软弱地基中
（3）地质、覆盖层厚度、基岩深度等地基条件发生突变时
（4）急转弯的曲线部
（5）在松散的饱和砂质地基，有发生液化的可能性时

在这些条件中，（1）是由于隧道的结构发生变化，在结构变化部易于发生较大的断面应力，（2）是由于软弱地基变形比一般的地基要大得多，（3）是由于沿隧道纵向地基的变形不同在隧道纵向上发生断面应力，（4）由于地震波的入射方向与隧道纵向之间的方向急剧变化而在纵向上发生断面应力，（5）由于液化会引起隧道的上浮，此时地震的影响不能忽视。尤其是（1）的场合，隧道结构与竖井结构是完全不同的结构型式，与隧道的其他部位相比，相当大的断面应力的发生难以避免。因此，为了降低这一部分隧道纵向的刚度，最好设置可挠性管片或在管片环间使用橡胶垫片或弹性垫片使其成为柔性接头。另外，在软基中建造的隧道如果预计到二次衬砌会出现一些有害的裂缝时，作为处理措施要

在二次衬砌的配筋方面进行考虑。

盾构隧道一般采用在静力作用下比较稳定的圆形断面，荷载的平衡是其最基本的条件。但在由地震引起的非对称外力及变形作用时，很难断定其是否属于高稳定性的结构物。另外，最近以复圆形盾构为代表，对于圆形断面以外盾构的采用有所增加，这种盾构隧道的荷载平衡状态更加复杂，在抗震设计时需要慎重地进行论证。

研究地震影响时，一般对于地震引起的中等地面振动（等级1），可作为临时性荷载考虑，构件上产生的应力强度需要控制在材料的容许应力强度范围内。对于大规模地面振动（等级2），从确保隧道内部空间截面的观点考虑，设计时一般允许构件的局部性损坏。对大规模地面振动进行研究时，可参阅[第5篇　极限状态设计法]。

1）隧道以及隧道周围地基的稳定性论证：在有发生液化危险的地基中建造隧道时，液化后土体失去强度，或由瞬时性超静孔隙水压力形成由下向上的渗流场，使得隧道上方作用荷载减少，隧道对于所承受的浮力失去抵抗力。由于上述原因，便需要对液化作用引起的隧道上浮、侧向流动、地震后伴随着围岩脱水压实而出现的隧道沉降所造成的影响、还有液化地基的压力变动所产生的隧道应力等分别进行核查（参照解说图2.5）。液化的预测和判断方法，简易的方法有极限N值法、液化电阻比（FL）法；详细的判断方法有考虑了有效应力的有限元法等。在选择这些方法时，必需充分考虑选址条件、土质条件、该地区的液化历史等情况。尤其围岩的粒度分布和相对密度与液化有密切的关系，需要认真的调查。

2）地震影响的论证步骤及模型：隧道的抗震研究，广泛地使用位移反应法。另外在有些条件下也可使用震级反应法和动态分析法（参照解说图2.6）。

解说图2.7和解说图2.8给出了隧道横断方向、纵断方向的计算方法的种类和体系。地表地基的响应值的计算有反应谱法、单向重复反射理论法和FEM动态分析法等，应根据选择的结构计算模型进行选择。选择计算模型时，不仅要充分考虑选址条件、地基条件，而且还要充分考虑盾构隧道有许多接头的结构特性，加以认真研究。隧道的结构计算应使用第48条和第49条所示的结构模型。和位移反应法一样，通过管片环结构计算截面内力时，应根据设计条件和计算精度的要求，选择均匀刚度环模型或梁-弹簧模型。另外，在将地基和隧道耦连在一起的FEM模型中，一般将管片环作为均匀刚度的梁单元加以模型化。但也有将梁-弹簧模型归入FEM的示例。

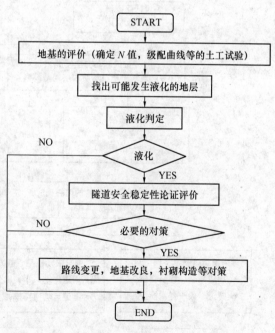

解说图2.5　隧道周围地基抗震稳定性的论证

当然，在隧道规划阶段进行详细周密的工程地质勘探，在考虑抗震措施的前提下进行线路选择也是一种方法。更进一步，为了在进行某种程度的修补后，仍能确保必需的断

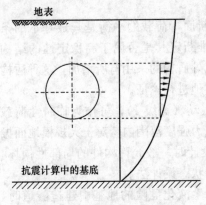

解说图 2.6 位移反应法计算的相对位移（隧道横断面方向）

面，将净空断面扩大一些也是有效的办法。

最近，使用结构物和地基共同作用的计算模型进行动力计算的例子逐渐增多。如果能够确切地假定结构材料和结构杆件的非线性特性，可以用动力计算求出结构物各部分在地震时的动态。但由于计算模型、输入的地震波的合理性、对计算结果的解释等都较复杂，因为目前还没有一个定论的计算方法，故尚未达到全面采用的程度。但是，由于动力计算法是捕捉地震时的自然现象的有力手段，故采用此方法进行计算时，应充分对其结果进行分析，并与其他计算方法所得到的结果及设计条件相对照，进行解释。

除上述的各种计算方法以外，近来，为了提高计算的可靠性，根据局部或整体的模型试验对计算结果进行验证，或在地震时对隧道的实际动态进行观测，以校对计算结果的例子日渐增多。

当然，在隧道规划阶段就应进行详细周密的工程地质勘探，作为抗震措施在抗震问题得到考虑的前提下进行线路选择也是一种方法。更进一步，为了在进行某种程度的修补后，仍能确保必需的断面，故将净空断面扩大一些也是有效的办法。

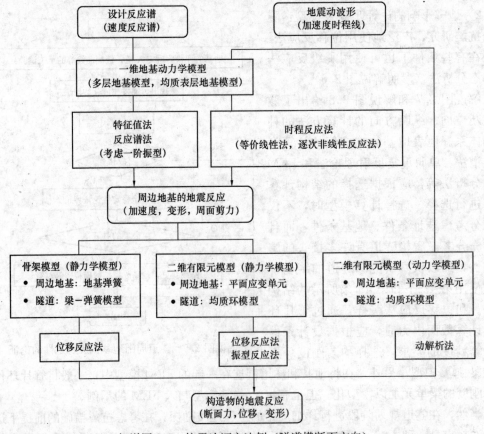

解说图 2.7 抗震论证方法例（隧道横断面方向）

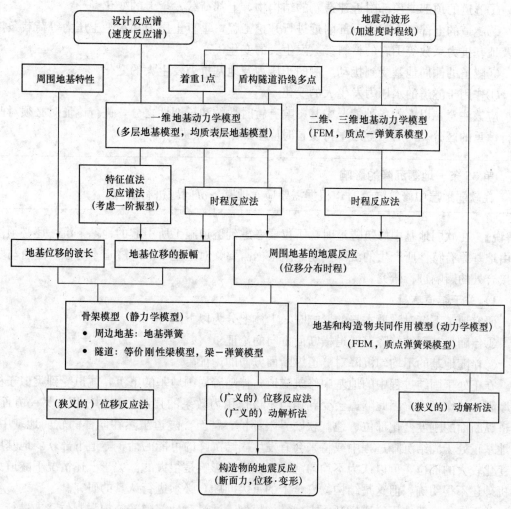

解说图 2.8 抗震论证方法例（隧道纵断面方向）

第 34 条　近接施工的影响

如果已经预想到盾构隧道在施工时或者完成后，其他结构物将会在近处进行施工时，要对其影响进行充分的论证。

【解说】　作为设计对象的隧道在施工中或施工完成后，其他的盾构隧道或结构物在近处进行施工的实例有所增加。这时，这一隧道受到由于临近施工所引起的围岩扰动的影响、作用荷载的变化的影响，应根据需要进行相应的衬砌加固、适当的防护和地基加固。如果已经预想到这一情况的话，应该在这一隧道的设计中对其影响作充分的分析，并在设计中得以反映。

尤其是在以下的情况下，近接施工的影响比较大，因此在合理地评价荷载的同时，有必要使用能够考虑荷载随时间变化的计算方法（荷载历史及衬砌的应力历史）。另外，如果对于将来发生的荷载变化将二次衬砌作为结构组成部分来考虑的话，有必要对结构计算模型进行充分的论证。

①隧道的顶部或顶部附近建造新的结构物，上部荷载发生大的变化

②隧道的上部、下部或下部附近进行开挖工程，垂直土压力和水平土压力等荷载条件以及地基抗力系数等围岩的材料参数发生大的变化

③隧道的侧向地基受到扰动，侧向土压力及地基抗力发生大的变化

④作用于隧道的水压力发生大的变化

应该注意，以上的各种情况中其影响有暂时性的和长期性之分，进行论证时必须对此进行慎重的区分。当盾构隧道平行设置时应参照第36条进行考虑。

第35条　地基沉降的影响

在软弱地层中修筑隧道时，根据需要应对地基下沉问题进行研究。

【解说】　在软弱地基中修筑隧道时，不仅要考虑到隧道施工所引起的地基下沉，还必须注意由地基原有特性所产生的沉降问题。应根据需要，对地基下沉对隧道本身以及隧道与竖井接合处的影响进行研究。

1) 关于隧道本身：

研究地基下沉对隧道本身的影响时，大体上分为以下两种：

①伴随地基固结沉降对隧道横断面方向的论证

②伴随地基的不均匀沉降对隧道纵断面方向的论证

在正处于固结过程中的地基中修筑隧道，伴随着周围地基的下沉，隧道受到类似于桩负摩阻力的作用力。因此隧道会受到相当于该作用力效果的强制位移的作用。另一方面，隧道纵断面的刚度变化部位、地基软硬界限部位、甚至，隧道虽然在同样的软弱地基中，当地基正处于固结沉降过程中或将来会有发生固结沉降的可能的话，隧道下部软弱地基层厚变化较大的部位，可以认为不均匀沉降对隧道的影响是很大的。关于上述情况下隧道力学机理还不很明确，但这是结构物安全上的重大问题，必须进行认真的研究。

关于①，一般使用隧道横断面方向结构模型，通过对地基弹簧施加强制位移来进行考虑。一般来说此方法可以对垂直土压力的增加进行考虑，对衬砌的强度进行验证。关于②，在隧道纵断面的结构模型中，将隧道所在位置的地基沉降量通过地基弹簧进行考虑。多用来研究在地基不均匀沉降时隧道的力学行为，并根据需要采取降低隧道纵断面方向刚度、通过地基加固减少沉降量、扩大隧道净空断面等措施。

2) 隧道和竖井连接部分：

在隧道与竖井连接处，由于是两种不同的结构相接，所以易于产生相对位移。为此，应根据需要将连接部作成可挠性结构，以防止应力集中。或者对竖井基础采用浮式基础，并对一定区间内的隧道环接头采用柔性结构，以减少不均匀沉降的影响。另外，为确保修补后的必要断面，将净空断面进行扩大的方法也很有效。关于竖井与隧道连接处的构造，可参照「隧道标准规范（明挖施工篇）及解说」（2006）。

第36条　平行设置隧道间的相互影响

在隧道相互靠近平行设置时，要考虑地基条件、施工条件等问题，根据需要对隧道之间的相互干扰和施工时的影响进行论证。

【解说】 此处所说的平行设置隧道，是指在一定区间内，复数的隧道在平面上或立面上平行而且近距离设置的隧道。这时必须对由于多条隧道相互干扰而产生的偏压土压力，地基的松弛或施工荷载的影响进行分析，根据需要采取对衬砌进行加固、地基改良或采用辅助施工防止变形等措施。

最近几年，在城市市区由于盾构隧道和其他地下结构物的接近，在狭窄的地下空间进行施工等各种条件的制约，复数的隧道小相隔间距平行修建的实例越来越多。铁道隧道已有相隔 30cm 进行施工的实例。根据围岩的条件、隧道相互的位置关系、隧道的外径、隧道相互之间的施工时间以及盾构型式等条件，这些平行设置隧道会在横断面方向或纵断面方向发生与单个隧道所不同的位移及应力，有些情况下会影响到隧道衬砌的安全性。在对平行设置隧道的影响进行论证时，要对这一问题有充分的认识，同时对发生影响的各种因素进行详细的调查。

一般来说，对平行设置隧道进行论证时必须考虑的主要事项如下：
1) 隧道之间的相互位置
2) 周围地基的性质
3) 隧道的外径
4) 后续隧道的施工时期
5) 盾构的型式
6) 施工时的荷载

关于1)：平行设置隧道的位置无论是在水平方向还是垂直方向，只要其相隔距离小于后续隧道外径（$1D_0$）的话，就有必要对其进行充分的论证。已经知道隧道间的相隔距离越小其影响就会越大，尤其是相隔距离小于 $0.5D_0$ 的话就有必要进行详细的论证。将隧道在上下方向进行设置时，后续盾构的施工荷载以及由于土体开挖所伴随的卸载的影响较大。尤其是后续隧道在下部施工时，上部的隧道会由于开挖时的地基松弛引起垂直荷载的增加及不均匀沉降。这时不但要进行横断面方向的论证也有必要进行纵断面方向上的论证。

关于2)：平行设置隧道的相互干扰根据隧道周围地基的土性而不同，尤其在敏感性高的软弱黏性地基、自立性差的砂性地基中其影响最为显著。这时有必要对于会引起荷载变化的地基松弛进行慎重地研究。另外，即使地基比较好或已经过加固处理，隧道间的相隔间距较小的话施工荷载的影响也是很大的。尤其是采用闭胸式盾构时这种倾向更加显著，进行平行设置隧道的论证时要对地基与施工方法之间的关系加以充分的注意。

关于3)：后续施工隧道的外径越大对先行隧道的影响也越大。应特别留意考虑各个隧道的外径的影响。

关于4)：一般希望后续隧道能够等到先期施工隧道施工围岩稳定后进行施工，但是实际施工很难做到。在先期施工隧道的影响还未消失就进行后续隧道的施工时，如 1) 所述由于隧道相互间的影响比较显著，有必要对隧道相互间的施工时期进行充分的研究。

关于5)：平行设置隧道进行施工时，后续盾构对先期施工隧道的影响由于盾构型式的不同而发生很大差异。隧道在水平方向上平行设置时，闭胸式盾构对隧道的影响是开挖面通过时盾构推力所产生的偏心压力，而敞开式盾构一般不产生推力的影响，多由开挖面的开放出现暂时性的侧向土压力及地基抗力的减少。在考虑平行设置隧道施工的影响时，对周围地基的条件、隧道之间的位置关系以及盾构形式所引起的差异都要进行详细慎重的分析。

关于6）：对先期施工隧道产生影响的后续隧道施工时的荷载主要有推力、壁后注浆压力、泥水压力及泥土压力等，这些荷载通过隧道间的土作为先期施工隧道的偏心压力进行作用，从而在隧道的横断面及纵断面方向上引起过大的位移和应力。对于施工荷载的影响，通常是与后续隧道的开挖引起地应力的再分配同时发生的，需要十分注意对其进行定量评价。在对施工荷载进行衬砌的应力验算时，也可以对第42条所规定的容许应力进行适当的增加。容许应力的增加量可以参考第43条解说中的注意事项采用合适的数值。

对于并行设置隧道的相互干扰、施工荷载的影响，还没有明确的定量化的计算方法。关于相互干扰的影响，对于由隧道开挖引起周围地基的松弛多使用降低土压力系数，降低地基抗力系数或者增加垂直土压力的方法进行评价。可是，据了解这些方法，未必一定能反映实际情况。近几年来，也有的考虑地基和衬砌的相互作用，利用FEM进行研究。将隧道的开挖问题作为应力解除问题来处理，将地基作为线性弹性材料进行FEM分析评价，研究结果表明：在水平方向并立设置的隧道上，后续隧道的挖掘对先前（建造的）隧道的影响，表现在先前（建造的）隧道的侧压增加；在上下方向并立设置的隧道上，一般情况下，后续隧道在上方，此时，对先前（建造的）隧道有卸荷的趋势。据对较硬的地基上建造的隧道进行现场监测，结果表明，与作用于衬砌的土压力和衬砌的截面内力等相吻合的情况不乏其例。在研究并行设置隧道的影响时，要参考这些研究方法和过去的研究、实验、实测结果等，在确保安全的基础上作出恰当的评价。

第 37 条　内部荷载

内部荷载是指隧道完工后作用于衬砌内侧的荷载，对衬砌有很大影响时，必须按照实际情况确定。

【解说】　内部的荷载随隧道的使用目的而异，在其作用于衬砌上时必须对结构的安全性进行确认。

铁路车辆等作用于衬砌底部的内部荷载由于壁后注浆材料已经硬化，除了特别软弱的地基以外，可以认为是由周围的地基直接支承的，所以可以省略计算。但是，对于底板的支点、隧道内部集中作用的荷载、隧道内的悬挂荷载等会对衬砌的强度和变形产生影响的内部荷载，应根据实际情况设定荷载进行计算。另外，不进行二次衬砌施工的公路隧道，公路底板的支撑部分和其他的附属设备往往也会直接设置在管片上，此时，管片上大多设置锚固设施，以便安装这些附属设施，因此需要根据实际设定荷载进行研究。

承受内水压力的隧道，必须选择适当的包括二次衬砌在内的结构模型，考虑荷载的历史、隧道受到的应力的历史进行研究。这时，尤其要以隧道的安全性为第一，慎重地选择作用于管片的土压力和水压力。有内水压作用的隧道，根据地下水位和内水压等条件，作用的土压力越大未必衬砌应力越大，所以需要考虑土水压力范围的最大土水压力和最小土水压力。

第38条 其他的荷载

当衬砌承受本章规定之外的荷载时，应分别按实际情况对荷载进行设定，进行必要的研究。

【解说】 以上规定的荷载虽为衬砌设计计算时的主要荷载，但并未包括全部荷载在内。作为其他荷载，主要有管片的贮藏、搬运以及采用特殊的组装方法时所产生的临时性荷载，因地形、土性等原因而对隧道产生的偏心荷载，以及由于采用特殊施工法和设置开口部位而产生的荷载等等。

衬砌当然应能承受这些荷载，设置此条款的目的只是为了引起注意。可根据需要设定符合实际情况的荷载。

第3章 材　料

第39条　材料

衬砌使用的材料应以适合表2.1的规格者为标准。

对于素混凝土和钢筋混凝土的材料，除表2.1中的规定外，尚应遵循《混凝土技术规范》（2005年制定）。

使用材料规格　　　　　　　　　　　　　　表 2.1

种　类	规　　　格
（1）水泥	JIS R 5210　波特兰水泥 JIS R 5211　高炉水泥 JIS R 5212　硅酸盐水泥 JIS R 5213　粉煤灰水泥
（2）骨料	JIS A 5005　混凝土用碎石和碎砂 JIS A 5308　商品混凝土（附件1 商品混凝土用的骨料）
（3）混合材料	JIS A 6201　混凝土用粉煤灰 JIS A 6202　混凝土用膨胀剂 JIS A 6204　混凝土用外加剂 JIS A 6206　混凝土用高炉渣粉 JIS A 6207　混凝土用发烟硅酸
（4）钢材	JIS G 3101　一般结构用压延钢材 JIS G 3106　溶接结构用压延钢材 JIS G 4051　机械结构用碳素钢钢材 JIS G 4052　溶接结构用压延钢材 JIS G 7101　耐候性结构用钢 JIS G 7102　结构用耐候性热压钢板及钢带 JIS G 4401　碳素工具钢钢材 JIS G 3131　热压钢板及钢带 JIS G 3141　冷压钢板及钢带 JIS G 4304　热压不锈钢板及钢带 JIS G 4305　冷压不锈钢板及钢带 JIS G 4801　弹簧钢钢材 JIS G 4802　弹簧用压延钢带
（5）铸造品	JIS G 5101　碳素钢铸钢制品 JIS G 5102　焊接结构用铸钢制品 JIS G 5501　灰口铸铁制品 JIS G 5502　球墨铸铁制品 JIS G 5503　奥斯丁球墨铸铁制品 JIS G 5705　可锻铸铁制品

续表

种　类	规　格
(6) 钢筋及钢丝	JIS G 3112　钢筋混凝土用钢筋 JIS G 3505　软钢丝材 JIS G 3506　硬钢丝材 JIS G 3507　冷压碳素钢丝材 JIS G 3521　硬钢丝 JIS G 3532　铁丝 JIS G 3536　预应力钢丝和预应力钢绞线 JIS G 3538　预应力硬钢丝 JIS G 3547　亚铅电镀铁丝 JIS G 4314　弹簧用不锈钢丝 JIS G 4315　冷压用不锈钢丝
(7) 螺栓、螺母和垫圈	JIS B 1051　碳素钢及合金钢制螺栓、小螺栓的机械性能 JIS B 1052　钢制螺母的机械性质 JIS B 1180　六角螺栓 JIS B 1181　六角螺母 JIS B 1186　摩擦连接用高强螺栓、六角螺母、平垫圈 JIS B 1256　平垫圈
(8) 钢管，插塞	JIS B 2301　螺纹可锻铸铁管接头 JIS B 2302　螺纹钢管接头 JIS G 3444　一般用碳素钢钢管 JIS G 3445　机械用碳素钢钢管 JIS G 3452　管道用碳素钢钢管 JIS G 3454　压力管道用碳素钢钢管 JIS G 3455　高压管道用碳素钢钢管 JIS K 6873　ABS 树脂板 JIS K 6920　塑料聚酰胺（PA）成形材料和挤压型材料 JIS K 6921　塑料聚丙烯（PP）成形材料和挤压型材料
(9) 焊条及焊丝	JIS Z 3211　软钢用涂焊药的电弧焊条 JIS Z 3212　高拉力钢用涂焊药的电弧焊条 JIS Z 3312　碳酸瓦斯电弧焊条 JIS Z 3313　软钢和 50k 高强电弧焊条 JIS Z 3351　碳素钢及低合金钢用合成焊药焊丝 JIS Z 3352　碳素钢及低合金钢用合成焊药电弧焊丝
(10) O 型环，衬片	JIS B 2401　O 型环 JIS K 6380　橡胶衬片材料
(11) 涂料	JIS K 5621　一般用防锈油漆 JIS K 5551　环氧树脂涂料 JIS K 5664　焦油环氧树脂涂料 JIS K 6894　金属胚件氟化树脂涂膜 JIS H 8641　熔化锌电镀

续表

种　　类	规　　　　　格
(12) 其他	JIS A 5905　纤维板 JIS A 6005　屋面沥青板材 JIS E 1118　PC枕木用的钢轨连接装置 JIS K 7015　纤维强化塑料抗拉材料

【解说】 虽然已对衬砌等所用的材料质量作了规定，但在选择材料时还需注意以下事项。当使用本条中未规定的材料时，必须在确认材料参数后方可使用。

关于（1）：在现在的衬砌里，一般使用解说表2.3所示的日本工业规格（JIS）的标准规格材料水泥。

水泥种类　　　　　　　　　　　　　　　解说表2.3

规　格	种　类	规　格	种　类
硅酸盐水泥 JIS R 5210	普通、早强	粉煤灰水泥 JIS R 5213	A种、B种
高炉水泥 JIS R 5211	A种、B种		

此外，在JIS中包括的超早强硅酸盐水泥、中热硅酸盐水泥、高炉水泥C种在早强性、耐久性等方面有其优点，但由于价格高，故尚未见到管片中实际应用之例。但是，根据围岩的化学性质可使用这些种类的水泥，以发挥其特长。根据硅酸盐水泥、粉煤灰水泥的特点，目前可以作为二次衬砌或壁后注浆材料进行使用。

虽然没有纳入JIS的规定，作为特种管片有一种耐酸管片，由于它的抗化学抗腐蚀性强，根据条件也可考虑用来制造管片。但此时必须充分调查其适用性。

关于（2）：衬砌使用的碎石和碎砂的种类，按其颗粒的大小分类如解说表2.4所示。尤其混凝土管片，大多使用碎石2005。

另外，碎石和细砂的物理性质必须满足解说表2.5的规定。解说表2.5采用了《混凝土标准规范（标准篇）》（2005年制定）的JIS A 5005《混凝土用碎石和细砂》和JIS A 5308《预拌混凝土附件1（规定）预拌混凝土用骨料》规定的质量中最严格的标准。另外，还必须进行碱性二氧化硅反应性试验，确认其结果是否无害。

粒径大小划分　　　　　　　　　　　　　解说表2.4

粒径大小划分	粒径大小范围（mm）	粒径大小划分	粒径大小范围（mm）
碎石4005	40～5	碎石1505	15～5
碎石2505	25～5	细砂	5以下
碎石2005	20～5		

碎石和细砂的物理性质　　　　　　　　　解说表2.5

试验项目	碎石	细砂	试验项目	碎石	细砂
干密度（g/cm³）	2.5以上	2.5以上	磨耗损失（%）	40以下	—
吸水率（%）	3.0以下	3.0以下	细颗粒所占比重（%）	1.0以下	3.0以下
体积安定性（%）	12以下	10以下			

钢材的力学性质　　　　　　　　　　　　　解说表 2.6

规　格	记　号	抗拉强度 (N/mm²)	屈服点或极限强度（N/mm²）		
			厚、径、边或对边距离 (mm)		
			16 以下	大于 16 小于 40	大于 40[1)]
一般结构用压延钢材 JIS G 3101	SS 400 SS 490	400～510 490～610	245 以上 285 以上	235 以上 275 以上	215 以上 255 以上
溶接结构用压延钢材 JIS G 3106	SM 400A，B SM 490A，B SM 490YA，YB SM 520C SM 570	400～510 490～610 490～610 520～640 570～720	245 以上 325 以上 365 以上 365 以上 460 以上	235 以上 315 以上 355 以上 355 以上 450 以上	215 以上 295 以上 335 以上 335 以上 430 以上

1) 关于厚度达到 75mm 以上的焊接结构用压延钢材的屈服点或极限强度请参照 JIS G 3106。

关于 (3)：作为混合材料有粉煤灰、膨胀剂、化学掺合剂、高炉矿渣粉煤灰、硅烟尘、石灰石粉剂等。其中，混凝土用的化学掺合剂的种类有 AE 剂、减水剂、AE 减水剂、高性能 AE 减水剂。而且按氯化物离子（Cl^-）量，可分为 Ⅰ种～Ⅲ种。用于管片时，使用减水剂的事例较多。高炉矿渣粉煤灰为了抑制碱总量和在含盐环境下有使用的事例。石灰石粉末有时作为高流动混凝土的添加剂使用，材料的质量等在日本混凝土工业协会《关于石灰石细粉末的特性和在混凝土中的利用的研讨会》（1998）上有详细论述。

关于 (4)：钢材一般使用解说表 2.6 所示的 JIS 的标准品，尤其在焊接结构上，大多使用一般结构用的轧制钢材 SS400、焊接结构用的轧制钢材 SM490A。关于解说表 2.6 以外的钢材最好在确认的基础上、使用 JIS 制品和与其同等以上的制品。

还有，关于衬砌使用的钢材的形状、尺寸、质量见 JIS G 3192《热轧钢的形状、尺寸、质量及其容许误差》、JIS G 3193《热轧钢板和钢带的形状、尺寸、质量及其容许误差》、JIS G 3194《热轧扁钢的形状、尺寸、质量及其容许误差》。

关于 (5)：考虑到管片的使用业绩，目前所使用的 JIS 材料，如说明表 2.7 所示。

铸造件中，JIS G 5501《灰铸铁铸件》用于钢制管片的注入销钉，球墨铸铁管片当初使用了 JIS G 5502 的 FCD 450-10，最近大多使用起 FCD 500-7 来了。球墨铸铁件 FCD 600 以上由于规定的伸长率小，使用时需要注意。关于奥氏体球墨铸铁件，有报告称：在弹性极限强度以上的荷载状态下，会由于水脆化而导致抗拉强度和延伸率下降，在有些使用条件下，对此需要加以注意。

铸造品的机械性质　　　　　　　　　　　　解说表 2.7

规　格	记　号	抗拉强度 (N/mm²)	屈服点或极限强度 (N/mm²)	延伸率 (%)
碳素钢铸钢制品 JIS G 5101	SC 450	450 以上	225 以上	19 以上
焊接结构用铸钢制品 JIS G 5102	SCW 480	480 以上	275 以上（屈）	20 以上

续表

规　格	记　号	抗拉强度 (N/mm²)	屈服点或极限强度 (N/mm²)	延伸率 (%)
灰口铸铁制品 JIS G 5501	FC 200	200 以上	—	—
	FC 250	250 以上	—	—
球墨铸铁 JIS G 5502	FCD 450-10	450 以上	280 以上（强）	10 以上
	FCD 500-7	500 以上	320 以上（强）	7 以上
奥斯丁球墨铸铁 JIS G 5503	FCAD 900-8	900 以上	600 以上（强）	8 以上
可锻铸铁制品 JIS G 5705	FCMB 27-05	270 以上	165 以上	5 以上

关于（6）：按照《混凝土标准规范》（2005），适用于衬砌的钢筋和钢丝如说明表2.8所示。钢筋混凝土用的钢筋，大多使用SD295A，SD345。

钢丝和硬钢丝抗拉强度因钢丝直径而异，使用时，根据其品质，对其机械性能、焊接性和接头进行充分地研究。

钢筋和钢丝的机械性质　　　　　　　　　　　　　　　解说表 2.8

规　格		记　号	屈服点 (N/mm²)	抗拉强度 (N/mm²)
钢筋混凝土用圆钢 JIS G 3112	热间压延圆钢	SR 235	235	380～520
		SR 295	295	440～600
	热间压延异形圆钢	SD 295 A	295	440～600
		SD 295 B	295～390	440 以上
		SD 345	345～440	490 以上
		SD 390	390～510	560 以上
		SD 490	490～625	620 以上
钢丝 JIS G 3532	普通钢丝	SWM-B		320～1270
	退火钢丝	SWM-A		260～560
	钉子用钢丝	SWM-N		490～1270
硬钢丝 JIS G 3521	硬钢丝 A类	SW-A		930～2450
	B类	SW-B		1030～2790
	C类	SW-C		1230～3140

关于（7）：根据JIS规定的等级，六角螺栓和螺母加工程度为普通登记，而螺纹为8g。另外，由于管片中所用的螺栓主要是用于承受拉力而不是摩擦，一般多用JIS B 1051的规定，如解说表2.9所示。此时采用的垫圈从解说表2.10（JIS B 1256）中选择适合螺栓强度的等级。

钢六角螺栓的机械性质　　　　　　　　　　　　　　　解说表 2.9

强度种类		4.6	6.8	8.8	10.9
抗拉强度	最小值 (N/mm²)	400	600	830	1040
屈服点或极限	最小值 (N/mm²)	240	480	660	940

平垫圈的硬度　解说表 2.10

螺栓的强度分类 （　）内为螺母强度分类	平垫圈硬度分类
4.6（4 或者 5）	100HV
6.8（6）	140～200HV
8.8（8）	200～300HV
10.9（10）	200～300HV

关于（8）：管片的壁后注浆孔，或者作为吊钩使用的注浆孔，应使用解说表 2.11、解说表 2.12、解说图 2.9 所示的钢管或铸铁制品。螺钉应符合 JIS B 0202《管用平行螺纹》或 JIS B 0216《公制梯形螺钉》的规定。使用梯形螺纹时，应使用防水垫圈防止漏水。另外，注浆孔的塞子，一般使用 JIS B 2301《旋入式可锻铸铁制接头》、JIS B 2302《旋入式钢管制接头》所规定的制品，或 ABS 树脂、热可塑性树脂（通用工业塑料）等合成树脂及铸铁制品。采用合成塑料时，必须采用紧固力强的制品。

钢管的力学性质　　解说表 2.11

规　格	记　号	屈服点或极限强度 （N/mm²）	抗拉强度 （N/mm²）
一般结构用碳素钢钢管 JIS G 3444	STK 400	235 以上	400 以上
机械结构用碳素钢钢管 JIS G 3445　13 种 14 种	STKM 13A STKM 14A	215 以上 245 以上	370 以上 410 以上
管用碳素钢钢管 JIS G 3452	SGP	290 以上	—
压力配管用碳素钢钢管 JIS G 3454	STPG 370 STPG 410	215 以上 245 以上	370 以上 410 以上
高压管用碳素钢钢管 JIS G 3455	STS370 STS410 STS480	215 以上 245 以上 275 以上	370 以上 410 以上 480 以上

注浆孔和注浆孔螺栓的种类
解说表 2.12

种别	规　格	
注浆孔	JIS B 2302	螺纹旋入式 钢管制管接头
注浆 孔塞	JIS B 2301	螺纹旋入式 可锻铸铁接头
	JIS K 6921	聚丙烯塑料（PP）， 成形用和挤压用的材料
	JIS K 6783	ABS 树脂板

塞子（铸铁制）　　　　插孔（钢管制）

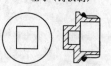

塞子（合成树脂·铸铁制）　　插孔（钢管·铸铁制）

解说图 2.9　注浆孔塞以及注浆孔

关于（9）：必须选择能使被焊接部分具有良好机械性能，不产生焊接缺陷，易于焊接作业的焊接材料。

焊接的方法有人工焊接、半自动电弧焊、自动电弧焊等。在人工焊接使用涂焊药的电弧焊条时，当母材为 SS 时，选用 JIS Z 3211 焊条，当母材为 SM 时，选用 JIS Z 3212 焊条。半自动电弧及自动电弧焊的焊丝有碳化气体用钢焊丝和半明电弧焊丝两种，对于碳化气体用钢焊丝有实心焊丝和管状焊丝。这些焊丝都应采用符合 JIS Z 3312 和 JIS Z 3313 的制品。

关于（10）：O 环和橡胶衬垫所使用的材料必须选用紧固时能经得到起磨损、不会发生龟裂、剥离的材质。管片上使用的 O 形环，在 JIS B 2401 规格中，以固定用的一类（密垫片）加以分类。

关于（11）：作为管片上使用的涂料一般用于防锈、防腐蚀、提高抗药性。以往有用一般防锈油漆和氟树脂涂料涂敷接头构件的实际经验。另外，在螺栓、螺母、垫圈等接头用的部件上，为了防止腐蚀，也有施行镀锌处理的方法和使用锌粉铬酸化学生成覆盖膜的处理方法（达格洛坦伊兹托处理）等实际经验。

第 40 条　材料试验
为了确认材料的质量，必须进行各种材料试验。

【解说】　主要的材料试验方法如解说表 2.13。解说表 2.13 以外的试验依据《混凝土标准-规范篇》(2005)。但是，对具有规格证书的材料，可省略试验。另外，对于第 39 条内未作规定的材料，必须遵照有关物性的试验和类似的试验的方法实施。

材料试验方法　　　　　　　解说表 2.13

种　别	规　　格
钢材和铸造品	JIS Z 2201　金属材料拉伸试验片 JIS Z 2204　金属材料弯曲试验片 JIS Z 2241　金属材料拉伸试验方法 JIS Z 2248　金属材料弯曲试验方法
骨材和混凝土	JIS A 1102　骨料筛分试验方法 JIS A 1103　骨料细粒含量试验方法 JIS A 1104　骨料重度及绝对体积比试验方法 JIS A 1105　细骨料有机杂质试验方法 JIS A 1109　细骨料密度和吸水率试验方法 JIS A 1110　粗骨料密度和吸水率试验方法 JIS A 1121　磨损试验机的粗骨料磨损试验方法 JIS A 1122　硫酸钠骨料安定性试验方法 JIS A 1145　骨料碱骨料反应试验方法（化学方法） JIS A 1146　骨料碱骨料反应试验方法（水泥砂浆棒方法） JIS A 1101　混凝土坍落度试验方法 JIS A 1115　尚未凝固的混凝土的试件取样法 JIS A 1118　尚未凝固的混凝土的空气量容积试验方法 JIS A 1132　混凝土强度试验用的试件制作方法 JIS A 1108　混凝土的压缩强度试验方法

第41条 材料的弹性模量及泊松比

管片中所使用的混凝土的弹性模量对应其设计基本强度应以表2.2为准。钢、铸钢、球墨铸铁和预应力钢材的弹性模量如表2.3所示。材料的泊松比如表2.4所示。

管片用混凝土的弹性模量　　　　　　　　　　　表2.2

设计基本强度 σ_{ck}（N/mm²）	42	45	48	51	54	57	60
弹性模量 E_c（kN/mm²）	33	36	39	42	45	47	48

材料弹性模量　　表2.3

材料	弹性模量（kN/mm²）
钢和铸钢 E_s	210
球墨铸铁 E_d	170
预应力钢材 E_p	195

泊松比　　表2.4

材料	泊松比
混凝土 ν_c	0.17
钢和铸钢 ν_s	0.3
球墨铸铁 ν_d	0.27

【解说】 本规范是以容许应力法为前提的。因此，管片中所用的混凝土的弹性模量是以《混凝土技术规范（1980年）》为基础，进一步参考《盾构工程用标准规范（1990年）》以及混凝土类管片制作工厂所制造的混凝土的实际弹性模量的情况而制定。

在使用表2.2之外的设计基本强度时，在 $\sigma_{ck}=42\sim60\text{N/mm}^2$ 的范围内可以采用内插法确定弹性模量。当设计基本强度超过表中所规定的数值时，应根据压缩试验等确定弹性模量的数值。

当把二次衬砌作为结构的一部分进行考虑时，混凝土的弹性模量以［混凝土技术规范（1980年）］为依据制定为解说表2.14。当使用解说表2.14所示设计基本强度以外的数值时，在 $\sigma_{ck}=18\sim30\text{N/mm}^2$ 的范围内可以采用内插法确定弹性模量。另外，早龄期混凝土的弹性模量可依据《混凝土技术规范（2002年）》确定。

这些弹性模量可以用来计算超静定力或弹性变形。断面计算以及容许应力计算时的混凝土的弹性模量采用 14kN/mm^2（钢筋与混凝土的弹性模量比 $n=15$）。

二次衬砌中所用混凝土的弹性模量　　　　　　　解说表2.14

设计基本强度 σ_{ck}（N/mm²）	18	24	30
弹性模量 E_c（kN/mm²）	24	27	30

虽然管片中所用混凝土的泊松比随压缩强度的变化而变化，但一般均考虑为0.14～0.2左右。本规范根据一般常用值1/6将泊松比定为表2.4的值。

第4章 容许应力

第42条 容许应力

衬砌上使用的材料的基本容许应力强度规定如下。对于本文未列出强度等级的容许应力强度应通过实验和计算等方法加以确定。

(1) 管片用混凝土

管片所使用混凝土的容许应力规定如表2.5。

混凝土的容许应力（管片）（N/mm²） 表2.5

设计基准强度		σ_{ck}	42	45	48	51	54	57	60
容许弯曲抗压应力		σ_{ca}	16	17	18	19	20	21	22
基准容许抗剪应力	弯曲剪切[1]	τ_a	0.73	0.74	0.76	0.78	0.79	0.81	0.82
容许粘着应力（异形钢筋）		τ_0	2.0	2.1	2.1	2.2	2.2	2.3	2.3
容许承压应力	全部加载	σ_{ba}	15	16	17	18	19	20	21
	局部加载[2]	σ_{ba}	$\sigma_{ba} \leq 1/2.8 \cdot \sigma_{ck} \sqrt{A/A_a}$ 其中 $\sigma_{ba} \leq \sigma_{ck}$						

注：1) τ_a 是取管片有效高度 $d=20\mathrm{cm}$、受拉钢筋配比 1% 计算出来的，应按下述方法修正。

①有效高度和受拉钢筋配筋比修正

乘以下式系数 α 即可。

$$\alpha = \sqrt[3]{p_w} \times \sqrt[4]{20/d}$$

式中 p_w——钢筋配筋比（%）；
　　d——有效高度（cm）。

但是，当 $p_w \leq 3.3\%$，$d \geq 20\mathrm{cm}$，$d < 20\mathrm{cm}$ 时，取 $d=20\mathrm{cm}$。

②容许剪应力的提高

弯矩和轴向压应力同时作用于管片时，应乘以下式系数 β_n 加以提高。

$$\beta_n = 1 + M_0/M_d \leq 2$$

式中 M_d——设计弯矩；
　　M_0——消除设计弯矩 M_d 受拉翼缘上轴向力产生的应力所需的弯矩。

2) A 为混凝土的承压分布面积；A_a 为承压面积，详见图2.10。

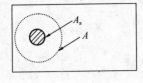

图2.10 支承压分布

(2) 现场浇筑混凝土

现场浇筑混凝土的容许应力规定如表2.6。

(3) 现场浇筑素混凝土

现场浇筑素混凝土的容许应力规定如表2.7。

现场浇筑混凝土的容许应力（N/mm²） 表 2.6

设计基准强度		σ_{ck}	18	21	24	27	30
容许弯曲抗压应力		σ_{ca}	7	8	9	10	11
基准容许抗剪应力	弯曲剪切[1]	τ_a	0.55	0.58	0.60	0.63	0.65
容许粘着应力（异形钢筋）		τ_0	1.4	1.5	1.6	1.7	1.8
容许承压应力	全面积承载	σ_{ba}	6	7	8	9	10
	局部承载[2]	σ_{ba}	$\sigma_{ba} \leq 1/3 \cdot \sigma_{ck} \sqrt{A/A_a}$ 其中 $\sigma_{ba} \leq \sigma_{ck}$				

注：1) τ_a 是取管片有效高度 $d=20$cm、受拉钢筋配筋比为 1% 计算出来的，应和管片混凝土时一样加以修正。
　　2) A，A_a 的含义和管片混凝土的一样。

现场浇筑素混凝土的容许应力（N/mm²） 表 2.7

设计基准强度		σ_{ck}	18	21	24	27	30
容许弯曲抗压应力		σ_{ca}	5.5	6.3	7.0	7.8	8.5
容许拉伸应力		σ_{ta}	0.72	0.80	0.87	0.95	1.00
容许承压应力	全面积承载	σ_{ba}	6	7	8	9	10
	局部承载[1]	σ_{ba}	$\sigma_{ba} \leq 1/3 \cdot \sigma_{ck} \sqrt{A/A_a}$ 其中 $\sigma_{ba} \leq \sigma_{ck}$				

注：1) A，A_a 的含义和管片混凝土的一样。

(4) 钢筋的容许应力

钢筋的容许应力规定如表 2.8。

钢筋的容许应力（N/mm²） 表 2.8

钢筋种类	SR235	SR295	SD295A，B	SD345	SD390
容许应力	140	180	180	200	220

(5) 钢材和焊接部位的容许应力

钢材和焊接部位的基本容许应力规定如表 2.9～表 2.11。其中，表 2.9 为没有考虑压屈条件时的值，表 2.10 则为考虑了压屈条件时的值。

钢制管片上的局部压屈条件下的容许压力如表 2.11 所示。

另外，连接不同强度的钢材时，应以强度较低的钢材取值。

钢材和焊接部位的容许应力（N/mm²） 表 2.9

	应力类别	钢筋种类	SS400 SM400 SMA400 STK400	SM490 STK490	SM490Y
结构钢材	容许抗拉应力（净截面）(σ_{sta})	轴向应力	160	215	240
		弯曲应力			
	容许抗压应力（总截面）(σ_{sca})	轴向应力			
		弯曲应力			
	容许抗剪应力	总截面	90	125	140
	容许承压应力	钢板和钢板	220	300	336

续表

应力类别			钢筋种类	SS400 SM400 SMA400 STK400	SM490 STK490	SM490Y
焊接部位	工厂焊接	坡口焊接	容许抗拉应力	160	215	240
			容许抗压应力			
			容许抗剪应力	90	125	140
		角焊	焊道方向上的容许受拉压应力	160	215	240
			焊缝容许拉压剪切应力	90	125	140
	现场焊接			原则上取上述值的90%		

钢材和焊接部位的压屈容许应力（N/mm²）　　　　表2.10

应力类别		钢材种类	SS400，SM400 SMA400，STK400	SM490，STK490	SM490Y	
压应力·总截面	轴向应力		$0 < l/r \leq 9$：σ_{sca} $9 < l/r \leq 130$： $\sigma_{sca} - 0.91(l/r - 9)$	$0 < l/r \leq 8$：σ_{sca} $8 < l/r \leq 115$： $\sigma_{sca} - 1.42(l/r - 8)$	$0 < l/r \leq 8$：σ_{sca} $8 < l/r \leq 105$： $\sigma_{sca} - 1.68(l/r - 8)$	①[1]
	弯曲应力		(1) 强轴周围的弯曲 用下式的等值长细比 $(l/r)_e$ 取代上述的 l/r。 $(l/r)_e = F \cdot l/b$ 式中，规定对I形截面取 $F = \sqrt{12 + 2\beta/\alpha}$ 对箱形截面，取 $\beta < \beta_0$：$F = 0$ $\beta_0 \leq \beta < 1$：$F = \dfrac{1.05(\beta - \beta_0)}{1 - \beta_0}\sqrt{3\alpha + 1} \cdot \sqrt{b/l}$ $1 \leq \beta < 2$：$F = 0.74\sqrt{(3\alpha + \beta)(\beta + 1)} \cdot \sqrt{b/l}$ $\beta \geq 2$：$F = 1.28\sqrt{3\alpha + \beta} \cdot \sqrt{b/l}$ $\beta_0 = \dfrac{14 + 12\alpha}{5 + 21\alpha}$ 对U形截面，取 $F = 1.1\sqrt{12 + 2\beta/\alpha}$ (2) 弱轴周围的弯曲：σ_{sca}			②[2]

注：1) ①中的 l 系指构件的压屈长度，r 则为所指定轴的总截面之截面旋转半径。
2) ②中的 l 系指翼缘固定点之间的距离，对于I形截面，b 为翼缘的宽度；对于箱形截面和U形截面，b 为腹板中心之间的间距。
α 为翼缘厚度（t_f）和腹板厚度（t_w）之比（t_f/f_w），β 则为腹板高度（h）和翼缘宽度（b）之比（h/b）。

(6) 球墨铸铁的容许应力

球墨铸铁的容许应力规定如表2.12～表2.14。表2.12为不考虑压屈的值，表2.13为考虑了压屈的容许轴向压缩应力值。表2.14为楔形管片局部屈服应力值。

钢制管片的局部压屈容许应力（N/mm²）　　　　　表 2.11

钢材种类	未受局部屈服的影响		受到局部屈服的影响	
	宽厚比 （板宽/板厚）	容许应力 （N/mm²）	宽厚比 （板宽/板厚）	容许应力 （N/mm²）
SS400 SM400	$\dfrac{h}{t_r \cdot f \cdot K_r} \leqslant 18.0$	160	$13.1 \leqslant \dfrac{h}{t_r \cdot f \cdot K_r} \leqslant 16$	$27200 \cdot \left(\dfrac{t_r \cdot f \cdot K_r}{h}\right)^2$
SM490A	$\dfrac{h}{t_r \cdot f \cdot K_r} \leqslant 15.6$	215	$11.2 \leqslant \dfrac{h}{t_r \cdot f \cdot K_r} \leqslant 16$	$27200 \cdot \left(\dfrac{t_r \cdot f \cdot K_r}{h}\right)^2$

注：$f = 0.65\varphi^2 + 0.13\varphi + 1.0$　　$\varphi = \dfrac{\sigma_1 - \sigma_2}{\sigma_1}$ ($\sigma_2 \leqslant \sigma_1$：压为正)　　$K_r = \sqrt{\dfrac{2.33}{(l_r/h)^2} + 1.0}$

式中　l_r——主桁梁压屈长度（mm）（纵向肋之间的距离或者纵向肋和环向接头螺栓之间的距离）；
　　　h——主桁梁高度（mm）；
　　　t_r——主桁梁板厚（mm）；
　　　f——应力斜率修正；
　　　K_r——压屈系数；
　　　σ_1，σ_2——主桁边缘应力（N/mm²）。

球墨铸铁的压屈容许应力（N/mm²）　　　　　表 2.12

应力种类 \ 钢材种类	FCD450—10	FCD500—7
容许弯曲抗拉应力	170	190
容许弯曲抗压应力	200	220
容许抗剪应力	110	130

球墨铸铁的压屈容许应力（N/mm²）　　　　　表 2.13

应力类别 \ 钢材种类	FCD450—10	FCD500—7
容许轴向应力	$0 < l/r \leqslant 7$：200 $7 < l/r \leqslant 105$：$200 - 1.42(l/r - 7)$	$0 < l/r \leqslant 7$：220 $7 < l/r \leqslant 100$：$220 - 1.63(l/r - 7)$

注：l 系指构件的压屈长度，r 则为所指定轴的总截面之截面旋转半径。

球墨铸铁楔形混凝土管片的局部压屈容许应力（N/mm²）　　　　　表 2.14

钢材种类	未受局部屈服的影响		受到局部屈服的影响	
	宽厚比 （板宽/板厚）	容许应力 （N/mm²）	宽厚比 （板宽/板厚）	容许应力 （N/mm²）
FCD450—10	$\dfrac{h}{t_r \cdot f \cdot \sqrt{K}} \leqslant 15.2$	200	$15.2 < \dfrac{h}{t_r \cdot f \cdot \sqrt{K}} \leqslant 21.7$	$46500 \cdot K \left(\dfrac{t_r \cdot f}{h}\right)^2$
FCD500—7	$\dfrac{h}{t_r \cdot f \cdot \sqrt{K}} \leqslant 14.3$	220	$14.3 < \dfrac{h}{t_r \cdot f \cdot \sqrt{K}} \leqslant 20.5$	$46500 \cdot K \left(\dfrac{t_r \cdot f}{h}\right)^2$

$f = 0.65\varphi^2 + 0.13\varphi + 1.0$　　$\varphi = \dfrac{\sigma_1 - \sigma_2}{\sigma_1}$ ($\sigma_2 \leqslant \sigma_1$：压为正)

$K = \dfrac{4}{\alpha^2} + \dfrac{40}{3\pi^2} + \dfrac{15\alpha^2}{\pi^4} - \dfrac{20\upsilon}{\pi^2}$ ($\alpha \leqslant 2.26$)，$K_{\min} = 2.37$ ($\alpha = 2.26$)

式中　l_r——主桁梁压屈长度；
　　　h——主桁梁高度；
　　　t_r——主桁梁板厚；
　　　f——应力匹配修正值；
　　　K——压屈系数；
　　　σ_1，σ_2——主桁梁边缘应力；
　　　α——l_r/h；
　　　υ——泊松比。

（7）焊接结构用铸钢件

焊接结构用铸钢件的容许应力规定如表2.15。

焊接结构用铸钢件的容许应力（N/mm²）　　表2.15

应力类别 \ 钢材种类	SCW480
容许弯曲抗拉应力	180
容许弯曲抗压应力	180
容许抗剪应力	100

（8）螺栓

螺栓的容许应力规定见表2.16。

螺栓的容许应力（N/mm²）　　表2.16

应力类别 \ 钢材种类	4.6	6.8	8.8	10.9
容许抗拉应力	120	210	290	380
容许抗剪应力	90	150	200	270

【解说】　关于（1）：容许弯曲抗压应力，按 $\sigma_{ca}=\sigma_{ck}/2.8+1\text{N/mm}^2$ 确定。

对于弯曲的基准容许抗剪应力，根据《混凝土标准规范（2002年）》中棒构件的设计极限剪切强度的计算法，以管片有效高度 $d=20\text{cm}$，受拉钢筋配筋率1%的管片为基准，以此为基础对容许抗剪应力进行修正计算。另外，由于弯矩和轴向压缩力同时作用于管片之上，容许抗剪应力要作相应的提高。还有，使用平均剪应力进行应力验算。

全面积承载时的容许承压应力规定为 $\sigma_{ca}=\sigma_{ck}/2.8$。

最近使用设计标准强度超过 60N/mm² 的高强度混凝土的事例屡见不鲜。在此类情况下，原则上不是单纯地对表2.5进行比例外插规定容许应力强度，而是根据试验结果等规定容许应力强度。

关于（2）：容许弯曲抗压应力规定为 $\sigma_{ca}=\sigma_{ck}/3+1\text{N/mm}^2$。

关于基准的容许抗剪应力及其提高问题可与管片混凝土作同样考虑。

全面承载时的容许承压应力，按 $\sigma_{ca}=\sigma_{ck}/3$ 确定。

关于（3）：容许弯曲压强度规定取 $\sigma_{ca}=\sigma_{ck}/4+1\text{N/mm}^2$

容许弯曲拉应力强度规定取 $\sigma_{ta}=0.42 \cdot \sigma_{ck}^{2/3}/4\text{N/mm}^2$

关于容许支承压力强度的全面加载时，与现场浇筑钢筋混凝土上的混凝土一样，规定取 $\sigma_{ca}=\sigma_{ck}/3$。

关于（4）：见《混凝土标准规范（1980）》。另外，对于处在明显腐蚀性环境下的隧道，也往往要考虑耐久性，取所示的容许压力强度折减后所得的值。

关于（5）：抗拉、抗压的基本容许应力，对厚度16mm以下钢材的屈服点，按安全系数为1.5进行确定。另外，根据剪切应变能理论，容许抗剪应力作为容许抗拉应力的 $1/\sqrt{3}$ 倍确定。这是由于盾构隧道属于地下结构物，一般不会直接承受活荷载的作用，所以对安全系数进行了降低。对厚度16mm以上钢材，根据钢材的种类，屈服点确定容许应力。但是对于承受反复荷载和冲击荷载的构件或者以变形决定的构件需要另行研究确定。

对于现场焊接的焊接部位，考虑到焊接作业的可靠性不高和环境影响较大等因素，原则上其容许应力取工厂焊接值的90%。如果能确保施工管理达到工厂焊接同等水准以上，或者进行与现场同样的施工条件下的施工试验，确认其质量可以达到工厂焊接水准时，也可不降低焊接部位的容许应力。

表2.10的压屈容许应力强度是按铁路桥等的标准规定的。

表2.11所示的对局部压屈的容许应力强度，其基本想法是取考虑了《公路桥规范及其说明（2002）》的自由突出板的局部压屈的容许应力强度，安全率规定时有所减低。

关于（6）：球墨铸铁的特点在于，抗压强度大于抗拉强度；与其他铸铁相比，抗拉强度和延伸率较大。

根据材料的特性和使用经验，容许弯曲抗拉应力可按弹性极限应力取安全率1.7确定；容许弯曲抗压应力按容许弯曲抗拉应力增加2成取值。另外，容许剪应力是按材料强度的最大应变理论进行确定。使用此处示出的强度等级以上的材料时，需要通过实验等加以确认，然后设定适当的容许应力强度。高强度的球墨铸铁（奥氏体球墨铸铁），有报告称：在特殊环境下，水脆化超过屈服强度，则强度和延伸率均有下降。所以设定容许应力强度时应予考虑。

表2.13给出了球墨铸铁的压屈容许压力强度。在中心柱等受压构件上使用球墨铸铁制品时，需要对整体的压屈加以研究。因此，球墨铸铁的压屈容许压力强度是参考了钢材的压屈容许压力强度才决定的。

表2.14给出了对局部压屈的压屈容许压力强度。长期以来，铸铁管片是整体铸造成型，可以确保足够的强度，所以认为不会发生局部压屈，对其研究也加以省略。可是，随着近年来隧道的大截面化，管片大型化，也逐步过渡到极限状态设计法，该规范也新规定了局部压屈应力强度的计算方法及其容许应力强度。铸铁管片与钢制管片相比，从整体上讲，板厚加大，起模斜度和冲孔、圆角部的曲率等都一次整体成型。压屈系数以3边固定、1边自由的固定条件加以求出。与通常的管片相比，纵肋的间距极宽和板厚极薄等时，需要在确认固定条件是否适当的基础上才能适用。还有，主梁的长度与高度之比在2.26以上时，压屈系数的设定需要另行研究。

关于（7）：根据《公路桥规范及其解说（2002年）》，考虑到是地下结构物，按屈服点取安全系数1.6确定。

关于（8）：盾构隧道出于防水上的要求，管片相互之间的接头部分最好不出现缝隙。为此，管片间螺栓的紧固效应，必须保证即使由于弯曲而产生拉力的作用，接头部分也不至于出现张开。因此可以认为在螺栓的紧固效应的有效范围内确定螺栓的容许应力是合理的。在设定螺栓的容许应力时，先以使用螺栓的屈服点应力为准决定计算轴向力，然后除以适当的安全系数求得。这也是抗拉连接的一贯做法。但目前的实际情况是，由于很难将每个螺栓的紧固力都管理得准确，加上施工上的制约等因素，螺栓的容许应力不得不以螺栓的屈服点或弹性极限强度为基础加以确定，而与计算轴向力无关。

根据这样的实际情况，参考《公路桥规范（2004年）》中精制螺栓的容许应力，对强度分类为 4.6 的螺栓，屈服点安全系数取值 1.5，对强度分类为 6.8 以上的螺栓，考虑到屈服比（σ_y/σ_B）较高，安全系数可设定得稍高一些。

表 2.16 所示的螺栓容许应力是考虑到配置多枚螺栓所出现的杠杆反力*的影响，再除以安全系数 1.25 所得之值。因此，对于不会出现杠杆反力的接头，也可使用表中的容许应力 1.25 倍之值。还有，关于螺栓的容许抗剪应力，根据剪切应变能理论，可视为不受反力的影响，按容许应力的 1.25 倍之值的 $1/\sqrt{3}$ 确定。

*杠杆反力：在钢制管片等的箱型管片和平板型管片中，当 1 处管片接头处每段配有 2 根以上的螺栓，而且有拉力作用于接头部时，由于螺栓之间的接头板的弯曲刚度而发生反力。该反作用力叫杠杆反力。接头部承受到拉力时，一旦出现杠杆反力，和未出现杠杆反力时相比，螺栓的轴向力便会增加。

第 43 条　容许应力的提高

对临时荷载，可提高第 42 条规定的容许应力。

【解说】　临时荷载包括第 32 条规定的施工荷载、第 33 条规定的地震影响、第 34 条的近接施工的影响、第 36 条规定平行设置隧道的影响中所叙述的后续隧道的施工荷载以及第 38 条其他荷载中的管片贮藏、搬运或特殊组装方法而产生的荷载等等。在考虑提高这些荷载的容许应力时，本应考虑隧道的设计条件、施工条件、完工后的维护管理的影响以及管片的使用等条件，根据荷载的种类和组合进行确定，但是由于各种荷载同时作用以及这些荷载的影响同时叠加的可能性很小，所以还是针对单个荷载条件，对容许应力可作如下提高：

1) 混凝土和钢筋，以容许应力的 50% 为上限。
2) 钢材、球墨铸铁和焊接结构铸钢件，以屈服点或弹性极限应力为上限。
3) 螺栓以容许应力的 50% 为上限。
4) 焊接部位以容许应力的 50% 为上限。

其中，提高混凝土构件的容许剪应力时，需要考虑其破坏特性，慎重研究。

第5章 管片的形状、尺寸

第44条 管片的形状、尺寸
管片的形状及尺寸应根据使用目的、并便于施工和节约成本来确定。

【解说】 决定管片形状、尺寸的主要因素和决定这些因素的一般方法如下。

①管片环的外径：管片环的外径尺寸，取决于隧道净空和衬砌厚度（管片高度、二次衬砌厚度等）。管片环外径尺寸是隧道设计时的最基本的因素。

②管片高度（厚度）：管片厚度与隧道断面大小的比，主要取决于土质条件、覆盖层厚度等荷载条件，但有时隧道的使用目的和管片施工条件也起支配作用。

根据施工经验，管片厚度一般为管片外径的4%左右，但对于大口径的，尤其是中子型管片时，约为5.5%。

③管片宽度：从便于搬运、组装以及在隧道曲线段上的施工，考虑盾尾长度等条件，管片宽度小一些为好。但是，从降低隧道总长的管片制造成本，减少易出现漏水等缺陷的接头部数量、提高施工速度等方面考虑，则此宽度大一些为好。管片宽度应根据隧道的断面，结合实际施工经验，选择在经济性、施工性方面较合理的尺寸。

根据日本迄今为止的工程实例，管片宽度有扩大化的趋势，根据隧道的断面，一般在300～1600mm的范围之内。采用钢制管片时，为300～1300mm，采用混凝土类的管片时，多为1000～1200mm（参照解说图2.10）。

最近，尤其在大截面的隧道上，多采用宽度大的管片，而在小截面的隧道上使用宽度大的管片时，需要考虑隧道内的管片的搬运和方向转换等问题才能决定。

④管片环的分块：管片环一般由数块A型管片、两块B型管片和一块可在最后在顶点附近封顶的K型管片组成。

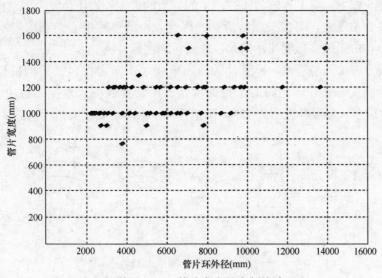

解说图2.10 管片宽度的实例统计

K型管片有的使用从隧道内侧插入（半径方向插入型），有的使用从隧道轴方向插入（轴方向插入型）（参照第20条解说图2.3）。从隧道内侧插入的（半径方向插入型）K型管片的弧长取小于A、B型管片的为好（参照第45条）。

从过去的经验及实际运用情况来看，根据管片的外径，铁路、公路等大断面隧道的分块为6～11块，其中分为6～8块的较多，上下水道和电力通信等中等断面和小断面隧道的分块为4～7块，其中分为5～6块的较多。另外，最近为了减少分块数量，逐步开始使用K管片的弧长与A、B管片大小程度相同的管片，作为分块数量有4～11的实际应用，随着外径增大，分块数有增加的趋势。对于等分块管片，由于最后插入的K管片的接头角度有变大的趋势和插入K管片时不能将K管片的两个接头面对照起来观看，所以组装时，需要充分注意。

第45条 接头角度和插入角度

K型管片的接头角度和插入角度必须根据截面内力传递、组装作业、施工条件和管片的生产条件确定。

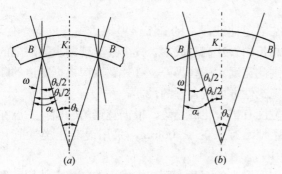

解说图2.11 沿半径方向插入型管片
(a) 混凝土管片；(b) 钢制管片

【解说】 如果是半径方向插入型管片，对于其中的K型管片的接头角度（$α_r$）依下式计算（参见解说图2.11）。

$$α_r = θ_k/2 + ω$$

上式中的$ω$是为便于K型管片的插入所需要的富余角度，混凝土管片和钢制管片一般采用2.5°～5.5°，但是，在不妨碍操作的前提下，小一些为好。另外，K管片的中心角，一般说来，对于混凝土管片以内径为标准；对于钢制管片，以外径为标准。

在管片接头面上，除了弯曲的同时产生的剪力的影响外，还会发生因轴向力而产生的剪力，如果接头角度大，则接头面易滑动。因此，K型管片中心角要取得小些。尤其在小断面隧道上，由于接头角度往往偏大，故需特别注意。

如果是轴方向插入型管片，K管片的插入角度（$α_l$），考虑包括盾构机长度在内的施工条件和管片接头与管片环之间的干扰而确定。K管片的插入角度多取决于施工条件，7～22°的实例居多（参照解说图2.12）。K型管片一般不需要接头角度（$α_r$）。另外，当K

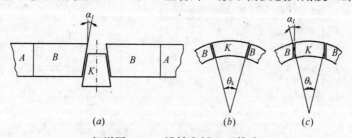

解说图2.12 沿轴向插入型管片
(a) 插入角度；(b) 无接头角度；(c) 有接头角度

型管片的中心角和管片高度取大值时，插入角度会变得过大，或者盾构机长度会变大，因此，即便是轴方向插入型管片，也往往设置若干接头角度，最大的有21.5°的实例。

> **第46条 楔形管片环**
> 楔形管片环应根据隧道线路、周围围岩、化学注浆等辅助施工方法、接头刚度、管片制作难易程度、施工富余量等确定其数量、宽度、楔形量。

【解说】 楔形管片环可分为曲线用和蛇行修正用的两种，形状上可分为单侧楔形和两侧楔形两种。在曲线用楔形管片环中，其中缓曲线用楔形管片环的楔形量，可以考虑与蛇行修正用楔形管片环相同，以减少楔形管片环的种类。

蛇行修正用楔形管片环的需要数量，会因工程区域内所包含的缓曲线和急曲线区段的比例、有无S形曲线等的隧道线路、影响盾构操作稳定性的周围围岩的情况而不同。通常，蛇行修正用楔形管片环数量大概是直线区间所使用的管片环数的3%左右。

急曲线用楔形管片环的最小宽度，对于钢制管片，按曲线的程度，最大可采用250mm。混凝土类管片，由于受到制作上的限制，最大可采用750mm。另外，曲线半径极小的施工场合，有时也会通过使用带有锥度的直径渐缩的管片以确保其尾部净空。

蛇行修正用和缓曲线用的楔形管片环最大宽度，对于钢管片，通常应等于标准管片的宽度或略小。对于球墨铸铁管片或钢筋混凝土中子型管片，多取标准管片宽度增加楔形量的一半作为楔形环的宽度。对于平板型管片，虽然过去一直采用楔形环的最大宽度略小于标准宽度，但最近采用标准管片宽度增加楔形量的一半作为楔形环宽度的做法比较常见。

楔形量、楔形角除应根据管片种类、管片宽度、管片环外径、曲线半径、曲线区间楔形管片环使用比例、管片制作的方便性确定外，还应根据盾尾操作空隙而定。总结过去的使用经验，如解说图2.13所示。

对于楔形量、楔形角，根据《盾构工程用标准管片（2001）》和近年的工程实例，大致在解说表2.15的范围内，根据曲线半径也有时需要使用比解说表2.15所示更大的值，对此需要进行研究。

对于上述以外大截面和特殊形状的，应分别根据各自的情况加以决定。

曲线区间的楔形环和普通环的组合，根据以往的实际使用情况以2:1最多。其次为3:1、1:1、4:1、3:2。其中，采用2:1以上的使用比例时，应事先考虑不使管片接头方式成为顺接式。在曲线半径较大的铁路和公路隧道中，楔形管片环所占比例在1:1以下的实例较多。楔形板管片环的设计思想和楔形管片环同样。

楔形量、楔形角 解说表2.15

		$D_o<4m$	$4m \leq D_o<6m$	$6m \leq D_o<8m$	$8m \leq D_o<10m$	$D_o \geq 10m$
标准管片（钢管片）	楔形量（mm）	15~90	15~80	—		
	楔形角（度）	0.25~2.0	0.2~1.1	—		
标准管片（混凝土管片）	楔形量（mm）	15~60	20~75	25~90		
	楔形角（度）	0.25~1.0	0.2~0.9	0.2~0.75		
实绩	楔形量（mm）	15~110	15~90	25~90	20~90	30~80
	楔形角（度）	0.25~2.33	0.2~1.3	0.27~0.8	0.1~0.75	0.1~0.4

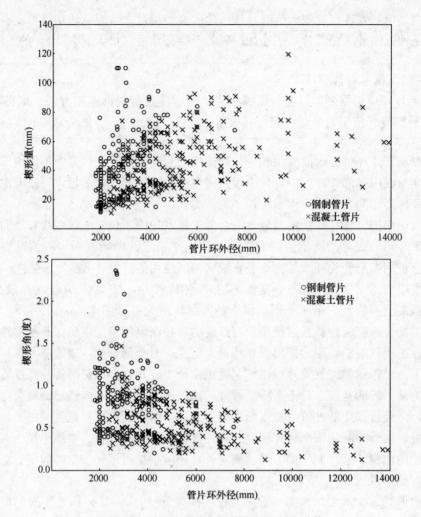

解说图 2.13 楔形量、楔形角的施工统计值

第6章 管片结构计算

第47条 结构计算的基本原则
(1) 隧道结构计算，按横断面方向和纵断面方向分开进行。
(2) 隧道的结构计算，必须对应于施工过程中各个阶段和竣工后的荷载作用状态进行。
(3) 隧道横断面的设计荷载，必须以作为设计对象的隧道区间内最不利的条件为基础进行确定。
(4) 混凝土类管片的非静定力或弹性变形计算时，一般不考虑钢筋问题，而将混凝土全截面视为有效截面进行计算。

【解说】 关于（1）：盾构隧道一般是利用管片接头和环接头沿隧道圆周方向和轴向将管片连接所构筑起来的筒状结构物。为此，由于作用于盾构隧道的荷载、隧道的线路、隧道的制约条件和地基的变形等缘故，隧道会同时发生横截面内的变形和纵向的变形。但是，考虑到结构计算的简便性和影响的程度，横向、纵向各自独立进行结构计算为好。结构计算以横向为主进行（参照第48条），纵向的结构计算则按需要进行（参照第49条）。

关于（2）：在管片设计时，除了要考虑隧道竣工后长期作用的荷载外，还必须考虑下列事项：
1) 从管片组装到壁后注浆材料硬化为止的期间内，管片环的稳定性、截面内力和变形；
2) 千斤顶推力作用下管片的截面内力和变形；
3) 壁后注浆压力作用下管片的截面内力和变形；
4) 急曲线地段的施工；
5) 地基的急剧变化；
6) 隧道与竖井连接部分；
7) 可以预期到的未来荷载变动的影响、邻近施工的影响等各种状况；
8) 内水压等的内部荷载产生的管片的截面内力和变形。

根据施工期间的各个阶段和竣工后的状态应考虑的荷载组合状况，需要从第26条所示的荷载中，按衬砌所处的状态规定。一般来说，作用于衬砌的土压力愈大，管片的截面内力便愈大。例如在有内水压作用的隧道内，通常如上所述，必须以设计最大土压力为对象进行设计。但是，由于作用于隧道的内水压的影响，相反，作用于隧道的土压力愈小，对于隧道来说愈严重。这样，荷载的组合必须按衬砌所处的状况进行设定。

还有，对大覆土的隧道，土水压荷载产生的截面内力，由于轴向力非常卓著，对设计有利，管片厚度可以薄一些；但由于地下水压力变大，盾构开挖面压力相应增大，因此千斤顶推力随之增大，壁后注浆压力也会变大，因此，关于1)、2)需要进行慎重的研究。

关于（3）：虽然确定荷载所需要的覆土厚度、围岩等各种条件会沿着隧道纵向发生变化，但如针对所有区段进行衬砌设计，其施工性和经济性都不理想。因此，从经济角度出发，在荷载条件发生急剧变化的地段，将隧道按纵向进行分区。在每一区间内，采用同样的设计条件按最不利的情况进行衬砌的设计。

关于（4）：对钢筋混凝土管片，在计算非静定力或弹性变形中，即便忽略钢筋，由此引起的截面积和截面惯性矩的误差也很小。因此，为了便于计算，可以对钢筋的影响忽略不计，将混凝土全截面视为有效截面进行计算。但是，对构件主截面上大量使用钢材的合成管片而言，其钢材的截面惯性矩的影响不可忽略不计。此时，应将钢材换算为等价混凝土截面，计算截面惯性矩。换算时所用的杨氏模量比 n，与混凝土的设计标准强度无关，取 15。

在钢制管片中填充了混凝土时，通常仅期待充填混凝土的防蚀、平滑内表面、抵抗千斤顶推力等作用，不作为弯矩和轴向力的抗力构件进行评价，所以忽略充填混凝土，仅对钢材截面积和截面惯性矩加以计算即可。然而，当期待钢材和充填混凝土的合成效应时，需考虑充填混凝土对弯矩和轴向力的贡献，作为合成管片对待。

一般来说，管片上发生的弯矩将随着其弯曲刚度增大而增大。因此，如果计算截面惯性矩时忽略了钢筋和钢材的影响，将使设计偏于危险。将混凝土视为全截面有效，才是偏安全的设计。正因为如此，在容许应力强度设计法中，考虑到两者的特性、兼顾到计算的简便性，规定了上述的处理方法。在研究等级 2 的地震的影响时，因为容许有大范围的开裂，由此引起的弯曲刚性下降非常明显，因此，最好是考虑构件的弯曲刚性下降的非线性进行结构计算。对于等级 2 的地震的研究，请参照［第 5 篇极限状态设计法］。

第 48 条　管片的截面内力计算

计算管片的截面内力时，应考虑施工中各阶段和竣工后的荷载作用状态以及管片环的结构特点。

【解说】　结构计算用的管片环半径取隧道横断面的形心半径。截面内力当然因管片环结构模型的不同而不同，但也随荷载的设定方法，特别是随地基抗力的考虑方法（参照第 31 条）的不同而有所差异，故在结构计算时需首先明确这些条件。

构成盾构隧道的管片环一般都是通过螺栓等将几个管片连接而组成，所以与具有和管片主截面同样截面，但具有均匀刚度的环相比更容易变形。这是由管片接头部分的刚度（尤其是弯曲刚度）小于管片主截面的刚度而引起的。因此如何评价接头部分的刚度降低问题，对计算管片环的截面内力非常重要。在日本，隧道的轴方向上一般也用螺栓连接，由于如前所述作为具有接头的管片环，其变形变大，因此可以期待所谓的错接头的拼接效应。当然这也要视周围围岩的状况而定。此时，怎样评价错接头的拼接效应，在管片的设计上也很重要。

对管片环的结构模型，根据对管片接头的力学上的处理方法加以分类，则大致有如下方法：

①假设管片环是弯曲刚度均匀的环的方法。

（i）不考虑管片接头部分的弯曲刚度降低、管片环是具有和管片主截面同样刚度 EI、且弯曲刚度均匀的环（完全均匀刚性环）的方法。

（ii）将接头部分弯曲刚度的降低评价为环整体的弯曲刚度的降低，管片环是具有 ηEI

（弯曲刚度的有效率 $\eta \leqslant 1$）弯曲刚度均匀的环（平均刚度均匀环）的方法。进一步考虑到错接头的接头部分弯矩的分配，在从根据 ηEI 均匀弯曲刚度环计算出来的截面内力中，对弯矩 M 考虑一个增减 ζ（弯矩的提高率 $\eta \leqslant 1$），设 $(1+\zeta)M$ 为主截面的设计用弯矩，$(1-\zeta)M$ 为接头的设计用弯矩。

②假设管片环是多铰环的方法。

③假设管片环是具有旋转弹簧的环，以剪切弹簧评价错接头的拼接效应。

①(i) 的方法比较简单，根据荷载的处理方法，产生了多种计算方法。其中，采用解说图 2.16 所示的惯用的荷载系统的计算方法叫惯用计算法。

①(ii) 作为①(i) 方法的修正法，如果与①(i) 一样，采用惯用的荷载系统，设 $\eta=1$，$\zeta=0$，就与①(i) 的方法相同。使用 η、ζ 进行截面内力计算的方法叫修正惯用计算法。

②的方法多以比较良好的围岩为对象。对于管片环，不将管片接头位置作交错式布置，而是沿着隧道纵向，按暗榫式对接一样进行装配（多铰链系列结构），期待着隧道变形而伴生的地基反力，以保持结构体的稳定性。

③的方法是根据日本实际情况，考虑错接头的拼接效应而采用的方法（以下简称梁—簧模型计算法）。

采用哪种方法计算管片环上出现的截面内力，因隧道的用途、围岩状况、设计荷载、管片结构、要求的计算精度、要求的核查项目等各种条件而异，因此需要认真研究。解说表 2.16 列出了横断面方向内力计算法的主要特征。

横断面内力的计算方法的特征 解说表 2.16

截面力计算方法	主 要 特 征
惯用计算法	●不考虑管片接头刚度的下降，考虑与管片主截面弯曲刚度一样的取值 ●由于不考虑管片接头刚度的下降，存在主截面设计内力过小和接头截面力过大的评价 ●不能求得环接头截面内力 ●不能进行非对称荷载状态的计算分析 ●截面内力计算简单
修正惯用计算法	●将管片接头刚度的降低考虑为整个管片环弯曲刚度下降，管片截面弯曲刚度取为主截面刚度与有效率 η 的等刚度圆环。但 η 的确定需要进行研究 ●管片错缝拼装时，考虑接头和管片主截面弯矩的重分配，主截面弯矩增加，接头弯矩降低。需要十分认真考虑弯矩提高率 ζ 的定量确定 ●与惯用计算法相比，主截面的设计截面内力大，管片接头的截面内力小 ●不能求得环接头的截面内力 ●不能进行非对称荷载状态的计算分析 ●截面内力计算与惯用计算法同等简单
多铰环计算法	●截面内力计算与惯用计算法同等简单，管片接头积极地使用铰接方式，结构模型为多铰接的不稳定结构，但可通过考虑围岩的地基反力进行计算 ●与惯用法和修正惯用法相比，主截面的设计截面内力更小 ●由于期待周围地基反力对隧道的约束作用，较难适用于软弱地基。另外，接头结构（止水性维持）和施工性也是需要充分考虑 ●与惯用法和修正惯用法相比，截面内力计算稍嫌复杂

续表

截面力计算方法	主 要 特 征
梁-弹簧模型计算法	● 接头结构考虑了管片接头的旋转刚度、环接头的剪切刚度的取值，可以合理评价错缝拼装效果 ● 与惯用法和修正惯用法相比，是与实际情况更为接近的合理计算方法。但是，需要适当地设定对断面内力有影响的接头的刚度 ● 拟三维计算方法，可以求得环接头的截面内力

解说图 2.14 显示了各种算法的结构模型概念，解说图 2.15 则给出这些计算方法的荷载系统。对于梁-弹簧模型计算方法，除了解说图 2.15 所示各部分以外，还有对自重引起的地基反力以非常小系数的地基弹簧进行评价的方法。解说表 2.17 显示了各种计算方法可适用的荷载系统。在这些计算方法中，对地基弹簧，一般根据温克列尔（Winkler）的假设，进行收敛计算。

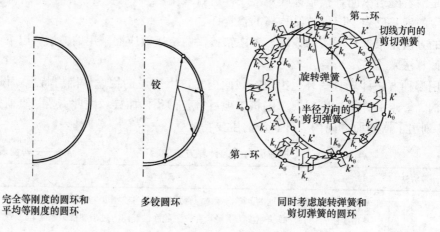

解说图 2.14 管片环的结构特征

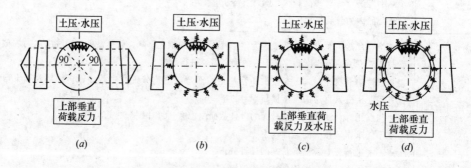

解说图 2.15 作用于管片环上的荷重

各种计算方法与可能适用荷载系统的关系　　　　解说表 2.17

计算方法	可能适用的荷载体系	计算方法	可能适用的荷载体系
惯用计算法	(a)	多铰环计算法	(b)
修正惯用计算法	(a)	梁-弹簧模型计算法	(b)，(c)，(d)

解说表 2.18 给出了惯用计算法和修正惯用计算法中对解说图 2.15（a）所示荷载模型的解析解。另外，使用多铰环计算法时，对于解说图 2.15（b）所示的荷载模型的圆形隧道，可按环的分块数和铰链的位置分别求出各自的解析解。

下面介绍这些截面内力计算法的概要。

1) **惯用计算法**：惯用计算法是在 1960 年前后提出，在日本国内得到广泛应用的方法。解说图 2.16 给出了惯用计算法所使用的荷载系统，垂直方向的地基抗力假定为等分布荷载，水平方向的地基抗力则假定为自环顶部向左右 45°～135°区间的线性分布荷载（三角形）。决定水平方向地基抗力大小的水平直径点位置的变形量会因是否考虑衬砌自重所产生的地基抗力而异，可按解说表 2.18 式 i) 或式 ii) 计算。解说表 2.18 给出了使用修正惯用计算法进行管片截面内力计算的公式，如将表中的 η 设定为 1 的话，则成为惯用计算法的计算式。

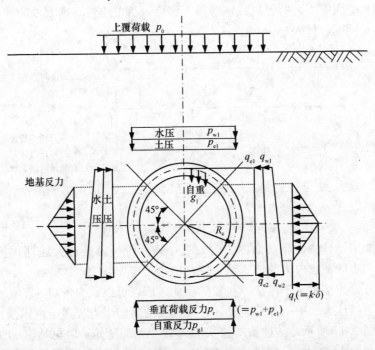

解说图 2.16 惯用计算法和修正惯用法中采用的荷载体系

在该表中，水平直径点的水平方向的位移 δ，与以水平直径上的位置作为顶点、在上下 45 度的范围内分布的水平方向的地基反力的大小有关。在按惯用计算法进行管片设计的方法得到普遍使用之初，从壁后注浆材料和壁后注浆方法的实际状况考虑，在衬砌的自重所作用的盾尾附近，不能期待衬砌自重造成管片环变形而产生的地基反力，一直采用表中的 i) 式。但是，近年来，伴随着隧道的大截面化，在混凝土系列管片上，衬砌自重产生的截面内力支配设计截面内力，造成不合理的设计结果的事例时有所见。另一方面，由于壁后注浆材料和壁后注浆方法的明显进步，管片环组装后，早期受到四周围岩的侧限压力，为了约束组装起来的管片环的自重引起的变形，有时会使用形状保持装置，因此在满足下列条件时，可适用考虑了衬砌自重产生的地基反力条件的表中的 ii) 式：

①使用适当的壁后注浆材料和壁后注浆方法（参照第 142 条、第 175 条）

②采用形状保持装置（参照第 105 条）

衬砌自重产生的地基反力需要注意,只有妥善施工,如正确组装管片、正确使用盾构千斤顶等,才能发挥作用。

2) 修正惯用计算法:如果采用错接头的话,可以弥补由于接头的存在而造成的管片刚度降低,而1960年代起提出的惯用计算法不能评价错接头的拼接效应。于是,为了研究带有螺栓接头管片环的变形特征进行了很多的载荷试验。通过对试验结果和计算结果的对比研究,首次引入了弯曲刚度有效率 η 和弯矩提高率 ζ 的概念。

即使采用错接头的管片环,其变形仍然大于完全均匀刚度管片环。围岩条件不好时,即便改变弯曲刚度的有效率 η,所计算的截面内力仍然不会出现大的差异。但围岩条件较好时,由于可期待伴随环变形而产生的地基抗力,所以 η 对截面内力的影响较大。η 除了因管片的种类、管片接头的结构特性、环相互之间的错接头方法及其结构特性等因素而取值不同外,尤其受周围围岩的影响特别明显。因此,目前仍然根据大量的使用经验和地上试验的结果经验性地进行确定。

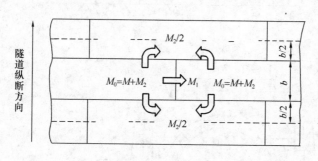

M: 弯曲刚度为 ηEI 的均质环上弯矩
M_0: 主截面设计弯矩 $=M+M_2=(1+\zeta)M$
M_1: 管片接头设计弯矩 $=M-M_2=(1-\zeta)M$
M_2: 错缝时相邻管片传递的弯矩

解说图 2.17 弯矩在接头处的传递

采用修正惯用计算法计算截面内力时,过小地评价 η 就是过大地评价围岩的地基抗力,管片环上产生的截面内力的计算结果就会偏小,应加以注意。

另一方面,管片接头由于存在一些铰的功能,所以可以认为弯矩并不是全部都经由管片接头传递。可以认为其中一部分通过环之间接头的剪切阻力传递给由错接头连接的相邻管片。如解说图 2.17 所示,传递给与接头相邻管片上的弯矩 M_2 与具有 ηEI 均匀弯曲刚度环上产生的弯矩 M 之比为 M_2/M。该值和 η 一样,是以实验结果等为基础,凭经验进行确定。

弯曲刚度的有效率 η 和弯矩的提高率 ζ 是互相关联的。据推算,η 越接近1,则 ζ 就接近于0;η 变小,则 ζ 就接近1。即,接头的弯曲刚度和主截面的一样($\eta=1$)时,就没有弯矩传递给相邻的管片($\zeta=0$),相反,接头是个销接头时,邻近管片就需承担100%弯矩($\zeta=1$)。此处应注意的是,即使管片接头是销,只要隧道周围有围岩存在,η 就不会成为零。似乎有一个 η 与 ζ 之和为1的模糊概念,但是,需要注意的是,比如 $\eta=0.8$ 时,ζ 会是0至1之间的任何一个数。

四周充满围岩的实际的管片环上的作用轴力,一般大于在地面上实施载荷试验所得到的数值。所以一般来说有 η 比试验值偏大、ζ 比试验值偏小的趋势。加之荷载的设定上也存在一些不确定的因素,设 $\eta=1$、$\zeta=0$ 进行设计计算的实际事例较多。《盾构工程用标准管片(2001年版)》规定,平板型管片一般取 $\eta=1$、$\zeta=0$,作为参考举出了 $\eta=0.8$、$\zeta=0.3$ 时的例子。这是由于错接头管片在地面上的载荷试验的试验结果大致为 $\eta=0.8\sim 0.6$、

$\zeta=0.3\sim0.5$ 左右。

惯用计算法和修正惯用计算法的具体的截面内力计算式如解说表 2.18 所示。

惯用计算法和修正惯用计算法的管片截面内力计算式 解说表 2.18

荷载	弯 矩	轴 力	剪 力
垂直荷载 $(P_{e1}+P_{w1})$	$M=\frac{1}{4}(1-2\sin^2\theta)(P_{e1}+P_{w1})R_c^2$	$N=(P_{e1}+P_{w1})R_c\cdot\sin^2\theta$	$Q=-(P_{e1}+P_{w1})R_c\cdot\sin\theta\cdot\cos\theta$
水平荷载 $(q_{e1}+q_{w1})$	$M=\frac{1}{4}(1-2\cos^2\theta)(q_{e1}+q_{w1})R_c^2$	$N=(q_{e1}+q_{w1})R_c\cdot\cos^2\theta$	$Q=(q_{e1}+q_{w1})R_c\cdot\sin\theta\cdot\cos\theta$
水平三角形荷载 $(q_{e2}+q_{w2}-q_{e1}-q_{w1})$	$M=\frac{1}{48}(6-3\cos\theta-12\cos^2\theta+4\cos^3\theta)(q_{e2}+q_{w2}-q_{e1}-q_{w1})R_c^2$	$N=\frac{1}{16}(\cos\theta+8\cos^2\theta-4\cos^3\theta)(q_{e2}+q_{w2}-q_{e1}-q_{w1})R_c$	$Q=\frac{1}{16}(\sin\theta+8\sin\theta\cdot\cos\theta-4\sin\theta\cdot\cos^2\theta)(q_{e2}+q_{w2}-q_{e1}-q_{w1})R_c$
地基抗力 $(q_r=k\cdot\delta)$	$0\leqslant\theta<\frac{\pi}{4}$ 时 $M=(0.2346-0.3536\cos\theta)k\cdot\delta\cdot R_c^2$ $\frac{\pi}{4}\leqslant\theta\leqslant\frac{\pi}{2}$ 时 $M=(-0.3487+0.5\sin^2\theta+0.2357\cos^3\theta)k\cdot\delta\cdot R_c^2$	$0\leqslant\theta<\frac{\pi}{4}$ 时 $N=0.3536\cdot\cos\theta\cdot k\cdot\delta\cdot R_c$ $\frac{\pi}{4}\leqslant\theta\leqslant\frac{\pi}{2}$ 时 $N=(-0.7071\cos\theta+\cos^2\theta+0.7071\sin^2\theta\cdot\cos\theta)k\cdot\delta\cdot R_c$	$0\leqslant\theta<\frac{\pi}{4}$ 时 $Q=0.3536\sin\theta\cdot k\cdot\delta\cdot R_c$ $\frac{\pi}{4}\leqslant\theta\leqslant\frac{\pi}{2}$ 时 $Q=(\sin\theta\cdot\cos\theta-0.7071\cos^2\theta\sin\theta)k\cdot\delta\cdot R_c$
自重 $(P_{g1}=\pi\cdot g_1)$	$0\leqslant\theta\leqslant\frac{\pi}{2}$ 时 $M=\left(\frac{3}{8}\pi-\theta\cdot\sin\theta-\frac{5}{6}\cos\theta\right)g\cdot R_c^2$ $\frac{\pi}{2}\leqslant\theta\leqslant\pi$ 时 $M=\left\{-\frac{1}{8}\pi+(\pi-\theta)\sin\theta-\frac{5}{6}\cos\theta-\frac{1}{2}\pi\cdot\sin^2\theta\right\}g\cdot R_c^2$	$0\leqslant\theta\leqslant\frac{\pi}{2}$ 时 $N=\left(\theta\cdot\sin\theta-\frac{1}{6}\cos\theta\right)g\cdot R_c$ $\pi/2\leqslant\theta\leqslant\pi$ 时 $N=\{-\pi\cdot\sin\theta+\theta\cdot\sin\theta+\pi\cdot\sin^2\theta-\frac{1}{6}\cos\theta\}g\cdot R_c$	$0\leqslant\theta\leqslant\frac{\pi}{2}$ 时 $Q=-\left(\theta\cdot\cos\theta+\frac{1}{6}\sin\theta\right)g\cdot R_c$ $\frac{\pi}{2}\leqslant\theta\leqslant\pi$ 时 $Q=\left\{(\pi-\theta)\cos\theta-\pi\cdot\sin\theta\cdot\cos\theta-\frac{1}{6}\sin\theta\right\}g\cdot R_c$
管片环的水平直径点的水平方向变位 (δ)	不考虑衬砌自重引起的地基抗力 $\delta=\frac{\{2(P_{e1}+P_{w1})-(q_{e1}+q_{w1})-(q_{e2}+q_{w2})\}R_c^4}{24(\eta\cdot EI+0.0454k\cdot R_c^4)}$ 考虑了衬砌自重引起的地基抗力 $\delta=\frac{\{2(P_{e1}+P_{w1})-(q_{e1}+q_{w1})-(q_{e2}+q_{w2})+\pi g\}R_c^4}{24(\eta\cdot EI+0.0454k\cdot R_c^4)}$ EI 为单位宽度的弯曲刚度	i) ii)	

3) **多铰环计算法**：这是许多国家，以状态良好的隧道周围围岩作为对象而采用的计算法，将管片接头作为铰结构来计算。

多铰环自身是个非静定结构，只有在隧道周围围岩的作用下才会成为静定结构。因此，对作用于环的荷载的分布以及围岩地基抗力的评价极为重要。同时，由于是以隧道周围围岩普遍具有抗力为前提，要注意其适用地基的局限性。以主动土压力方式作用于管片环上的荷载，可以采用前面所述的惯用荷载系统，伴随环的变形和变位而产生的地基抗力，一般根据温克列尔（Winkler）的假定进行计算。

另外，也有一种对多铰环先以具有自由铰的静定结构来求解，此后进行变形计算，确认其安全性的方法。最近，又有一种方法，就是随后要叙述的，将其作为具有旋转弹簧的环进行的计算，通过将旋转弹簧常数设定为零的方法进行数值求解。

采用该计算法，求得的截面内力中弯矩会有相当大的减少。在成为比较经济的设计的同时，相反的一面，由于周围围岩的好坏会给隧道的安全性以决定性的影响，所以对隧道竣工后会不会由于近接施工等因素引起围岩扰动，以及隧道防渗等问题都要进行认真的论证。

4）梁-弹簧模型计算法

这是将管片主截面简化为圆弧梁或者直线梁、将管片接头考虑为旋转弹簧、将管片环接头考虑为剪切弹簧，使用这样的模型在计算中考虑由接头引起管片环的刚度降低和错接头的拼接效应。

该计算法，如将剪切弹簧常数和旋转弹簧常数同时设定为零时，则基本上与多铰环计算法相同。如将剪切弹簧常数设置为零，而将旋转弹簧常数设定为无限大时，则与刚度均匀环的计算法相同。所以可以认为这一方法不但包含了上述两个方法，同时还可以根据管片环接头的剪切刚度的大小表现错接头的拼接效应。所以从力学机理上是解释管片环承载机制的有效方法。根据前面的修正惯用法，对于与管片接头相邻管片主截面，根据管片接头的旋转弹簧系数和环接头的剪切弹簧系数的大小程度，邻接管片传递过来的弯矩的大小会有差异，该弯矩的值能通过数值求解，这是梁-弹簧模型法与修正惯用法不同的地方。

该计算法使用的基本荷载系统，如解说图 2.15 和解说表 2.17 所示。另外，虽然解说图 2.15（b）、（c）、（d）仅显示了管片环法线方向的地基反力，但是也可以在此基础上同时考虑切线方向地基反力。此时切线方向的地基弹簧系数多取为法向地基弹簧系数的 1/3。该方法很容易进行非对称荷载时的截面内力计算。

用梁-弹簧模型可以对任意一种错缝拼装的管片环接头的位置等的影响进行考虑，也可以计算出环接头上产生的剪力。该计算方法的旋转弹簧系数和剪切弹簧系数的确很重要。对于一般性的管片接头，提出了用计算求解的方法，已逐渐成为通用的方法，但现在仍然有许多新型接头不断地被开发出来，将它们都抽象为高精度的模型却相当困难。所以，通过载荷试验的结果确定弹簧常数的场合较多。

如果对剪切弹簧常数取偏小的值，则主截面的计算弯矩也会偏小，所以，为了安全起见，也常采用将其设定为无穷大的方法。

与惯用计算法和修正惯用计算法一样，如满足相应条件，也可考虑由衬砌自重产生的地基反力。不考虑衬砌自重产生的地基反力时，可分别求出衬砌自重产生的截面内力、土压力、水压力，及受土水压力作用，管片环发生变位和变形而伴生的地基反力时的截面内力，以它们的和作为设计截面内力。计算自重产生的截面内力时，需要设定接头的弹簧常数和设法用非常弱的弹簧支承管片环。另一方面，因采用适当的壁后注浆和形状保持装置、考虑衬砌自重产生的地基反力时，要同时对管片环施加土水压荷载和衬砌的自重，确定这些荷载下的管片环的变位和变形所伴生的地基反力，最终计算所有上述荷载作用下的截面内力。

最近，随着梁—弹簧模型计算方法在圆形隧道上的普遍使用，在多圆形截面、非圆形截面及采用新接头结构的隧道上适用的事例也多起来了。对于以上隧道而言，如果使用基于梁—弹簧模型的专业计算程序，便可如解说表 2.17 所示，几乎对于所有的荷载模式都可进行计算。

因此，如第 47 条所示，对受到内水压作用的隧道，由于无法用惯用法和修正惯用法计算截面内力，可以使用基于梁—弹簧模型的计算方法。

综上所述，求取管片上产生的截面内力，有各种各样的方法。但不管哪种方法，都需要考虑因管片环的变位和变形而引起的地基反力，并将其模型化。计算地基反力所需要的模型也如第 31 条所示，因地基反力的大小、作用方向、作用范围等管片环和周围地基的相互作用的设计思想而多种多样。而且充填盾尾空隙的壁后注浆材料和方法也是左右模型的主要因素。因此，根据长期以来所进行的计算实例和作为计算结果所得到的结构物的实际情况，对已有的地基反力模型进行再评价，以便保持与上述各种截面内力计算法相适应的精确度。

第 49 条　纵断面方向的结构计算

隧道的纵断面方向的截面内力应考虑施工期间各个阶段和竣工后的荷载作用状态和衬砌结构特性，按需要计算。

【解说】　由管片环组成的隧道的纵断方向的结构计算，属下列情况时，应按需要进行：
①小半径曲线施工（参照第 32 条、第 149 条）和陡坡施工（参照第 150 条）
②地震影响（参照第 33 条）
③并列设置的隧道的影响（参照第 36 条）
④邻近施工影响（参照第 34 条）和地基沉陷影响（参照第 35 条）
⑤内部荷载（参照第 37 条）影响

对使用管片环接头轴向连接管片环的隧道，在计算纵向截面内力时，为了计算的简化，其结构模型大多采用梁模型。该模型对①～⑤的任一种情况，大多以隧道中心轴为轴线，用梁结构加以模型化，需要对管片环进行纵向结构模型化、地基模型化和作用力的评估。

管片环的纵向结构分析模型有下列二种：

1) 管片主断面以梁模型化、而管片环接头则以轴向弹簧、旋转弹簧和剪切弹簧模型化的方法（纵向梁—弹簧模型）。

2) 考虑到隧道纵向刚度会因管片环接头而下降，以刚度等效的均质梁模型化的方法（纵向等效刚度梁模型）。

方法 1) 适用于对隧道纵向的详细研究，可直接求出管片环接头部分的截面内力和位移。方法 2) 与方法 1) 相比，有模型简单、计算时的输入容易等优点，研究地震的影响等时常常加以应用。尤其是在使用有限单元法的计算中，由于节点数和单元数的关系和接头部分的模型化的关系，大多使用简便的方法 2)。另外，考虑到计算量和计算时间，有时也会同时使用 1)、2)（请参照说明图 2.18、2.19）。结构分析模型需要考虑计算目的、要求精度、分析方法等因素加以决定。

与以梁单元模拟管片环不同,地基部分通常是以隧道轴向的垂直方向上连接的轴向垂直方向弹簧和隧道纵方向上连接的轴向弹簧进行模拟的。在计算此类弹簧常数时,地基的土性参数值和影响范围还是有待解决的课题。通常,用常用的计算公式求解,也可以用平面单元将地基离散化加以求得。另外,有时用平面单元离散地基,加上隧道纵向结构模型计算截面内力的,也不乏其例。

关于作用力,有时是因荷载等力产生的,有时则是由不均匀沉降或地震时的反应位移引发的。对于作用力,需要在认真考虑亟待研究的隧道的实际情况之后,对其大小、作用方向加以模型化。具体地说,则需要对由上述管片环的纵向结构模型和地基模型构成的分析模型设定适当的边界条件和初始条件,然后加上适当的作用力,进行数值分析。关于作用方法,有的是直接将作用力加在将管片环模型化了的梁上,有的则是通过地基弹簧施加的。

解说图 2.18~2.20 给出的模型示例分别为小半径曲线施工时、在地基骤变部分的隧道纵断方向上发生相对位移和弯曲变形时、地震后对纵断方向进行结构计算时的模型示例。另外图中的符号含义如下:

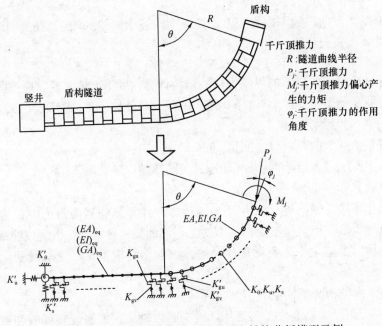

解说图 2.18 小半径曲线施工时的纵向结构分析模型示例

EA、EI、GA:隧道的轴向刚度、弯曲刚度、剪切刚度

$(EA)_{eq}$、$(EI)_{eq}$、$(GA)_{eq}$:隧道的等效轴向刚度、等效弯曲刚度、等效剪切刚度

K_{gu}、$K_{gu'}$:隧道轴向地基弹簧

K_{gv}、$K_{gv'}$:隧道轴向垂直方向的地基弹簧

K_u、K_s、K_θ:管片环接头轴向弹簧、剪切弹簧、旋转弹簧

K'_u、K'_s、K'_θ:与竖井接合部分的轴向弹簧、轴向垂直方向弹簧、旋转弹簧

本来,对盾构隧道而言,用管片环接头连接的管片环在纵断方向上是挠性结构。如不适当地评估此特性,则会造成过大的设计,有时甚至还会出现无法设计的情况。为了避免

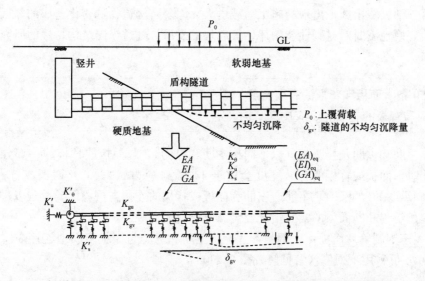

解说图2.19 隧道通过地基骤变地段时的纵向结构分析模型示例

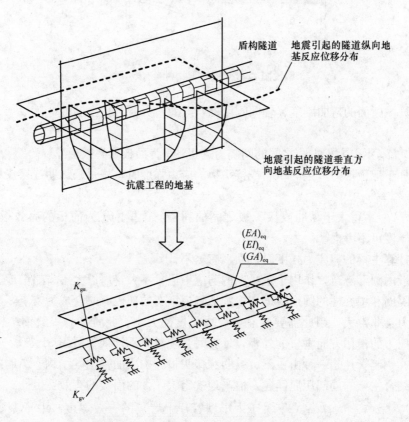

解说图2.20 地震时的纵向结构分析模型示例

出现此种问题,重要的是要按前所述,对管片环的纵向结构、地基以及作用力选择恰当的模型。

另外,假设大规模地震发生的情况,针对2级地震进行纵向结构计算时,需要考虑管片的主断面和管片环接头的非线性,进行符合实际情况的研究。

今后，随大覆土施工出现的施工荷载增大、因现有构造物稠密化造成的邻近施工的增加以及大规模地震时对衬砌性能的评估等趋势的发展，隧道纵向结构特性的研究也将越发重要起来。

第50条　面板和背板的有效宽度

面板和背板的有效宽度应按其结构确定。

【解说】　主肋和纵肋及接头板（以下简称主肋和纵肋），与面板或背板的一部分共同支承荷载。此时，面板或背板的有效宽度会由于1）设计应力状态、2）面板或背板的板厚、3）主肋和纵肋的尺寸、4）主肋、纵肋和面板或背板的连接方法等而异，难以进行统一规定，必须按结构和断面力的实际情况确定。

<u>1）关于钢制管片面板</u>：在钢制管片上，主肋和纵肋与面板牢固地连接在一起时，其有效宽度 b_e 可采用下列值（参见解说图2.21）：

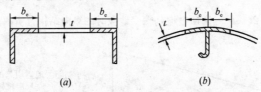

解说图2.21　钢制管片翼缘有效宽度
(a) 主肋；(b) 纵肋

①计算主断面的弯曲刚度、轴向刚度以及弯曲应力时，按主肋的一侧取

$$b_e = 25t$$

不过，$2b_e$ 不得大于主肋之间的间隔。这里的 t 为面板的有效板厚。

②计算千斤顶推力产生的纵肋或接头板的应力强度时，按每条纵肋或接头板的一侧取

$$b_e = 20t$$

不过，$2b_e$ 不得大于纵肋或接头板之间的间隔。这里的 t 为面板的有效板厚。此时，腐蚀富余厚度可不考虑。

③在计算主梁的剪应力强度时，面板忽略不计。

对一般的圆形隧道，作用于主梁上的剪应力通常不大，所以大多省略剪应力核查。可是，像有隔墙和中心柱的圆形隧道和多圆形隧道，有的部位有时会成为支点，此时该位置上的剪应力会非常大，因此需要注意剪应力强度的大小。此时，与一般钢结构的设计一样，与剪应力的作用方向垂直的外板，计算时必须忽略不计（参照第51条）。

另外，钢制管片是一种由主梁、纵肋和接头板等构成的格构梁结构，纵肋的间隔过大时，需要结合主梁的局部压屈问题，恰当地规定①、②的面板的有效宽度。

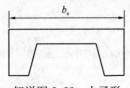

解说图2.22　中子形
管片背板有效宽度

<u>2）关于中子型管片上背板的有效宽度</u>：中子型管片上背板的有效宽度 b_e，可按下述方法确定。

①计算主断面的弯曲刚度、轴向刚度以及弯曲应力时，取背板整个宽度为有效宽度。

$$b_e = b$$

②计算千斤顶推力产生的纵肋或接头板的应力强度时，可取

背板的整个宽度。不过，当盾构机出现过大的转动，千斤顶推力的作用中心偏离纵肋中央时，主肋上便会产生很大的平面外弯曲应力，对此要严加注意。

> **第 51 条　主截面的应力**
> 管片主截面的应力以最大内力发生截面为对象，将其作为直梁构件进行计算。

【解说】　管片主截面的应力应采用第 48 条阐述的管片环截面内力，具体包括所得到的截面内力中正或负的最大弯矩和该位置上的轴力以及最大剪力进行计算。修正惯用计算法认为作用于管片接头的弯矩，其一部分经由管片环接头传递给相邻的管片，所以计算主截面应力所用的弯矩应考虑一定的提高率 ζ。

管片是弯曲梁，管片高度与该曲率半径之比通常小于 1/10，另外，箱型管片的主肋一般用纵肋加固，所以计算主截面应力时，可以视为单纯承受弯矩、轴力和剪力的直梁来计算。不过，管片高度与曲率半径之比变大，则按直梁和弯曲梁计算的应力结果会出现很大差异，对此应予注意。

钢制管片的主截面由主肋和面板组成，弯矩和轴力的有效截面如解说图 2.23 所示。确定主肋的板厚时，需要研究局部屈服的影响。而对于剪切来说有效截面仅限于主肋，考虑弯矩和轴力所设计的截面有足够的抗剪强度，所以一般省略剪力验算（参照第 50 条）。

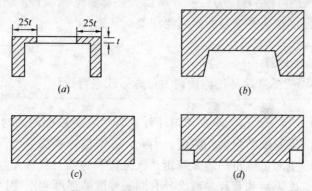

解说图 2.23　管片的有效截面
(a) 钢制管片；(b) 中子型管片；(c) 平板型管片（全断面）；(d) 平板型管片（T 形断面）

混凝土类管片的主截面中，中子型管片是由主肋和背板组成的 T 形截面；平板型管片则为矩形截面。不过，对于平板型管片，如果接头的截面缺损较大也可视为 T 形截面。针对弯矩和轴力进行应力计算时，对混凝土的抗拉应力一般忽略不计，应变以与截面中心轴的距离成正比进行考虑。另外，剪应力可按下式计算。

$$\tau = \frac{Q}{b \cdot d}$$

式中　Q——最大剪力；
　　　b——矩形截面时，为整个宽度，T 形截面时，为腹部的宽度；
　　　d——有效高度。

当剪应力大于容许剪应力时，需要配置按下式求出的截面积以上的箍筋。

$$A_v = \frac{Q_v \cdot s}{\sigma_{sa} \cdot d}$$

$$Q_v \geqslant Q - Q_c$$
$$Q_c = 1/2 \cdot \tau_a \cdot b \cdot d$$

式中 A_v——s 区间上的箍筋的总截面积；

s——箍筋之间的间隔；

Q_v——箍筋分担的剪力；

Q_c——混凝土分担的剪力。

一般的圆形隧道，如钢筋率在 1% 以下，通常剪应力强度不会超过容许剪应力强度 τ_a。对有隔墙或有中心柱的圆形隧道和双圆形隧道，有可成为支点那样的部位，或者在矩形隧道的边角部分，通常该位置上的剪力很大，因此需要注意剪应力强度的大小。此时需要使用上式，配置必要的箍筋，确保韧性。

另外，主钢筋与混凝土的粘着应力按下式计算。

$$\tau_0 = \frac{Q}{U \cdot d}$$

式中 U——主钢筋周长的总和。如果同时使用箍筋，让其承受剪力时，Q 可为该值的 1/2。

对一般的圆形隧道，配筋率在 1% 以下，如使用异形钢筋，主钢筋对于混凝土的粘着应力强度 τ_0 不会超过容许粘着应力强度，所以大多都省略该项计算。但是，剪应力强度变大时，粘着应力强度也会变大，所以需要注意。

第 52 条 接头的计算

管片的接头必须按照管片环的截面内力计算方式进行设计。

【解说】 1) 关于管片接头：作为刚度均匀环计算管片环的截面内力时，必须对管片接头赋予和管片主截面同等程度的强度和刚度。因此，在惯用计算法中，管片接头的设计截面内力便为管片环上产生的正或负的最大弯矩及该位置上的轴力和最大剪力。但是现在所用的接头形式实际上难以满足和管片主截面具有同等程度的强度和刚度这一要求。事实上是通过错接头组装管片环，用邻近管片的拼接效应进行弥补。此时，通过管片接头传递的弯矩正如第 48 条所述，只能减轻邻近管片所分担的那一部分。因此，采用修正惯用计算法设计接头的截面内力时，对于弯矩可参照弯矩提高率，作折减处理。

一般说来，钢制管片的螺栓接头如解说图 2.24 所示，采用以管片边缘为回转中心的模型计算出螺栓的应力；而对混凝土管片，则将螺栓视为受拉钢筋来设计截面。关于接头

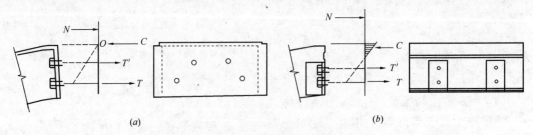

解说图 2.24 接头断面上的受力图
(a) 钢铁制管片；(b) 混凝土管片

板，如果是钢制管片、平板型管片和中子型管片，则以作用于螺栓的拉力计算其板厚。对于中子型管片，有时也会在此基础上再计算接头板周围的剪力和支承压应力。《盾构工程用标准混凝土类管片（1990年）》规定以和管片主截面的弹性极限应力之比确定混凝土管片的接头性能。

当作为多铰环计算管片环的截面内力时，管片接头便视为铰结构，只要能传递剪力和轴力即可。但从便于施工出发，设计时必须设法保证能够抵抗组装管片环过程中的弯矩，而对设计荷载，则保证其作为铰支承来进行设计。

当作为具有旋转弹簧的环计算截面内力时，所用梁-弹簧模型进行计算能直接得到管片接头位置上的截面内力，可以选择其中最大的内力，将弯矩、轴力和剪力进行适当的组合进行设计。此时，所设计的管片接头必须能满足计算截面内力所采用的旋转弹簧的弹簧常数。

还有，对于管片接头的剪应力的计算大多省略，但在径向插入型的K管片上，如接头角度较大时，则需要对K管片的脱落进行研究。

2) 关于管片环接头：当管片环采用错接头并期待由此产生的拼接效应时，管片环接头当然要具有能将管片接头上折减掉的弯矩传递给邻近管片的刚度和强度，还要对其配置进行仔细考虑。设计管片环接头时，除了梁-弹簧模型以外，没有其他能计算设计截面内力的方法。因此，利用惯用计算法和修正惯用计算法设计的管片环接头螺栓，大多采用和管片间连接螺栓同等性能的螺栓，有时取直径略小一些、强度等级低一点的螺栓。

管片环接头最好能够考虑到地震的影响、地基沉降而引起的隧道纵向错位和施工的影响而采取相应措施。另外，还要考虑到与隧道的防水性和施工性的关系进行接头的设计。

第53条 面板和背板计算

面板和背板作为承受均匀分布荷载的构件，应根据管片的材料特性和结构特性进行设计。

【解说】作用于隧道的荷载，在箱型管片上，会通过面板或背板传递给主肋、纵肋和接头板等。因此，面板或背板在结构上是一个四周受到支承的板，从尺寸上讲，可以认为荷载是作用于所有部位的等分布荷载。

具有2条主肋的箱型管片，考虑到纵肋之间的间隔小于管片宽度和管片半径等因素，一般用下列方法计算面板和背板的承载能力：

①平行的两条边固定支承矩形板的极限设计法；

②平行的两条边简支板的极限设计；

③四边固定支承矩形板的弹性设计法。

从面板厚以及边长之比考虑，钢制管片采用①或②所示方法的居多，而中子型管片则采用③所示方法的居多。《盾构工程用标准管片（2001年）》，对钢制管片，按①和②所示的方法推算承载力。

为了将钢制管片设计得能经得起长期使用，必须考虑面板的腐蚀富余量，或者进行适当的防腐处理。

上述①②③方法的计算式如下所示。

①平行的两条边固定支承矩形板的极限设计法

$$P = 1.1 p_p \sqrt{F}$$

$$F = \frac{\sigma_y \cdot t \cdot s^2}{\dfrac{4E_s \cdot I}{1-v_s^2}}$$

$$p_p = 4\left(\frac{t}{s}\right)^2 \sigma_y$$

式中　P——单位宽度的极限荷载；
　　　σ_y——屈服点应力；
　　　t——面板的有效宽度；
　　　s——面板的间距；
　　　E_s——杨氏弹性模量；
　　　I——单位宽度的面板的截面惯性矩；
　　　v_s——泊松比。

②平行的两条边简支板的极限设计

ⅰ) 由两端铰支板（弯曲刚度忽略不计）的拉力产生的应力，如取到达材料屈服点时的极限应力，则可按下式计算 P 值。

$$P = \frac{8t \cdot \sigma_y}{s}\sqrt{\frac{3\sigma_y}{8E_s}}$$

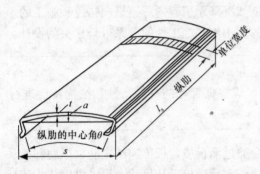

解说图 2.25　钢制管片面板与纵肋

ⅱ) 两端铰接拱也可以认为是由于荷载的增加和面板外面的约束，引起了应力漂移现象。在该状态下，如果与①作同样考虑，则可按下式计算 P 值。

$$P = \frac{8t \cdot \sigma_y}{s}\sqrt{\frac{3\sigma_y}{8E_s} + \left(\frac{a}{s}\right)^2}$$

式中　a 为接拱矢高。

③四边固定支承矩形板的弹性设计法

有朗金（Rankine）法、马卡斯（Marcus）法、皮可（Pigeaud）法等，其中马卡斯法的近似解法使用最为广泛。

跨距中心　$\begin{cases} \max M_x = \dfrac{v_x}{24} w_x \cdot l_x^2 \\ \max M_y = \dfrac{v_y}{24} w_y \cdot l_y^2 \end{cases}$

固定边平均　$\begin{cases} \max M_x = -\dfrac{1}{12} w_x \cdot l_x^2 \\ \max M_y = -\dfrac{1}{12} w_y \cdot l_y^2 \end{cases}$

其中：

$$v_x = v_y = 1 - \frac{5}{18} \cdot \frac{C^2}{1+C^4}$$

$$w_x = \frac{w}{\left(\frac{1}{C}\right)^4 + 1}$$

$$w_y = \frac{w}{1 + C^4}$$

$$\left(C = \frac{l_y}{l_x} \geqslant 1\right)$$

式中 w 为作用于面板和背板的等分布荷载。

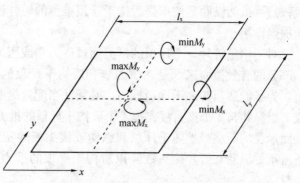

解说图 2.26 作用于面板上的弯矩

还有，球墨铸铁管片的设计大多使用西利（Seely）方法。该方法利用解说图 2.27 中的实验值确定的 β 值曲线（实验式）求出与管片的短边和长边之比 α 相对应的 β，再用下式计算应力强度。而图中的 M_{be}、M_{bc} 分别是用威士特卡德（Westergaard）理论计算式求得的。用实验公式求出的应力强度将是用这些理论计算式求出来的值的中间值，一般将该实验公式求出的应力强度用于设计。

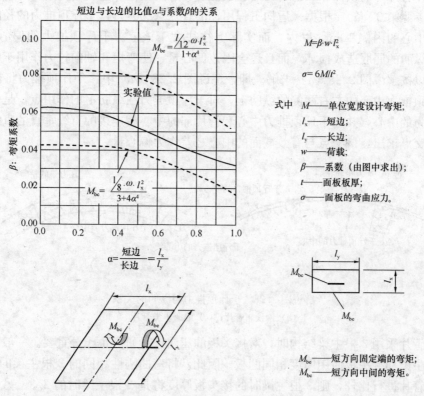

解说图 2.27 球墨铸铁管片的面板应力计算

$M = \beta \cdot w \cdot l_x^2$

$\sigma = 6M/t^2$

式中 M——单位宽度设计弯矩；
l_x——短边；
l_y——长边；
w——荷载；
β——系数（由图中求出）；
t——面板板厚；
σ——面板的弯曲应力。

M_{be}——短方向固定端的弯矩；
M_{bc}——短方向中间的弯矩。

第 54 条 纵肋的计算

承受盾构千斤顶推力的纵肋，应将其作为仅在衬砌半径方向上承受偏心轴力的短柱进行设计。

【解说】 虽然纵肋是按承受盾构千斤顶推力的短柱设计的，但对主肋的屈服也能起到有效地加强作用。

对于钢制管片，千斤顶的推力通过压力垫或压力环传递，由包括纵肋或接头板和面板一部分的有效截面来承受。压力垫和盾构千斤顶的活塞顶端部分的连接部，由于是球支座，为了能适当传递千斤顶推力，必须适当配置纵肋和盾构千斤顶，以便至少有2根纵肋或1根纵肋与2个接头板支撑1个盾构千斤顶的推力（参照解说图2.28，第59条）。有效截面承受的荷载虽然随千斤顶和纵肋或接头板的相对位置而变化。简单的做法，将第59条所示的纵肋和管片接头数除以盾构千斤顶的推力所得到的平均值作为有效截面所受的荷载。

一般而言，相对于上述有效截面的形心来讲，千斤顶推力的作用点不仅在管片环的半径方向上，而且在切线方向上都会出现偏心。从第59条阐述的纵肋的设计细节来看后者对纵肋应力的影响较小。本条为简便起见，决定计算时可对此影响忽略不计（参见解说图2.28）。千斤顶推力的径向偏心距的最大值和最小值由于盾尾内所组装的管片环的变形，往往出现在管片环的顶部和底部，对此应予注意。急曲线施工左右偏心距大，需要特别细心注意（参照第32条）。根据《盾构工程用标准管片（2001）》，千斤顶推力的径向偏心量应在主肋中心的内侧10mm以内，而实际上往往大于该值。千斤顶推力的偏心量过大，不仅会因纵肋的屈服造成损坏，而且还会因该偏心量，使弯矩和轴向拉力作用于整个管片环上，可以按解说图2.28（a）求解。即，解说图2.28（a）中，千斤顶推力将被传递到包含千斤顶推力中心的左右两侧的纵肋上，对千斤顶推力在纵肋上的作用点，是作为通过千斤顶推力的中心，并与千斤顶推力中心和管片环的中心相连接的直线垂直的直线与纵肋中心轴的交点求出，该交点与有效截面的中心之差作为偏心量。

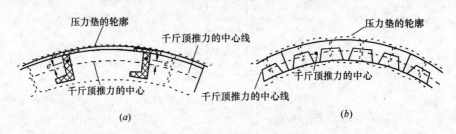

解说图2.28 千斤顶推力与纵肋的关系
(a) 钢铁制管片；(b) 混凝土类管片

钢制管片采用3根主梁结构时，对接头板的压屈进行研究也十分重要。一般加工钢制管片时，主梁和接头板使用厚度相同的板。因此，将弯曲刚性相同的2根主梁的管片和3根主梁的管片进行比较，则3根主梁时的接头板厚度将是2根主梁时的2/3。另外，接头板上贴有密封材料，紧固管片连接螺栓时，螺栓之间的连接板因密封材料的回弹力会张开，在有初期挠度的状态下，会受到千斤顶推力的作用。鉴于这些情况，在3根主梁的钢制管片上，外径小、千斤顶推力的偏心量大时、主梁较薄时和因大覆土需要大的千斤顶推力等时，要加厚接头板，增加管片连接螺栓的根数，要研究提高纵肋的刚度和强度的措施。

在千斤顶推力和壁后注浆压力同时作用时，含纵肋或接头板和面板一部分的有效截面，除承受千斤顶推力外，还要承受注浆压力所产生的弯矩。所以还必须根据实际情况，将其作为承受弯矩和轴向压缩力的构件进行验算。大覆土时地下水压和壁后注浆压力相应增大，以上这一点需要特别注意。

混凝土管片中，对中子型管片，纵肋的宽度大、千斤顶推力可恰当传递，所以如解说图 2.28（b）所示，可按 1 根纵肋，1 根千斤顶的比例配置。

纵肋的容许极限强度有时也会根据管片的推力试验确定。防水用的密封材料，其材质、硬度、形状尺寸、粘贴的好坏等等，都会在组装管片时，引发接头错开、张口和接头面不平整，会使承受千斤顶推力的管片处于复杂的应力状态。采用单个管片所进行的推力试验很难掌握这些情况，所以最近除了采用单个管片的推力试验外，还出现了将贴有密封材料的管片叠合成两段进行推力试验的实例。

第7章 管片的设计细节

第55条 主截面和主梁结构

管片的主截面和主梁结构应有必要的强度,并应考虑加工性、施工性和截水性而加以规定。

【解说】 管片的主截面和主梁,对于设计荷载而言是一种主体性的结构构件,无疑需要有必要的强度和刚度,在加工和施工时必须确保形状和尺寸,以免产生不良情况,同时还必须充分考虑截水性。按以往的实际经验,管片环外径,管片高度(厚度)和管片宽度分别如解说图2.29和解说图2.30所示。

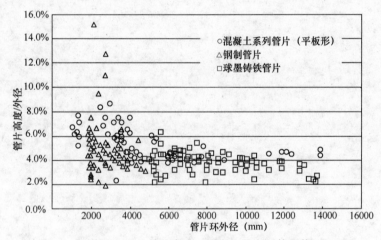

解说图2.29 管片高度(厚度)的实际使用值

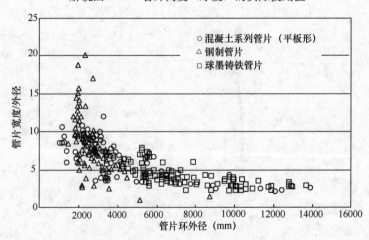

解说图2.30 管片宽度(厚度)的实际使用值

1) 关于平板形管片:平板形管片除了用混凝土制取外,也有用铁和混凝土合成的。平板形管片是一种实心的,以管片自身为主截面的结构。为此,必须确保设计上规定的管片厚度、准确配置钢筋，为合成管片配置必要的钢材。平板形管片的主截面宽度必须考虑力学特性和施工性慎重选定。管片宽度变大，环连接螺栓上产生的拼接荷载将集中在管片端部，因此，应力强度往往在主截面上不会均匀分布。在《盾构工程标准管片（2001）》中，将管片宽度由1000mm扩大到1200mm时，进行了实验和计算，检验了其安全性。另外，曲线部多发的管片开裂也与宽度有密切的关系，最好从曲线半径、盾尾长度、盾尾净空等方面，对管片和盾尾的接触情况进行研究，决定管片长度。

2）关于球墨铸铁管片：球墨铸铁管片有2种主梁结构，第一种为具有2根或2根以上主梁的箱形结构，第二种为具有4根主梁的波纹形结构。箱形结构的外板在外侧一面，而内侧面没有翼缘，所以负弯矩较大时往往不经济，选择时必须考虑设计截面内力、加工性和施工性等因素。球墨铸铁管片从加工上考虑，最小构件厚度为9mm。

3）关于钢制管片：钢制管片有2根主梁和3根主梁之分。扩大管片宽度时，以缩短纵肋的压屈长度为目的，使用3根主梁的实例日渐增多，选择时必须考虑设计截面内力和加工性。主梁的高度根据设计截面内力规定，管片接头板的厚度与主梁的厚度一样的居多。这是因为板厚的种类多了不经济的缘故。适用于大截面盾构的钢制管片，由于板厚加大，焊接应变也会增大，有因需要切制加工而导致的经济性差等课题需要解决，采用时需要认真研究。随着管片的宽幅化，对于在管片端部的应力集中，2根主梁时没有问题，但3根主梁时，拼接荷载向中间主梁的应力传递便是个课题。对于该课题，《盾构工程标准管片（2001）》认为：管片宽度由1000mm扩大到1200mm时，通过实验和计算，验证其安全性。另外，钢制管片的主梁最小板厚规定为8mm。

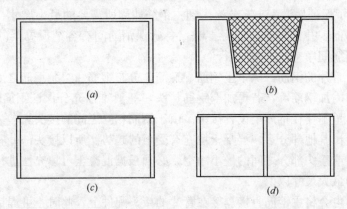

解说图2.31　球墨铸铁管片和钢制管片的主梁结构
(a) 球墨铸铁管片（箱形截面）；(b) 球墨铸铁管片（波纹截面）
(c) 钢制管片（2根主梁截面）；(d) 钢制管片（3根主梁截面）

第56条　钢筋的一般规定

（1）钢筋的弯曲形状必须能充分发挥钢筋所要的性能，必须充分考虑弯曲可加工性，混凝土的可填充性和配筋收口等要求来确定。

（2）管片的主钢筋的水平最小净距必须在粗骨料最大尺寸的5/4以上及钢筋直径以上。

(3) 原则上不设置钢筋接头，不得已需要设置时，必须根据钢筋的种类、直径、接头结构等因素选用适当的方法；接头和相邻的钢筋之间的最小净空，或接头部分相互之间的最小净空必须根据混凝土的可填充性来确定。

　　(4) 钢筋的端部必须充分埋入混凝土中，通过钢筋和混凝土的黏着力来锚固，或者加上弯钩，使其锚固，或者用机械的方法锚固。

　　(5) 保护层厚度必须根据混凝土的品质、钢筋直径、隧道内外的环境条件、制作精度等确定。

　　(6) 管片上配置的钢筋量必须保证管片不会出现脆性破坏、同时兼顾加工时的钢筋易于布置性和混凝土的可填充性。

　　(7) 必须在接头部件和注浆孔等周围适当配置附加钢筋等，防止应力集中及其他原因造成开裂。

【解说】　关于(1)：《混凝土标准规范(结构性能核查篇)(2002年制订)》对从钢筋的弯钩的弯曲端部笔直延伸出来的长度，是根据弯钩能有效地发挥作用，弯曲钢筋的作业能很容易地进行等要求确定的。弯钩的弯曲内半径则按混凝土能充分流入、不损坏钢筋材质、弯钩的功能能充分地发挥等要求确定。其中，由于配筋和制作上的原因，无法保证上述要求时，可参考类似实施事例，或通过实验等确认性能、可弯曲加工性、施工方便性等基础上，委托技术负责人全权处理。

　　关于(2)：之所以规定主钢筋之间的最小净空在其直径以上并为粗骨料的最大尺寸的5/4以上，是为了保证使混凝土充分流入到主钢筋四周所需要的最小尺寸。在不使用振动台，或者与振捣器一并使用振捣混凝土时，要确保钢筋间有容纳振捣器的足够净空。此外，接头部分钢筋间净空按(3)执行。

　　关于(3)：管片的钢筋，除了主钢筋、箍筋、分布钢筋、组装钢筋之外，还有锚固钢筋、加固钢筋和附加钢筋等，若再加上钢筋接头，一般难以充分保证钢筋间的最小净空。因此，原则上尽量不要在钢筋上设置接头。由于钢筋相互之间的接头大多为搭接接头，接头附近的钢材量比其他部分多，混凝土填充有受阻的趋势。所以接头部分和邻接的钢筋之间的最少净空，或接头部分之间的最小净空，必须根据混凝土可填充性进行确定。一般可规定在粗骨料的最大尺寸以上。

　　另外，有时也会将主钢筋直接焊接在管片的接头配件上，此时，可焊接性，应力可传递性等都必须切实可靠。所以应根据钢筋的种类、接头形式选用适当的方式。当主钢筋采用钢板或平钢时，要使用剪切连接管或连接杆以便使其和混凝土成为一个整体。

　　关于(4)：在管片上，为锚固所用的钢筋有管片环接头锚固钢筋和起吊环配件锚固钢筋。为了切实发挥这些钢筋的强度，必须取足够的锚固长度，或者装上弯钩或锚固铁件，切实锚固在混凝土中，以使钢筋端部不会从混凝土中脱出。管片接头的锚固钢筋，本来应该作为和主钢筋搭接的接头来设计，但为了方便起见，大多视作锚固用钢筋设计。按异形钢筋设计锚固钢筋时，其锚固长度，在《盾构工程用标准管片(2001年)》中，规定根据试验结果，可以取钢筋直径的12倍以上，使用时钢筋端部可不装弯钩。

　　关于(5)：用混凝土将钢筋充分包裹，是确保钢筋有足够的黏着强度、防止钢筋锈蚀所必需的。因此，保护层厚度必须根据混凝土的品质、钢筋的直径、隧道内外的环境条件，构件尺寸、制作精度、结构物的重要性和耐久性等条件由技术负责人判断确定。《盾构工程用标准管片（2001年）》规定了隧道二次衬砌有无、隧道内环境条件的区分保护层厚度。进行二次衬砌施工时，钢筋的最小保护层原则上为13mm以上，仅限楔形管片的环接头面，规定为10mm以上。不进行二次衬砌施工时，在一般环境下和腐蚀环境下，最小保护层分别规定为25mm以上和35mm以上。

最近在混凝土类管片上，为了便于组装时进行位置调整，直接在模板上加工这些标记，将其刻印在管片上的事例较为多见。如果刻印较深时，要事先考虑以保证钢筋的保护层厚度。

关于（6）：抗拉钢筋比极小时，出现开裂后，往往会立即表现出钢筋屈服等脆化性破坏特性。为此需要在管片上配置足以避免此种破坏的钢筋量。

另一方面，抗拉钢筋的量太大时，混凝土因先期发生压缩而显示出脆化性破坏特性，工厂配筋的容易性和混凝土的填充性都是需要担心的问题。因此，确定管片的最大钢筋比时，应当考虑这些因素。在《盾构工程标准管片（2001）》中，从确保管片的加工性的观点出发，规定抗拉钢筋比的上限为1.2%左右。长期以来的实际工作经验表明：管片的抗拉钢筋比大多在0.4~2.2%的范围内，在设定最小钢筋比和最大钢筋比时，可参考该值。需要配置大大超过该范围的钢筋时，最好要使用填充性优的混凝土。

关于（7）：接头铁件和注浆孔等周围，由于盾构千斤顶的推进力和施工时的管片操作等的影响，容易发生开裂。因此，在这些部位的四周，为了防止应力集中及其他原因导致的开裂，需要适当配置附加钢筋。除此之外，最近在管片的内表面配置铁丝网和纤维布，防止意想不到的荷载引起的剥离等事例也时有所见。

第57条 接头结构

管片的接头结构应根据所需要的强度和刚度，组装的准确性，作业方便性和防水性确定。

【解说】 管片接头分为将管片沿圆周方向连接起来的管片接头和沿隧道轴向连接起来的管片环接头。一般作为隧道衬砌主结构的管片主体和接头结构，其设计不仅必须满足隧道投入使用后所需要的功能，而且还必须能满足施工期间的安全性。管片接头应有的结构不仅因隧道的用途、设计荷载而异，还因管片的形状、错缝或通缝等的组装状况、接头的连接方式等而不同。管片应有的结构如下所示：

①对于施工期间和竣工后作用于接头部分的荷载而言，应是一种不损坏安全性和耐久性的结构。

②应是一种能可靠装配、装配后能保持原有形状的结构。

③应是一种易于箍紧、施工性优的结构。

④针对作用于接头面的水压，应是一种考虑了平时和地震时的接头的张开量、能确保截水的结构。

⑤对于施工期间发生作用的泥浆压力和壁后注浆压力等的临时性的作用荷载，也应是一种能确保截水的结构。

接头所采用的基本的接头结构有螺栓接头结构、铰接头结构、销插入式接头结构、楔接头结构、榫接头结构等。

1) 关于螺栓接头结构：这是管片接头和管片环接头上最为常用的接头结构，这是一种利用螺栓将接头板紧固起来，将管片环组装起来的抗拉连接结构。

对有螺栓接头的管片环按刚度均匀环对待时，要考虑将管片进行错接头组装。一般对管片环接头也考虑为与管片接头具有相似的结构。

如果螺栓孔径比螺栓径大的太多，根据管片情况会出现较大的错位，此时施工荷载的影响会变的较大，应该加以注意。对于螺栓孔径的规格，如果像钢制和平板型管片那样具有用短螺栓连接管片之间的接头结构，则如解说表 2.19 所示。如果像中子型管片那样，用长螺栓通过肋部连接，则如解说表 2.20 所示。还有，即便采用长螺栓，如果将套管作为螺栓孔埋入，则按解说表 2.19。

2) 关于铰接头结构：作为多铰环的管片接头进行使用，一般多为转向接头结构，在地基条件良好的英国和俄罗斯得到广泛应用。由于接头部分几乎不产生弯矩，轴向压力占主导地位，在良好地基条件下是一种合理的结构。但对于地基软弱，地下水位又高的日本几乎未被采用。为了防止从管片组装到壁后注浆硬化为止这段时间内的变形，最好在采用不损坏其结构特性的接头的同时，也采取防止变形的辅助手段。另外，此类接头一般不能指望紧固力，所以对于地下水位以下的隧道，对防水要作特殊的考虑，这是必不可少的。

3) 关于销插入型接头结构：这也可以作为管片接头来使用，但主要是作为管片环接头使用的接头结构。管片环接头的主要功能是确保错接头组装时的拼接效应（从相邻管片上传递剪力），但从确保隧道轴向的连续性和防水的观点出现，大多还需要有紧固力。

销插入型接头结构作业效率高，对自动化施工的适应性强。销与销孔径的富余量按解说表 2.19 使用。

4) 关于楔接头结构：这是管片接头和管片环接头都可使用的结构，是利用楔作用将管片拉合紧固的接头，以混凝土平板型管片为对象开发使用。由于其难以变形的结构特征，所以在会受到强制变位的隧道的管片环接头时应特别注意可能发生的混凝土开裂问题。

5) 关于榫接头结构：这也可以作为管片接头来使用，但主要是作为管片环接头使用的接头结构。接头部分设有凹凸，通过凹凸部位的啮合作用进行力的传递。用于环接头时，环的组装精度高，反过来，从其结构上讲需要有很好的施工管理。还有，从确保隧道轴向的连续性和防水的观点出发，一般都要同时使用有紧固力的接头结构。

接头结构一旦误选，不仅难以指望管片环的组装有很好的可靠性，而且作业效率会下降，施工上还容易出纰漏，甚至会损坏接头功能，形成衬砌结构上的缺陷。因此，在决定接头结构的细节时，要从所有方面进行研究，以便接头能充分发挥其作用，尤其对组装的准确性和作业方便性尤需注意。

采用管片自动组装设备时，对此要进行充分研究，以选择最为适当的接头结构。当采用以上所述接头结构以外的接头结构时，事前必须对组装性能和接头强度等进行验证。

钢制管片及混凝土平板型管片的螺栓直径和孔径　　　　解说表 2.19

螺栓直径[1]（mm）	16	18	20	22	24	27	30	33	36
螺栓孔径[2]（mm）	19	21~23	23~25	25~27	27~29	30~32	33~35	36~38	39~41

注：1) 螺栓的公称直径；
　　2) 最小处的直径。

钢制管片及混凝土平板型管片的螺栓直径和孔径（不使用套管时） 解说表2.20

螺栓直径[1]（mm）	27	30	33
螺栓孔径[2]（mm）	32～33	35～38	38～41

注：1）螺栓的公称直径；
  2）最小处的直径。

第58条 螺栓配置

螺栓接头部的螺栓配置一定要确保衬砌结构所要求的强度和刚度，同时必须考虑管片制作性，组装施工的方便性和防水性。

【解说】 管片组装用的螺栓可分为管片连接螺栓和管片环接头螺栓。接头通常是将数个螺栓配置为1排或2排。组装时，应注意不要给螺栓的紧固作业造成困难，同时还要考虑其配置不会损坏管片的可制作性、强度、刚度和防水性。

不管管片的种类如何，当管片高度不大时管片连接螺栓可配置在1排上，当高度较大时，为确保强度和刚度，一般都配置为2排。对于钢制和球墨管片，虽然管片宽度方向（隧道轴向）螺栓配置的自由度较高，但在确定螺栓配置时，应考虑确保强度和刚度，还有防水性，以便防水面能均衡紧固。《盾构工程用标准管片（2001年）》根据这些因素确定了螺栓的标准配置方法。对混凝土平板型管片，尤其需要考虑接头部的应力传递和配筋上的制约、与楔形管片的匹配等可制作性和截面缺损部分的平衡等等因素，确定管片宽度方向的螺栓配置。如果是混凝土中子型管片，一般情况下，管片高度较小时，沿宽度方向1排均匀地配置3根螺栓；管片高度较大时，则通常分为2排，外径侧2根，内径侧3根，均衡交错配置。如果是与一般的混凝土中子型管片相比，加大了主肋厚度的重荷载中子型管片，则在其主肋上也和混凝土平板型管片一样配置螺栓，确保接头的强度和刚度。

不管管片的种类和管片高度如何，管片环连接螺栓大多在1排配置在离管片内侧管片高度1/4～1/2的位置上。如果是钢制管片和球墨管片，一般从环接头面的防水上考虑，沿圆周方向，配置在各纵肋之间间距的中央。对于混凝土平板型管片，实际情况是一方面考虑刚度大、减少截面缺损、避免管片环接头和管片接头的锚固钢筋碰撞等等要求，另一方面根据经验确定圆周方向上的间隔。对于中子型管片，一般在1个空格内使用2个螺栓。不管是哪一种管片，都要考虑错接头组装和曲线施工，管片环连接螺栓的圆周方向上要采用等间距（中子型管片上以2个螺栓为1组取等间距）配置。

另外，用销钉取代螺栓时，销钉的配置也要和螺栓接头一样。

第59条 纵肋结构

对于箱形管片和中子型管片，必须考虑纵肋的配置，以便千斤顶推力能顺利地传递，以便作用于外板或背板的土水压能确保传递到主梁。

【解说】 在钢制管片上，纵肋必须等间隔配置，采用的结构必须保证千斤顶推力能妥善传递，在数量上，至少2根纵肋支撑1根压力垫。纵肋数量少了，千斤顶推力就会如第54条所述，不能妥善传递，主梁等上会发生意想不到的应力。尤其在钢制管片上，由于外板较薄，纵肋间隔大了，在土水压和壁后注浆压力作用下，有时外板会发生很大的变形，所以需要注意。

另外，为了防止在千斤顶推力的作用下发生主梁平面外弯曲应力，纵肋需要沿隧道轴向连续配置。一般将拼接的2块接头板视为1根纵肋，但如是轴向插入型管片，则如解说图2.32所示，B-K之间的接头板与轴向成斜交，而且不连续，不具有与纵肋同等的性能，所以根据推力的大小，有时需要研究除接头板之外，另行设置承受推力的构件。

再者，纵肋的形状，除了需要考虑截面性能之外，还需要考虑管片的加工性、装配和二次衬砌的施工性才能决定。钢制管片的纵肋形状有L形、扁钢形和T形，而在《盾构工程标准管片（2001）》中规定采用L形。还有，球墨铸铁管片的纵肋形状，从加工性考虑，采用I形，并根据需要增加了厚度。

另一方面，对于中子形管片，关于纵肋的配置的设计思想与钢制管片一样，而纵肋的数量则一般与盾构千斤顶数量相同，有时，纵肋的数量也会少一些。

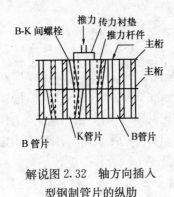

解说图2.32 轴方向插入型钢制管片的纵肋

解说图2.33 纵肋的形状
(a)钢制管片；(b)球墨铸铁管片

第60条 注浆孔

管片上必须按需要配置注浆孔，以便能均匀地进行壁后注浆。

【解说】 为了能均匀地进行壁后注浆，多在每个管片上设置1个以上的注浆孔。不过，注浆孔数量的增加，会引起漏水量的增加。最近有通过从盾构机一侧进行同时壁后注浆，以减少注浆孔数的趋势。注入孔一般要设置逆止阀。

注浆孔的孔径必须根据使用的注浆材料确定。一般采用内径50mm左右。注浆孔塞子的直径必须考虑紧固力和截水性决定其材料、形式、形状和尺寸。

第61条 起吊环

管片上必须考虑设置起吊环。

【解说】 混凝土平板型管片和球墨铸铁管片大多将壁后注浆孔同时兼作起吊环使用。混凝土中子形管片使用环接头的螺栓孔作为起吊环。而钢制管片则另行设置起吊用的配件。吊钩必须考虑起吊时的平衡，尽量安装在管片的重心所在的位置附近。

不管是哪种情况，其设计必须保证对搬运和施工时的荷载等来说都是安全的。而且，《盾构工程标准系列管片（2001）》还规定：作为施工时的荷载，采用的结构应完全能支承管片1环的重量。

还有，如果采用自动组装管片方式时，要求将管片牢固地固定在组装机上。为此，管片上所设置的特殊把手就会增加。

第62条　其他设计细节

（1）焊接

焊接作业必须采用能确保所需质量的作业方法和作业顺序，准确、认真地进行。

（2）排气口

在使用钢制管片和球墨铸铁管片的一次衬砌上浇筑二次衬砌混凝土时，必须事前在这些管片上设置排气口。

（3）加劲板

对于钢制管片，必须按需要设置目的在于加固管片接头板和提高接头刚度的加劲板。

（4）防止缺损

对混凝土系列管片，原则上必须实施倒角等作业，以防止缺损。

【解说】　关于（1）：对于焊接结构物来说，焊接部的质量直接影响到该结构物的可靠性，所以焊接时，必须采用能确保所需管片尺寸、焊缝形状和强度的作业方法和顺序，正确而且仔细地焊接。

现将《盾构工程用标准管片（2001年）》中所采用的钢制管片的焊接尺寸的示例列于解说表2.21、焊接要领和尺寸的示例示于解说图2.34。另外，将混凝土类管片的接头铁件等焊接部分的一般尺寸的示例列于解说表2.22、接头铁件等的焊接示例示于解说图2.35。

钢制管片焊接部尺寸　　　　　　　　　解说表2.21

焊接部位	焊接对象构件及板厚(mm)	尺寸(mm)	尺寸的允许误差(mm)
主筋板 加劲板 }接头板	接头板	8 9 10 12 14 16 19 22	6 6 6 6 7 8 8 8	+无规定 −1.0
主筋板 起吊环 }纵肋	纵肋	7 8 9 10 12	6 6 6 6 6	+无规定 −1.0
主筋、接头板 纵肋、加劲板 }面板 起吊环	面板	3 3.5 4	3 3.5 4	+无规定 −0.5
面板与注浆孔	注浆孔	—	3	+无规定 −0.5

混凝土类管片接头金属焊接尺寸　　　　　　解说表 2.22

焊接部位	焊接对象构件及板厚（mm）		尺寸（mm）
接头板与托架	托架	6	4
		9	6
		12	7
		14	8
		16	9
		19	10
托架与锚筋	锚筋	D13	（厚）
			5
		D16	6
		D19	7
		D22	8

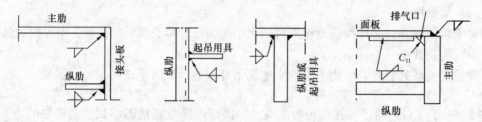

注：面板厚度小于 3.2mm（管片外径小于 4050mm）省去纵肋
　　主肋高度为 75mm,100mm,125mm 时 主肋高度为 150mm 以上时

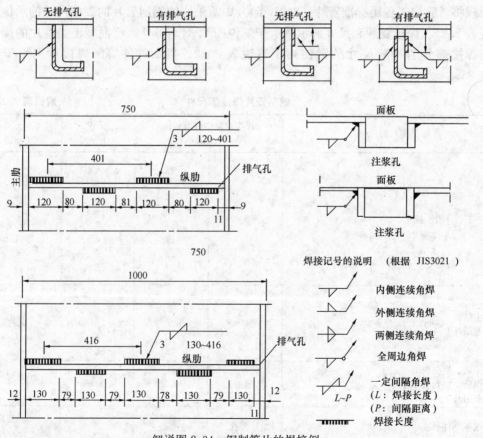

解说图 2.34　钢制管片的焊接例

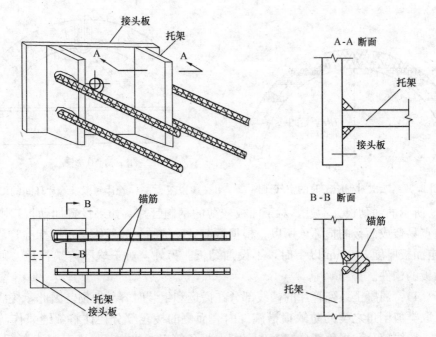

解说图 2.35　混凝土类管片的接头金属的焊接例

构件厚度较大时，为了切实焊透焊接部分，必须实施对接焊以确保所规定的性能。此时，需根据情况，在焊接部分采取类似设置坡口等类的措施。

关于（2）：一次衬砌采用钢制管片和球墨铸铁管片的盾构施工隧道，原则上要进行二次衬砌。浇筑二次衬砌的混凝土时，纵肋的下侧部分会有空气残留，难以完全填充混凝土。为了排出这些残留空气，可如解说图 2.36 所示，对于钢制管片，在纵肋的一侧，设置排气用的切口，对于箱形球墨铸铁管片则在纵肋的中央设置。不过，即便设置排气用的切口，如解说图 2.37 所示管片环顶部滞留线上部的空气仍难以排除。于是，往往还会采用管片之间 U 形管和环之间 U 形管和模板外排出 U 形管，以便排出这些滞留空气，如解说图 2.38 所示。

关于（3）：在钢制管片上，为了加固管片的接头板，提高接头的刚度，往往会设置解

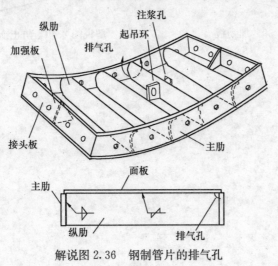

解说图 2.36　钢制管片的排气孔

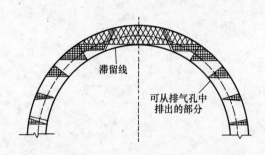

解说图 2.37 二次衬砌施工时的空气滞留

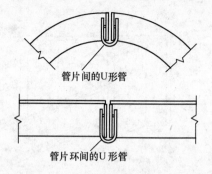

解说图 2.38 管片间以及管片环间的 U 形管

说图 2.39 所示的加劲板。不过，对于面板较薄的钢制管片，如果设置加劲板，则会以加劲板为支点易造成面板的损坏。所以，根据载荷试验的结果《盾构工程用标准管片（2001年）》规定面板厚度 3.0mm 以下时，不设加劲板。另外，对于球墨铸铁管片，则不设相当于加劲板的构件。

关于（4）：混凝土系列管片的棱线部分在搬运和组装时容易缺损。因此，棱线部分原则上要采取类似倒角之类的防缺损措施。内表面侧的棱线部分往往将敛缝兼作防止缺损用。另外，棱线部分和拐角部分有时也会配上板条筋以减少损坏。尤其是大断面的管片，还会如解说图 2.40 所示，管片受到正弯曲时，在其承压缘上使用角钢，以便防止边缘部分缺损，同时可分散压力。

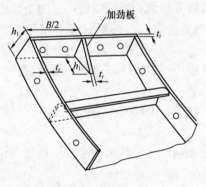

解说图 2.39 加劲板

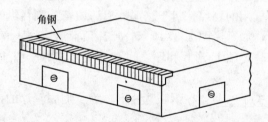

解说图 2.40 防止损伤的例子

第8章 管片的耐久性

第63条 耐久性的基本要求

(1) 管片必须考虑隧道的用途、隧道的环境、周围地基的环境和有无二次衬砌等因素，确保耐久性。

(2) 关于衬砌的致密性的记录，不仅建设期间，而且在提供使用后还必须继续更新，并妥善保管。

【解说】 关于(1)：一般来说，一次衬砌的管片是衬砌的主体结构，由于是在严格管理的工厂中生产的，所以一般认为初期的耐久性很高。然而，经长期使用后，管片必须具备的耐久性一旦下降，便会给隧道的用途所需要的使用性和结构上的安全性等管片的功能带来影响。所以在管片的设计、加工、施工时，需要事先对管片的长期的耐久性进行充分的研究。

一般来说，研究管片的耐久性时应考虑的事项如下：
①隧道的用途；
②隧道的设计使用年限；
③隧道内的环境；
④周围地基的环境条件及其变动预测；
⑤管片材料；
⑥管片质量；
⑦有无二次衬砌。

管片的耐久性的下降因隧道的用途而异，主要是由形成管片的钢材和混凝土等的劣化所引起，但隧道内的漏水等则是其促进因素。

混凝土系列管片劣化的主要原因有中性化、氯化物离子的浸入、硫化氢等的化学腐蚀、隧道内的流淌物引起的磨损的物理性损坏等。然而，按隧道的用途，其使用环境不同、各种劣化因素复杂地联系在一起，就目前的状况而言，很难说劣化的机制已经被清楚地阐明。因此，根据隧道的环境条件和应有功能，推定劣化原因，认真研究耐久性是当务之急。

在钢制管片上，通常进行二次衬砌，一般认为可迟缓劣化进程，但需要认真考虑周围地基情况，对钢材的腐蚀进行研究。

研究管片的耐久性时，要确认由混凝土、钢筋、钢材等构成的管片主体、由钢材等构成的接头、注浆孔的部件的耐久性。在确认这些构件和部件的耐久性时，最好要参考第64条、第65条、第66条所列示的事项。还有在研究有无二次衬砌时，最好要参考［第11章二次衬砌］。

二次衬砌一般利用就地灌注混凝土构建。因为要覆盖属于主体结构的管片的内表面，所以可望得到提高管片耐久性的效果。因此，衬砌的耐久性要考虑属于一次衬砌的管片和二次衬砌，对这两者进行综合性的研究极为重要。还有，当二次衬砌为钢筋混凝土结构时，尤其对二次衬砌其本身的耐久性也需要进行研究。

关于（2）：从掌握、确保隧道的长期的耐久性的角度考虑，对隧道的维护管理方法也展开事先研究极为重要，尤其在使用期间，对隧道的施工记录和衬砌的致密性等的记录继续更新、保管，对该隧道的维护管理计划极为有效。

第64条　止水性

（1）在管片接头面上，为了确保隧道的止水性，必须使用密封材料等进行密封施工。

（2）竖井和隧道开孔部位等，隧道与异种结构物的连接部分，为确保止水性，必须进行密封施工。

【解说】　关于（1）：考虑到工程施工方便性、竣工后的使用目的和围岩脱水对地下和地表的影响等因素，防止隧道漏水便极为重要。隧道漏水会使隧道过早劣化，影响其耐久性，因此应给予充分注意。另外，漏水还有可能破坏隧道的四周围岩，使当初的设计条件发生变化，务必注意。

盾构隧道漏水的发生部位几乎都是管片接头和环接头，尤其是接头面上的截水非常重要。

止水施工时，一般在管片的接头面上设置密封槽，将密封材料填塞其间。还有，为防备密封材料不足以完全截水，有时也在管片内侧边缘设置填料密封槽，进行堵缝作业。

密封材料必要的性质如下：

①对于设计上容许的开裂、错位，应能确保水密性。

②对于设计上可考虑的作用水压，应能确保水密性。

③应跟随盾构千斤顶的反复推力和管片变形，不失水密性。

④应能承受盾构千斤顶的推力和螺栓的紧固力。

⑤不对管片的装配精度有不良影响。

⑥管片装配时和装配结束后，对管片主体部分应无影响。

⑦应有良好的耐候性和耐药品性。

⑧粘贴时应有良好的作业性。

长期以来，使用密封材料进行截水，其设计思想是希望通过使用密封材料堵塞接缝，同时期待其粘接性。但是，这样的做法并没有得到足够的截水效果。而最近，种种研究的成果表明：密封材料受到压缩，管片的接头面上产生的应力（以下简称"接触面压力"）如在工作水压力以上，则不会漏水。基于这一设计思想，形成了新的截水设计。对于设计水压力，在施工时、使用时，需要分别以各自最大压力为基础进行设定。施工时的设计水压力，可考虑泥浆压力、壁后注浆压力、及盾尾脱出时的地下水压力等等。使用时的设计水压力需要充分考虑未来地下水位的变化和地形的变化等因素加以设定。还有，密封材料的接触面应力因管片的接头面的开裂量和错位量而异，所以必须在充分考虑这些因素的基础上进行设计。

混凝土系列管片和球墨铸铁管片，为了不因粘贴密封材料而给管片装配精度等带来不良影响，原则上要设置密封槽，为了让密封材料能封闭在密封槽内，密封材料的截面积应取密封槽的截面积的80～100%之间。

在研究用密封材料进行截水施工时，需要考虑密封材料的形状和密封槽形状的密合程度以及密封材料的硬度等。用于粘贴密封材料的密封槽，应设置在不会因密封材料的接触面应力、管片端部发生缺损和开裂的位置上。尤其选用了水膨胀性密封材料时，需要设定好密封槽位置，以免由于装配后膨胀压力的影响等原因，给管片端部带来损害。除此之外，也有另外的方法，即在管片的接头面上设置注浆孔，在管片装配后，填充不定型的截水材料。

作为其他的截水施工方法，还有以螺栓孔、壁后注浆孔（吊钩）、管片背面等为对象的。螺栓孔截水一般使用垫圈。壁后注浆孔的截水有使用垫圈的注浆孔塞的截水和使用截水环（橡皮圈）的、在注浆管外侧的截水。管片背面的截水施工方法使用环氧树脂系列树脂等，在其整个面上或连接件的上表面和注浆孔周围施行（参照第 143 条）。另外，如有高水压作用时，为了对从管片主体渗透过来的水确保截水性，也有使用高炉矿渣降低管片主体透水性的措施的实例。

钢制管片长期以来，一般省略密封槽。但最近从截水性的观点出发，在考虑主梁厚度的基础上设置密封槽的情况多起来了。

关于（2）：盾构隧道和竖井连接部位以及隧道与隧道之间的连接部位是截水上的薄弱部位，所以需要考虑施工性和经济性，进行卓有成效的截水施工。

第 65 条　对开裂的研究

对管片上发生的开裂必须进行认真的研究，确保不损坏盾构隧道的功能、使用寿命和使用目的。

【解说】　管片上发生的开裂将随着水密性的下降和漏水的发生以及伴生的钢筋的腐蚀，会造成衬砌耐久性下降。尤其处在干湿相互交替发生的环境条件下的隧道，开裂给予衬砌的耐久性的影响颇大。对于管片上发生的开裂必须采用适当的方法进行研究，以免损坏盾构隧道的功能、使用周期和使用目的等等。

管片上发生开裂，一般认为其原因如下：
①弯矩和轴向拉力引起的；
②盾构的千斤顶推力和管片搬运、装配时的操作等施工引起的；
③混凝土的干燥收缩和反应性骨料等等所使用的材料引起的；
④混凝土的碳化和氯化物离子渗入管片、造成钢材腐蚀引起的。

在这些原因中，关于①，通过利用降低容许应力强度、控制开裂宽度等方法进行研究的事例屡见不鲜。关于②，通过第 74 条、第 137 条、第 141 条等规定的适当的管理，防止发生开裂则是基本的方法，因此不作为本条的对象。但是，对第 32 条所示的千斤顶推力的研究，其结果认为会发生开裂时，必须用适当的方法进行研究。关于③，由于管片从制造到出厂大多需要数月至半年以上，管片大多在遵守日本工业标准（JIS）、日本下水道协会标准、《混凝土标准规范（施工篇）（2002 年制定）》的规定的工厂生产，所以不列为本条的对象。关于④，在一般的盾构隧道上，认为其影响小，可省略该项研究。但是，根据隧道内外的环境条件，担心混凝土会发生中和作用和氯化物离子会浸入管片中时，需要参考《混凝土标准规范（结构性能核查篇）》（2002 年制定）等，用适当的方法对其进行研究。

　　研究开裂宽度时，其容许开裂宽度要考虑结构物的功能、重要性、使用周期、使用目的和隧道内外的环境条件和周围围岩状况等设定。再者，在《盾构工程标准管片（2001）》中，在解说表 2.23 所示的隧道内的环境条件下，设定了解说表 2.24 所示的容许开裂宽度。还有，据最近的研究，有报告称：0.1mm 以下的开裂宽度时，建设当初产生的漏水，会随着时间的推移而减少。此类情况可作为设定容许开裂宽度时的参考。

隧道内的环境条件的分类示例　　　　　　　　解说表 2.23

环境分类	内　　　容
一般环境	● 处于常干状态或水满状态、而不是干湿反复交替的状态时 ● 不需要对耐久性加以考虑时
腐蚀性环境	● 干湿反复交替时 ● 管片暴露在有害物质面前时 ● 需要考虑其他耐久性问题时

容许开裂宽度示例（mm）　　　　　　　　解说表 2.24

钢材的种类	环　境　条　件	
	一般环境	腐蚀性环境
异形钢筋、普通圆钢	0.005c	0.004c

C：主筋保护层

第 66 条　防蚀、防锈
应根据需要，对管片进行防蚀、防锈处理。

【解说】　　钢制管片和球墨铸铁管片之类使用的钢材和铸铁材料会直接接触到围岩和地下水，此时，应按需要对该部分进行防蚀、防锈处理。防蚀、防锈处理一般大多采用油漆的方法进行。油漆时，先要清扫掉油漆面上的残碴、油、尘埃等，之后，涂上一般用防锈漆即可。

　　需要特别防蚀时，其油漆可使用焦油环氧树脂和沥青涂料等。

　　在混凝土类管片上，为了提高防水性和防止混凝土中性化，将水泥系列或树脂系列材料涂敷在管片背面，这样的做法不乏其例。另外，在海底隧道上，为了提高管片的防水性和耐久性，在混凝土中添加混合料（高炉熔碴、粉煤灰、二氧化硅泡沫陶瓷），为了控制裂隙的宽度，设计时降低钢筋容许应力的做法也比较常见。

　　随着盾构方向控制技术的提高、蛇行量变得非常小，止水材料的性能又有飞跃性的改善，隧道漏水锐减。最近，在主要采用混凝土类管片的隧道内，多已省去二次衬砌。隧道内一般大多处于高湿环境下，而且干湿交替很频繁。因此，省去二次衬砌时，不仅管片背面需要施行防蚀、防锈处理，连隧道内表面也需要进行同样处理，尤其对接头铁件和螺栓更希望进行防蚀、防锈处理。在采用钢制或铸铁制的接头时，可见到在接头部分涂敷树脂系列材料等，在接头凹槽内填充膨胀砂浆或泡沫尿烷树脂的处理实例。此外，也有在螺栓上进行锌粉铬氧化物薄膜处理和氟化乙烯树脂涂敷处理的实例。

第9章 管片制造

第67条　一般事项
(1) 管片制造时必要的图表如下：
1) 制造要领书
2) 制造图
3) 制造工序表
4) 其他
(2) 制造管片时，应确保规定的性能，尤其对尺寸精度必须特别注意。

【解说】　关于(1)：在制造要领书中，应根据本规范，JIS，《混凝土标准规范（2002年）》、《盾构工程用标准管片（2001年）》、《公路桥规范（2002年）》、《铁路结构物等设计标准及其说明部分的盾构隧道（2002）》等规定，毫无遗留地载明有关管片的材料、制造、检查等方面的各种事项。其中，制造工序表应编写得清清楚楚，能够对制造工艺程序的全貌一目了然。

管片的发包方和制造方事先就这些文件资料需要进行充分协商，以免相互产生异议。另外，有时还需要这些管片的制造要领书、制造图、制造工序表，此外，有时还需要有关质量管理方面的计划文件和检查方面的计划文件等等。

关于(2)：管片的尺寸精度对管片组装精度、施工过程中和竣工后隧道的力学上的性能都有很大影响，需认真研究。管片的尺寸精度，在钢制管片上，往往受工卡夹具支配较多；在球墨铸铁管片上，则受模型和铸模支配多；在混凝土类管片上，受模板的精度支配多（参照第69条）。

第68条　制造要领书
制造管片时，必须将其细则清楚地写在制造要领文件中

【解说】　制造管片时，特别需要注意的问题和制造要领中记载的事项，大致如下：
1) 关于钢制管片：采用焊接法制造管片时，由于焊接在制造过程中极为重要，对其管理尤需特别注意。

制造要领中应详细说明的项目有材料种类、切割、加工、组装焊接（焊工的资格、焊接材料、焊接姿势、焊接顺序、焊接注意事项等等）、检查、油漆和标志等。

2) 关于混凝土类管片：在制造混凝土类管片过程中，有关混凝土的变化因素较多，所以对质量管理需要特别注意。

制造要领中应详细说明的项目有材料种类（水、水泥、混合材料、骨料、钢筋或钢骨、辅助材料等）、模板、混凝土配比、制造方法（钢筋等的加工组装、振捣方法、养护方法等）、检查和标志等。

需要焊接的主要构件的制造，按1) 钢制管片规定处理，采用铸造方法制造的接头等

主要构件的制造，按3）球墨铸铁管片规定处理。

3）关于球墨铸铁管片：采用铸造法制造管片时，为了满足对材料的机械性能的要求，尤其需要注意材料成分的管理。

制造要领中应详细说明的项目有材料种类、熔解、造型、铸造、后处理、热处理、机械加工、检查、油漆和标志等。如果是波纹型管片，对于在其背面作为填充料浇筑的混凝土，从力学上对此进行评价时，按2）混凝土类管片规定处理。

4）关于合成管片：合成管片的制造要领文件应按各自要求的力学上的特性和材料特性，详细说明制造上的要求。使用的钢材，如组装时需要焊接，则援用1）钢制管片规定；至于混凝土、钢骨、钢筋等则援用3）混凝土系列管片规定。

第69条 尺寸精度

管片必须确保尺寸精度。另外，需要的尺寸精度应在管片制作之前，事先决定。

【解说】 管片的尺寸精度因管片种类、所用材料、制造方法、使用目的而异，各有其特点，难以统一。现行尺寸容许误差如解说表2.25和解说图2.41所示。

测量尺寸，可使用样板、钢尺和钢卷尺等。当采用大于12m的大断面管片、特殊形状的管片或管片自动组装设备时，应预先和技术负责人协商，另行确定尺寸容许误差。

尺寸容许误差（单位：mm）　　　　　　　　　解说表2.25

项目 \ 种类	钢制管片				铸铁管片[4]				混凝土类管片			
管片厚度 (h)	±1.5				+5.0 / −1.0[3]				+5.0 / −1.0[3]			
管片宽度 (b)	±1.5				±1.0				±1.0			
弧长 (c)	±1.5				±1.0				±1.0			
螺栓孔间距 (d, d')	±1.0				±1.0				±1.0			
各处的厚度 (e, t)	−[2]				−1.0[3]				−1.0[3]			
水平组装时的真圆度[1] 管片环外径 D_0（m）	$D_0<4$	$4{\leqslant}D_0<6$	$6{\leqslant}D_0<8$	$8{\leqslant}D_0<12$	$D_0<4$	$4{\leqslant}D_0<6$	$6{\leqslant}D_0<8$	$8{\leqslant}D_0<12$	$D_0<4$	$4{\leqslant}D_0<6$	$6{\leqslant}D_0<8$	$8{\leqslant}D_0<12$
螺栓中心连接圆径	±7	±10	±10	±15	±7	±10	±10	±5	±7	±10	±10	±15
管片环外径	±7	±10	±15	±20	±7	±10	±15	±20	±7	±10	±15	±20

1) 水平组装时的真圆度，应在两环叠加的条件下测量。
2) 钢材各部分的厚度取JIS G3192，3193，3194规定的钢材公差。
3) 球墨铸铁管片和混凝土系列管片的−1mm，系指局部厚度减少的极限值。
4) 系指机械加工时的精度。未加工的铸件未进行机械加工时，管片厚度和各部分的厚度，取和混凝土类管片一样的尺寸容许误差值，其他准照钢制管片取值。

注：各符号参照解说图2.41。

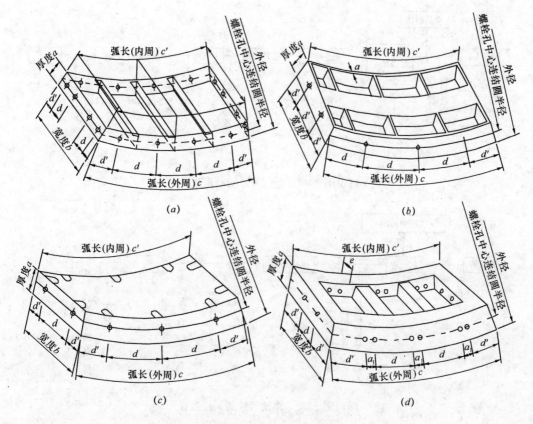

解说图 2.41 尺寸的量测例
(a) 钢制管片；(b) 铸铁管片；(c) 混凝土类管片（平板型）；
(d) 混凝土类管片（中子型）

第 70 条 检查

制造单位为加强质量管理所进行的主要检查项目如下。
1) 材料检查
2) 外观检查
3) 形状尺寸检查
4) 临时拼装检查
5) 性能检查
6) 其他检查

【解说】 管片制造过程中的检查示例如解说图 2.42～解说图 2.44 所示。

如果是合成管片，检查方法因其结构而异，全部列示很困难。最好按材料进厂到管片出厂的制造过程，参考解说图 2.42～解说图 2.44，确定检查项目。

检查基本上由管片加工方自主进行。如能确实可靠地确保质量，或者作为质量确认，另有可代用的方法，也可省略检查。

各项检查的基本内容如下：

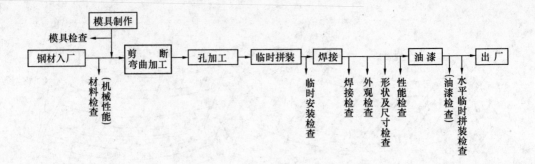

解说图 2.42　钢制管片的制造过程

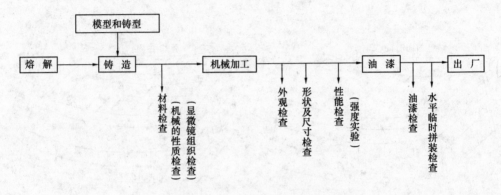

解说图 2.43　铸铁管片的制造过程

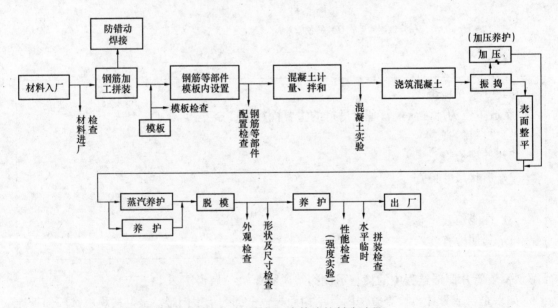

解说图 2.44　混凝土类管片的制造过程

关于1)：这是对生产管片所使用的主要材料，按 JIS 及其他规定进行的检查。

关于2)：这是对已生产出来的管片，通过目视的方法进行有关开裂、油漆、表面平滑性等的检查。

关于3）：这是对已生产出来的管片使用适当的检查仪器，测量形状和尺寸的检查。

关于4）：这是在水平平台上，将管片环临时水平装配2层，进行测量真圆度等的检查。

关于5）：这是通过整体弯曲试验、接头弯曲试验、推力试验和吊钩零配件拉拔力试验等，确认各种性能的检查。这些试验对于只凭外观和形状尺寸不能弄清其性能的管片以及特殊形状的管片等较为适用。

关于6）：这是除1）～5）项的检查之外的、考虑管片使用条件、按需要进行的检查。

> **第 71 条 标志**
> 必须在所有的管片上做上必要的标志。这些标志必须是不易抹掉的。

【解说】 管片上，必须在内侧或旁侧显眼的地方，用适当的方法明确注上必需的标志。在现场组装结束之前不得消失，不得难以识别。标志内容为制造编号，制造单位（缩写），普通和楔形环之区别，A、B、K管片之区别，楔形环的组合方法等。另外，在混凝土类管片上，还应注明生产日期。还有，在混凝土系列管片上，有时会在表面设置凹槽、作标记，此时应充分注意其位置和深度，不要太深，要避开主钢筋正下方。

第 10 章　管片的贮存及搬运

> **第 72 条　一般事项**
> 管片贮存、运输和使用时，必须编制适当的计划，尽力防止管片损伤和污损。

【解说】　计划中的记载事项包括贮存场所，贮存方法，制品交接和运输方法等。管片订购单位和制造单位应预先编制计划，对此进行充分协商，取得一致意见。

> **第 73 条　贮存**
> 贮存管片时，应采取适当的防护措施，确保其耐久性，以免损坏、腐蚀和污损。

【解说】　贮存管片时，必须充分注意，不要让管片产生有害的裂纹或永久性变形等。尤其是混凝土类管片，其重量大，而且容易损坏，需要选择适当的贮存场所和贮存方法，以免因其自重造成的贮存场所不均匀下沉和垫木变形而产生异常应力和变形。贮存时，必须注意，不要让油类、泥等异物污损管片。对钢制管片和混凝土类管片的接头配件等钢材部分，注意不要使其发生腐蚀。

管片接头和管片环接头使用的螺栓、螺母、垫圈、螺栓防水用密封垫以及防水条等附属部件必须分别打包，保管在固定的地方，以免丢失。保管时必须注意，不要让这些附属部件接触到雨水和露水等产生的潮气。特别需要注意的是不要出现锈蚀，不要黏附灰尘、砂粒等，以防降低品质。

管片上贴有防水条时，还应注意不要损坏该防水条。采用水膨胀性防水条时，在贴到管片上之前和之后，都要注意不要因为雨水等使其膨胀，要采取适当措施，如：盖上防雨棚布等。关于存放的注意事项，不管是制作工厂或者施工现场都可适用。

> **第 74 条　搬运和运出**
> 管片运输和搬运时，必须注意，不要使其损坏。对于运输和搬运过程中被损坏的管片，根据损伤的程度作适当的处置。

【解说】　运输时，对贴在管片上的防水条和混凝土类管片的棱线部分和拐角部分，必须采取适当的防护措施，以防止损坏这些部分，同时在装卸等搬运作业时也必须加以充分注意。

管片接头和管片环接头上使用的螺栓、螺母、垫圈、螺栓防水用密封垫和防水条等附属部件，必须分别打包，注明品种、数量后再发运。此外，一个包装箱的重量应按运送方法确定。

运输计划文件中必须注明运输路线、包装式样、发生紧急情况时的联系方法等事项。关于运输和搬运的注意事项，制造厂和施工现场内外都一样。运输和搬运过程中损坏的管片，必须按其损坏程度，作报废、修理等处理。

第11章 二次衬砌

第75条 一般事项
二次衬砌必须满足与隧道的使用目的相适应的功能要求。

【解说】 本条阐述已经明确的、并与二次衬砌的使用目的相适应的设计思想。其中，对于只有一次衬砌的隧道，为了让一次衬砌能有二次衬砌应承担的功能，最好能在一次衬砌设计时，参考本条文，进行研究。

近年来，根据隧道的用途，出现了只有一次衬砌的盾构隧道，但一般说来，都要使用就地浇灌混凝土等进行二次衬砌。此时，一次衬砌作为承受土压力和水压力等的外部荷载的隧道主体结构加以设计，而二次衬砌则要确保防腐蚀和内表面平滑性等功能，要让其具有与一次衬砌不相同的作用而加以设计，作为结构构件，通常不予评估。

1) 关于二次衬砌的功能：设计二次衬砌时，必须明确作为设计对象的隧道的二次衬砌应承担的功能。

①管片的防腐蚀：钢筋混凝土上会发生盐害、中和、化学性混凝土腐蚀等形形色色的劣化作用。还有，管片接头等的金属部分和钢制管片上会发生锈蚀。而二次衬砌则对于这些劣化因子而言，却是一种保护层，可以防止或延缓劣化波及管片。

②防水：防止向隧道内漏水大致可分为壁后注浆层、一次衬砌和二次衬砌等三个阶段。一般来说，一次衬砌基本上可截水，二次衬砌的截水可期待延缓漏水和减少漏水量等的二次性效果。

③线路确保：利用二次衬砌修正一次衬砌施工时偏离隧道计划线路、计划坡度而发生的蛇行。

④内表面平滑性确保：在下水道和地下河流等的水道上，为了确保流淌能力，需要保持隧道内表面平滑。在只有一次衬砌的隧道内，由于管片内表面的螺栓箱、接头接缝、注浆孔等，内表面的平滑性会遭到破坏，利用二次衬砌，消除这些凹凸不平，可确保规定的流淌能力。

⑤磨损保护措施：在水路隧道内，由于水流中的流砂和混凝土表面不平、流水产生的高速空洞的缘故，隧道表面受到磨损等时，保护一次衬砌。

⑥管片的加固和防止变形：对于盾构隧道，几乎全部都将一次衬砌的管片作为隧道的主体结构加以考虑而进行设计，二次衬砌的结构计算通常都给予省略。然而作为其结果却可以期待此举有加固一次衬砌的管片的效果。另外，作为预防将来不可预测的荷载的变化、周围地基的固结沉降、液化等引起的隧道变形的措施，也有的往往会施行二次衬砌。

⑦防止浮起：地下水位高、上覆土少时，为了防止隧道浮起，有时会进行二次衬砌，增加隧道的重量。

⑧防振、防噪声：铁路隧道内，如果振动和噪声成为必须考虑的问题时，除了在轨道上采取措施外，往往也会通过二次衬砌施工，增加隧道重量，降低振动和噪声。

⑨耐火：公路隧道内发生火灾时，二次衬砌能起到防火板的作用，防止火灾损坏管片

和使管片劣化。

⑩内部设施的设置、固定：电力、煤气、通信用沟和合用沟等，为了设置电缆和煤气管道等设施，作为其支架，或为了固定照明设备、安全设备等，有时需要进行二次衬砌施工。

⑪隔墙：有时可利用二次衬砌设置隔墙。

⑫其他：除了上述之外，为了确保对设置在一次衬砌和二次衬砌之间的防水布的压紧功能和考虑隧道的使用寿命而不是考虑隧道的功能，为了维护管理、补修、加固，在隧道建设时期就预先确保二次衬砌的设置空间，如此等等，按用途有各种各样的考虑方法。

为了满足上述①、②、⑤、⑥等要求设置二次衬砌时，二次衬砌能抑制一次衬砌的性能下降，可提高一次衬砌的耐久性，相应地可以提高隧道的耐久性。

另外，《盾构工程标准管片（2001）》以对各单位的调查为基础，按不同的用途整理了解说表2.26，详细内容可参阅本书。

隧道的各种用途的二次衬砌功能（参考） 解说表2.26

	下水道（污水）	下水道（雨水）	下水道（合流）	电力	通信	煤气	合用沟	地下河	铁路	公路
①管片防腐蚀	◎	○	◎	◎	◎	◎	◎	◎	◎	◎
②隧道防水	○	—	—	◎	◎	◎	◎	◎	◎	◎
③线路确保	◎	◎	◎	—	—	—	—	◎	—	—
④平滑性确保	◎	◎	◎	—	—	—	—	◎	—	—
⑤管片加固	○	○	○	○	○	○	○	○	○	○
⑥浮起防止	○	○	○	○	○	○	○	○	○	○
⑦内部设施设置	—	—	—	◎	◎	◎	◎	—	◎	◎
⑧隔墙										
⑨磨损预防措施	○	◎	◎	—	—	—	—	◎	—	—
⑩防振·隔声（参考）	—	—	—	—	—	—	—	—	◎	—
⑪防火（参考）	—	—	—	—	—	—	—	—	—	◎

注：◎为主要目的功能　○附加的或特殊时的功能。

2) 关于需要二次衬砌的部位：在《盾构工程标准管片（2001）》规定：使用钢制管片时，进行二次衬砌浇筑混凝土。另外，在隧道中途有支管、有分岔结构物连接，且该部分使用钢制管片时；在急转弯部分使用钢制管片时等等场合下，往往也会使用二次衬砌。

在到达竖井，不拉出盾构，而将盾构的外壳保留在到达竖井的安装位置上时，撤除盾构内部装置和设备，现场衬砌浇灌钢筋混凝土的居多。此时，一般将盾构的外壳视为临时结构物，所以二次衬砌是承担荷载的隧道的主体结构，将根据与一次衬砌相同的设计思想，在结构计算的基础上加以设计。

对盾构进行地下拼接时，撤去盾构的内部装置和设备后，在盾构的内侧设置二次衬砌。将盾构的外壳视为临时设置结构物时，是否在盾构内部设置管片，衬砌的功能将有很大的差异。不设置管片，浇筑现场衬砌钢筋混凝土时，由于将是隧道的主体结构，所以采取与上述二次衬砌相同的设计思想进行设计为好。另一方面，设置管片时，由于隧道的主体结构是管片，所以现场浇筑混凝土可视为二次衬砌，其功能即可考虑为前项的①～⑫。还有，最近有时也将盾构的外壳视为盾构的主体结构，与现场浇灌混凝土合在一起进行衬砌设计。

在有内水压作用的隧道内，通常，土压力和地下水压力等的外荷载和内水压一般都让一次衬砌的管片承担。但有时也会内插钢管、FRPM管等，将外荷载和内水压的作用分开加以设计。

3) 关于新形式的二次衬砌：长期以来，二次衬砌都是通过现场浇灌的混凝土建造起来的，但是，近几年来，力图通过削减二次衬砌厚度、减少隧道的衬砌厚度、降低工程造价、缩短二次衬砌建造工期等的新的形式的二次衬砌应运而生。考虑到耐腐蚀性、内表面的平滑性、耐磨损性等特点，大都以下水道和水路隧道为对象。其中，用于铁路隧道等的维护、修理、加固者也不乏其例。

新形式的二次衬砌有如下数种：①设置内插管，在与一次衬砌之间充填填空材料；②向一次衬砌的内侧喷射混凝土等；③将切割成片状的乃至板状的被覆材料（衬砌材料）沿着一次衬砌的内侧装配，在一次衬砌之间充填填空材料；④将合成树脂等片状的被覆材料置于一次衬砌的内侧，并使两者形成一个整体结构；⑤在管片的内侧面涂敷或浸渗被覆材料等等。

采用内插管时，可使用钢管、球墨铸铁管、FRPM管等。采用喷射混凝土时，也有的会以合成树脂为主要成分。使用被覆材料时，合成树脂材料广为使用。

另外，也有的提高混凝土系列管片的耐酸性；也有的将内表面的保护层做得比一般的厚，将保护层的一部分视作二次衬砌的一部分。

在选用新形式的二次衬砌时，对于这些衬砌所具有的性能能否充分满足拟为使用对象隧道用途相适应的功能，还有，对于工程费和维护管理、修理、加固的费用所代表的隧道的寿命周期成本等也需要进行慎重的研究。

第76条 截面内力和应力

将二次衬砌作为主体结构或主体结构的一部分使用时，应根据作用于隧道的荷载状态和衬砌的结构特性，考虑一次衬砌和二次衬砌的接合状况，计算截面内力，核查应力，确保安全性。

【解说】 将二次衬砌与一次衬砌合在一起作为隧道的主体结构，或将二次衬砌单独作为主体结构设计时，荷载设定，结构模型等需要慎重研究的事项不少。关于设计的具体工作，必须根据以往的实际设计经验，研究结果和现场测量等，以确认安全为原则，进行认真研究。

1) 关于以一次衬砌为隧道的主体结构：一般几乎都省去截面内力和应力的计算，但有对外水压和自重进行设计的事例。

2) 关于将二次衬砌与一次衬砌合并作为隧道的主体结构：将二次衬砌作为主体结构的一部分使用时，必须根据作用于隧道的荷载种类、性质、历史等以及一次衬砌和二次衬砌的接合面状况，进行设计。

对于在二次衬砌发挥承载性能后开始作用的增加荷载,卸载以及其他结构物近接施工的影响等,可以考虑为由一次衬砌和二次衬砌共同支承。经实验等证明:这种情况下的两衬砌的荷载分担、应力作用可根据一次衬砌和二次衬砌的接合面状态,表现为重叠结构、合成结构、或其中间性结构。

对平板型管片和合成管片施行二次衬砌作业时,如果接合面处于平滑状态,则为近似于重叠结构进行工作,至于设计,也有采用让一次衬砌和二次衬砌按其刚度分担荷载的方法。另一方面,最近的实验,研究等的结果表明:盾构隧道的衬砌为闭合结构,其工作原理不同于单纯梁的重叠结构。因此,最近提出使用二层环模型进行结构计算的方法是根据一次衬砌和二次衬砌对变位的适应性,评价两者荷载之间的荷载传递。

在钢制管片和中子型管片等箱形管片上施行二次衬砌和在平板型管片上配置当量的抗剪销时,衬砌比较近于合成结构的工作机理,所以也可假定为整体结构加以计算。使用抗剪销时,其配置密度应按能足以传递作用于接合面的剪力的要求来决定。

另外,在接合面上具有凹凸时,结构似乎表现为两者中间性的工作机理。此时也出现对接合面剪力的约束效果,因此,对剪力需作一些研究。设置适当的凹凸,进行各种实验、研究,作为整体结构加以设计,这样做法也有所见。

根据二次衬砌竣工后的增加荷载设计衬砌时,一次衬砌由于已承受了土压、水压等荷载,所以,计算一次衬砌的截面内力和应力,必须考虑到荷载的历史。

在设计衬砌过程中,考虑作用于隧道的土压,水压等历史,一定要特别注意二次衬砌是在一次衬砌施工之后,相当长一段时间后才进行施工。

<u>3) 关于单独以二次衬砌为隧道的主体结构</u>:对于自立性高的良好地基,也有将一次衬砌作为临时结构,二次衬砌作为主体结构的设计方法。今后,随着盾构隧道大深度化的发展,在良好地基上设置隧道的实例会增多,一般认为这种方法在经济上更为有利。此时,一般认为二次衬砌要单独设计,荷载和地基抗力等的评价方法和一次衬砌不同。

第77条 设计细节
二次衬砌设计应十分考虑隧道的用途来详细确定。

【解说】 盾构隧道几乎都是将一次衬砌的管片考虑为隧道的主体结构来设计的。此时,二次衬砌厚度大多为15~30cm左右。二次衬砌使用内插管时,如果设想往一次衬砌的内侧漏水,让外水压作用于二次衬砌的外侧时,可根据力学上容许的截面确定含有内插管和充填混凝土的二次衬砌厚度。

将二次衬砌与一次衬砌合在一起作为隧道的主体结构时,和单独以二次衬砌作为主体结构时,二次衬砌厚度应根据力学上的性能和有无钢筋以及配筋等的结构细节确定,但是还必须根据二次衬砌具有的防蚀、防水等其他功能确定。

在二次衬砌上使用钢纤维加强混凝土,减小其厚度,缩小隧道外径的做法也不乏其例。

1) 关于混凝土特性:混凝土的强度,迄今为止,设计标准强度采用$18\sim32\text{N/mm}^2$的混凝土。需要根据混凝土的运输方法、浇灌方法、浇灌周期等研究材料的分离阻力、模板的充填性、强度增长性等混凝土的特性。

短龄期的混凝土的强度大于 $1.0\sim3.0\text{N/mm}^2$，模板就可脱模，当然根据隧道的用途及其直径、衬砌的厚度将有所差异。需要充分注意混凝土强度的增长特性，以免短龄期的混凝土发生剥离和剥落。

2) 关于衬砌厚度：二次衬砌的厚度大多为 150～300mm。在外径大于 10m 截面隧道上，在混凝土系列管片的内侧，也有的会衬砌厚度达 350mm 的现场浇灌混凝土。一般来说，二次衬砌的厚度按以往的实际经验数据决定的居多。这些都是考虑了一次衬砌的曲折的修正；在曲线部位还考虑了模板的位置和隧道线路的几何性偏差的结果。另外，对于防腐蚀，需要对使用周期内的混凝土劣化问题、磨损问题进行研究；对于耐火，则需要对发生火灾时的混凝土的爆裂深度进行研究，决定二次衬砌的厚度，以免对隧道主体结构的管片造成影响。

作为新形式的二次衬砌设置内插管时，有两种方法。方法一，假设一次衬砌向内侧漏水，让水压作用于二次衬砌的外侧时，如力学上所容许的一样，考虑包括内插管和填充混凝土在内的二次衬砌，决定其厚度；方法二，假设只有内插管承受水压，决定内插管的截面，填空混凝土不作为结构体，决定填空混凝土厚度。

3) 关于配筋：钢筋保护层必须充分考虑与防蚀、磨损、耐火等有关的混凝土劣化的深度等因素。尤其在混凝土系列管片中，将内表面的钢筋保护层做得大于一般情况下的保护层时，对于将保护层视同二次衬砌者，需要充分考虑二次衬砌的与第 75 条所述的隧道的用途相适应的功能，然后设定钢筋保护层。

二次衬砌不是隧道的主体结构时，二次衬砌大多使用无钢筋混凝土，为了抑制开裂宽度和防止伴随开裂而产生的剥落，配筋时，有时会使用 D10、D13 钢筋，以求实现使用的钢筋量最少。另外在隧道中途，在支管和分岔结构物连接的部位上，有时为了开口补强和抑制开裂宽度，会进行配筋作业。再者，配筋时，为了将抑制开裂宽度和防止剥落而使用的钢筋固定在适当的位置上所使用的装配钢筋等也需要给予注意。

4) 其他设计细节：为了在隧道内设置设备，在二次衬砌上设置固定用的金属部件时，对于此类金属部件的材质和设置深度等其他设计细节也需要充分研究。

第3篇 盾 构

第1章 总 则

第78条 适用范围

本篇原则上是阐述圆形断面闭胸式盾构设计和制造的基本方法。另外，在研究适用性的基础上，也可适用于其他形状的盾构。

【解说】盾构设计原则上必须根据围岩条件、隧道断面形状、施工方法等进行。根据对现有隧道的统计，多采用闭胸式盾构，隧道断面形状中圆形断面占压倒多数。最近，双圆形、椭圆形、矩形等断面形状盾构的实例也在逐渐增多（参考第125条），圆形以外的断面形状盾构适应性经过研究后，也可沿用各条款。

第79条 术语

有关盾构的术语如下。

(1) 盾构钢壳

系指针对作用于盾构的外部荷载和地下水流入，为保护设置在盾构内部的拥有挖掘功能的设备机群的部分。盾构钢壳的外板部分叫包面板。而盾尾部分的包面板则叫盾尾包面板（请参照第84条）。

(2) 隔墙

系指为了维护用于稳定开挖面所需要的泥土或泥浆的压力，设置在切口环部分和支承环部分之间的墙体（请参照第84条）。

(3) 盾构外径

系指包面板的外径，其中减少磨阻用的刀头、固定预留拱度、壁后灌浆注入管等突出部分的尺寸除外（请参照第85条）。

(4) 尾部操作空隙

系指位于盾构尾部的管片外表面和盾尾包面板内表面之间的间隔（请参照第85条）。

(5) 盾尾空隙

系指管片外表面和岩体之间的空隙（请参照第85条）。

(6) 盾构长度

系指盾构沿隧道轴向的长度，也称为"盾构主体长度"、"盾构机长度"、"盾构总长"（请参照第86条）。

(7) 切口环部分

系指位于盾构钢壳的顶端部分、并与隔墙一起形成压力舱的部分（请参照第87条）。

(8) 支承环梁部分

系指位于盾构钢壳的中间部分、容纳盾构内部的设备机群、使盾构钢壳得以保持整体结构的部分（请参照第 88 条）。

(9) 盾尾部分

系指位于盾构钢壳后部的、组装管片的部分，配备有管片组装机和盾尾止水带（请参照第 89 条）。

(10) 盾尾止水带

系指装贴在盾尾包面板内表面和管片外表面之间的、目的在于防止壁后注浆材料和夹带着泥砂的地下水流入盾构的装置（请参照第 90 条）。

(11) 刀头

系指位于盾构前面的、配备了切削钻头等切削器件的部分（请参照第 92 条）。

(12) 切削刀具

系指配置在刀头前面的、用于切削或粉碎岩体的、用特殊金属制成的刀具（请参照第 96 条）。

(13) 超挖装置

系指在曲线施工中，为提高盾构的操作性，切削岩体的范围可超过盾构外径的装置。通常装配在刀头内，其代表性的形式有部分外扩式超挖刀和全面外扩式超挖刀（请参照第 98 条）。

(14) 盾构千斤顶

系指用于推动盾构前进的千斤顶（请参照第 100 条）。

(15) 管片组装机

系指在盾尾部分按规定的形状组装管片的装置（请参照第 103 条）。

(16) 形状保持装置

系指用于将管片环组装成近于真圆的装置。通常安装在盾构后部的居多（请参照第 105 条）。

(17) 中折装置

系指为了将盾构主体折曲、确保曲线施工时的线路而设置在分开的盾构主体之间的装置。分开的盾构主体中，位于中折装置前面的部分叫前躯，位于后方的部分叫后躯（请参照第 110 条）。

【解说】 闭胸式盾构的结构示例如解说图 3.1 所示。

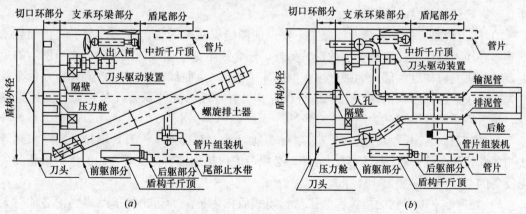

解说图 3.1 闭胸式盾构的组成
(a) 土压平衡式盾构；(b) 泥水加压式盾构

第80条 盾构计划

盾构必须能够承受围岩压力,保证开挖面稳定、安全、经济地开挖隧道和构建衬砌。

【解说】 盾构在其施工区间会遇到的各种条件复杂多变。因此,必须根据对这些条件的调查资料,选用结构强度和刚度足以适应这些变化的、耐久性、施工方便性、安全性和经济性优异的盾构(参照第14条)。在制订盾构计划时,必须考虑下列条件:

1) 围岩条件:隧道工程的难易,围岩条件大多起到决定性作用。因此,必须根据土质、土压、水压等围岩条件,认真研究开挖面的稳定性,磨损引起的盾构的耐久性及施工方便性。制定盾构计划时对于土质和土层条件的注意事项如解说表3.1所示。

制定盾构计划时土质和土层的注意事项　　　　解说表3.1

土质和地层		注意事项
砂质土和砾砂土	松散土质	开口缝宽度,开口率
	含巨石、粗石的土层	切削刀头的侧面形状,切削钻头的配置(种类,配置,安装方法),开口缝的宽度和长度,切削扭矩刀头,切削刀头转动速度,超挖装置,是否需要搅拌罐,排泥管径,最大可排出砾石的螺旋排土器,各部分的磨损措施(材质、硬化堆焊等)
	透水性高的土层	混合机构,添加材注入口(位置、口径、数量)
	有含水层的土层	混合机构,添加材注入口(位置、口径、数量),排土机构防喷发对策
	粒径均匀的土层	刀盘宽度,开口率
黏性土和高有机质土	灵敏度高的软弱土层	刀盘宽度,开口率
其他	预计有朽木和其他夹杂物的土层	刀具的装备(种类、配置、取出办法),是否需要搅拌罐,是否需要撤除作业装备
	含有软硬两种土质的土层	刀具的装备(种类、配置、取出办法),刀具扭矩,刀具转速
	含可燃性气体的土层	是否考虑电气设备、电气机器的防爆

2) 施工深度:施工深度大,处于高水压下施工时,对于各部位的强度和封层的耐压性必须进行认真研究(参照第148条)。

3) 隧道线路:如果是急曲线施工,要论证能确保线路的施工方法,为了防止围岩松动等,必须考虑尽可能地减少超挖量。另外,还必须考虑急曲线施工发生的来自围岩的反力,充分研究盾构等各部分的强度(参照第149条)。急曲线施工时,必须对后方台车等的失控防止措施,盾构的牵引方法进行研究。另外,还必须注意管片是否需要支撑架支撑,是否需要配置油罐(参照第150条)。

4) 施工总长:长距离施工时,必须对切削刀具、刀具轴承、刀具轴封、盾尾密封等盾构各部位耐久性进行认真研究。另外,必须考虑包括加油、更换等在内的维护措施和备用设备的必要性(参照第151条)。

5) 处理地下障碍物的措施:为了从封闭式盾构内拆除、运出地下障碍物,必须对人出入闸、人孔、刀盘人孔、开挖面、化学药剂灌注管等的装备和作业空间进行研究(参照第157条)。

第2章 设计基本原则

第81条 荷载

设计盾构时需要考虑的荷载如下。
(1) 垂直和水平土压力
(2) 水压力
(3) 自重
(4) 上覆荷载的影响
(5) 变向荷载
(6) 开挖面前方土压
(7) 其他

【解说】 设计盾构时,必须考虑的荷载,一般大多是按照衬砌的设计进行设定。作用于盾构固有的荷载包括变向荷载和开挖面正面压力等等。

关于 (1):盾构承受的荷载中,最大的莫过于土压力,将其仅考虑为静止土压力的作用是不够妥当的。盾构由于开挖和支护方法、超挖程度和曲线施工等种种原因,会受到周围极为复杂的静态的和动态的荷载作用,所以设计时必须认真考虑,不要让其对施工造成重大影响(参照第27条)。

对抵抗变形的地基抗力,大多不予考虑。

关于 (2):参照第28条。

关于 (3):盾构自重产生的抗力,用下式计算即可。

$$p_g = \frac{W}{D \cdot l}$$

式中 p_g——盾构自重产生的抗力;
　　 W——计算目标部位重量;
　　 D——盾构外径;
　　 l——计算目标部位长度。

关于 (4):参照第30条。

关于 (5):盾构进行曲线施工或修正方向时,会受到来自周围围岩的与其偏心推力相平衡的地基抗力的作用。称此抗力为变向荷载。

其大小和分布形式,因各种条件而异,其最大值一般考虑为被动土压力作用于盾构半边,或只使用半边的千斤顶推进时所受到的地基抗力进行计算。

惯用计算法的荷载图见解说图3.2和解说图3.3。

关于 (6):所谓开挖面前方压力,对于土压平衡式盾构,是指土压;对于泥水加压式盾构,是指泥浆压力;总之,是指作用于隔壁和盾壳加强件梁、柱、工作台等上的力。

关于（7）：盾构掘进时，由于会产生推力和切削扭矩，所以必须考虑其反力，研究盾构各部位的强度。在盾构施工过程中，如有特殊荷载发生时应另行考虑。

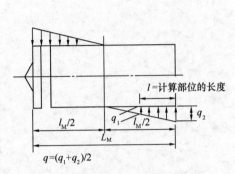
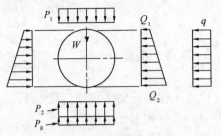

q：变向荷载
q_1, q_2：计算部位两端的变向荷载
l_M：盾构本体长度

P_1：垂直土压、水压的合力
P_2：垂直土压、水压的反力
W：盾构机自重
P_g：盾构的自重反力
Q_1：水平土压、水压在隧道上端的合力
Q_2：水平土压、水压在隧道下端的合力
q：变向荷载

解说图 3.2 变向荷载的计算例　　解说图 3.3 惯用计算法中变向荷载的荷载图

第82条　结构设计

结构设计必须保证盾构在各种荷载和组合荷载作用下，各部分具有能够安全、可靠地发挥其功能的结构。

【解说】　设计盾构时，一般都假设截面内力的最大值作用于盾构的全周，一般采用下面的模式进行设计。

①根据盾构外壳的结构，一般考虑用支承环承受盾构上的全部荷载。

②切口环是作为一端固定于支承环上，沿隧道轴向的悬臂梁进行设计。对于闭胸式盾构，当隔板及其他部件兼有对切口环进行加固的作用时，设计也要将其考虑在内。

③盾尾有按圆环结构进行设计的方法，同时由于盾尾一端是固定在高刚度的支承环上的，也有按一端固定的圆筒壳设计的方法，后者是因为盾尾的一端固定在刚度极高的支承环上。盾尾密封安装板不是强度构件，所以可省略结构分析。

切口环的加固部件不能配置。由于一旦出现变形和损坏时其修理是非常困难的，因此设计时应充分加以注意。

结构设计中采用的盾构外壳和加固部件等对于长期荷载（第81条1）～4）所示荷载）的容许应力以第42条表2.9为标准。但是，对于变向荷载等短期荷载的容许应力可根据技术负责人的判断，可对第42条表2.9所示之值有所提高。提高后容许应力的最大值不应超过第42条表2.9所示值的150%或小于使用构件的屈服点，一般取两者之中较小的一个。承受反复荷载和冲击荷载等荷载作用的构件，应另行慎重研究。

土压平衡式及泥水加压式盾构的切削刀盘，由于和土砂摩擦等原因其构件厚度会有减损，所以应根据土质，施工总长，构件厚度应取有一定的富余量。

第83条 盾构重量

盾构重量，包括结构各部分，必须始终明确其重量。

【解说】 盾构重量是盾构施工上相当重要的要素。重量越大，对分块、运输、竖井内吊装等计划的影响越大。在软土层中推进盾构时，盾构的重量和重心位置会影响其方向控制，运行性能，务必注意。计算盾构重量，一般分成下列几部分进行计算。

①盾构外壳：壳板、支承环、加强肋

②加固部件：隔板、支柱、横梁

③千斤顶：中折千斤顶、盾构千斤顶

④组装机、真圆保持装置

⑤切削机构：土压平衡式、泥水加压式等机械式盾构的切削刀盘和驱动装置或半机械式盾构的切削装置

⑥螺旋排土器、出泥口搅拌翼

⑦动力设备及其他：油压泵配管、阀门、动力设备台车

上述①～⑥重量累计起来的盾构总重量，按最近的统计，如解说图3.4所示。

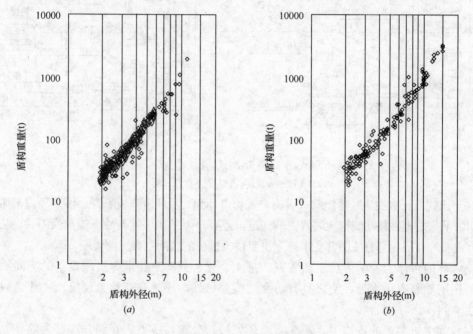

解说图 3.4 盾构机重量业绩
（a）土压式；（b）泥水式

第3章 盾构主体

第84条 盾构构成

盾构各部分的结构必须保证盾构能充分发挥其功能。

【解说】 盾构是由在外部荷载作用下，对内部能起保护作用的盾壳部分，以及在该保护作用下，在前部能用切削机开挖，在后部能边衬砌边掘进的功能齐全的各种设备所组成。

另外，盾构运行所需的动力、控制设备按盾构断面尺寸的大小，其一部分或全部设置在后续台车上。盾壳部分由壳板（外壳板）及其加固部件组成，从开挖面开始，依次分为切口环、支承环、盾尾三部分（参见解说图3.5）。

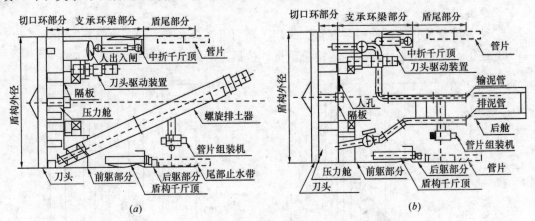

解说图3.5 闭胸式盾构的组成
(a) 土压平衡式盾；(b) 泥水加压式盾

在土压式及泥水加压式等闭胸式盾构中，切口环和支承环由隔板隔开，切口环内部则成为刀盘切削下来的土砂移动到排土装置去的通道。还有，为了在压气条件下能更换刀头、去除障碍物，也有的在隔板部分或前部支承环上设置供人进出的气闸（参见解说图3.5）。

支承环内可作为容纳刀盘驱动装置、排土装置、盾构千斤顶等机械设备的空间加以利用。盾尾尾端装有止水带，使之具有防水功能。另外，还装有管片组装机，主要为衬砌作业提供空间。

在装有中折装置的盾构中，需在支承环处进行分割，所以盾壳部分被分为前壳、后壳或更多的几块，用中折销钉、中折千斤顶等加以连接（参见解说图3.5）。

是否采用中折装置，可根据隧道的线路、盾构直径、地质和路线周边的环境状况而定。

第85条 盾构外径

(1) 盾构的外径必须根据管片外径、盾尾操作空隙和盾尾壳板厚度确定。

(2) 确定盾尾操作空隙时，应考虑管片的形状尺寸、隧道的线路、管片拼装时的富余量，盾尾止水带安装等因素。

【解说】 关于（1）：所谓盾构外径，是指盾壳的外径，而超挖切头、摩擦旋转式刀盘、固定翼、壁后注浆用配管等突出部分的尺寸除外。

用计算式表示盾构外径，则有下式（参见解说图 3.6）。

$$D = D_0 + 2(x+t)$$

式中　D——盾构外径；

　　　D_0——管片外径；

　　　x——盾尾空隙；

　　　t——盾尾壳板厚度。

所谓盾尾操作空隙是指盾尾壳板内表面与管片外表面之间的间隙。关于盾尾壳板厚度，可参照第 86 条。

关于（2）：盾尾空隙可根据下列因素确定。盾尾操作空隙现有的实际使用数据大多为 20～40mm。盾构推进之后，盾尾操作空隙和盾尾壳板厚度之和，将作为盾尾空隙在保留下来，因此对于盾尾操作空隙必须认真研究（参照第 142 条）。

1) 盾构曲线施工必要的富余量　盾构在曲线上施工和修正蛇行时必需的最小富余量（x_1）（参见解说图 3.7）

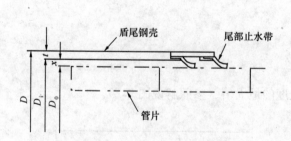

解说图 3.6　盾尾部详细图

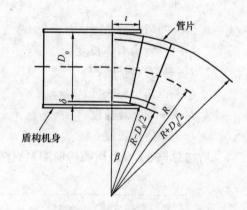

解说图 3.7　曲线施工余量

一般可用下式表示。

$$x_1 = \delta/2$$

$$\delta = (R - D_0/2)(1 - \cos\beta)$$

$$\approx \frac{l^2}{2(R - D_0/2)}$$

式中　R——曲线上施工半径；

　　　$R + D_0/2$——管片部分的曲线外半径；

　　　$R - D_0/2$——管片部分的曲线半径。

2) 管片装配时的富余量　管片装配位置未必一定能保证与盾构构成同心圆，所以管片装配时需要有富余量。管片装配时的这部分富余量必须考虑管片加工精度、管片施工期间的变形等因素而加以决定。还有，最近随着管片宽度的增大，对于盾构壳板的变形，有时也需要加以注意。

3) 其他

①急曲线施工时，需要有较大的盾尾净空，因此要相应加大盾构外径。但是，盾构外径加大，开挖土量增加，不经济，往往也会缩小急曲线部管片环外径，确保盾尾净空。

②当盾尾内设置保护盾尾止水带的保护构件或者设置为将管片轴心对齐的管片导轨时，盾尾操作空隙会变小，对此也有应进行充分的研究。

> **第 86 条　盾构长度**
> 盾构长度应根据围岩条件、隧道线路、盾构形式、有无中折装置、管片宽度、K管片的插入形式、盾尾密封止水带的层数等因素确定。

【解说】　盾构长度可用"盾构本体长度"、"盾构机长度"、"盾构总长"表示。

盾构本体长度（l_M）系指壳板长度的最大值，而盾构机长度（L_1），则指盾构的前端到盾尾端的长度（参见解说图 3.8）。

$$L_1 = l_C + l_M$$

$$l_M = l_H + l_G + l_T$$

式中　L_1——盾构机长度；

　　　l_M——盾构本体长度；

　　　l_C——刀盘长度；

　　　l_H——切口环长度；

　　　l_G——支承环长度；

　　　l_T——盾尾长度。

盾构总长（L）系指盾构前端至后端长度的最大值（参照解说图 3.8）。

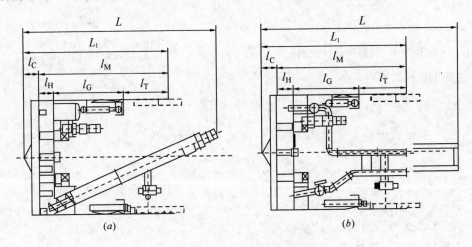

解说图 3.8　盾构长度
(a) 土压平衡式盾构；(b) 泥水加压式盾构（后方有台面时）

盾构长度，考虑到和外径的协调，尽量短一些为好。

迄今为止的盾构本体长度如解说图 3.9 所示。

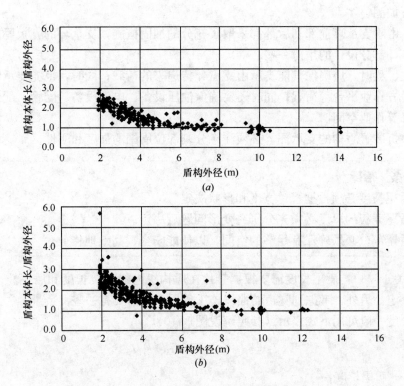

解说图 3.9　盾构外径（D）与盾构本体长（l_M）的关系
(a) 无中折装置；(b) 中折装置

第 87 条　切口环

切口环的形状、尺寸必须按适合围岩条件和盾构型式的原则来决定，其结构必须有足够的强度。

【解说】　切口环是保持开挖面的稳定，将挖掘下来的土砂向后方移动的通道。对于土压平衡式、泥水加压式盾构，需要根据开挖面的稳定及挖掘下来的土砂的排出状况来决定其形状、尺寸。尤其对于土压平衡式盾构，必须考虑要能充分搅拌挖掘下来的土砂。需要更换钻头、去除障碍物时，切口环部分的内部将成为作业空间，因此在决定其长度时，也需要考虑能保证发挥其作用。另外，为了承受土压力、水压力对其强度也要仔细研究。

第 88 条　支承环

支承环长度必须根据盾构千斤顶、刀盘轴承、驱动装置、中折装置和排土装置等的安装空间决定，其结构必须有足够的强度和刚度。

【解说】　支承环是盾构的主体结构，是承受作用于盾构上全部荷载的骨架。切口环和盾尾都是假定支承环有足够刚性来设计的，所以设计支承环时，必须充分注意（参照第 79 条）。

支承环的前部和后部均设置环状的高刚度结构件，在大、中断面盾构上，大多采用柱、梁进行加固。

这样，由于支承环前部和后部都采取了充分的加固措施，支承环的壳板厚度有时会比盾尾和切口环部分设计的稍薄一些。

设计柱、梁时，应确保其能支承由支承环传递来的荷载；同时，也能支承组装机、排土装置、后方作业平台等荷载；同时还要确保油压设备、电气设备、配管、配线等的设备空间和维修等作业空间。

具有中折装置盾构的支承环，必须注意分割部位周围的强度和刚性。

第 89 条　盾尾

(1) 盾尾长度必须根据管片宽度和形状决定。
(2) 盾尾壳板的厚度必须充分研究变形问题后决定。
(3) 盾尾部分必须确保有足够的空间，以便能安全、高效地作业。

【解说】　关于（1）：盾尾长度需要根据管片在盾构机内的组装长度和盾尾止水带的形状及其层数决定。另外，考虑到隧道的曲线施工等因素，需要有一些富余量。

盾尾长度一般可用下式表示（参照解说图 3.10）。

$$l_T = l_j + C + l_s + C' + l_p$$

式中　l_T——盾尾长度；
　　　l_j——盾构千斤顶安装长度；
　　　l_s——管片宽度；
　　　l_p——盾尾止水带安装长度；
　　　C——管片组装富余量=100~150mm 左右（对于轴向插入型 K 管片，根据管片插入角度，有时要更长些）；
　　　C'——其他富余量（管片在盾尾内的部分的长度余量）。根据施工实绩，一般为 50~100mm 左右。

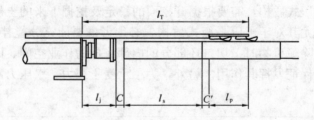

解说图 3.10　盾尾部的长度

关于（2）：盾尾壳板的厚度在不产生有害变形的范围内，应尽可能薄一些。不过，必须确保盾尾止水带安装所需要的厚度。盾尾外壳含壁后注浆管和盾尾润滑油注入管，必须考虑包含其在内的厚度。

关于（3）：盾尾要确保一定的空间，以便能安全、高效地进行管片组装作业、壁后注浆作业以及测量作业等，并根据需要设置作业平台、扶手等。同步壁后注浆时还需要考虑这一空间。

第 90 条 盾尾止水带

盾尾止水带必须考虑防止壁后注浆材料及夹带着泥沙的地下水渗入盾构机内的问题和耐压性、耐久性等进行选定。

【解说】 盾尾止水带一般装在盾尾壳板和管片外表面之间，目的是防止地下水和壁后注浆材料渗入盾构机内。对土压平衡式盾构，泥水加压式盾构来说具有保持压力的作用。

管片未必都能组装得与盾尾成同心圆状，往往是偏心甚至是椭圆形的。尤其曲线施工时，盾尾操作空隙少有均匀。因此至少在盾尾操作空隙达到设计值的 2 倍时，盾尾止水带也能保证能够承受所需的注浆压力、地下水压、泥浆压力等。

盾尾止水带的材料有橡胶、树脂、钢材、不锈钢或其中几种材料的组合体等等，品种繁多。盾尾止水带的形状有刷状、板状等。

为了提高盾尾止水带的防水性和使用寿命，一般都在止水带之间填充油脂类，但随着推进的进行会发生一些消耗，所以需要可定期补充的设备。

一般盾尾止水带装配的段数，地下水压愈高、施工距离总长度愈长，则需要得愈多。另外，还需要考虑有无曲线施工，中途是否有更换等情况加以决定（参照解说图 3.11，3.12）。

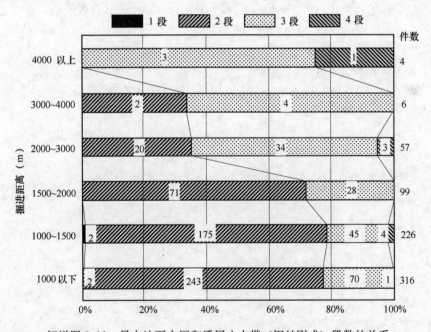

解说图 3.11 最大地下水压和盾尾止水带（钢丝刷式）段数的关系

根据以往的实际经验数据，最大地下水压力在 $200kN/m^2$ 以下者，2 级的最多；超过 $200kN/m^2$ 者大多装备 3 到 4 级。另外，从掘进总长来说，2000m 以下者，2 级居多；超过 2000m 者大多装备 3 级。（参照解说图 3.12）

盾尾的耐久性因材料、结构而异。此外，受管片背面材料和平滑性、组装精度的影响也较大，选用时必须考虑这些条件，认真研究。在开挖面的土水压力的作用下，盾构后退时，会造成盾尾的损害，所以，盾构千斤顶的油压回路上必须装备压力保持装置等安全设备。

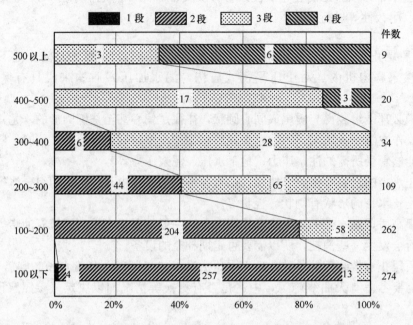

解说图 3.12 掘进距离和盾尾止水带（钢丝刷式）段数的关系

第4章 开挖装置

第91条 开挖装置的选型

开挖装置必须根据围岩条件、施工总长、线形、施工条件等加以选型。

【解说】 开挖装置选型时，必须充分考虑盾构型式、刀盘型式、刀盘支承方式、刀盘装备扭矩、刀盘开口、刀头、装备推力以及它们的组合方式等因素。

第92条 刀盘型式

刀盘的型式选择必须能适应围岩条件、必须选用能切实发挥其功能的型式。

【解说】 选择刀盘时，必须考虑切削方式，刀盘的结构、形状。

1) 切削方式：切削方式。一般都使用旋转切削方式，其特点是结构紧凑。另外还有摆动切削、行星切削等特种切削方式。

2) 结构：有轮辐形和面板形，可根据施工条件、土质条件决定（参见解说照片3.1）。

(a)　　　　　　　　　(b)　　　　　　　　　(c)

解说照片3.1 刀盘结构

(a) 轮辐形；(b) 面板形；(c) 框架形

3) 形状：作为顶端形状，有平板形、仅中心部分凸出形、全部凸出形。

这些形状，可根据开挖面的稳定要求来决定。在特殊情况下，需配置多个刀盘时，在结构上有的前后配置。另外，在含有砾石的地层上，必须注意耐磨性会因形状而异。

前面的形状，几乎都取圆形。根据隧道的用途，也可取其他形状。

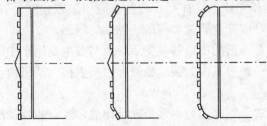

解说图3.13 刀盘侧面形状

第93条　刀盘的支承方式

刀盘的支承方式必须按适合盾构直径、土质条件等要求选定，必须考虑与排土机构的组合方式等因素。

【解说】　1) 种类：支承方式解说图3.14所示方式。

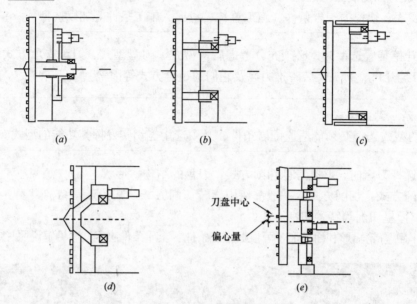

解说图3.14　刀盘的支承方式
(a) 中心转轴支承方式；(b) 中间支承方式；(c) 外周支承方式；
(d) 中央支承方式；(e) 偏心多轴支承方式

2) 特点：各种刀盘支承方式的功能上的特点因盾构直径而异，相对说来，各自特点如下。

①中心转轴支承方式：结构简单，大多用于中、小口径的盾构。该方式由于结构简单，黏性土附着的可能性少。另外，当刀盘需要设置错开结构时，和其他方式相比较为容易。但是，由于所构成的机内空间狭小，处理大块石、卵石等比较困难。

②中间支承方式：结构上受力较为有利，主要用于大、中口径盾构中。用于小径口时，要认真考虑砾石处理、防止黏性土在中心部的附着等问题。

③外周支承方式：机内可取较大空间，小口径时砾石的处理较为容易。刀盘的支承形状可采用环状（鼓形）和方柱形（柱形）两种。使用该方式时易在刀盘外周部分黏附土砂，在黏性土中使用时，应充分研究如何防止黏附的问题。

④中央支承方式：在锥形的中央部位支承，大多数主要用于中、小口径的。中央部位一起通到机内，所以是一种刀具内的装置维修和刀头更换、从机内进行地基加固等作业极为容易的结构。

⑤偏心多轴支承方式：驱动部分由多个轴承构成，各自的驱动部分小，机内可有较大的空间。所以这是一种很容易从机内进行地基加固等作业的结构。

第94条 刀盘装备扭矩

刀盘装备扭矩必须根据围岩条件、盾构型式、盾构结构决定。

【解说】 1) 刀盘扭矩的确定方法：刀盘扭矩需根据围岩条件、盾构型式、盾构结构、盾构直径来决定，一般考虑刀盘所需扭矩主要有下列要素构成。

$$T_N = T_1 + T_2 + T_3 + T_4 + T_5 + T_6$$

式中 T_N——刀盘所需扭矩；
T_1——切削土阻力扭矩；
T_2——与土摩擦的摩擦阻力扭矩；
T_3——土的搅拌（向上）阻力扭矩；
T_4——轴承阻力扭矩；
T_5——轴封摩擦阻力扭矩；
T_6——减速装置的机械损失扭矩。

相对于所需扭矩装备扭矩需有一定的富余量。

2) 刀盘装备扭矩实际使用情况：装备扭矩可用下式进行简便计算。

$$T = \alpha \cdot D^3$$

式中 T——装备扭矩；
D——盾构外径；
α——扭矩系数。

扭矩系数虽因盾构直径、土质等而异，但一般大多在下列范围内。

土压平衡式盾构 $\alpha=10\sim25$
泥水加压式盾构 $\alpha=8\sim20$

遇到巨石时，往往会超过上述范围。

偏心多轴支撑方式时，由于刀具旋转半径小装备扭矩小，大致上取 $\alpha=5\sim10$。

3) 刀盘转速：刀盘转速可根据刀盘的最外周的速度，用下式求出。

$$N = V/(\pi \cdot D_c)$$

式中 N——刀盘转速（r/min）；
V——刀盘外周速度（m/min）；
D_c——刀盘外径（m）。

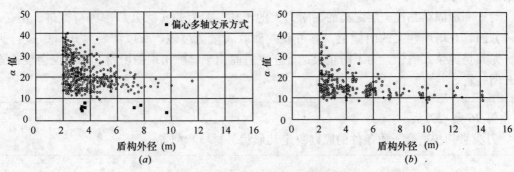

解说图 3.15 刀盘装备扭矩系数的实例
(a) 土压平衡式盾构；(b) 泥水加压式盾构

4) 刀盘驱动方式：刀盘驱动方式有下列几种。

①液压电动机驱动方式：其特点是转速控制、扭矩管理、微调容易。

②电动电动机驱动方式：其特点是效率高、洞内环境好（噪声小，洞内温度上升小）。此外，通过采用变频器等，便可控制转速，可简化刀盘驱动用动力设备台车，但对微调需认真研究。

③液压千斤顶驱动方式：主要在采用摆动切削等间断驱动方式时使用。

第 95 条　刀盘开口

刀盘开口必须根据围岩条件、开挖面稳定机构和挖掘效率，决定其形状、尺寸、配置。

【解说】　1) 形状、尺寸：刀盘开口的形状，尺寸往往会受制于轮辐数、取入砾石直径大小等因素，对此务必加以注意。

刀盘开口一般大多沿刀头支座取直线形，需要取入大的砾石时，可采用各种各样的形状。

对于砾石层，一般都按假设围岩上出现的砾石的最大直径决定。但也有时会根据排土设备（泥水加压式盾构上为排泥管，土压平衡式盾构上为螺旋式排土器）的尺寸，设置轮式刀头，让其具有破碎开挖面上的砾石的功能，限制刀盘开口尺寸。

在固结黏性土层中，尤其在中央部位附近的缝隙容易黏附土、砂，发生堵塞，所以在决定开口尺寸和位置、形状时需要注意。

另一方面，轮辐形和框架形是没有刀盘的刀头形式，除了安装切削钻头的轮辐和加固部位之外的部位为开口部，主要在土压式盾构上使用。

2) 开口率：刀盘的开口率可用下式表示。

$$\omega_0 = \frac{A_s}{A_r} \times 100(\%)$$

式中　ω_0——开口率；

A_s——面板的开口部分的总面积（刀头的投影面积忽略不计）；

A_r——刀盘面积。

对于泥水加压式盾构，开口率大多取 10%～30% 左右。

对于土压平衡式盾构，面板形开口率为 30%～40%，轮辐形开口率为 60%～80%，框架形开口率为 50%～60%。

对于一般固结黏性土层之类的黏附力大的土质，最好是扩大开口率进行掘进。但是，另一方面，在坍塌性大的山体上，有可能泥砂取入量会过多，所以需要对开口率进行研究。尤其是泥浆式盾构，为了防止长期停止掘进时由于缝隙出现的坍塌，有时也会装备缝隙开闭装置。

第 96 条　刀头

刀头必须按适合土质条件的原则决定其形状、材质和配置。

【解说】　1) 种类：切削钻头的种类有齿式钻头、滚动式钻头、先行钻头、薄壳钻头等等。主要的作用如下所示。

①齿式钻头：围岩的切削和取入
②滚动式钻头：巨石、片石的破碎和齿式钻头的保护
③先行钻头：出发、到达部位和硬质地基的预切削和齿式钻头的保护
④薄壳钻头：卵石地基的预切削和齿式钻头的保护

解说照片 3.2　刀头的种类

2）形状：刀头的形状必须按适合土质的原则选择，必须注意前角和后角（参照解说图 3.16）。

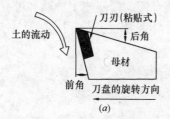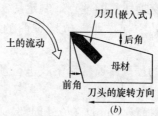

解说图 3.16　刀头的形状
(a) 粘贴式；(b) 嵌入式

一般说来，对于胶结黏性土，前角、后角要大；对于砾石层来说，角度要小。

对于砾石层，要采取防止刀片缺损和剥落的措施。有时也需同时使用轮式刀头、特殊钻头等。

刀头的高度需要根据土质条件和旋转距离推算出来的磨损量、掘进速度和切削转速、根据设定位置求出的切入深度等决定。

关于刀头的安装方法，其示例如解说图 3.17 所示。

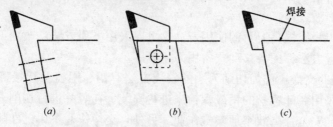

解说图 3.17　刀头的安装方法（齿形刀头为例）
(a) 螺栓式；(b) 插入式；(c) 焊接式

3）材质：刀头的刀头材质常常使用 JIS 规格的（JISM 3916）矿山工具使用的超硬烧结合金。几乎都使用耐冲击性优异的 E5 型材料，在不含砾石等的砂质土中长距离掘进时大多使用耐磨性优异 E3 型材料。

4）配置：刀头的配置必须根据土质条件、盾构外径、切削转速，施工总长等决定。必须按其种类确定按照位置。

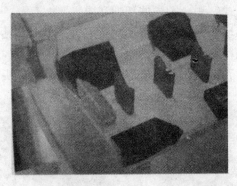

解说照片 3.3　刀具设置实例

5) 刀头的寿命：刀头的安装方法一般采用解说图 3.17 所示类型。

切削刀头往往因磨耗使刀刃脱落、缺损而必须进行交换。磨耗量受施工法、土质、滑动距离、刀头形状、材质等因素所影响，因此，必须充分探讨刀头的耐磨耗性，事前预测磨耗量，确定交换所需的地点，制定切实可行的对策，以便施工能顺利进行。

切削刀头的交换作业，包括事前的准备在内需要很长时间，因此必须进行充分的研究。

①磨耗量的预测：通常用下式进行预测的实例较多

$$\delta = K \cdot \pi \cdot D \cdot N \cdot L/V$$

式中　δ——磨损量（mm）（最外周部）；

　　　K——磨损系数（mm/km）；

　　　D——盾构外径（m）；

　　　N——刀盘转速（rpm）；

　　　L——推进距离（km）；

　　　V——推进速度（m/min）。

磨损系数因土质、施工法、材料、配置等而异，应考虑类似工程的实绩来确定。

②磨耗探测：一般判断刀头的磨损程度时，是根据记录的推进数据的变化，从土质和机械方面进行综合的判断。另外，有时并用辅助性磨耗探测装置。磨耗探测装置有油压式、电气式、超声波式等。

③磨耗措施：为了提高刀具的使用寿命，可以采用下列方法：改变刀具自身刀头的材质以及高度的配置方法，配备移动式备用刀具等等。

6) 切削刀头的交换：作为切削刀头的安装方法有销、螺栓及焊接等方法。预测到需要交换时，最好采用装卸容易的销或螺栓来进行安装。在竖井进行切削刀头的交换时，必须充分考虑以便能安全且高效率地实施作业。另外，交换作业不得已在隧道内进行时，必须进行化学加固、压气施工、冻结法等辅助施工法，以确保开挖面的稳定。为了施工能安全、切实地进行，应准备好充分的措施。（参考第 153 条）

第 97 条　切削刀驱动装置

切削刀驱动装置必须根据施工条件和机械型式，选择轴承和驱动齿轮。轴封必须是能保护切削刀轴承，免受泥砂、地下水等的进入。

【解说】 切削刀驱动装置是由轴承、驱动电动机、驱动齿轮、轴封构成的切削装置,是最重要的组成部件。

1)切削刀轴承:切削刀轴承用于承受作用于切削刀上的荷载,同时支承旋转的切削刀,需要根据围岩条件、施工总长选择有耐久性的切削刀轴承。

2)切削刀驱动齿轮:切削刀驱动齿轮的作用是将驱动电动机的转矩传递给切削刀头,需要选择有耐久性的。一般采用正齿轮,并将其装在齿轮箱内,以防止土、砂、水、尘埃进入。

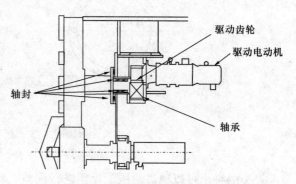

解说图 3.18 切削刀驱动装置

3)切削刀轴封:切削刀轴封是保护轴承的装置,防止土、砂、地下水、添加剂等进入,必须能经受得住压力舱内的泥土压、地下水压、泥浆压、添加剂注浆压和压气压等压力。轴封的形状有单刃型和多刃型。不管哪一种都是多级组装配置的(参照解说图 3.19)。给轴封提供润滑油或润滑脂,防止轴封滑动面磨损和土、砂进入。轴封管理包括润滑脂的注入压力和注入量的管理、排污取样和利用温度传感器进行的轴封温度管理等。

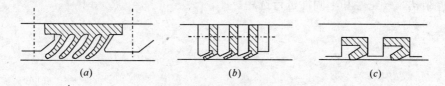

解说图 3.19 切削刀轴封形状
(a)多刃型轴封;(b)单一型轴封(平型);(c)单一型轴封(U形)

第98条 超挖装置

超挖装置是为了提高盾构的操向性而装备的,必须适合土质条件和施工条件,必须能充分发挥超挖功能。

解说照片 3.4 仿形刀设置实例

【解说】 超挖装置的代表性形式有全面外扩型和部分外扩型。

设计时必须根据土质条件、施工条件(尤其曲线施工等)和盾构外径与盾构本体长度的关系选型,决定规格。

超挖装置通常都装在刀盘内,因此应注意结构要简单、动作要可靠。另外,为了得到足够的超挖能力,切削围岩的刀头应按照刀头的标准选用。

1)全面超挖:让刀头从刀盘内向盾构的外侧突出,沿盾构全周以一定量进行超挖(参见解说图 3.20(a))。

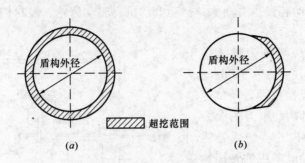

解说图 3.20 超挖范围
(a) 全面外扩式刀头；(b) 部分外扩式刀头

刀头的突出可以通过油压千斤顶进行调整。此时，应注意设置在油压回路中的旋转接头的形状、结构的密封性和牢固性。仿形刀头行程和切削刀扭矩较大时，仿形切削刀上有较大的挖掘阻力作用其上。因此需要对其强度加以研究。另外，考虑到仿形切削刀的磨损、耐久性等等因素，有时会配备备用件。

2) 部分超挖：和全面超挖一样，让刀头从刀盘内向盾构的外侧突出，但可在任意的范围内进行超挖切削（参见解说图 3.20 (b)）。

刀头突出一般采用液压方式进行。此时，要在液压线路上设置旋转把手，应注意其形状、设置结构，气密性和牢固性进行选用。

第5章 推进机构

第99条 总推力
盾构的总推力必须根据各种推进阻力的总和及其所需富余量决定。

【解说】 盾构的推进阻力由下列要素组成。
①盾构四周外表面和土之间的摩擦阻力或黏结阻力（F_1）
②开挖面前方阻力（压力舱内压力）（F_2）
③变向阻力（曲线施工、蛇行修正、变向用稳定翼、挡板阻力等）（F_3）
④盾尾内的管片和壳板之间的摩擦阻力（F_4）
⑤后方台车的牵引阻力（F_5）

以上各种推进阻力的总和（$\sum F$）可用下式表示，但必须对所使用机械形式的各种影响因素仔细考虑，决定时要留出必要的富余量。

F_4 考虑了盾尾紧固力产生的摩擦阻力，与管片接触的盾尾四周的面积范围内有相当于土水压力的压力作用其上，盾尾紧固管片的荷载乘以摩擦系数计算出来的阻力。

$$\sum F = F_1 + F_2 + F_3 + F_4 + F_5$$

$$F_1 = \begin{cases} \mu_1 \cdot (\pi \cdot D_0 \cdot L \cdot P_m + W) \cdots\cdots 砂质土 \\ c \cdot \pi \cdot D_0 \cdot L \cdots\cdots 黏性土 \end{cases}$$

$$F_2 = P_f \cdot \pi/4 \cdot D^2 (\text{kN})$$

$$F_3 = \mu_1 \cdot q/2 \cdot D \cdot L_m$$

$$F_4 = \mu_2 \cdot P_m \cdot \pi \cdot D_0 \cdot L_s$$

$$F_5 = \mu_3 \cdot G$$

式中 μ_1——钢和土之间的摩擦系数；
μ_2——盾尾和管片的摩擦系数（参考值：生产厂家实验值为 0.2~0.3 左右）；
μ_3——车轮和钢轨间的摩擦系数；
D——盾构外径；
D_0——管片环外径；
L_m——盾构机长度；
L_t——盾尾安装部位长度；
L_s——盾尾管片接触长度（参考值：按照以往的实际经验＝$L_t \times 0.3~0.4$）；
W——盾构机重量；
G——后方台车重量；
P_m——作用于盾构上的平均土压力 $P_m = 1/4 \times (P_1 + P_2 + Q_1 + Q_2)$（参考第81条）；
P_f——开挖面前方压力（作用于隔墙上的土压、泥浆压力等）；

c——黏聚力；

q——变向荷载（参考第 81 条）。

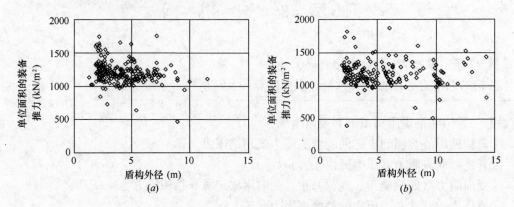

解说图 3.21 盾构千斤顶装备推力的业绩
（a）土压平衡式盾构；（b）泥水加压式盾构

第 100 条 盾构千斤顶的选型和配置
盾构千斤顶的选型和配置应根据盾构的操向性、管片组装施工方便性等确定。

【解说】 盾构千斤顶选型、配置时，必须注意下列事项。

1）千斤顶选型：

①应选用结构紧凑的高液压千斤顶。

目前，根据所用液压泵、阀门、配管类等条件，都采用 $30000\sim40000kN/m^2$。

②应选用重量轻、耐久性好、易于维修和更换的千斤顶。

2）千斤顶配置：

①千斤顶等间距配置在盾构壳板内侧附近，在管片全周施加均等荷载。但是，由于土质的关系，有的也采用不等间距配置。

②千斤顶配置时，应使推进轴平行于盾构机轴线。为了防止盾构机转动有一部分也会采用倾斜配置。此时，会有弯曲荷载作用于活塞杆，应予注意。

③由于开挖面的土水压的关系，盾构通常要承受正面荷载，所以在装配管片等时，如停止掘进，则会出现后退现象。为避免该现象的发生，在液压系统上需要考虑设置锁定机构。

3）千斤顶的推力和台数：每台千斤顶的推力和台数应根据盾构外径、总推力、管片结构和隧道路线等因素确定。一般 1 台盾构千斤顶的推力，在中小截面盾构上为 $500\sim1500kN$，大截面时则为 $2000\sim5000kN$。

4）压力垫：

①在盾构千斤顶的活塞杆顶端，必须设置压力垫。盾构千斤顶的压力垫的结构必须能保证推力通过铰接头、球面接头等均匀分布在管片的端面上。

②混凝土摊铺机的高度需考虑管片高度和盾尾空隙等因素加以决定。

③为了极力减小作用于管片上的偏心荷载，一般会让混凝土摊铺机中心和千斤顶中心

偏心，让混凝土摊铺机中心几乎与管片中心线对齐（参照解说图 3.22）。但是，此时，对于钻杆，会按与偏心量相应的弯曲荷载作用其上，所以需要有足够的刚度。还有，在同一隧道路段，如使用管片高度有较大差异的管片时，则往往也会需要根据管片情况更换混凝土摊铺机。

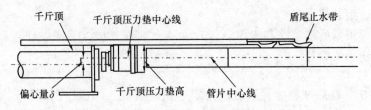

解说图 3.22　千斤顶压力垫的偏心设置例

④要使不会有过大的力局部地作用在管片上为原则决定压力垫的大小。尤其是钢制管片和中子型管片时，要注意压力垫和纵肋的关系。

⑤根据管片的材质，有时需要在压力垫接触面上覆盖橡胶板等，以保护管片端面。

> **第 101 条　盾构千斤顶行程**
> 盾构千斤顶的行程必须根据管片宽度加上所需富余量来决定。

【解说】　行程富余量是在盾尾内组装管片时所必需的，并且对于盾构的曲线施工来说也必须有足够的长度。一般说来，盾构千斤顶的行程需要的长度为管片宽度加上 100～200mm。对于轴向插入型 K 管片，根据管片高度、K 管片弧长、插入角度、管片接头角度，千斤顶的行程再考虑管片宽度的 1/3～1/2 的插入富余量加以确定。

> **第 102 条　盾构千斤顶的工作速度**
> 盾构千斤顶的工作速度必须根据推进速度和施工效率决定。

【解说】　当采用全部的千斤顶时，千斤顶的推进速度一般为 40～60mm/min。从实际工程推进速度的数据来看，直线区间 20～45mm/min，曲线区间 15～35mm/min，高速施工可达 60～100mm/min。但是，在出发、到达部位的临时墙和地基加固部分，有时也会降低掘进速度，控制在数 mm/min 范围内。还有，千斤顶的返回速度，为了提高管片装配时的作业效率，有尽量提高速度的倾向。

第 6 章 管片组装机构

第 103 条 组装机选择

组装机必须根据盾构型式和规模、管片、渣土处理方法、工作循环等选择，以保证能准确、高效地组装管片。

【解说】 组装机是在盾尾将管片组装成指定形状的机械。除可以回旋外，夹具应具有前后移动和伸缩等功能。回旋和伸缩等均采用油压式。双圆形盾构还需要考虑特殊形状的管片的组装时施工特性（参照第 125 条）。组装机一般都装配在盾构主体支承环上，也有的装配在后续的台车上。

1) 回旋装置：组装机有装在盾构机上的环式、中空轴式。在日本，环式用得最多（参见照片 3.5）。环式：在支承环后部或在盾构千斤顶压力垫附近的盾尾设置滚轴，在用该滚轴支承的中空圆环上装上伸缩自由的臂。

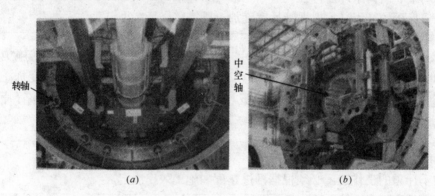

解说照片 3.5 组装机的种类
(a) 环式；(b) 中空轴式

中空轴式：是用设置在支撑环后部的轴承支撑的方式，往往用于刚性的或者自动组装需要高精度的定位等场合。旋转时的有效中空直径较小时，需要对排土装置的设置空间进行研究。

2) 管片夹持装置（组装机夹具）：该机构随管片形状而异，会影响管片组装效率，因此设计时，应充分注意，保证能安全迅速地夹住管片。

特殊形状的管片，由于接头结构要求高精度定位时，需要对管片中心架等管片的姿势控制装置进行研究。

3) 滑动装置：让管片沿着隧道轴向移动的装置，有手动式和液压式，需要考虑作业效率、安全性能等因素加以确定（参照解说图 2.23）。

4) 升降装置：升降装置通过液压系统让管片夹持器沿着隧道半径方向移动，以确定装配位置。夹持器的支臂形状有双臂式、单臂式、环式等等。需要考虑盾构外径、管片形状等加以选择。

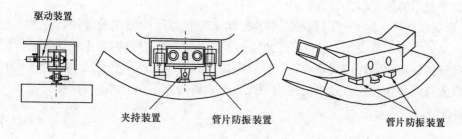

解说图 3.23　管片夹持装置

5）管片自动组装机：出于下列目的，有时会采用管片自动组装机。
①提高组装作业的安全性
②提高组装精度（提高质量）
③降低作业的劳动强度
④提高作业效率

自动组装机由管片供给、夹持、定位、接头紧固等装置构成。采用自动组装机时，应仔细研究管片的形状，坑内环境、机械耐久性、组装空间等。

第 104 条　组装机能力
组装机能力必须根据管片种类、形状、重量和组装顺序等决定。

【解说】　组装机能力可用下列指标表示。

1）推压力：管片组装时，将夹持的管片推向外侧，或将 K 管片插入其内，将组装好的管片矫正形状所需的推压能力。一般宜采用一管片环重量以上的力。

2）起吊力：一般取最大管片重量的 1.5～2 倍。

3）旋转力：必须使组装机能夹住最大管片，在最大行程条件下轻松旋转，并能锁定。

4）旋转速度：旋转速度最好要有微速和高速两档。此时，以圆周速度计，一般高速为 250～400mm/s，微速为 10～50mm/s 左右。

5）伸缩速度：伸缩速度系指沿液压缸半径方向伸缩的速度，一般取 50～200mm/s 为好。

6）前后滑动距离：系指组装管片时，使管片沿隧道轴向移动的距离，一般最好取 150～300mm 左右。

如果是轴向插入型 K 型管片，则要将插入富余量追加在滑动距离上。

7）管片自动组装机的附加功能：对于管片自动组装机，根据控制设备（液压伺服）和组装方法，有时需要对上述 1)～6) 的力和速度有自由控制的能力。

8）工作油压：组装机的油压可采用 10000～20000kN/m² 左右。

第 105 条　管片装配辅助装置
管片装配辅助装置必须考虑设置空间和作业性加以选择。

【解说】　如不正确装配当前管片，下一个管片将难以装配。因此，为了正确装配，有时要设置如下所示的装配辅助装置。

1) **形状保持器**：这是用以保持刚刚装配起来的管片环的形状的装置，有上下扩充式和上部扩充式（参照解说图 3.24）。该装置的扩充和收缩由内装的液压千斤顶进行。通过设置形状保持装置，管片进场等作业空间就可能受到限制，所以在使用和选择形式时，需要研究设置空间和作业性。过去的使用情况表明：盾构外径 5m 以上者使用得较多（参照解说图 3.25）。

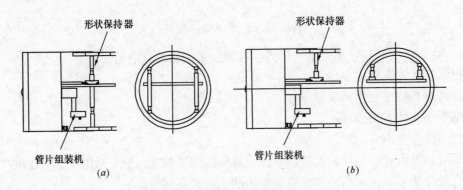

解说图 3.24　形状保持器的种类
(a) 上下扩充式；(b) 上部扩充式

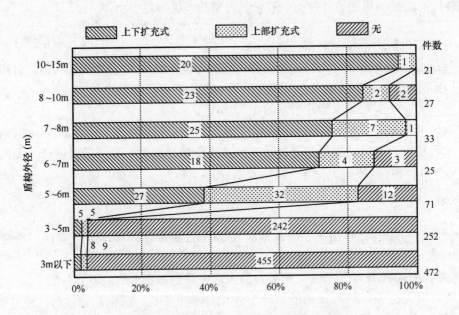

解说图 3.25　盾构外径和形状保持器的种类

2) **管片上推装置**：作为 K 管片装配时和多圆形盾构上的中柱装配时的辅助装置，有时也会配备管片上推装置。

3) **其他**：还有一种方法，在盾构尾部的内表面，设置管片导杆，防止管片下降，设置形状保持环，控制管片变形，使装配作业易于开展。此时，盾尾部分的内径会被缩小，所以需要考虑对方向控制等的影响。

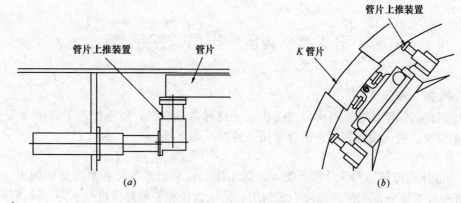

解说图 3.26 管片上推装置的示例
(a) 从盾构主体内向外伸出的示例；(b) 设置在管片组装机上的示例

第7章 液压、电气、控制

第106条 液压
液压回路必须能使各设备可靠地工作，一旦异常停机时，应能使各工作部分安全地保持停止位置。液压设备必须按适合使用条件的原则选择。

【解说】 液压回路按盾构千斤顶系统、刀盘系统、组装机系统等各系统分别构成，但其动力源既可按系统分别配备，也可一起共用。液压设备和一般建设机械不同，属高压大容量型，由于工作环境严酷，制订选择设置计划时，应充分注意下列事项。

①应考虑使各工作部分能按控制指令可靠地工作，受到外力作用的工作部分即便在停止时也能保持其位置。电源断开和紧急停止时也能安全保持在停止位置。

②所用的液压设备应按高温、潮湿、土砂、粉尘等工作条件以及高效、低噪声、高耐久性等要求选择。

③液压工作油一般使用矿物性工作油 JISK2213（透平油），使用时其洁净度对液压设备保持其性能有极大影响，所以对配管系统应考虑防止措施。

④对于需要遵循消防法的场合，必须按照法令办理油箱静水压试验等手续（参照第190条）。

第107条 电气设备
电气设备必须采用具有良好防水、防滴、防湿、防尘和防振性能的设备或采用能对这些影响进行防护的结构，尽量做到结构紧凑，并设置在便于操作、检修、保养的地方。

【解说】 隧道内湿度大、会有漏水，对各电气设备，必须注意下列事项。

①电动机：电动机至少要采用全封闭外冷式室外型。

②配电盘：动力盘、分组接线盘、操作盘等均采用室外防滴型，尽量选择无粉尘、不滴水的地方设置。配电盘材料和结构必须执行 JISC8480 的规定。

③漏电断路器：漏电断路器的结构标准和安全规则必须执行 JISC8371 和劳动安全卫生规则。

如果存在甲烷等可燃性气体时，则必须根据隧道内危险地段的条件，采取防爆措施（参照第172条）。

第108条 控制
盾构控制系统必须能使各设备可靠地工作，使开挖、推进、排土等相互关联的设备和其他设备能平衡地发挥功能，即便发生异常时，也能安全地处置。

【解说】 为了使开挖设备、推进设备、排土设备、管片组装设备及其他设备能安全、可靠地工作，需要充分注意下列事项。

1) 自始至终显示出各设备的运行状态,发生异常时,要清清楚楚地显示出其信息(参照解说表3.2)。

主要的仪表安装项目和传感器　　　　　　　解说表3.2

仪表安装项目		传感器
压力舱	土压式	土压计
	泥水式	水压计
千斤顶	行程	行程计
	速度	速度计
	压力	油压计
刀盘	旋转速度	非接触式开关,旋转式编码器
	扭矩	油压计或者电流计
螺旋排土器	旋转速度	非接触式开关
	扭矩	油压计或者电流计
仿形刀	行程	流量计等

2) 设置连锁装置和警报系统,即便出现误操作,也能确保设备安全。联锁装置的主要实例如下:

①达到掘削刀扭矩上限时,盾构千斤顶停止伸缩。

②掘削刀转速在规定值以下时,盾构千斤顶停止伸缩。

③管片组装机升降千斤顶伸缩时,盾构千斤顶不能伸缩。

3) 电源断开和紧急停止等异常时,各工作部分应能立即停止工作或停止在安全位置上。

4) 为了确保开挖面的稳定,往往设置掘进管理系统,以便按照掘进速度和开挖土砂的特性对开挖面土水压力和排土量进行实时管理。

第8章 附属设备

> **第109条　姿势控制装置**
> 姿势控制装置必须根据围岩条件、隧道线路、盾构型式等选择可准确控制盾构姿势的设备。

【解说】　姿势控制装置是为了按照隧道线路（曲线、坡度），正确地推进盾构，对盾构姿势进行控制的设备。如只用盾构千斤顶操作而不能控制盾构姿势时，一般才使用这一装置。论证该装置时，必须注意盾构的重心位置、浮力中心位置，同时还必须考虑下列事项。

1) 必须有足够的功能和强度承受由盾构推进产生的地基抗力，此时，对安装该装置部位的盾构本体强度也必须充分注意。

2) 必须根据隧道线路、土质软硬程度、盾构型式等选择其种类、形状、数量、位置，进行安装。

姿势控制装置有下列几种。

①超挖装置：安装在土压平衡式、泥水加压式盾构的刀盘上的全面外扩式超挖刀、部分外扩式超挖刀，具有切削大于盾构外径的功能。利用超挖，可减小盾构推进的阻力，使姿势控制变得容易（参照第98条）。

②滚动修正装置：盾构千斤顶应在圆周方向按一定角度（θ）进行配置，利用推进反力的分力进行修正。

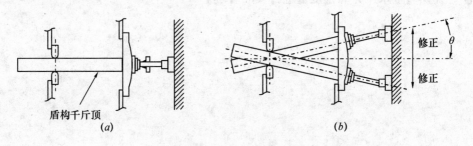

解说图3.27　滚动修正装置
(a) 通常使用；(b) 修正时使用

③可动翘曲装置：设置在盾构本体下部，通过伸出可调整盾构自重引起的下沉和修正盾构机的仰俯。另外，有时在双圆形盾构利用可动翘曲装置修正其滚动。

> **第110条　中折装置**
> 中折装置必须根据隧道线路、围岩条件、盾构型式等选型，以便能可靠地发挥其功能。

【解说】　为确保隧道曲线施工时的线路，将盾构本体分为前躯和后躯，掘进时让前躯或后躯曲折,在减少推进时超挖量的同时产生推进分力,以易于盾构弯曲,为此目的一般装备中折装置。

考虑盾构直径,对线路曲率半径 300m 以下的盾构工程,要综合盾构机总长、管片的形状尺寸和材质、与地上和地下重要建筑物紧接的程度等条件,研究是否需要采用中折装置。根据盾构机总长,也有在两处设置中折装置的实例。采用中折装置时,应特别注意以下事项:

1) 中折装置注意事项
① 中折止水带的防水性。
② 盾构本体曲折时盾构千斤顶和管片中心线的偏心量(防止管片屈服变形)。
③ 土压平衡式盾构时,与螺旋式排土器或送排泥管的碰撞。

2) 中折方式,中折机构
① 中折方式:一般采用将盾构千斤顶支承在前躯的前躯支承式和支承在后躯的后躯支承式(参见解说图 3.28)。

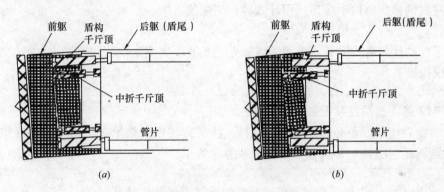

解说图 3.28 中折方式
(a) 前驱推动方式;(b) 后驱推动方式

② 中折机构:使用盾构本体中间曲折的机构,其代表性的有(参照解说图 3.29):

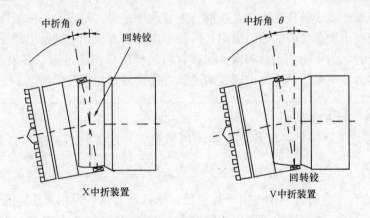

解说图 3.29 中折装置

i) 曲折部旋转铰的中心位于盾构中心的 X 形中折装置。
ii) 曲折部旋转铰的中心位于盾构内,靠近隧道曲线内侧的 V 形中折装置。

3) 中折千斤顶：对于盾构后部推进方式，中折千斤顶推力取盾构千斤顶总推力的70～80%以上。

4) 中折辅助装置：为了进一步减少推进时的围岩阻力和超挖量，作为特殊的中折装置还使用让刀盘向曲线内侧偏心滑动或倾斜移动的装置。

第 111 条　姿势测量设备

姿势测量设置必须可靠性高，即便在高温、潮湿等环境条件恶劣的隧道内也必须有足够的精度。

【解说】　装载在盾构上的姿势测量设备，为了能控制盾构的姿势，必须根据使用目的选用。

姿势测量设备一般使用的有下列几种。

①上下偏移：盾构千斤顶行程计数器、U 形管、铅锤、倾斜仪；
②左右偏移：盾构千斤顶行程计数器、陀螺仪；
③转动：U 形管、铅锤、倾斜仪。

为了自动计测盾构姿势，也使用将激光、光波距离测量仪、陀螺仪、水平仪等组合起来的系统化设备。

第 112 条　壁后注浆设备

同步壁后注浆设备必须根据注浆材料、注浆方法、注浆量等选用能够将注浆材料切实填充到盾尾空隙处，并且容易维护管理的设备。

【解说】　为了同步注浆，有时要将壁后注浆管装在盾构本体尾部。

同步壁后注浆设备必须采用能够连续向盾尾空隙处注浆的机械装置。其注浆管的直径、安装位置等，必须考虑采用一种不会破坏围岩、同时在盾构出发时其入口处的止水带性能又不会遭到破坏的结构。尤其对洪积层等硬质地基进行挖掘或有曲线施工等时，尽量采用凸起、伸出长度小的作业方法，在前方安装预加钻头，考虑设备顶端部位的加固等措施。还有，挖掘出发部位等的临时墙时，需要考虑在前方预先切削凸出部分的方法。

注浆作业时，为了防止土砂和水从注浆材料的排出口倒流进来，必须设法连续注浆。如果注浆管路内发生固结，应考虑通过清洗等方法恢复其功能（参照第 142 条）。

第 113 条　后方台车

后方台车必须具备装备盾构掘进用的机械装置、放置材料和进行各种作业场所的功能。

【解说】　后方台车是设置盾构内由于其直径、形式、容量等原因无法设置的操纵台、液压设备、电气设备、渣土运出设备、注浆设备、管片装卸绞车等设备的台车。

隧道断面和后方台车的配置必须根据
①装载的机器设备的维护管理
②渣土运出和管片运入

③各种作业施工场所

等需要确定,并制订计划以确保各项作业顺利进行。

在小断面盾构中,由于难以保证避车通道,需要采取相应的安全管理措施。在大断面盾构中,需要采取防止坠落的扶手等措施。

后方台车根据形状可分为门形台车、单侧配置台车等,可根据隧道直径、工程特点适当选择。

一般都敷设后方台车专用轨道或在管片上安装托架,使台车在上面行驶。作为行驶方式,有用连杆等将后方台车与盾构本体连接在一起,在推进盾构的同时进行牵引的同时牵引方式和台车自身跟随盾构机械的自行式台车方式。制订台车结构计划时,必须根据急曲线施工区间台车行驶需确保的台车与管片间的间隙、牵引时需防止台车倾覆、脱轨,陡坡施工区段需防止台车失速等施工特点的需求,采取足够的安全措施。

第114条 润滑设备

润滑设备必须根据能确保刀盘轴承、轴承止水带、减速机、出泥口搅拌翼、螺旋式排土器、中折装置等维持正常功能的要求选定。

【解说】 润滑设备是对刀盘轴承、轴承止水带、减速机、出泥口搅拌翼、螺旋式排土器、中折装置进行润滑的设备,必须采用适合其用途的润滑方法。

润滑设备为了通过按规定的方法定期、定量加注指定质量的润滑油脂,使各部分的机构、装置能保持正常功能,其运行方法应编入通常的操作循环规程中。

第9章 土压平衡式盾构

第115条 土压平衡式盾构的系统计划

采用土压平衡式盾构时，必须根据围岩条件建立一个施工系统，使开挖推进装置、开挖面稳定装置、添加剂注入装置、搅拌装置、渣土运出装置等设备能切实发挥各自功能。

【解说】 土压平衡式盾构系统由下列①～④机构组成。

①开挖围岩、将土砂与按需要注入的添加剂一起搅拌，形成塑性流动化状态的开挖推进系统；

②添加剂注入装置（泥土式盾构）；

③刀盘、搅拌翼、固定翼等组成的搅拌系统；

④由在开挖面和隔板之间形成封闭结构，将渣土充满并可加压的密闭系统、按照盾构推进量连续排土，并使开挖面土压和压力舱内泥土压取得平衡的螺旋排土器等排土系统和这些装置的控制系统构成的开挖面稳定系统。

这些系统相互之间关系密切，为使各功能之间均衡工作必须具有适应情况变化的能力，必须认真考虑这些系统的管理方法。

在制订土压平衡式盾构的系统计划时，由于土压、地下水压、土质、最大粒径、颗粒级配、含水量等对添加剂的种类、配合比、浓度、注入量和刀盘扭矩、推进速度、排土系统等有极大的影响，因此必须进行周密的事先调查，选择有足够能力的可进行恰当管理的机械设备等（参照第14条、第138条、第179条）。

第116条 土压平衡式盾构的构成

土压平衡式盾构必须根据围岩、隧道直径等条件选择其结构型式，机械各部的构成单元必须具有良好的耐久性和防水性。

【解说】 对土压平衡式盾构的各系统进行结构设计时，必须认真研究第三章［盾构主体］、第四章［开挖装置］、第五章［推进机构］提出的注意事项。

在土压平衡式盾构上，开挖面和盾构隔板之间充满泥土，机械各部的更换和改造极为困难，所以必须注意其耐久性和耐磨损性。

各机械构成单元应注意的问题如下：

1) 切削刀盘支承方式：有中心支承方式、中间支承方式、周边支承方式三种，应根据土质条件选择，充分发挥各自特长（参照第93条）。不管是哪种支撑方式，都需要对支撑部刀盘轴承的寿命和结构构件的刚度进行研究。

2) 刀盘：

①形式：应根据围岩条件、开挖面的稳定性等来确定，使用面板刀盘时，需要考虑最大砾石直径、围岩黏结力、障碍物等因素选择刀盘开口的宽度和数量，以免影响开挖土砂

的流入（参照第 92 条）。

②扭矩：通常根据盾构外径、土质条件、有无砾石确定。与泥水加压式盾构相比，一般情况下，切削刀面的摩擦扭矩、土的搅拌扭矩都大，另外，也要考虑开挖面不能自立稳定时的富余度（参照第 94 条）。

③添加材的注入口：泥土压力式盾构为了增加开挖土体的塑性流动性，需要在开挖刀盘上设置添加材的注入口。

3）压力舱：

①隔板：隔板的强度和密封性应能支撑压力舱内泥土压和开挖面水压，所以需要根据盾构外径、土质、施工条件来研究隔板上的气压门、人孔、化学注浆装置、添加剂注入口的设置。

②土压计：为了测量压力舱内的泥土压力，必须选用精度高、耐久性好的优质产品，并设置在适当的位置上。还需要根据需要设置多个土压计。为了防止出现故障，还需要采用可更换的土压计方法。

③螺旋式输送排土器：必须具有能顺利输送开挖土砂的能力。需要根据最大砾石直径、开挖土量、围岩粘聚力、泥土压力等确定叶片的形状、叶片的直径、扭矩、转速。另外，还需要根据围岩条件、施工长度，研究降低磨损措施（参照第 120 条）。

④搅拌翼：为了促进开挖土砂和添加材料的混合搅拌，防止开挖土砂的黏附、堆积等现象，需要在刀盘背面设置搅拌翼。另外也有在隔板上设置搅拌翼的实例（参照第 119 条）。

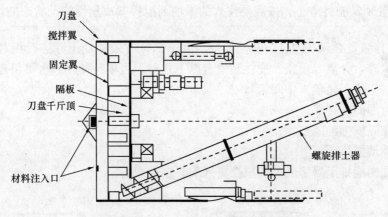

解说图 3.30　土压平衡式盾构构造示例

第 117 条　开挖面稳定系统

开挖面稳定系统必须保持填充在压力舱内的泥土压力，调节排土量，以便能平衡开挖面的土压力和水压力。

【解说】　土压平衡式盾构开挖面的稳定由下列各因素的综合作用而维持。

①泥土压力平衡土压力和水压力；

②螺旋式排土器等的排土装置调节排土量；

③适当保持泥土的流动性和止水性等，根据需要调节添加剂的注入量。

在砂质土和砂砾地层中,由于土的摩擦阻力大,透水性也大,所以难以将围岩的切削土砂填充在压力舱内保持为塑性流动状态。对于这种地层,一般注入添加剂,将其与切削土砂一起搅拌,促使其成为塑性流动状态和提高不透水性,在保持开挖面稳定性的同时又使排土比较容易进行。

为了判断开挖面的稳定性,可通过土压、排土量、盾构负荷(盾构千斤顶推力、刀盘扭矩等)的计测间接掌握开挖面工作状态。尤其是土压和排土量的变化把握更值得期待。另外,也可通过坍塌探测仪确认开挖面上部坍塌情况。

第118条　添加剂注入装置

添加剂注入装置必须能够将足够量的添加剂注入适当的位置,以便促进开挖土变为塑性流动状态。

【解说】　土压平衡式盾构上的添加剂注入装置由添加剂注入泵、设置在刀盘和压力舱内等处的添加剂注入口等组成。注入位置、注入口径、注入口数量应根据土质、盾构直径、机械构造进行选择。由于注入口被土砂堵塞时的修理、清扫等都很困难,应采用防堵结构。

添加剂注入装置必须能按照刀盘扭矩的变动、注入材料在围岩上的渗透、排出的渣土的状态、压力舱内的泥土压等因素设定和调节注入压和注入量。

第119条　搅拌装置

搅拌装置须是能将渣土和按需要注入的添加剂搅拌变成塑性流动状态的设备。

【解说】　搅拌装置必须在刀盘的开挖部位、取土部位有效地使土砂进行相对运动,防止发生共转、附着,分离等现象。搅拌装置有以下几种,可单独使用,也可组合使用。

①刀盘(刀头、轮辐、中间梁);
②刀盘背面的搅拌翼;
③设置在隔壁上的固定翼;
④独立驱动搅拌翼;
⑤设置在螺旋排土器芯轴上的搅拌翼(偏心多轴式时)。

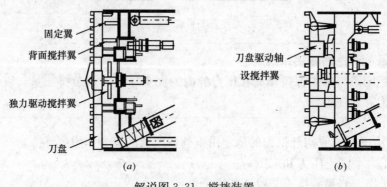

解说图 3.31　搅拌装置
(a) 旋转切削式;(b) 偏心多轴式

第120条 排土装置

排土装置必须适合围岩条件,具有将渣土顺利排出的能力。

【解说】 作为土压式盾构一次性排土装置,要贯通隔板,设置螺旋式输送机。螺旋式输送机,力图实现开挖面的土水压和压力舱内的泥浆压的平衡,按照盾构的掘进量控制转速,控制排土量。

螺旋式输送机的型式大致可分为有轴螺旋式输送机和无轴带状螺旋式输送机,尤其在挖掘卵石地基时,需要按照排土能力,研究、选用合适的型式和大小(直径)。还有,在透水性大的土质条件下使用带状螺旋式输送机时,需要对截水性等压力保持能力进行研究。

因长距离施工,螺旋式输送机需要维修保养时和消除巨石、片石时,往往会在隔板部位的泥砂取入口设置闸门。为了预防掘进期间停电,有时还会在排土口设置紧急隔离装置。

作为二次性排土装置,一般在螺旋式输送机上配备下列装置(参照解说图3.32)。

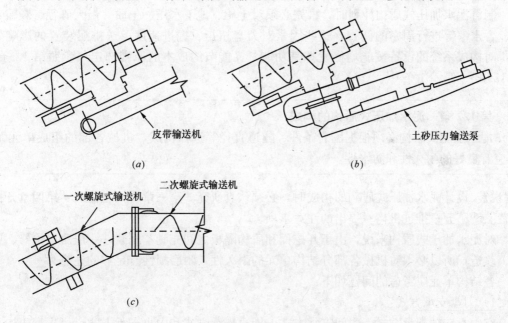

解说图3.32 排土装置
(a) 皮带输送机方式;(b) 压力输送泵方式;(c) 二次螺旋式输送方式

①皮带输送方式;
②压力输送泵方式;
③二次螺旋式输送方式。

除了上述方式之外,有时还会将泥浆泵方式和螺旋进料器(螺旋料斗、阀门)方式等组合在一起。

选择这些排土装置时,必须采用不仅适合土质、卵石径、地下水等围岩条件的,而且还适合盾构外径、施工总长、坑内外的泥砂运输和处理方法等等施工条件的最佳装置。

第 10 章　泥水加压式盾构

第 121 条　泥水加压式盾构的系统设计
采用泥水加压式盾构时，必须根据围岩条件建立一个施工系统，使开挖推进装置、开挖面稳定装置、土砂输送设备、泥浆处理设备均衡地发挥各自的功能。

【解说】　泥水加压式盾构由下列①～③的系统构成。
①一边利用刀盘挖掘开挖整个断面、一边推进的挖掘推进系统；
②可调整泥浆物性，并将其送至开挖面、保持开挖面稳定所需泥浆压力的系统；
③根据盾构掘进量，确保开挖面的稳定、开挖土砂排出的送排泥装置。
这些系统互相密切相关，情况发生变化时，各种机构功能应保持相互平衡，并预先研究它们的管理方法。
制订泥水加压式盾构计划时，事先必须对土压、地下水压、土质、最大砾径、颗粒分布、含水率等进行周密的调查，这些因素对刀盘扭矩、掘进速度、送排泥装置的影响较大，对构成系统的设备按能均衡发挥其功能，又能节约成本的原则选定（参照第 14 条、第 139 条、第 181 条）。

第 122 条　泥水加压式盾构的构成
泥水加压式盾构必须根据围岩条件、隧道直径等选择构成，机械各部的组成单元尤其应有良好的耐久性和防水性。

【解说】　设计泥水加压式盾构的构成时，必须认真研究「第三章盾构主体」、「第四章开挖装置」、「第五章推进机构」提出的注意事项。
对泥水加压式盾构来说，由于开挖面和盾构隔板之间充满了泥浆，一般难以检修、更换、改造，所以必须对机械各部分结构单元的耐久性、耐磨损性有足够的注意。
各结构单元应考虑的问题如下：
1）刀盘支承方式：
有中心转轴支承方式、中间支承方式、周边支承方式和中央支承方式，可根据盾构直径和土质条件选用，以便充分发挥各自特长（参照第 93 条）。不管是哪种支撑方式，都需要研究刀盘轴承的寿命和构件的刚度。
2）刀盘：
①形式，开口率：要考虑泥膜形成所维持开挖面稳定、围岩条件等，来确定刀盘的型式及开口率。例如考虑排泥管径，设定开口的宽度，易引起开挖面坍塌的土质情况下，应设定小刀盘开口率，对于粘聚力大的粘性土，应考虑防止土砂的粘附和土砂流入的方便性（参照第 92 条）。
②扭矩：通常根据土质条件，有无砾石确定。与土压平衡式盾构相比，一般情况下，切削刀面的摩擦扭矩、土的搅拌扭矩都小，此外，也要考虑到开挖面不能自立稳定时的富

余量（参照第94条）。

3）压力舱：

①隔板：具有足以承受泥浆压力的强度和不透水性能，要根据盾构直径、土质、施工条件考虑设置气闸、进入孔、化学注浆装置。

②水压计：为了测量压力舱内泥水压力，要选择精度、耐久性优异的水压计，并设置在适当的位置。另外，应按需要设置多个水压计。

③送、排泥管：关于送排泥管，应根据有利于压力舱内对流、土砂吸入的原则确定其安装位置及其方向。另外，关于排泥管，应选择适当位置以便有利于土砂的流入。另外，为了防止排泥管堵塞，最好设置备用排泥管（参照第124条）。

④出泥口搅拌器：为防止出泥口、吸泥口的堵塞以及在压力舱内进行搅拌而设置。有时也可用刮板代替。

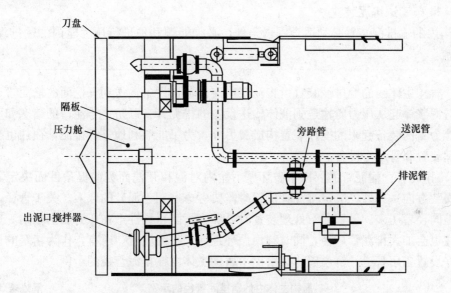

解说图3.33　泥水式盾构构造示例

第123条　开挖面稳定系统

开挖面稳定系统必须能保持泥浆压力，平衡开挖面的土压力和水压力。

【解说】　泥水加压式盾构的开挖面稳定性由下列三个因素综合作用而维持。

1）泥浆的压力平衡土压力和水压力；

2）在开挖面上形成不透水的泥膜，让泥浆压有效地发挥作用；

3）从开挖面渗透到一定范围的地层中，使开挖面地层增加黏聚力。

因此，在开挖面稳定系统中，开挖面稳定最为有效的是泥浆特性（比重、滤过性、黏性、含砂率）的调整和对应于开挖面的水压力调节保持泥浆压力的功能。

如果在盾构停止掘进时，泥浆中的土粒子有可能沉降、泥浆有可能劣化。此时需设置循环泵，让优质泥浆向压力舱内的管路循环。另外，为防止壁后注浆材料混入泥浆，导致泥浆劣化，一般在盾尾止水带处设置逆流防止装置。

一般情况下，开挖面泥浆压力都以测量泥浆压力和设定泥浆压力的偏差为基础进行控制。推进过程中通过调节送泥泵的转速、推进停止时通过调节自动控制阀的开度，将偏差值控制在容许范围内。为此，为了可以根据探测泥浆流量、压力等均衡运行各种设备必须进行控制系统的自动化。

为了使开挖面保持稳定，须尽力抑制泥浆压力的波动。泥浆压力的波动除系统构成设备特性引起外，还有管路堵塞、旁路运行和开挖作业的阀门切换、壁后注浆压力传至开挖面、管片组装时的千斤顶操作等引起的。应充分注意设法避免上述原因引起的大幅度压力变化。另外，压力波动大时，应考虑相应的预防措施。

为了判断开挖面的稳定状况，需要通过盾构负荷（盾构千斤顶推力，刀盘扭矩）计测；开挖渣土量计测；逸泥量的变化测定，以便间接地确认施工期间的开挖面状况。另外，为了确认开挖面上部坍塌与否，往往需要装备坍塌探测仪。

第124条　送排泥装置

盾构内的输排泥装置必须适合围岩条件，必须能顺利地进行压力舱内的输排泥和泥浆的对流。

【解说】　盾构主体内的输排泥装置由将泥浆从流体输送设备输送到开挖面的输泥管、将开挖泥砂与泥浆一起从压力舱输送到液体输送设备的排泥管、以防止排泥口的堵塞和压力舱内的搅拌为目的装备起来的搅拌装置构成。另外，为了能顺利地进行排泥，往往也会设置卵石处理装置和管线等设备。

1）输排泥管：输泥管需要以不破坏压力舱内对流和开挖面为前提条件而决定其安装位置和安装方向。另外，决定排泥管位置时需要考虑有利于泥砂的取入。关于管径，输排泥管都是同径者居多。设置卵石处理装置时，和为了防止黏性土在压力舱内粘附、造成堵塞，往往也会加大排泥管口径，同时利用循环泵加大排泥流量。还有，作为堵塞的预防措施，最好设置备用管道。解说表3.3给出了盾构主体内输排泥管径的示例。

盾构主体内的输排泥管径的示例　　　　　　　　　　　　　解说表3.3

盾构外径（m）	排泥管径（A）	输泥管径（A）
2～4 以下	100～250	100～200
(4)～6	150～300	150～300
(6)～8	200～300	200～300
(8)～10	200～350	200～300
(10)～14	300～350	300～350

2）搅拌装置：作为搅拌装置一般设置旋转搅动罐，旋转搅动罐需要设置在能将含有开挖泥砂的泥浆顺利地排出的位置上。其中，由于结构上的原因，旋转搅动罐难以设置时，以及因巨石、卵石等缘故估计会遭到损坏时，往往也会在切削刀头背面配置搅拌翼等器件。

3）卵石处理装置：在开挖泥砂中存有巨石、卵石时，需要考虑排泥装置（泥浆泵、排泥管）的能力，设置卵石处理装置。卵石处理方法有卵石破碎法和分级法两种。关于设置场所有设在排泥吸入口近傍的和设在后续台车近傍的。选择时，需要考虑卵石的大小、卵石量、盾构外径、卵石处理能力等因素。

4）其他：为了在盾构停机时能顺利地排泥，在盾构主体内最好也能设置旁路管线。另外，作为堵塞等原因引起泥浆压力上升时的应对措施，大多可在隔板上设置应急压力泄放阀。

第11章 特殊盾构

第125条 特殊盾构

在设计和加工特殊盾构时，必须按各自的特性进行相应的研究。
(1) 特殊截面盾构
(2) 地下连接盾构
(3) 母子盾构
(4) 掘进装配同时施工盾构
(5) 直角连续掘进盾构
(6) 就地浇筑衬砌盾构
(7) 局部扩径盾构
(8) 支线盾构
(9) 开口式盾构（人工挖掘式、半机械挖掘式、机械挖掘式盾构）

【解说】 圆形截面以外的特殊截面盾构和有地下连接、分岔等特殊功能的盾构以及开口式盾构定义为「特殊盾构」，本条对此说明如下。

在设计和加工特殊盾构时，必须对「第3章程盾构主体」、「第4章挖掘装置」、「第5章推进装置」、「第6章管片装配装置」所示注意事项进行研究，同时还必须对特殊结构和功能、加工公差、加工顺序也进行充分研究。

关于(1)：特殊截面盾构大致可分为多圆形盾构和非圆形盾构。多圆形盾构的截面形状为圆形组合形状。而非圆形盾构则主要有矩形盾构等形状。

关于盾构的姿势控制方法，如掘进期间侧倾量变大，则有时管片会装配不了，所以需要认真研究。为此需要考虑配备中折装置、超挖装置、翘曲、侧倾修正千斤顶等设备。同时还需要考虑有计划地配置推力不同的盾构千斤顶等措施。

关于管片装配装置，因为往往要搬运圆弧形状不同的管片零配件和支柱等器件，所以必须在充分考虑装配顺序和施工性的基础上，研究适合于这些情况的装置。还有，往往还要按需要设置装配辅助装置。

选择排土方式时，需要考虑围岩条件、机舱内的挖掘泥砂的流量等诸因素。另外，对排土口的位置、数量和大小也要进行慎重的研究。

关于盾尾，尤其对于多圆形盾构的反弯点和矩形盾构的隅角部位，需要研究能确保截水性的形状和材料等。

1) 多圆形盾构：多圆形盾构的基本结构为多个圆形盾构的组合结构，有双圆形和三圆形等形式。而且还可分类为多个刀头前后配置型（开挖面前后型）和多个刀头同一平面配置型（开挖面同一平面型）（参照资料附图1.2、附图1.3、附图1.4）。

开挖面前后型可让各刀头单独旋转。但由于开挖面会出现台阶高差，所以对于防止开挖面的坍塌尤应注意研究。

开挖面同一平面型有2种。一种方式是配置时，让刀头相互间产生间隙，以便能使各刀头单独旋转；另一种方式则是对相邻的辐式刀头进行同步控制，使其能反方向旋转，防止刀头相互接触。前者在刀头的交接处会产生未挖掘部位，所以需要根据土质情况配置超挖装置和辅助刀具等。而后者，需要配备用以同步控制刀头的电气设备。盾构主体则是一种在圆和圆重叠的部分有反弯点的多圆形截面。因此，与圆形相比，需要提高切口环部分和盾尾部分的刚度和强度。

2) 矩形盾构：对用于挖掘矩形截面的盾构，就其结构提出了各种方式，但必须考虑隧道截面的大小、围岩条件等因素决定挖掘机制。必需的设备能力因挖掘机制而异。关于切削钻头，需要按挖掘机制研究其形状和配置以及数量。与圆形盾构相比，需要提高切口环部分和盾尾部分的刚度和强度（参照资料附图 1.5、附图 1.6）。

关于（2）：地下连接盾构按连接方式可分为正面连接盾构和侧面连接盾构（参照第154条）。

1) **正面连接盾构**：系指用 2 台盾构挖掘 2 条面对面相对而置的隧道、以面对面的形式到达后、盾构相互之间可直接在地下进行机械上连接的盾构。连接方法虽提出了多个方式，但基本上采用一种使盾构的切口环部分（贯通环）贯入另一个盾构的切口环部分内的方式。连接时，由于刀头会发生干扰，所以在机械装置上，通过收缩刀具轮辐，使刀头的外径小于切口环部位的内径。制订计划时，对于切口环部分和刀头的机制和强度需要进行认真的研究。另外，对于用于确保地下连接部分截水性的机制也需要认真研究（参照资料附图 2.1）。

2) **侧面连接盾构**：系指与现有盾构以 T 字形相连接的盾构。配有一套从盾构前部被推出、直接切削已建隧道、以便贯入其间的切削环机械装置。切削环必须有能力切削已建隧道，并拥有一种能确保连接时防止围岩坍塌和确保截水性的功能。另外，也有一种方法，没有切削能力的切口环部分从盾构前部被推出，与已建隧道连接。此时，需要另行拆除隧道的侧墙（参照资料附图 2.2）。

关于（3）：母子盾构系指事先将小盾构（子机）以同心圆的形式装入大盾构（母机）内、在用大盾构进行隧道施工的中途、在地下或中间竖井将小盾构分离、将其发动（缩径）、缩小隧道直径的盾构（参照资料附图 3.1）。另外，有时也会在小盾构隧道施工期间，在中间竖井内，在小盾构的外侧安装大盾构的外壳和刀头等器件（扩径），以便扩大隧道直径（参照资料附图 3.2）。

大盾构和小盾构的基本结构应是一样的，为圆形盾构。在大、小盾构之间的主体和刀头的连接部位，应是一种能传递推力和切削头转矩的结构。而且在地下缩径时，需要在结构上和功能上，在能确保截水性的状态下，能很容易地分离这些连接部位。另外，有时切削刀驱动马达和管片组装机、盾构千斤顶等器械，大、小盾构是兼用的（参照第 152 条）。

关于（4）：掘进、装配同时施工盾构系指能一边掘进一边同时进行管片装配的盾构，大致可分为下列两种方式。掘进时，会给管片装配部位的盾构千斤顶加上一个拉力，所以需要设法不影响推力和方向控制（参照第 152 条）。

1) **长千斤顶方式**：盾构千斤顶的行程取管片 2 环宽度以上，便可使掘进、装配同时施工。其中，通过采用特殊形状的管片等，也可将盾构千斤顶的行程控制在管片 1.5 环左右的程度。另外，随着掘进的深入，隧道轴向上的管片装配位置会发生变化，所以需要有一种能跟踪该变化的、前后有一定滑动范围的管片组装机机制。因此，与通常盾构相比，盾构机长，以管片宽度计，要多出 2 环左右的长度（参照资料附图 4.1）。

2）双千斤顶方式：盾构前筒体和后筒体用推力千斤顶连接，前筒体相对于后筒体可向前伸出 0.5～1.0 环。在使用设置在后筒体上管片组装机装配管片的过程中，通过延伸推力千斤顶，将前筒体向前推出，进行掘进（参照资料附图 4.2）。

掘进装配结束后，在收缩推力千斤顶的同时，伸长盾构千斤顶，使后筒体前进 1 环，结束一个工序。

关于（5）：垂直连续掘进盾构系指将子机内装在母机的球体部分，在母机掘进到指定位置后，让球体部分旋转 90 度，然后使子机发动发车的盾构（参照资料附图 5.1）。母机挖掘时，兼用子机上配备的切削刀驱动装置（参照第 154 条）。

1）纵横连续掘进盾构：纵横连续掘进盾构系指用 1 台盾构从地面上连续掘进竖井及与其垂直的水平坑道（隧道）的盾构。关于竖井部分的掘进，必须研究盾构等的自重和浮力、推进反力的平衡，以便能安全施工。竖井挖掘结束后，将水平坑道用的盾构的朝向转 90 度的球体部位的密封结构必须能防止泥砂和地下水流入隧道内。

2）横横连续掘进盾构：横横连续掘进盾构系指用一台盾构、不设置旋转竖井、而沿着水平垂直方向连续掘进的盾构。横横连续掘进盾构的母机的钻孔扭矩，与纵横连续掘进盾构的母机的钻孔扭矩相比要大，所以需要研究母机能否以子机上配置的切削头的转矩进行掘进。关于球体部分的密封结构必须与纵横连续掘进盾构一样进行充分的研究。

关于（6）：就地浇灌衬砌盾构系指向盾尾部分浇灌混凝土、并利用混凝土加压千斤顶加压、修建衬砌（就地浇灌衬砌施工法）的盾构。就地浇灌衬砌盾构的挖掘机械装置和盾构各部分的结构基本上与通常的盾构一样，但混凝土加压机械装置和内模板以及钢筋的装配机械装置有其特色（参照资料附图 6.1）。

1）混凝土加压机械装置：混凝土加压机械装置是用于对在围岩和模板之间浇灌的混凝土进行加压的装置，由混凝土加压千斤顶和边模板构成，有防止混凝土泄漏和调整压力的功能。这些构成部件必须适合使用目的、并有足够的强度。混凝土加压千斤顶为了确保混凝土的流动性、填充性，需要与掘进速度连动加以控制。

2）推进机械装置：选择和配置盾构千斤顶应考虑盾构的操作性、内模板的结构和装配的施工性等因素而加以确定。

3）装配机械装置：内模板和钢筋的架立机械装置有装备在盾构上的形式和与盾构分离、可移动的形式。可移动的形式兼有内模板的拆模功能。需要考虑精加工内径、内模板结构、重量、长度、施工顺序等因素，对装配机械装置进行研究。

关于（7）：局部扩径盾构系指需要对现有盾构隧道的部分区间进行扩径、而从地面上难以施工时、从隧道内对截面加以扩径的盾构（参照资料附图 7.1）。对局部扩径盾构制订计划时，尤其需要注意盾构机长、分段数、开挖面作业空间、管片装配·拆卸机械装置。关于机长，为了将扩径盾构发车基地规模控制在最小范围内，尽可能短一些为好。关于分段数，则需要认真研究，使其大小和重量能适合已建隧道内的搬运、发车基地上的装配的需要。开挖面的作业空间将会影响盾构的挖掘作业的效率，所以要考虑作业性再决定。至于管片装配·拆卸机械装置，则需要具备装配扩径管片和拆卸现有管片的功能（参照第 155 条）。

关于（8）：支线盾构系指与干线盾构剩余部分分开的、在与干线盾构行进方向不同的方向上发动发车的盾构（参照资料附图 8.1）。就基本结构而言，干线盾构、支线盾构均与通常的圆形盾构无区别。干线盾构在结构上必须能包容支线盾构的推力。而且，在让支线盾构构发动发车时，需要有确保截水性的结构和功能（参照第 154 条）。

关于 (9)：开口式盾构（人工挖掘式盾构、半机械挖掘式盾构、机械挖掘式盾构）由于要敞开开挖面进行挖掘，所以适用于开挖面的自立性好的地基或用辅助施工法等进行过改良的地基（参照资料附图 9.1、附图 9.2）。

人工挖掘式盾构和半机械挖掘式盾构必须在切口环部分配备挡土装置，必须采用能确保作业空间的结构，以便开挖面上能进行充分的挖掘作业。尤其在半机械挖掘式盾构上设置装载机械时，必须确保施工作业人员、操作工的安全。挡土装置用于防止开挖面坍塌和挤压位移，最好能有压力与盾构千斤顶的伸长保持同步调整的功能。

机械挖掘式盾构的挖掘装载装置使用切削刀头上装备的转斗和独立驱动的转斗，将开挖泥砂通过导槽、料斗传送到输送带上（参照第 140 条）。

第 12 章 盾构的制造、组装和检查

第 126 条 制造
(1) 制造盾构前，制造单位必须编制制造规格、主要设计图表和制造工序进度表等文件并提供给技术负责人，并征得其同意。
(2) 制造盾构时，特别要注意确保其强度和性能。
(3) 制造盾构时，必须遵守本规范和相关法规以及规格。

【解说】 关于 (1)：制造规格中应写明盾构的使用材料、结构、尺寸、性能、油漆、试验、检查、现场组装等所需事项。主要设计图表中应包括盾构本体强度计算书、附属设备的主要尺寸、配管等内容。制造工序进度表应记载从制造到现场组装的全部内容，并力求简明扼要，使人一目了然。

技术负责人必须对制造规格、主要设计图表和制造工序进度表进行认真研究，并事先与制造单位协商，消除异议，给予同意。

关于 (2)：1) 由制造单位到现场组装时，最终阶段必须确认强度和性能。
2) 盾构工程施工单位必须熟知盾构的强度、性能和操作方法，使用时必须努力满足这些要求。

关于 (3)：相关法规和规格如下。
① 日本工业规格（JIS）
② 日本电机工业会规格（JEM）
③ 电气规格调查会标准规格（JEC）
④ 日本液压工业会规格
⑤ 劳动安全卫生法
⑥ 消防法
⑦ 公路交通法
⑧ 其他

第 127 条 组装和运输
(1) 工厂组装
工厂组装时，必须对现场组装之前预先在工厂可能的范围内所确定的规格、性能加以确认。
(2) 运输
决定运输包装式样和质量、着手设计时，必须调查自工厂至现场的运输路线。
运输和搬进竖井时，对有可能产生残余应变和发生损伤的部位必须加固或采取其他保护措施。
(3) 现场组装
现场组装时，必须设法能确保规定的规格和性能。

【解说】 关于（1）：
①工厂组装后，应检查外观、尺寸、工作情况，发现有不妥之处时，必须采取相应措施。
②工厂组装时，在制作工序内，必须在清扫干净的基础上，涂上规定的油漆。
③为了适合运输和运进竖井，采用分块运输时，必须考虑现场组装所需要的工装夹具和对合标记等。
④对于难以在工厂安装的部件，应确认其规格和性能，对于拆卸和运输时估计会有污染、损伤的作业往往需要改成直接在现场安装。
关于（2）：运输时包装方式和重量，受到公路交通法（公路法）通行限制，公路运输车辆的安全标准（公路运输车辆法）的限制，超过各法令允许限度时，应向有关政府机关提出申请，得到许可后要考虑确保安全的措施，再进行运输。
关于（3）：
1) 现场组装时，制造方和施工方必须根据现场图纸（竖井、用地等），对从投入到竣工为止的顺序、机械材料、设备预先进行研究。实施时，尤其要考虑确保作业的安全。
2) 现场组装时需要在有一定强度的盾构支承台上，在正确的位置上，准确地组装。

第 128 条　检查

(1) 盾构制造单位应进行下列检查。
1) 材料检查
2) 机器检查
3) 焊接检查
4) 外观检查
5) 主要尺寸检查
6) 空载动作试验
7) 电气绝缘电阻试验

(2) 工厂组装和现场组装应实施前项的 3)、4)、5)、6)、7) 各项。

【解说】 关于（1）：
1) 关于材料检查：JIS 定点生产厂家生产的钢板，检查生产厂家的检查合格证（产品出厂检验记录）即可。
2) 关于机器检查：
①液压设备（液压千斤顶、液压泵、液压电动机、液压软管）：液压设备按日本工业规格、液压工业会规格和制造厂规格进行性能试验，并通过组装后的动作试验检查外观、漏油、异音、发热等情况，确认有无异常。
②油箱：按消防法，容量 6000 升以上的油箱要进行静水压试验，并取得制造厂家所在地的政府主管部门的认可。
③压力容器：压力容器及与其相当的容器应接受政府主管部门的检查，并取得认可。
3) 关于焊接检查：
①焊接部位的外观目视检查

②现场对焊部分的盾尾外壳厚在 40mm 以上者，大多采用非破坏性检查。此时，应按 JIS 焊接质量等级（参照解说表 3.4）为合格。进行非破坏性试验时，需要进行抽查，其范围至少在 250mm 以上。

5）主要尺寸检查：组装时，放在底座上，在装上各设备的状态下，对指定的各个部分，进行尺寸检查。此时的真圆度、本体轴向弯曲和本体长度的容许误差如解说表 3.5、解说法 3.6 和解说表 3.7 所示。另外，特殊断面的盾构的断面容许误差，不能直接适用圆形断面盾构的容许值。所以需要制造者事前在考虑强度和制作方法的基础上加以确定。

6）空载动作试验：对每个设备都要进行动作试验，检查漏油、异音、发热等情况，确认有无异常。

7）电气绝缘电阻试验：对每个回路，在导电部分与大地之间，进行绝缘电阻试验，若在解说表 3.8 所示之值以上则为合格。

非破坏性检查的焊接质量等级　　　　　　　　　　　解说表 3.4

种　　类	规　　格	质量等级
磁粉探伤试验方法	JIS G0565—1982	3 级
渗透探伤试验方法	JIS Z2343—1982	3 级
超声波探伤试验方法	JIS Z3060—2002	3 级
放射线透过试验方法	JIS Z3104—1995	3 级

真圆度的容许误差　解说表 3.5

盾构直径（m）	内径的容许误差（mm）	
	最小	最大
～2 以下	－0	＋8
(2)～4	－0	＋10
(4)～6	－0	＋12
(6)～8	－0	＋16
(8)～10	－0	＋20
(10)～12	－0	＋24
(12)～14	－0	＋28
(14)～16	－0	＋32

本体轴向弯曲容许误差　　解说表 3.6

盾构本体长度（m）	弯曲误差（mm）
～3 以下	±5.0
(3)～4	±6.0
(4)～5	±7.5
(5)～6	±9.0
(6)～7	±12.0
(7)～8	±15.0
(8)～10	±18.0
(10)～12	±21.0
(12)～14	±24.0
(14)～16	±27.0

本体长度的容许误差　　　　　　　　　　　　　解说表 3.7

盾构本体长度（m）	本体长度误差（mm）	盾构本体长度（m）	本体长度误差（mm）
～2 以下	±8	(7)～8	±20
(2)～3	±10	(8)～10	±22
(3)～4	±12	(10)～12	±24
(4)～5	±14	(12)～14	±26
(5)～6	±16	(14)～16	±28
(6)～7	±18		

绝缘电阻值　　　　　　　　　　　　　　　解说表 3.8

电路工作电压分类		绝缘电阻值
300V 以下	对地电压 150V 以下	0.1MΩ
	其他场合	0.2MΩ
300V 以上低压		0.4MΩ

第13章 盾构维护管理

第129条 维护和检查

为了充分发挥盾构的性能，防范故障、事故于未然，必须定期和随时进行维护、检查和维修。

【解说】
1) 保养和检查的分类：
①日常检查和维修保养
②定期检查和维修保养（1个月检查与6个月检查）
③长期停止运转时的保养、管理
④周转时的检查和维修保养

主要检查项目列示如下，但必须按各盾构型式的特性、现场状况，设定细目，利用检修单等方式进行，以免发生漏检。另外，盾构功能复杂化，给故障部位特定化带来了困难，为了能迅速对故障采取措施，有时会配置故障诊断系统。

2) 日常检查、维护：
①各部位的螺栓、螺母松动检查、拧紧
②异常声音、发热检查
③工作油、润滑油、润滑脂、水、空气的异常泄漏检查
④各部位供油、脂情况确认、检查、补充
⑤工作油箱油位检查
⑥油过滤器指示仪
⑦电源电压正常确认
⑧操作盘开关类、指示灯、仪表类正常动作确认
⑨盾构本体与台车之间的软管、电线异常有无检查

3) 定期维修、维护：
①1个月维修、维护
i) 油箱排水
ii) 电动机类的精密检查（轴承供油、绝缘电阻测量、滴水检查等）
iii) 控制盘和配电器具检查（接点磨损状况，绝缘电阻测量、配线管、管道损伤等）
②6个月检查、维护
i) 工作油、润滑油（按照工作油生产厂家规定进行检查）
ii) 油过滤器

4) 长期停止运行时的维护管理：长期停止运行时，必须实施下列作业。
①每个设备的空载运行（每隔15～30天）
②防止空间加热器引起的动力盘内结露的作业
③汽缸头、阀槽等滑动面露出部分涂油

5) 周转时的检查和维修保养：周转时的检查和维修保养必须在现场或工厂实施，必须根据运转履历、周转前的保管状态进行必要的维修保养。

第4篇 施工及施工设备

第1章 总 则

第130条 适用范围

本篇原则上以圆形截面的盾构隧道为对象,给出其施工和施工设备的基本要求。另外,在研究适用性的基础上,可援用于圆形以外的盾构隧道上。

【解说】 盾构工程的施工和施工设备当然会因岩体条件而异,但也会因隧道的截面形状、盾构形式等而异,所以需要根据各自的现场条件采用相应的施工方法和施工设备。按以往的实际业绩来看,盾构隧道的形状,圆形截面占压倒的多数。但最近,复圆形、椭圆形、矩形的盾构隧道形状也相继增加,所以关于圆形之外的其他截面形状,对被认为是适当的条款,也可沿用。

第131条 施工计划

在施工前,必须充分了解工程目的、规模和工期,按照设计图、说明书,仔细调查围岩条件、环境条件等,编制安全且经济的施工计划。

【解说】 盾构工程的特点是开工后难以改变施工方法。故须在施工前制订详细的施工计划。必须按照提供的工程目的、路线、隧道构造等设计图,详细调查围岩条件(土质、地形、成因、地下水等)、环境条件(障碍物、邻近结构物、地上交通、周围环境等)。在此基础上,选择与之相应的盾构施工法,制订关于竖井、临时设备、环境保护对策、辅助施工法、施工顺序、进度等的安全且经济的施工计划。

第2章 测 量

第132条 隧道外测量

（1）施工前，必须在地表进行中心线测量和纵断面测量，同时设置作为此类测量基准的基准点。

（2）必须按照隧道长度、地形条件等，使用导线测量、三角测量、三边测量等适当的方法来设定基准点。

基准点必须设置在不会移动的地点并充分加以保护，而且要能作为参考点，易于检测和复原。

（3）须以一等水准点或相当于一等水准点的点作为原点来设置水准基点。水准基点要设置在牢固的地点，并且要定期进行检测。

【解说】 在施工前，虽然为了制订施工计划，通常已经进行了测量，但是为了确认计划阶段时的测量结果并对施工所需基准点进行修改，还需要重新测量。

采用盾构法时，不仅是施工区间内，而且与施工区间前后相关联的部分也很重要。特别是铁路和公路隧道，要对邻接施工区间进行基准点的相互确认。

隧道外测量，既是隧道内测量的基础，又是观测施工中地基和原有结构物等变动的基础。

关于（1）：该测量是以方向和长度为重点，以在地表面上绘出隧道中心线的线路测量为主。纵断面测量是沿着中心线，根据水准测量求出各测点的标高。

关于（2）：在市区，因为受地形的制约而采用导线测量的居多，所以，需要进行基准点的设定以及测定，以便能确保需要的精度。最近，由于光波测距仪的普及，并且三边测量、和一边达到几公里的导线测量已成为可能，测量精度更加提高。

不论是基准点或是施工需要的测点，必须设置在无移动和不易丢失的地点。另外，由于盾构法施工对地表面、交通、其他施工的影响等，基准点和测点有可能移动，故应该设置参考点，最好做到能使用两种以上的方法来复原基准点和测点。

关于（3）：水准基点除作为隧道施工上需要的水准测量的基点。它也是在工程完了后，观测地表面和原有结构物等变化的基点。考虑到需长期使用，除注意其位置、构造等之外，必须定期进行检测，经常进行修正。

第133条 隧道内测量

（1）根据隧道的特性，必须详细且经常地进行隧道内测量。

（2）必须特别精密地将中心线及高程引入竖井中。

（3）基准点，必须在不受推力等影响的地点进行设置且需设置牢固，以免在施工中发生移动和破损。

（4）必须考虑隧道断面大小和线路等来决定测点的间隔，随着盾构的推进，以适当的方法和频度进行检测。

【解说】 隧道内测量是根据隧道外测量设置隧道内基准点进行检测，以及在在盾构推进过程中进行推进管理测量。

关于（1）：因为隧道线路在施工后再进行修正几乎是不可能的，所以，必须尽早掌握与中心线偏离的距离，立即修正盾构推进方向。因此，需要进行频繁而详细的测量。另外，隧道内基准点的设置、检查测量，需要用充足的时间定期精密地进行等。

关于（2）：一般将中心线导入竖井，要用测锤、经纬仪，垂直器等进行。除竖井以外没有其他通到地下的开口时，从地上导入地下的中心基线较短。另外，竖井深时，用普通的经纬仪不能视准。因此，为了把地表的基准线导入地下，要充分研究其方法并精密地进行。最近有采用正北测定器（回转罗盘）进行测量的方法，但是，最好是使用2个以上不同方法进行检测。

关于（3）：隧道内测量的基准点，虽然随着盾构的推进，逐次移设到前方。但是，有时因盾构推进时的推力、壁后注浆的影响以及采用泥水加压式盾构时组装好的管片受到泥浆的浮力影响等而发生移动，因此，应该避免将基准点设置在紧靠开挖面的地点。

这些基准点，不仅用于施工中，而且也是作为贯通后各种测量的基准点，故应具有耐久性而且不致因其他作业而发生移动、破损。可是由于平行设置隧道中的先行隧道受后续盾构推进的影响，有可能发生隧道本身变位，所以，需要定期地检测基准点。另外，在基准点附近进行二次注浆时，管片有可能发生变形，故必须进行检测。

关于（4）：测点间隔的设置，除了考虑隧道断面大小、线路、还要综合考虑与各种作业设备的关系、隧道内空气的清洁程度和使用测量仪器等后作出判断。一般在曲线部分是10~20m左右，直线部分是50m左右。在往前移设测点时，必须使后方的测点复测再决定位置。必须尽早检测与地面基准点和另外的隧道内测点的关系。

作为检测测点的主要方法是利用观测孔。观测孔是为了提高测量精度并用来确认地面基准点和隧道内测点的位置的。特别是在隧道通过重要的原有结构造物的周围和私有地的地下，或者曲线部分多的区段时，最好在它的前后设置观测孔以便确认中心线的位置。

一般在盾构通过后贯通管片来设置观测孔。这时需要充分注意管片的加固和观测孔周围的止水等问题。另外，中间有通过竖井时，能利用竖井进行同地面基准点的检测。

第134条　推进管理测量
（1）在推进时，必须进行推进管理测量。
（2）推进管理测量，要根据规定的计测方法，使用适当的器具，力求作业的效率化。

【解说】 为了使隧道线路控制在施工容许误差以内，在盾构推进时，需根据隧道内测量进行推进管理测量。

关于（1）：在推进时，为了尽早掌握盾构装配的管片与计划线路之间的偏差，立即修正盾构推进方向，要频繁仔细地实施推进管理测量。原则上1天进行2次左右，相对于已组装的管片，测定盾构的相对位置，或者测量盾构的纵向偏差、横向偏差和转动偏差等量，以掌握盾构的位置和状态。

关于（2）：因为推进时间是有限的，所以为了迅速地掌握必要且充分的数据，而需要考虑和另外的作业的关系，力求简单、合理。关于管片和盾构的相对位置，通过测量左右、上下千斤顶的行程差和盾尾空隙，就能确定大致的情况。盾构的横向偏差、纵向偏差和转动偏差，能通过在盾构上设置测锤、倾斜仪、回转罗盘，或使用经纬仪等来测量。

另外，通过使用自动测量系统，也能实时取得测量结果。自动测量系统，由用激光光线或安装在盾构基准点上的具有图像处理自动追踪功能的经纬仪、回转罗盘等测量仪器以及运算和处理测量结果、提供信息的电子计算机以及外围机器构成。所使用机器的构成和测量方式有各种各样的种类和特征。应根据使用环境和使用目的，采用适当的自动测量系统。另外，组合自动测量和自动修正方向功能的盾构其全自动状态控制系统在实践中已得到了运用。

第3章 施 工

第135条 竖井

(1) 竖井，除了作为正式结构物的机能以外，必须按盾构推进时渣土的运出，衬砌材料的运入等来设置，以便能按规定的计划进度进行。

(2) 竖井的结构，必须考虑盾构的大小、运入、组装、出发方法、出发时反力的确保、出发部分的辅助施工法、同正式结构物的关系及周围环境等来进行设计。

(3) 在竖井的施工时，必须在考虑其地点的土质、路面条件、交通量、工程噪声和振动对周围的影响等基础上，采取安全且经济可行的施工法。

【解说】 关于 (1)：竖井按其用途分为4个：出发竖井、中间竖井、到达竖井和方向变换竖井。

1) 出发竖井，作为出发的基地，为了盾构的运入、组装、衬砌等材料和各机械器具的运入、渣土的运出、作业人员的出入等来设置的。

竖井的位置、形状，必须考虑隧道的工程规模（隧道长度和断面大小）、通过土地的利用程度、取得用地的难易度、渣土和材料的运入、运出等作业、竖井施工的难易度、使用目的等进行选择。这是为了尽量达到经济而高效。有时，由于埋设物的状况、用地情况等，竖井的形状明显的变得不规则。这样，就降低了渣土的运出效率，影响了工程进度，所以需充分注意临时设备的配置。

施工基地周围的环境保护很重要，研究项目中往往涉及噪声、振动、地面形状、交通、水质、大气、作业时间等许多方面的问题。开工以后如出现问题，将给工程带来意料不到的影响，所以事前需要采取适当的措施。

2) 中间竖井，根据隧道的使用目的，是作为盾构推进路线的中间结构物，或者为了进行盾构的检查等而设置的。中间竖井，一般用来盾构通过很少作为盾构推进基地使用。

3) 到达竖井，设置在隧道的终点，为盾构的解体运出而设置的。

4) 方向变换竖井，因急弯而无法变换盾构推进方向时，或1台盾构推进2条隧道施工时，为了在竖井内变换盾构所定方向而设置。

这些竖井，在隧道完成后，往往作为车站、维修孔、通风孔、出入口等正式结构物使用。

关于 (2)：竖井的大小和形状，设计时必须注意下面的问题。

1) 竖井的大小和形状必须满足上述各自目的。根据出发方法、使用目的、其大小和形状有所不同。但最小界限尺寸，必须能保证盾构的运入或者现场的组装及检查，而且能有效地运出渣土、运入衬砌材料以及作业人员的出入等。

一般，出发竖井的净空有关规定如下：距盾构的距离，中小口径的约为1.0m，前后能确保初期推进时渣土的运出、管片的运入等，及连续作业需要的空间。盾构下侧所需空间，需要考虑盾构组装时焊接等作业、隧道内排水的处理来决定。关于其他的竖井也需要以此为准有一定的富余量，而且能有效地进行作业。

2) 盾构出发时的反力是通过临时组装的管片或钢制反力架传递到背后竖井壁或围岩而获得的。因此，根据这一考虑来计划反力架、竖井壁、挡土结构等。

3) 出发口的开口结构不仅要能挡土压和水压，特别是在结构上要能简单拆卸，而且止水性好。其大小，一般把施工误差和入口密封圈的安装富余量计算在内，应制成比盾构外径大 20~40cm。如考虑到竖井的施工方法，还可能需要留有更大的富余量。

另外，对于出发竖井的开口结构，为了提高出发的安全性和可靠性，而往往在洞口处设混凝土临时隔墙。

对于到达竖井的开口结构，也与上述一样，其大小需要考虑蛇行的误差要比出发口大一些。

关于（3）：竖井，往往在隧道位置上使用明挖施工法或沉箱施工法施工。另外，也有用盾构直接开挖竖井的施工法。

要斟酌竖井规模、围岩条件、路面条件、交通量、环境等因素，选定在工期内、能安全、经济地进行施工的方法。在市区等不能得到适合于线路上的作业基地时，也有把竖井设置在线路外适当的位置，用横洞等到达线路，在那里设置盾构出发用的空间。

第 136 条　出发与到达

（1）在出发时，把盾构正确地安装在规定的位置后，要贯入围岩，沿着规定的路线，周密地进行推进，切勿给竖井的挡土结构背面、周围路面、埋设物等带来不良的影响。

（2）在到达时，要一边正确地测定盾构的位置，一边沿着规定的路线，充分考虑到不对周围路面、埋设物等产生影响，直至到达预定的位置。

【解说】　关于（1）：出发是指使用安装在竖井内临时组装的管片、反力架等设备，把盾构机在座架上推进，从出发口处贯入到围岩，沿着规定的路线开始推进的一系列作业。

主要注意点如下：

1) 盾构机的安装：所谓安装是指把盾构组装在竖井内设置的座架的设定位置上。设定位置是以设计的中心位置及高度为主，进行若干修正而求出的。在这里提到若干的修正，是指在软弱围岩中贯入时考虑到盾构下沉，事先留出一些富余量（数 cm 左右）抬高后组装。

2) 盾构支承台：支承台应能支承盾构自重，组装时的临时移动，而且设置轨道和其他盾构推进用的导轨，在竖井内容易推进，方向不会发生错乱。

3) 反力架设备：该设备主要是以临时组装的管片和型钢为主材，保证其针对必需的推力具有充足的强度，和不发生有害变形的刚度。临时组装的管片，需要确保临时安装时的形状，以免给其后组装的正式管片的组装精度带来不好的影响。

4) 出发口：因为出发口的开口作业引起围岩坍塌的危险较大，所以，必须按小分片拆除临时挡土墙体，在盾构前面进行及时支护等的方法，施工要迅速而慎重地进行。通常，在靠近出发口处设置入口密封圈或浇筑洞口混凝土，以确保施工的可靠性和安全性。在设置入口密封圈时，需要充分注意其材质、形状和尺寸等。

5) 出发方法：这必须考虑土质、地下水、盾构形式、覆土厚度、作业环境等条件来决定。迄今为止实施的出发方法，如解说图 4.1 所示分类所示。这些方法，有单独使用的，有并用的，不论哪种情况下，都必须以上述条件为基础，根据安全性、经济性、工程进度等来决定。

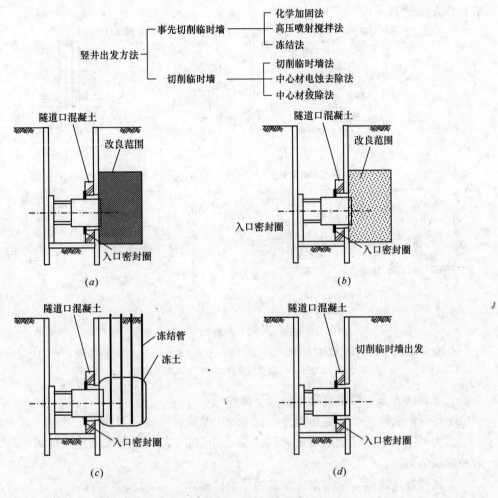

解说图4.1　竖井出发方法分类与出发方法（例）
(a)化学加固法；(b)高压喷射搅拌法；(c)冻结法（垂直钻孔）；
(d)切削临时墙法，中心材电蚀去除法，中心材拔除法

发车口的开口作业伴有围岩坍塌的危险，临时拆墙必须一小段、一小段地进行，直接从盾构前面采用挡土墙等方法迅速而慎重地进行。

发车时的注意事项也因采用的盾构的形式、发车方法等等而异。一般来说，需要注意的事项有：由于拆除发车部位的临时墙时异物未清除、压力舱内泥砂堵塞、有泥砂从盾构和竖井之间的间隙中流进来、因意想不到的涌水采取措施迟缓等等。不管哪种情况，都需要事先进行充分的研究。

还有，在下列特殊情况下，对列举的项目，需要进行认真的研究。
①发车后有曲线施工时的曲线部位的反力确保和盾构姿态控制。
②开挖临时墙体、挖掘墙体终端部分时墙体出现的大裂缝、后面地基是否要加固、振动、噪声预防措施、掘进速度、钻头磨损、工作油油温上升。

关于（2）：到达是指把盾构推进到竖井的到达面为止，而后，从事先准备的开口部把盾构拉出到竖井内，或者推进到到达面位置后，而后停止。解说图4.2示出迄今为止实施的到达方法的例子。

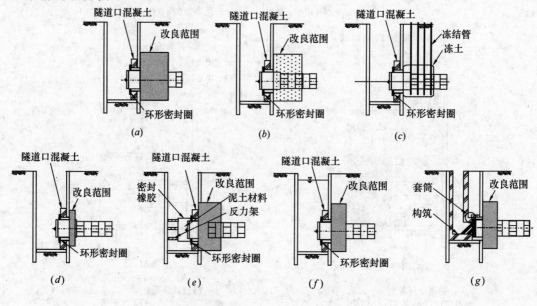

解说图4.2 竖井到达方法（例）
(a)化学加固法；(b)高压喷射搅拌法；(c)冻结法（垂直钻孔）；(d)切削临时墙法，中心材电蚀去除法，中心材拔除法；(e)设置接受室法；(f)水中到达法；(g)套筒法

关于到达方法，要事前充分研究下面各项：
①是否需要事先改良到达部分附近的地层及设置出口密封圈。
②为了沿规定的计划线路顺利到达预定到达面，需要进行的盾构位置测量方法和隧道内外的联络方法。
③减慢推进速度，采用微速推进的开始位置。
④采用闭胸式盾构时开挖面压力的减压开始位置。
⑤盾构推进到到达面时，由于推力的影响是否需要在竖井内进行临时支护措施及其相应的对策。
⑥竖井到达面的开挖方法及其开始时间。
⑦埋入盾构机时的停止位置。防止从盾构主体和到达面的空隙土砂流入或涌入的对策。
⑧到达部分附近的壁后注浆方法。
⑨把盾构拉出到竖井内时的盾构承台等临时设备。
⑩开挖临时墙体时振动及噪声的预防措施，钻头磨损。

第137条 推进

要根据围岩条件，正确地使用盾构千斤顶，在确保围岩稳定的同时，沿规定的计划线路正确地进行盾构推进。

【解说】 在推进时,应该注意以下几点:

1) **初期推进**:初期推进时,应进行细致的掘进管理,还需要收集正式掘进时所需要的数据。一般所谓初期掘进,是指盾构从竖井出发,到盾构运转所需要的后续设备进入隧道内为止的阶段。另外,其后的掘进就叫正式掘进。

为了正式掘进时能沿着规定的计划路线前进,并且将对周围路面和邻接结构物的影响控制在最小限度内,初期掘进时需要收集掘进时的数据和地基下沉量的测量结果等数据,并需要把握盾构的运转特性和确认压力舱内的土压、泥水压等的管理值和壁后注浆压力、注入量的设定等是否妥当。

2) **工程计划变更**:初期掘进过渡到正式掘进时,必须确保所需要的掘进反力,所谓工程计划变更作业,主要指撤除出发时所使用的反力支架,各种后续台车的投入,以及过渡到正式掘进。在其后的正式掘进中,为了仅以管片和围岩间的剪切阻力取得盾构掘进反力,用下式确认是否能达到所规定的掘进反力,或者通过设置在反力支承上的应变计实测值加以确认。

$$L > \frac{F}{\pi \cdot D \cdot f}$$

式中 L——从竖井开始的管片长度(m);

F——盾构千斤顶推力(kN);

D——管片外径(m);

f——考虑壁后注浆材料的管片与围岩的剪切摩阻力(kN/m²)。

3) **千斤顶选择**:掘进时需要考虑所需要的推力和线形,选择适当的盾构千斤顶形式,盾构的掘进是通过盾构千斤顶的推力来进行的,盾构千斤顶的正确使用是按照规定的计划路线掘进上最重要的因素。推进方向取决于推力的大小和推力的作用位置。必须事先考虑曲线、坡度等来选择千斤顶的个数和位置。也有时,在曲线、坡度、蛇行修正时,只用单侧的千斤顶推进。考虑这些因素决定单个千斤顶的推力、个数、配置及一定的富余量。装备了中折装置的盾构,可按照曲线半径的大小使用中折千斤顶进行推进。

推进时所需的推力会由于围岩条件(土质条件、地下水压)、盾构形式、超挖量、有无蛇行修正、隧道曲率半径、坡度等情况而有所不同。在考虑不对管片产生不良影响的基础上,注意始终使用适当的推力。

4) **开挖面稳定**:掘进时必须确保开挖面的稳定,避免发生过量取土和压力舱内堵塞。

5) **防止管片的损伤**:推进时,最好在考虑了管片强度的基础上,尽量减小千斤顶推力。为了减小每个千斤顶的推力,尽量使用更多的千斤顶来产生所需的推力。在曲线部、坡度变化部、蛇行修正部等不得不使用部分千斤顶时,也要注意尽量使用多个千斤顶。配备中折装置的盾构,通过适当地使用中折装置,可以均匀地使用盾构千斤顶。

6) **方向控制**:盾构需要按照规定的计划线路进行准确地掘进,尽可能地防止前后倾斜、偏转和侧倾。盾构掘进时要参考第134条正确掌握盾构的位置和方向,同时,使推力作用在适当的位置。当盾构通过曲线部或坡度变化部或蛇行修正时,可使用部分千斤顶进行。为使盾构中心线和管片面尽量正交,在推进时可采用楔形管片等。

盾构的前后倾斜、偏转和侧倾,往往是围岩阻力、千斤顶操作、盾构固有的运动特性、土质变化、管片刚度、测量误差等综合原因引起的。要根据测量取得的数据等,来尽早修正盾构的状态。

由于软弱地基和盾构的中心位置等原因，盾构发生前端下沉时，一般增加使用下侧的千斤顶数量加大向上的力矩向前推进。

蛇行修正，最好尽早进行。蛇行修正要根据推进管理测量，掌握现状，趁蛇行量小时进行修正。急剧的方向修正往往会增加相反一侧的蛇行量、造成在盾尾内管片组装的困难、有时会给完成后的隧道使用带来障碍。因此，最好考虑在较长的区间内逐渐地进行修正。装备了中折装置的盾构，也可使用中折装置修正蛇行。在推进过程中，一旦土质发生突变，多会产生较大的蛇行，因此，对于土质的变化部要予以特别的注意。

盾构的前后倾斜、偏转和侧倾，要用各种测量仪器进行监测，适当使用千斤顶进行修正。发生侧倾时，一般改变刀盘的转动方向给盾构施加相反的力矩，来进行修正。

第138条 土压平衡式盾构的开挖、开挖面的稳定

（1）土压平衡式盾构的开挖，要考虑围岩条件、隧道断面大小等，以确保围岩的稳定。

（2）为了保持开挖面的稳定，要根据围岩条件适当注入添加剂，确保掘削土砂的流动性和止水性，同时要慎重进行压力舱压力的和排土量的管理。

（3）掘削土砂的排土，根据其形状，需配置满足计划能力的排土机构和设备。

【解说】 关于（1）：土压平衡式盾构，是将开挖下来的土砂充满到开挖面和隔板之间，根据需要在其中注入添加剂，用适当的土压力确保开挖面的稳定性。通过贯穿隔板设置的螺旋式排土器，可在推进的同时进行排土。在施工时，必须在开挖面和隔板之间充满土砂，对其进行加压达到满足开挖面的稳定需要的状态。为了获得适合于盾构推进量的排土量，要对土压力和开挖量进行计测，对螺旋式排土器的转数和盾构的推进速度进行控制，同时还要掌握刀盘的扭矩和推力等，进行正确的控制管理以防止开挖面的松动和破坏。

关于（2）：

1) 围岩条件：为了保持开挖面稳定所需要的土压力，维持与盾构推进量相平衡的排土量，必须使压力舱内充满的土砂具有适宜的流动性，并能防止地下水的流入。

由内摩擦角小的黏土和粉质土构成的土层，由于刀盘的切削作用，能维持开挖土的流动性。另外，由于围岩的透水性低，所以，能通过压力舱内的开挖土、螺旋式排土器及设置在排土口的排土装置等综合效果以获得开挖面的稳定性。

另一方面，由内摩擦角大的砂层、砾层构成的土层，开挖土不但流动性不充分而且难以防止地下水的流入。对于这种围岩，需要把添加剂注入开挖土，进行强制性地搅拌将其改良为具有流动性的开挖土，同时减小其透水性，以满足施工。

2) 添加剂：在土压平衡式盾构中，添加材是以下面的各种目的被注入开挖面或压力舱内。

①提高压力舱内充满的开挖土砂的塑性流动性。

②和开挖土砂搅拌混合以提高不透水性。

③防止开挖土砂在盾构机内的黏附等。

也可得到以下附带效果：

1) 减少切削刀头和面板等的磨损
2) 减小刀盘和螺旋式排土器的扭矩

添加剂需要选定最适合于围岩土质和渣土运出方式的材料。作为添加剂，所需要的性质是：

①具有流动性等

②易和开挖土混合

③不发生材料分离

④无公害等

一般使用的材料可以大致分为四类。这些材料有时各自单独使用和有时组合使用。各类材料的特征可归纳如下：

①矿物类：为了使开挖土成为具有流动性和不透水性的泥土需要一些细颗粒，此时最常用的是把黏土、蒙脱土等作为主材进行补给。这种材料使用实绩最多而且能广泛适用各种土质。可是，和其他添加剂相比需要采用制泥设备和贮泥槽等大规模的设备。另外有时渣土由于呈泥状而需要将其作为工业废弃物进行处理。

②界面活性材类：是注入用特殊发泡剂和压缩空气制作的气泡剂。不但能提高开挖土的流动性和不透水性，而且有防止开挖土的粘附的效果。另外，气泡剂本身的消泡等后处理也较为容易。但是在采用泵压送碴土时要对施工效率的降低加以注意。

③高吸水性树脂类：由于可以吸收自重几百倍的地下水成为凝胶状态，所以，由地下水导致的稀释老化少，而且对防止高水压地基的喷涌有很好的效果。可是，在盐分浓度高的海水或大量含有铁、铜等金属离子的地基、强酸性、强碱性地基和化学加固区间等地基，其吸水能力会大大地降低。

④水溶性高分子类：与树脂类一样是高分子化合物构成的材料。具有可使开挖土的粘性增大的效果，泵压送性好。根据主要原料的成分可分成纤维素系（CMC 等），聚丙烯系（PHPA 等），多糖类系等。

作为注入方式，添加剂用设置在地面或隧道内的设备进行制作，使用添加剂注入泵，通过隧道内管道输送至安装在刀盘或者压力舱内的注入孔进行注入。也有时根据情况，为了提高螺旋式排土器内的止水性，而在螺旋式排土器上安装注入孔或为了进行超挖部分的填充而在盾构外周部分设置注入口。

注入量和配比根据围岩的粒度组成而设定。在施工中先将隧道进行区间划分，每个区间的注入量根据开挖面的稳定情况、开挖土的性状和盾构各部分的作业情况，通过注入效果确认后进行决定，再将这一结果反馈到以后的施工中。

注入量的控制，一般是根据推进速度来进行的。这种方式是事先设定注入量，根据盾构推进速度自动增减注入量而进行控制。注浆量增减是通过变化添加剂注入泵的转数来进行的。

3) 掌握开挖面的稳定状态：为了得到土压平衡式盾构开挖面稳定，中心工作是泥土压管理、泥土塑性流动化管理和排土量管理。管理流程如解说图 4.3 所示。

一般通过间接方法，即使用设置在隔板上的土压计来确认和管理压力舱的压力以掌握开挖面的稳定状态。另外，还可对开挖面状态进行探查，此时使用机械触探法或非接触性电磁波、超声波调查法。但是，两者都是用来探查开挖面的前方或上方的局部空洞，为判

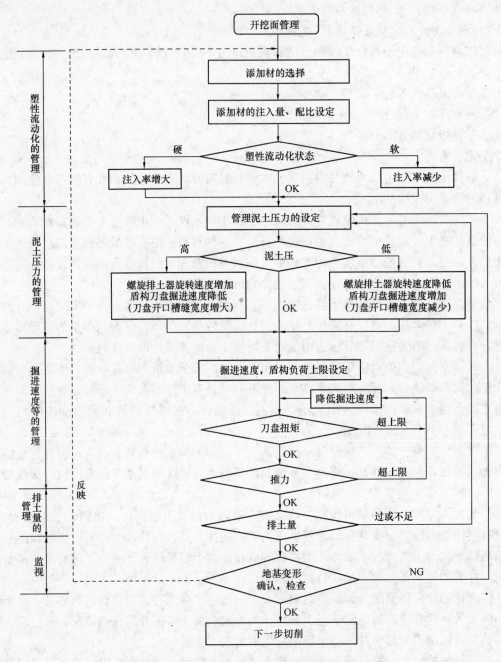

解说图4.3 土压平衡式盾构开挖面稳定管理流程例

断开挖面稳定状态的提供辅助性信息。

4) 压力舱的压力管理：在土压平衡式盾构的施工法中，为了确保开挖面的稳定，需要适当地维持压力舱压力。一般，如果压力舱的压力不足，发生开挖面的涌水或坍塌的危险就会增大。如果压力过大，又会引起刀盘扭矩或推力的增大而发生推进速度的下降或地面隆起等问题。

关于压力舱压力的管理，有采用主动土压和静止土压，或者松弛土压的方法等等。但是最基本的思路是：作为上限值，以尽量控制地表面的沉降为目的而使用静止土压力；作为下限值，可以允许产生少量的地表沉降，但可确保开挖面的稳定为目的而使用主动土压力。

推进中的压力舱压力的维持有如下的方法：

①用螺旋式排土器的转数控制

②用盾构千斤顶的推进速度控制

③两者的组合控制等。

要根据各施工条件实施良好的管理。另外，需要确认伴随推进所产生的地基的变形、排土状态、刀盘扭矩以及其变化情况，及时在推进中修正压力舱的压力。

5) 排土量管理：为了一边保持开挖面的稳定一边顺利地进行推进，则需要适量地进行排土，以维持排土量和推进量相平衡。可是，由于围岩的土量或渣土的单位体积容重会有一定的变化，另外，由于添加剂的种类、添加量或排土方式等因素的影响，渣土的容重也会发生变化，所以要恰当地掌握排土量是比较困难的。另外，作为排土，其状态可在半固体状态到流体状态之间变化，其性状是各种各样的。因此，仅单独根据排土量的管理来控制开挖面坍塌或地基沉降是困难的，最好是根据压力舱的压力管理和开挖土量管理同时进行。

排土量管理的方法可大致分为容积管理法和重量管理法。作为容积管理法，一般是采用渣土搬运车台数的验收的方法，或从螺旋式排土器转数，压送泵转数进行推算。重量管理法，一般是用渣土搬运车重量进行验收。

关于（3）：排土机构，请参照第120条。隧道内开挖土搬出设备有：轨道方式、泵压送方式、输送带方式等。详细情况请参照第163条。

第139条　泥水加压式盾构的开挖，开挖面的稳定

（1）泥水加压式盾构施工法的开挖，要考虑围岩条件、隧道断面大小等来进行，以便谋求开挖面的稳定。

（2）为保持开挖面的稳定，要根据围岩条件调整泥浆质量，能满足在开挖面上形成充分的泥膜的同时，要慎重地进行开挖面泥浆压和开挖土量的管理。

（3）泥水的处理，必须选定适合围岩粒度组成，并满足计划能力的泥浆处理设备来进行。

【解说】　关于（1）：泥水加压式盾构施工法的特征是循环泥浆，一边用泥浆维持开挖面的稳定，一边用机械开挖方式来开挖。开挖土作为泥浆，用流体输送方式运出到地面。该施工法是将开挖设备、开挖面稳定系统、碴土处理设备作为一个整体系统来进行使用的。因此，必须充分掌握构成系统的各部分设备的各自特征、能力等来制订计划。解说图4.4示出泥水加压式盾构施工法的系统构成。

系统的运行要充分考虑到排土量、泥浆质量、开挖面状态、壁后注浆、送排泥流量、排泥流速等条件的设定和管理。

关于（2）：

1) 围岩条件：泥水加压式盾构施工法，一般是根据围岩条件，通过对泥浆的比重和

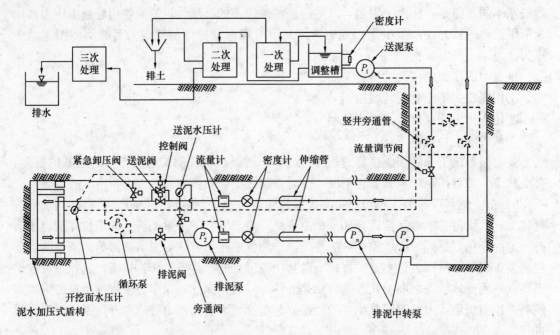

解说图 4.4 泥水加压式盾构施工法系统（开挖、开挖面稳定、泥水处理）

黏性进行循环调整，并对泥浆施以适当的压力来平衡开挖面土水压力以确保开挖面的稳定。为了向开挖面传送和维持泥浆压力，需要形成充分的泥膜。均匀系数小的、粒度均匀的砂性地基或砾质地基，往往由于溢泥等难以充分形成泥膜。因此对泥浆的比重或黏性、屈服值、过滤特性等泥浆指标的管理尤为重要。开挖面稳定管理流程如解说图 4.5 所示。

2）泥浆压力的管理：在泥水加压式盾构施工法中，为了确保开挖面的稳定，需要根据开挖面的土质及土水压力适当地设定泥浆压力。一般，如果泥浆压力不足，发生开挖面坍塌的危险就会增大，如果压力过大，又会出现泥浆喷发和地面隆起的可能。关于管理压力，有采用主动土压和静止土压，或者松弛土压等方法。但是往往以这样考虑为主：作为上限值，以尽量控制地表面的沉降为目的而使用静止土压；作为下限值，在允许一些的沉降，但以保持开挖面稳定的目的而使用主动土压。

对于大断面盾构，断面上下的土水压力差很大，同时开挖面的地层条件也相对复杂，需要充分研究泥浆压力的值和变幅。

3）掌握开挖面的稳定状态：掌握开挖面的稳定状态，一般是用设置在隔板上的水压计来确认压力舱内的泥水压力。另外，作为掌握开挖面状态的开挖面探查法，和土压平衡式盾构一样，也有使用机械触探法或非接触性电磁波、超声波调查法。但两者都是用来探查开挖面的前方或上方的局部松动或空洞，为判断开挖面稳定状态的提供辅助性信息。

4）排土量的管理：为了一边保持开挖面的稳定一边顺利地推进开挖，则需要开挖时，使排出和推进的土量相平衡。泥水加压式盾构施工法，一般是从设置在送泥管和排泥管上的流量计和密度计取得数据，通过计算求出偏差流量和开挖干砂量，用它检查围岩的开挖量，把握开挖面的状态。这一方法也可用来推断围岩的地质变化，此时要对前几环的偏差流量和开挖干砂量进行统计计算。

关于（3）：开挖下来的土砂、在压力舱内经搅拌翼等搅拌混合，用排泥泵，使用管道

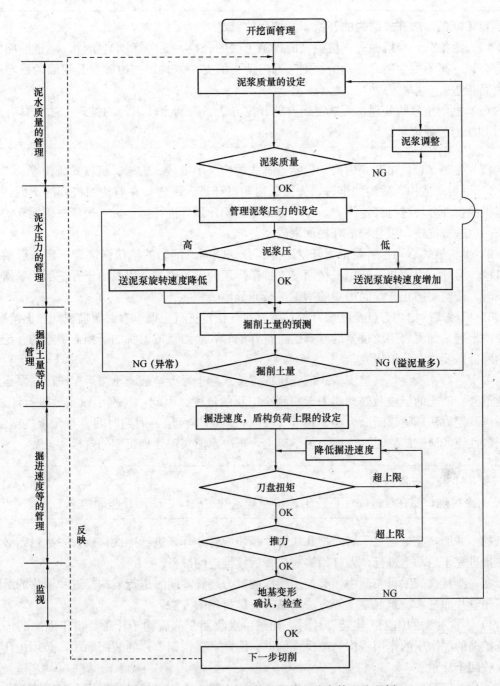

解说图 4.5 泥水加压式盾构的开挖面稳定管理流程例

输送到地面。运出到地面的泥浆，用一次分离装置，除去砾、砂等；粉砂、黏土等添加凝固材等形成块（团粒）。在此基础上，用机械地或其他的方法，强制分离去水，进行排土。分离出来的剩余泥浆，加上水、黏土、蒙脱土、增粘剂等，调整比重、浓度、黏性、再被输送到开挖面循环利用。

另外，大粒径的砾石，需要另行用碎石机粉碎，或者用砾石去除装置除去。另外，对于无法进入刀盘开口的砾石，安装轮式刀头在刀盘前面进行粉碎处理（参照第183条）。

第 140 条　敞开式盾构的开挖，开挖面的稳定

（1）手掘式、半机械式、机械式盾构施工法的开挖，要考虑围岩条件、隧道断面大小等，以尽量不发生围岩松动为原则来选定适当的支护方式，一边确保开挖面的稳定一边进行推进。

（2）掘削土砂的处理，要选定适合的开挖方法、掘削土砂土性的处理方法和具有满足计划能力的处理系统。

【解说】　关于（1）：敞开式盾构，包括手掘式盾构、半机械式盾构、机械式盾构等。

1）手掘式盾构：盾构的推进，先使盾构切口环贯入围岩，在盾构切口环的下面，根据围岩的条件分块进行开挖围岩，并立即用支护千斤顶等进行挡土。一边依次倒换支护千斤顶一边进行推进，以免松散开挖面围岩。

2）半机械式盾构：需要根据开挖距离、开挖断面、围岩的抗压强度来选定适合条件的机械。另外，由于装备开挖机械而使支护千斤顶的设置困难，以及由于开挖面的暴露范围大时，需要对防止开挖面坍塌的措施进行充分地研究。

3）机械式盾构：刀盘全断面开挖，需要对开挖量进行把握，有必要监视开挖面情况。对硬质地层，如泥岩层或很紧的砂砾层进行开挖时，对刀盘或刀头的磨损而引起的开挖效率的降低需要作充分地研究。

关于（2）：渣土，通过皮带式输送机或螺旋式排土器等，被渣土搬运车或压送泵运出到隧道外。渣土的运输及处理能力影响到全工程的进度。因此，特别要慎重地进行计划，在考虑开挖方法、隧道断面大小、长度、一次推进的排土量、周期时间、有无压气施工、渣土的性质和渣土的临时堆放能力等基础上，来决定能实现计划工期的规模和方法。

第 141 条　一次衬砌

一次衬砌，要在推进完了后，迅速按照规定的方法，正确而且坚固地施工。

【解说】　一般，在推进完了后，把几块管片组装成管片环来进行一次衬砌。一次衬砌必须要在推进完了后马上进行，做好始终能进行后续推进的准备。

在一些特殊的工程实例中，有使用特殊的反力装置，同时进行盾构推进和管片的组装或不用管片而现场浇筑混凝土等方法来施工一次衬砌的方法。

1）一次衬砌的施工：组装管片时，如果一次收回全部盾构千斤顶，由于围岩的土压或开挖面的泥水压的作用盾构会被反推倒退。因此，要根据管片的装配顺序，必须每几台逐次收回千斤顶。

管片一般采用错接头。管片的组装中必须防止管片及防水材料的损坏。在组装前要充分清扫，在防止发生管片接头之间错开的同时要注意不要在接头之间夹入杂物以保证管片之间的紧密接合。

管片的保管、运输以及在盾尾内的操作都要仔细地进行。要准备好适于管片运输的平板车和有关设备。在管片的临时堆放时要注意不要损坏接头或防水材料，要将管片内侧向上分几层叠放以避免产生变形和裂纹。如果在把管片环接头面为上下叠放时，必须注意不能损坏防水材料或管片的端部。

管片的组装一般使用组装机进行。K 管片的装配，要用微动装置正确按入组装，切勿使周围的管片损坏。

有时，小直径盾构要用人工装配。这时，为了能安全而有效进行组装，要注意尽量使用辅助工具，以减轻管片的重量等。

2) 保持管片组装形状：正确地组装管片以达到预定的形状，这对确保隧道断面、施工速度、防止管片的损坏、提高止水效果及减少地基沉降等方面来看，都是极为重要的。因此，在盾尾内组装管片时，要充分注意管片组装形状，充分紧固接头螺栓等以防止松动。脱离盾尾的管片，由于土压力、壁后注浆压力而易发生变形。管片从组装、脱出盾尾到壁后注浆材料硬化的时间内，使用管片形状保持装置对于确保管片的组装精度是非常有效的。

3) 螺栓等的紧固及再紧固：必须以不损坏管片为前提，使用规定的扭矩，对接头螺栓等进行充分的紧固。紧固工具有气动扳手、电动扳手、用人工紧固的扭力扳手等。

在推进时的推力会传递到相当后方的管片。因此，当管片远离开挖面不再受到推进影响时，必须再次使用规定的扭矩进行紧固。重要的是要对螺栓螺母的紧固力通过扭矩计测器进行确认。千斤顶推力对后方的影响程度，会因管片的种类、土质、推力大小、隧道线路、壁后注浆等有所不同。

接头的螺栓有短螺栓、长螺栓、销螺栓、快速接头等。不使用螺栓的接头有销插入接头、榫接头等接头。这些都需要根据各自的接头特性进行管理（参照第 57 条）。

4) 管片的自动组装：通过盾构后方设置管片自动供给装置运送管片，组装机抓握管片运送台车上的管片将其搬送到盾构内的预定位置，从组装到紧固螺栓的一系列操作全部自动化，或部分自动化进行。这种管片自动组装系统已经得到开发。

使用这种装置可提高一次衬砌的质量、节省人力和缩短组装时间。另外，自动组装的管片的形状和接头形式等方面也得到了改良。

近年来，不进行二次衬砌施工的事例日渐增多，如此施工时，对开裂和错位、或管片端部的缺损和裂纹等，要求有更高精度的管理。

第 142 条 壁后注浆

壁后注浆施工应以最适合于围岩的注浆材料和注浆方法，在盾构推进的同时进行，并要做到完全填充盾尾空隙以防止围岩松弛和下沉。

【解说】 壁后注浆施工是为了在防止围岩松动和下沉的同时防止管片漏水，并获得管片环的早期稳定和防止隧道的蛇行等为目的，所以，必须迅速实施。

1) 注浆材料：必须选择最适合于围岩土质和盾构形式等条件的注浆材料。作为注浆材料，应具备以下性质：

①不发生材料离析；
②不丧失流动性、具有优良的充填性；
③注浆后的体积减小；
④尽早达到围岩强度以上；
⑤水密性好；

⑥无环境不良影响。

通常使用的注浆材料见（解说图 4.6）。

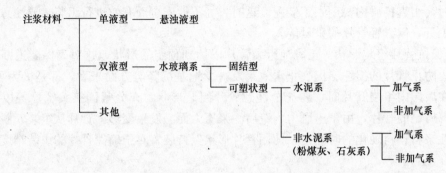

解说图 4.6　壁后注浆材料的分类

一般采用双液可塑性的注浆材料进行同步注入施工，其凝结时间和强度是可调的。单液性注浆材料为水泥砂浆、水泥膨润土浆等，可用于围岩较为稳定的土质。

双液注浆材料，其特征是在注浆时具有流动性，在注浆时和注浆后可迅速进入可塑状或凝结，其性质是：

①能在指定范围注浆；

②材料离析少而且不受地下水的影响；

③能调节硬化时间；

④能根据需要尽快达到所需的强度等。

2）注浆时间：一般壁后注浆施工分为同时注浆和即时注浆。所谓同时注浆是在盾构推进的同时，从安装在盾构钢壳外侧的注浆管和管片的注浆孔进行壁后注浆的方法。所谓即时注浆是在推进后迅速进行壁后注浆的方法。

3）注浆方法：注浆施工从设置在管片上的注浆孔或在盾构上设置的注浆管进行。一般是用搬运车将注浆材料运入隧道内，然后用设在后方台车上的注浆泵进行注浆，或利用设在隧道外的拌和设备，用注浆泵进行压送。

为了防止注浆材料或地下水流入盾尾止水带内，作为盾尾填充材料而把润滑脂注入盾尾止水带之间。为防止盾尾止水带损坏时，注入材料流入盾尾，也需要将盾尾止水带设计为可以更换的结构。

注浆完了后，清洗注浆设备（注浆泵、注浆管道等）时，要设置旁通阀等清除，以免在下一次注浆时将冲洗水混入注浆材料中注入。

4）注浆压力和注浆量：注浆压力一般指注入口处的压力，多采用 $200kN/m^2$ 的压力，但需要在考虑管片强度、土压、水压及泥土压等基础上，设定能够充分填充所需要的压力，同时要使压力均匀地作用于整个管片上。

由于注浆材料与围岩的渗透性、加压导致向围岩内的压入、排水固结、超挖等原因，注浆量往往达到盾尾空隙量的 130~170%。砂砾地层中可达到 150~200% 程度。

一般壁后注浆工程的施工管理方法，有采用压力管理的方法和注浆量管理的方法。压力管理的方法是始终保持上述设定压力的方法，此时注浆量不定。注浆量管理的方法是始终灌入一定注浆量的方法，因此注浆压力变化。事实上单纯地只用其中的一种方法是不够的，最好是用两种方法综合地进行管理。

注浆量、注浆压力都要通过一定程度的试行后，在确认注浆结果和对周围影响的基础上来决定。在施工中也要按每个固定的区间进行注浆效果的确认，并将其结果反馈到施工中。

5）二次注浆：这是对壁后注浆的补充注浆。其目的是：
①填补一次注浆的未填充部。
②补充注浆材料的体积减少部分。
③对盾构推力导致的，在管片、注浆材料、围岩之间产生的剥离状态进行填充并使其一体化，提高止水效果也是主要目的。

6）质量管理：从壁后注浆工程的重要性来看，注浆所使用的材料，要符合有关质量规定，同时要定期地验收以确保其质量。

为了保证注浆材料的质量，需要定期测定流量值、粘性、析出率、凝胶时间、抗压强度等。

利用管片的注浆孔等，对已注浆的壁后注浆材料进行取样，检查其注浆厚度、状况、强度等。这在质量管理上非常有效。但是，围岩为细砂层高水压场合，对采样时地下水的流入等问题，必须充分注意。

第143条 防水，防腐蚀

（1）防水工程必须根据隧道的使用目的，使用适合作业环境的施工方法进行施工。

（2）为了确保一次衬砌的耐久性，尤其是在不使用二次衬砌的场合，必须充分考虑隧道的使用环境条件下，进行防腐蚀施工。

【解说】 关于（1）：因为隧道往往建造在地下水位以下，所以，为了接头面能够承受地下水压，必须实施防水工程。隧道内的漏水会对投用后隧道的功能以及维护管理上产生带来种种问题，必须加以注意。

防水工程有密封、嵌缝以及螺栓孔、注浆孔外周的防水。由于目的的不同，有时只采用密封施工，有时采用组合密封施工和其他的防水工程进行施工。

1）密封施工：密封材料材质有未加硫异丁橡胶类、合成橡胶系、合成树脂系、水膨胀系等的材质。作为水膨胀系材料，一般使用和地下水反应、体积膨胀的吸水性聚合物和天然橡胶或尿烷等混合材料（密封材料所需要的特性参照第64条）。

施工时，需要在粘接面上涂底漆处理。管片的隅角部分要仔细粘贴和处理，以免在管片运输时损坏密封材料。

在高水压或者有内水压作用时，为了确保密封施工顺利进行，密封材料需要设置2条，为了确保管片角部的密封性，应进行无缝加工处理。

2）嵌缝施工：嵌缝材料必须具备的性质如下：
①不仅要有水密性，而且有良好的化学稳定性、适应气候的变化。
②湿润状态下，易于施工。
③伸缩及复原性好。
④硬化时不受水分影响。

⑤施工后迅速硬化。
⑥硬化后的伸缩小等。
填料材料以环氧树脂类、硅系材料为主。

施工时，对紧固完后的管片，将嵌缝槽内的油、锈、水分等擦干净后，涂敷底漆和填充填料。在该作业时，通常是另行安装作业平板车来施工。关于作业平板车，要参照第179条。

3) 螺栓孔的防水施工：是通过在螺栓垫圈和螺栓孔之间加上环状的充填材料，在紧固螺栓时，充填材料发生部分变形，填满在螺栓孔壁及垫圈表面形成的空隙中，达到防止螺栓孔的漏水的目的。充填材料需要的特性是：
①伸缩性好，而且不失水密性。
②能承受螺栓紧固力。
③良好的耐久性而且不老化等。

一般使用合成橡胶或合成树脂类的环状充填材料，但是也有尿烷类的水膨胀性的充填材料。

有时在螺栓的紧固后，随着时间的增长会发生紧固力的松弛。虽然这里有许多原因，但充填材料的蠕变也是影响因素之一。因此要从防水的角度对螺栓进行二次紧固。

有时，在螺栓轴部和螺栓孔之间也要加填料。这时，为增加填料的隔水性，而把螺栓孔的上下端部做成漏斗状以增大孔径。

4) 其他：即使是进行了密封施工、嵌缝施工也止不住漏水时，要在漏水处设置注入孔，采用尿烷类药液和树脂系材料进行注入充填，提高止水效果。

关于（2）：省略二次衬砌时，关于期待二次衬砌的功能，需要根据隧道使用目的由管片来承担。

为了确保管片的耐久性，在装配一次衬砌后，需要考虑环境条件，对接头部位和注浆孔、吊架零配件等采取防腐蚀措施。

1) 接头盒的充填施工：直接暴露在管片内面的接头板和接头螺栓，为了防止腐蚀，需要进行接头盒的充填。充填的目的是为了确保管片内表面的平滑性。

主要的充填材料，可分为砂浆系材料、发泡尿烷系材料、发泡苯乙烯材料等。充填材料必备的性能如下：
①密水性优良。
②耐久性优良。
③不易脱落和接触盒的连接性好。
④达到所需要的强度。
⑤根据隧道的用途，有耐磨性和耐火性。
⑥根据隧道的用途，具备低粗糙度。
⑦施工性优良。

充填方法有手工作业或者泥瓦工施工，此外，FRP板、陶瓷板等覆盖在接头盒上，然后再注入充填性优良的材料。另外，大断面接头盒的体积较大时，还需要灌入砂浆。

2) 接头零部件的防腐蚀处理：是对接头零部件本身进行防腐蚀处理。防腐蚀处理所需要的性能如下：

①防腐蚀性优良。
②对母材没有不良影响。
③螺栓紧固等作业时不会受到损坏。
作为防腐蚀处理有下列方法：
①镀锌。
②锌粉铬酸化学生成复覆膜的处理（达格洛坦伊兹托处理）。
③氟化树脂涂层。

3) 注入孔和吊环的防腐蚀处理：应根据隧道的用途，考虑防腐蚀的环境条件、使用环境条件（磨耗、冲击等）的基础上，进行防锈防腐蚀处理。

> **第144条 二次衬砌**
> 二次衬砌，必须在充分进行了一次衬砌的防水清扫等前处理后，仔细进行施工。

【解说】 1) 二次衬砌的施工：二次衬砌，根据隧道的设计要求，用无筋或钢筋混凝土进行现场浇筑施工。目的是为了管片的加固、防腐、防水、蛇行修正、防振、内面的平滑化、隧道的内装修。另外，有时为了需要像上、下水道隧道那样，设置内插管等，把混凝土或者加气水泥砂浆填充到与一次衬砌的间隙中。

在二次衬砌中，特别是衬砌顶部附近由于混凝土的填充比较困难需要特别注意。由于混凝土不能完全充填而产生的空隙，根据需要事先设置注浆孔和排气孔等，用灰浆及其他的注入料进行填充。

混凝土的浇筑一般使用混凝土泵等。关于混凝土的使用，要参照《混凝土技术规范（2000）》。

2) 前处理：在二次衬砌施工前，要进行管片接头螺栓的重新紧固，管片的清扫及漏水部位的止水。

3) 确保衬砌厚度和净空：衬砌厚度要根据浇筑混凝土时的施工便利性及蛇行修正量，或者内插管设置施工的便利性来决定。在二次衬砌的施工时必须注意，要确保需要的净空。

4) 模板的拆除：模板的拆除时间，对二次衬砌的施工周期影响很大。过早的拆除会引起混凝土的裂纹等有害的影响，因此，要根据相同规模工程的拆模实绩或结构计算等，慎重研究。拆模要在浇筑的混凝土达到了规定的强度后进行。达到规定强度的时间，应根据对相当于现场条件下养护的混凝土做抗压试验而求出。拆模后要进行充分养护，防止隧道内温度急剧的下降，使之保持在湿润状态下。

5) 防止裂缝和防水施工：由于一次衬砌的漏水处理的不充分，或者二次衬砌时出现新的漏水部位而产生漏水。这时，往往是二次衬砌的施工缝或裂缝而产生的漏水。为了防止二次衬砌的漏水，在避免产生裂缝的同时，需要对施工缝作防水处理。有时，也在一次衬砌和二次衬砌之间设置防水带。

作为裂缝防止对策，可分为混凝土的配比方面的措施和施工方面的措施。作为要从配比方面研究的是有以下的措施：

①为了减少水化热，而要减少单位水泥量，或者使用粉煤灰水泥、高炉矿渣水泥等；

②为了防止干燥收缩的裂缝，而减少单位水量；

③研究 AE 减水剂的使用等。

另外，从施工方面需要研究的有以下对策：

①要适当选择模板的拆除时间；

②每次浇筑长度不要太长；

③防止急剧的温度下降，进行充分地养护；

④施工缝上要用绝缘材料（绝缘体）。

作为施工缝的防水处理，有如下对策：

①在施工缝上加上止水板；

②在施工缝上涂敷特殊油灰（湿润而粘接的材料）；

③做好施工缝的预留孔堵块，进行导水处理。

6）冷接缝预防措施：一旦长时间中断混凝土供给，就会发生冷接缝等现象，从而使衬砌混凝土的质量受到损坏。施工时需要考虑下列注意事项。

①浇灌混凝土时，注意做好混凝土进场计划，以便能连续浇灌；

②混凝土从混合搅拌到浇灌结束，要注意外部气温和需要的时间，做好计划。如果有可能超过时间，则需要研究使用缓凝型 AE 减水剂和流动化剂等方法；

③如在浇灌期间出现意想不到的事情，需要中断浇灌时，为了防止堵塞，要实施间隔运转。如果是长时间中断，则要排出管道内的混凝土。

关于详细情况，请参照《隧道混凝土施工指针（方案）》（2000，土木学会）。

第 145 条　辅助施工法

在盾构出发，到达部位，地中结合部位，地中断面扩大部位，刀具交换部位，障碍物去除部位，急曲线部位，小覆土部位以及近接施工部位，以及地基涌水、强度不足稳定性差时，需要采用地基改良等手段以实现围岩的稳定，为此必须采用适当的辅助施工方法。

【解说】　在盾构出发，到达部位，地中结合部位，地中断面扩大部位，刀具交换部位，障碍物去除部位，以及地基涌水、土压释放引起的地基的松动和崩塌，往往会对盾构工程本身造成影响。另一方面，急曲线部位，小覆土部位以及近接施工部位，围岩强度不足和掘削引起地基扰动，进而引起地基变形，给地面建筑物和地中埋设物造成损害。

围岩不稳定引起崩塌和地基变形，有可能给周围的环境造成影响，此时必须考虑施工计划和设计条件，地基条件，盾构形式，施工条件，环境条件等因素，采取化学加固法、高压喷射搅拌法、冻结法等地基改良方法和地下水位降低方法等其他的辅助施工方法，以便稳定围岩。

1）化学注浆施工法：这是将水玻璃系或者管片注浆材料压入地基中，以便确保止水性和增加强度而采用的施工方法。化学注浆施工法，有渗透注浆，劈裂注浆，劈裂渗透注浆等方式，其注入原理是：不破坏土体的骨架，只是将注浆材料渗透到土的间隙和裂缝中，填充间隙提高止水性，同时使土颗粒结合在一起，提高土的黏聚力，通过脉状注浆，提高土的压密性，可望提高土体强度。

化学注浆施工法，尤其周围存在水井、河流、田地等场合时，为了不影响水质和水脉，不使周围地基和结构物产生隆起等变形，重要的是要充分注意对注浆材料的种类、注浆量、注浆速度、注浆压力的管理，同时还要确认注浆范围、透水性、强度特性等改良效果。

使地基出现裂缝或沿层面形成脉状裂缝的劈裂注浆方法。前者适合砂质地基，后者适合黏性土地基。

2) 高压喷射搅拌施工法：这是一种通过高压喷射流来切削围岩，切削下来的土砂与硬化材料置换，或混合搅拌，形成圆柱形改良体的方法。其目的是为了确保止水性和提高土体的强度。通常，与化学注浆施工法相比，可以得到均质的改良体，适用于需要较大改良强度和止水性的场合，适用的地基制约条件较小也是其特征之一。

高压喷射搅拌施工法施工时需要注意的事项，基本上与化学注浆施工法相同。尤其是高压喷射造成地基内压力不稳定造成地基隆起，影响透水性，必须进行土体改良体的合理配置。

3) 冻结施工法：冻结施工法，是一种通过使地基孔隙水冻结，而使地基暂时固结，作为隔水墙和受力墙等使用的施工方法。一般在其他施工法很难达到围岩稳定的目的时采用。该施工方法的特点是，在存在地下水的条件下受地基条件的制约因素少，冻土强度及止水性极高，而且只要测定地中温度，就能确认冻土的形成状态等，没有地下水污染。另一方面，采用冻结施工方法时，地下水的流速较大时也不会形成冻土墙，由于冻土的形成速度慢，需要较长的工期。冻结膨胀和解冻对周围地基会有一定的影响，对此应引起注意。

4) 降低地下水施工：该施工方法，在围岩的透水性大，开挖面涌水而造成开挖面坍塌时，可单独采用降低地下水位施工法，也可与其他辅助施工法并用。采用地下水位降低施工法时，需要注意包括周围水井在内地下水利用情况，以及地下水位下降所造成的地基下沉。尤其，有机质土分布较广时，影响的范围会明显增大，因此需要认真地研究。

5) 其他的辅助施工方法：地中结合部和障碍物去除部使用压气施工法，深层混合处理施工法，小厚度覆盖土时使用填土和浅层改良施工法，在急曲线和临近施工使用反力架和拱顶套管施工法等，以及同时使用其他辅助施工法。

不论采用哪种施工方法，都必须考虑计划和设计条件，地基条件，施工条件，周围环境条件等因素，充分掌握各种施工方法的特点而加以采用。

另外，关于辅助施工法的内容，及其适用范围的详细情况，可参照《隧道标准规范（切削工法）及解说》（2006 年版）和第 3 条。

> **第 146 条　地基变形及其防止**
> 地基变形受计划、设计条件、地基条件、施工条件的影响，因此应通过采取适当的施工方法，周密地进行施工管理，力求减少地表下沉。

【解说】　由盾构施工所导致的地基变位的大小，因线路、覆土厚度、盾尾空隙量等设计条件、地基条件而异。但是，通过选择适当的施工方法和加强施工管理，一般可以把地基变位控制在最小限度以内。为此，应选择适合地基并具有开挖面稳定装置的盾构形式，进行认真的推进管理,同时妥当地进行一次衬砌、壁后注浆。土质与盾构形式的选择,参照第14条。

1) <u>地基变位的原因与发生机理</u>:盾构推进引起的地基变位的原因列举如下,但是各自发生机理是不同的。

①<u>开挖时的土、水压力不均衡</u>:土压平衡式盾构或泥水加压式盾构,由于推进量与排土量不等的原因,开挖面土压力、水压力与压力舱压力产生不均衡,致使开挖面失去平衡状态,从而发生地基变位。开挖面土压力、水压力小于压力舱压力时产生地基下沉,大于压力舱压力时产生地基隆起。这是由开挖面时的应力释放,附加应力等引起的弹塑性变形。参照第138条至第140条。

②<u>推进时围岩的扰动</u>:盾构推进时,由于盾构的壳板与围岩摩擦和围岩的扰动从而引起地基下沉或隆起。特别是蛇行修正和曲线推进时进行的超挖,是产生围岩松动的原因。

③<u>盾尾空隙的发生和壁后注浆不充分</u>:由于盾尾空隙的发生使受盾壳支承的围岩朝着盾尾空隙变形而产生地基下沉。这是由应力释放引起的弹塑性变形。地基下沉的大小受壁后注浆材料材质及注入时间、位置、压力、数量等影响。另外,黏性土地基中的壁后注浆压力过大是引起临时性地基隆起的原因。

④<u>一次衬砌的变形及变位</u>:接头螺栓紧固不足时,管片环容易变形,盾尾空隙的实际量增大,盾尾脱出后外压不均等使衬砌变形或变位,从而增大地基下沉。

⑤<u>地下水位下降</u>:来自开挖面的涌水或一次衬砌产生漏水时,地下水位下降而使地基下沉。这一现象是,由于地基的有效应力增加而引起固结沉降。

2) <u>地基变位的规律</u>:随着盾构推进所发生的地基变位,上述诸原因引起的地基隆起或下沉现象重叠发生,其时序过程如解说图4.7的①~⑤所示,最后达到最终值。其中,①,②是盾构通过前,③是通过中,④,⑤是通过后发生的下沉(隆起)现象。①~⑤的现象并非不可避免,如果选择了适合地基的盾构形式,进行良好的施工的话,是可以控制在最小限度以内的。

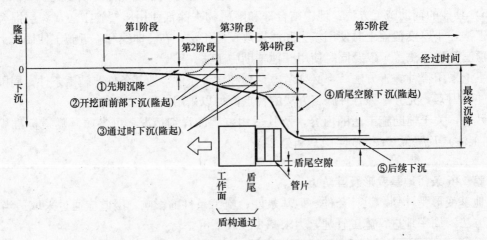

解说图4.7 盾构推进时地基变形的分类

另外,可以通过从施工过程中的地基变位计测结果来确认这些现象的有无及其程度,修正后续区段的施工方法。

①先期沉降：是在盾构尚未到达前发生的下沉。对砂质土，先期沉降是由地下水位下降引起的。另外，超软弱黏性土的先期沉降则由于开挖面的过量取土而引起的。

②开挖面前部下沉（隆起）：是在盾构开挖面即将到达之前发生的下沉或隆起。开挖面的土水压力的不平衡是其发生的原因。

③通过时下沉（隆起）：盾构通过时发生的下沉或隆起。盾构外周面与围岩发生摩擦，或超挖使围岩扰动、三维支承效果减弱造成的应力释放是其发生的主要原因。

④盾尾空隙下沉（隆起）：盾尾刚刚通过发生的下沉或隆起，是由于盾尾空隙的产生引起应力释放或壁后注浆压力过大而产生的。地基下沉的大部分都是这种盾尾空隙下沉。

⑤后续下沉：是软弱黏土中出现的现象，主要是由于盾构推进引起整个地基松弛或扰动而发生的。

3）地基变位的大小及分布：由盾构的推进引起的横断方向的最终地基下沉分布，一般以隧道为中心单向横坡，近似于倒立的标准概率曲线的形状。

地基下沉量的大小与传递状况、地基条件和覆土比（覆土厚度与盾构直径比）等因素有关。洪积性地基和冲积性砂质土时，地中下沉在传递到地表的过程中减少。而冲积性黏性土正相反，盾构通过后，下沉还长时间继续，即使覆土比大，最终地表下沉与地中下沉一样。

4）防止变位的对策：为了防止地基变位，要尽量排除各种因素的影响。施工对策如下：

①开挖过程中的土水压力不均衡对策：土压平衡式盾构可通过调整推进速度与螺旋式排土器的转速，使压力舱压力与开挖面土水压力相对应。另外根据需要，注入适当的添加剂增加开挖土的塑性流动化，使压力舱内不产生空隙。泥水加压式盾构可根据围岩的透水性来调整泥浆性状，并仔细进行泥浆管理，使压力舱压力始终对应于开挖面的土水压力。

实施这些开挖面稳定管理的同时，还应根据需要研究采用辅助施工方法以保证围岩的稳定。

②推进中围岩扰动的防止对策：为了减少推进中盾构与围岩之间的摩擦，尽量不扰动围岩，必须减少盾构机偏转及横向偏移等防止蛇行发生。

③防止盾尾空隙下沉与壁后注浆引起的地基隆起的对策：根据围岩状态来选择渗透性好、固结强度大的壁后注浆材料，并尽量与盾构推进的同时进行壁后注浆。另外，还要进一步降低由二次注浆引起的下沉。但是，特别是冲积黏性土时，必须进行控制由二次压力引起地基隆起或地基扰动。（参照第142条）

④防止一次衬砌的变形对策：为了防止管片环变形，必须使用形状保持装置等来确保管片组装精度，同时充分紧固接头螺栓（参照第141条）。

⑤防止地下水位下降的对策：为了防止从管片接头、壁后注浆孔等漏水，必须仔细进行管片的组装以及防水作业。

5）地基变位的预测与测定：为了减少地基变位，推进前应事先根据过去的实绩和有限单元法等进行预测，以预测结果为依据来设定管理基准值。同时，在推进时，要在隧道中心线上及其两侧范围内设定测点，进行水准测量，把这一结果应用到后续区段的施工管理中，是很重要的。

第4章 各种条件下的施工

第 147 条 小覆土施工

在小覆土情况下施工时,特别要充分进行开挖面压力管理或壁后注浆管理,以及尽量减小对地表面和地下埋设物等的影响。另外,必要时采用辅助施工法等措施。

【解说】 一般需要最小覆土为 $1.0D \sim 1.5D$(D:开挖外径),但是,由于受到盾构隧道的使用目的、地质条件、原有结构物的妨碍等制约不得不在决定纵断面时采用小覆土施工的实例也很多(参照第 13 条)。在小覆土施工时应该注意如下几点:

1) 开挖面压力管理:施工进行到小覆土地段时,由于覆土荷载减小,而且开挖面压力所允许的管理幅度缩小,所以,即便是一点点管理误差也会给开挖面带来很大的影响。因此,在推进时,特别要仔细地考虑泥浆或添加剂的物性以及开挖面压力管理,做到要尽量减小对地表面或地下埋设物等的影响。

2) 壁后注浆:小覆土地段,由于盾尾空隙会立即影响到地表面或地下埋设物,所以要进行充分的壁后注浆管理以控制地基变形。最好是使用有早期强度的壁后注浆材料,采用同时注浆方法进行施工。

另外,在进行开挖面压力管理或壁后注浆管理等时,也可通过试验施工等决定管理值。

3) 其他注意点:

①水底施工:穿越河流和横断海底等水底部分的施工,除了需对开挖面的稳定、泥浆或添加材以及壁后注浆材料的泄漏或喷出作研究外,需要注意对隧道的上浮作用或管片的变形作一些考虑。作为抗上浮对策,隧道内设置钢锭增加临时设置钢材的重量,此类实例屡见不鲜。

②地中障碍物:小覆土情况下,应十分注意掘削范围内遭遇原有建筑物残留以及现有建筑物的基础,以及障碍物等。

③振动、噪声:靠近民家时的小覆土部分施工时,需要充分注意盾构的推进的振动、噪声。有时,根据情况还得停止夜间的推进。

另外,有时也根据地基条件或围岩条件等,有必要时适当采用辅助施工法,或对地下埋设物采取防护工程等措施。

关于地下障碍物去除、近接施工以及穿越河流时,要参照第 157 条,第 158 条及第 160 条。

第 148 条 大覆土施工

在大覆土地段施工时,要考虑地基条件,研究盾构、管片、施工设备等,制订充分的对策,以便能进行可靠的施工。

【解说】 伴随城市的高密度化,地下的浅层部分,被各种设施占用大半,呈拥挤状态,所以，盾构工程的施工深度有增大的倾向。伴随施工深度的增大，大多数工程处在高水压下，并已出现水压 $1MN/m^2$ 左右进行施工的实绩。另外，《大深度地下公共使用的特别处置法》中大深度地下定义为"地下 40m 以下和离支撑地基上表面 10m 以下深度"。

在如此大的深度下进行施工时，要考虑地基条件（土质、地下水等）、盾构机种、施工条件等，特别是要研究以下的项目：

1) 盾构：进行大覆土施工时，必须对刀盘轴承止水带、盾尾止水带、排土装置、推进装置等进行研究。

①刀盘轴承止水带：作为刀盘驱动部土砂密封的止水措施，需要使用能耐高水压的密封材料、研究止水带层数等，另外，随着刀盘旋转，垫圈滑动部发热，要考虑防止温度上升的冷却装置等。

②盾尾止水带：作为盾尾密封的止水措施，要使用能耐高水压的盾尾止水带、研究止水带的层数、止水带之间的自动给油润滑、紧急止水装置等。

③排土装置：为了在高水压下进行连续稳定地排土，需要研究泥水加压式盾构送排泥泵上的高水压轴承密封带等，以及需要研究土压平衡式盾构的螺旋式排土器上的排土压力保持装置、紧急止水装置等。（参照第 120 条）

④推进机构：随着推力的增大，需要研究大容量的推进千斤顶等液压机构等。

2) 管片：大覆土施工时，对于高水压下的密封材料、螺栓孔、注浆孔等的截水和千斤顶推力、壁后注浆压力、盾尾润滑脂压力等施工时荷载的影响，必须进行研究（参照第 64 条、第 32 条）。

①管片主体：对管片背面的树脂系材料涂敷、二次衬砌和防水布的使用、水密性是否适合用途等等，需要进行研究；同时还需要对高开挖面压力导致的千斤顶推力和壁后注浆压力等施工时的荷载进行研究。

②接头：需要对管片主体的接头设计、对高水压使用的密封材料的、并考虑了接触面应力的紧固力等等进行研究。

③注浆孔：为了确保金属配件和混凝土的结合面上的不透水性，需要预先设置环状密封填料，并使用高水压专用止回阀，还需要研究注浆孔盖的截水性。为了防止注浆孔漏水，限制注浆孔数量的先例也不鲜见（参照第 60 条）。

④密封材料：为了在高水压下，长期确保截水性，需要对密封材料和材质、形状进行研究，同时还要对封层回弹力对管片的影响等进行研究。关于截水、防水可参照第 64 条、第 143 条。

3) 竖井设备：关于竖井部进行渣土的运出、材料的运进、运出及作业人员的升降的设备，由于从上到下的垂直运输距离增长，所以，要制订合理而且充分安全的设备计划以满足计划工程。

4) 出发和到达：一般来说，随着水压升高，隧道洞口便容易发生漏水，出水事故的危险性也随之增高。还有，随着覆土量的增大，地基加固的施工精度和加固质量也容易随之下降。为此，作为发车和到达方法，需要研究临时墙切削加工方法和适用于大覆土的地基加固施工法、洞口密封圈的 2 级化等提高隧道洞口截水性的问题（参照第 136 条）。

5) 其他：为了进行大覆土施工，根据需要对壁后注浆工程、地基改良工程、联络通信设备、给排水设备、通风设备等进行研究。

> **第 149 条　急曲线施工**
>
> 　　进行急曲线施工时，必须考虑围岩条件，制订出相应的对策，以便施工能顺利进行。另外，还要注意防止推进反力引起的隧道变形、移动等。

【解说】　进行急曲线施工时，必须综合判断围岩条件、隧道线路、盾构、管片、超挖量、辅助施工法、壁后注浆等，采取切实可行的对策，以便施工能顺利进行。一般急曲线施工时不确定的因素较多，有时往往不能按照事先安排的计划进行施工，所以计划时对中折装置和超挖装置要留有充分的富余量。

作为急曲线施工的有效措施举例如下：

1) 盾构

①为了降低超挖量和旋转阻力，盾构的长度要尽量缩短（参照第 86 页）。

②为了降低超挖量、提高盾构操作性、减少对管片的偏压和偏心、确保盾尾空隙，配备中折装置（参照第 110 条）。

③为了按设计超挖量进行超挖，配备部分外扩式超挖刀（参照第 98 条）。

④为了控制方向，有时盾构千斤顶的使用数量也会少些，因此，让推力有足够的余量。

⑤考虑盾尾内的管片倾斜量，确保必要的盾尾空隙。

⑥针对急曲线施工产生的盾尾空隙的偏置和与管片的拱顶，研究盾尾密封的材料、形状和级数。为了确保盾尾密封的截水性，需要定期补充盾尾润滑脂。

⑦盾构的后续台车的形状等应不影响急曲线路段的行驶移动和管片、物资、机械、器材的进场和运出。另外，对于输送带等挖掘土方运出设备也需要研究（参照第 113 条、第 163 条）。

2) 管片

①使用与曲线半径相适应的楔形量的管片。

②为了方便管片组装，尽量减小管片的宽度（参照第 46 条）。

③由于承受大的偏心荷重，所以要对肋板、壳板、接头螺栓进行加强。

曲率半径特别小的曲线，也有采取缩小管片外径、扩大盾尾操作空隙的方法。但是，地下水位高时，必须注意来自盾尾的涌水。标准管片外径和缩小管片外径管片之间应采用楔形的外径调整管片。另外，急曲线区间使用钢制管片，在直线区间使用混凝土系管片时，由于会受到急曲线施工上的偏心荷载和曲线拱的影响，由于管片间刚度和形状的差异会产生漏水、管片损坏等等不良现象。因此，需要将钢制管片的适用范围一直延伸到曲线施工影响小的部位为止。另外，对"S"形曲线，大多要设置与盾构机长度相同的直线区间。

3) 施工时荷载：急曲线施工时，有时会有暂时性的大的施工时荷载发生作用，如管片出现超过预先设想的偏心和变形；盾构姿态控制和盾尾上出现拱顶等时形成大的偏压等等，因此管片设计时和施工管理时需要充分注意（参照第 32 条）。

4) 超挖量：用部分外扩式超挖刀进行开挖时（参见解说图 3.20），超挖量越大，急曲线施工就越容易。但是，另一方面，会产生由于围岩的松动、壁后注浆材料绕入开挖面、推进反力的下降使隧道变形变大等问题。因此，要考虑到围岩的自立性，把超挖量控制在容许范围内的最小限度内。但是，为了应付施工上的意外，最好使盾构具有较大的超挖能力。

5）壁后注浆：急曲线施工时，管片从盾尾脱出后如果不能立即与围岩形成一体，盾构推进就不能充分取得反力，导致产生管片变形、隧道移位的危险性，从而得不到规定的线路。急曲线施工，最好的注入材料是注入后的体积变化小，早期强度很快就能达到围岩强度以上的材料。另外，考虑到超挖量，注入量也需要适当的增加。为了防止注入材料绕入开挖面等，也有每隔数环在管片背面安装填充袋采取向该袋内注入的方法。

6）辅助施工法：在进行急曲线施工，而且已知围岩的自立性差时，为了防止由于转弯部分的超挖引起地基松动和增大地基的抗力，可以考虑采用化学加固或高压喷射搅拌施工等进行辅助施工。另外，曲线内侧的管片接合部有开裂危险时，在衬砌块之间直接或用钢棒等进行固定，以防止开裂。

7）线路测量：为了维持隧道的设计线路，应根据需要增加测量频率。进行充分的线路管理。另外，隧道线路有时随着急曲线施工而移动，所以必须定期检测隧道内基准点的变动。

第150条 急坡度施工

进行急坡度施工时，必须考虑围岩的条件和坡度配备有关器材、渣土的输送设备、安全设备，并采取充分的措施以使施工能顺利进行。

【解说】 急坡度施工时应采取一些特别的措施，包括使用与通常的施工不同的隧道内输送设备、安全设备，增强盾构能力，变更、加固管片等。

急坡度施工涉及的法规有关于器材输送的问题，劳动安全卫生规则第202条规定隧道工程中使用电瓶火车等动力车时轨道的坡度，应控制在（5%）以下。

急坡度施工的有效对策及应注意的几点。

1）开挖面的稳定：急坡度区段，围岩的土水压力随着推进而时刻变化，因此开挖面压力也必须根据土水压进行适当的调整。另外，特别是下坡时，由于压力舱内的开挖土砂有可能出现滞留而不能充分取土，所以必须慎重管理开挖土量。

2）盾构：一般来说盾构机的前部比较重，因此具有向前方倾斜的倾向，所以上坡度推进时，往往加大下半部盾构千斤顶推进能力。另外，对于后方台车也要采取防止脱车自走的措施。同时，也要进行探讨盾构牵引的方法。

3）管片：组装管片时，急坡度区段上向起重器供应管片时，易受到空间上的制约。所以事前必须充分研究其供应方法。

4）隧道内运输设备：采用通常的轨道形式时，在急坡度区段，由于电瓶火车等动力车的脱车自走、器材掉下等引起的施工事故的危险性加大，所以必须采用不依靠通常轨道的运输设备（参见解说图4.8）。

①齿条和小齿轮方式
②链条方式
③橡胶轮方式
④卷扬机方式

⑤升降机方式

采用动力车时,必须进行充分的研究,对运输设备的安全装置中除了通常的刹车以外,还要装备电磁制动器等多重安全装置。

5) 出发、到达:在急下坡出发时,盾构有滑出出发台架的危险,必须采取相应的对策。

另外,在急上坡到达时,盾构的刀盘呈倾斜状态,下端先行到达,下端部滞后到达,此时在达竖井的开口部容易出现围岩坍塌和涌水现象,对此必须事前研究充分的防止措施。

6) 在坡度变化部分施工:坡度变化点纵向曲率半径小时,需在盾构上装备竖向的中折装置。另外,也要根据曲率使用锥形管片。同时还必须充分考虑在坡度变化部分进行壁后注浆等,以防止管片变形、移动等。

7) 隧道内排水:在急下坡区段,隧道内排水会滞留在开挖部,所以要采取排水对策。

8) 安全通道:在急坡度区段,应根据需要在安全通道上设置阶梯。

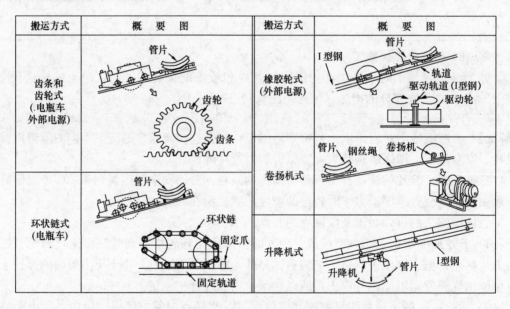

解说图 4.8　隧道内搬运设备参考图

第 151 条　长距离施工

用闭胸式盾构进行长距离施工时,必须考虑围岩条件,研究提高盾构及施工设备的耐久性、提高施工效率等问题,采取切实可行的措施以保证施工顺利进行。

【解说】　城市中心处的盾构工程,由于工程用地难以确保,地下结构物的存在使得在施工深度加大的同时也有长距离化的倾向。

一般推进距离超过 1.5km 左右时需要作为长距离施工来加以研究。关于盾构和施工设备,在提高耐久性和效率的同时,要确保长距离施工的安全,关于自动管理系统等也需要进行充分的研究。还有长距离施工时,掘进周期长,有时要采取高速施工缩短工期。关于高速施工参照第 152 条。

1) **关于耐久性**：长距离施工时，必须考虑土质、盾构形式、施工条件等，尤其是针对以下几点，要充分研究盾构的耐久性和维修措施。

①**切削刀盘**：切削刀盘的磨损受土质、刀盘形状、材质、安装通道数等因素所影响。磨耗量主要受土质和掘进距离的影响（参考第96条）。从以往的实绩看，刀盘的外周环和轮辐的外周部磨损比较多，对此应采取加焊硬面法、焊接耐磨损钢、埋入超硬刀刃等措施。

②**切削刀头**：切削刀头的磨耗和损伤受施工法、土质、刀头形状、材质、安装个数等因素所影响。但是决定磨耗量的主要因素是土质与刀头的切削滑动距离。

为减少磨耗，最好采用耐磨耗材料、先行刀头，轮型刀头，分段刀头等。

③**轴承止水带**：作为轴承止水带的磨损对策，必须在滑动发热部采用硬质材料，并把止水带配置成多节以提高止水性，还可通过自动注入润滑脂等措施来减少磨损（参照第97条）。

④**盾尾止水带**：盾尾止水带对于土压、水压、回填注浆压力的密封性特别重要。要求具有耐磨耗性、耐腐蚀性，因此必须多层设置耐磨耗和耐腐蚀材料，来提高耐久性和并采用自动供给特殊润滑脂装置来减轻磨损（参照第90条）。另外，高水压时往往会采取紧急止水装置。

2) **关于维护、保养**：为了确保盾构的耐久性，防患于未然，必须进行适当的维护保养。对于切削刀头、尤其是滑动距离最长的外周刀头的磨耗量要进行探测，进行刀头磨耗管理。一般是通过预测刀头的磨耗量来进行保养。

关于切削刀头磨耗的探测方式，有油压式、电气式、超声波式等。

关于轴承止水带及盾尾止水带，最好采用能够进行检测填充润滑脂的压力及轴承止水带温度的管理的系统。

3) **交换方法**：在长距离施工中，经常会遇到必须交换切削刀头及盾尾止水带的情况。

切削刀头的交换必须在预先计划在路线上的地点或中间竖井处进行检查、交换，或者盾构机采用易于交换的结构。关于刀头的交换可参照第153条。

对于盾尾止水带，要考虑意外事件，除了围岩侧的止水带外，其他几层应采用在施工中易于交换的结构。

4) **关于施工设备**：长距离施工时，管片等材料的搬进会影响掘进和装配周期，所以对材料的搬进和搬出设备应进行充分的研究（参照第163条）。尤其是土压式盾构施工时，开挖土的运出往往制约推进的进度。因此对运出能力等必须进行充分的考虑。为了提高作业效率，和防止人工操作失误，大多采用了材料搬进和搬出的自动化控制系统，实现施工的自动化。壁后注浆设备上也要考虑材料的固化时间和输送性能，采用泵压送方法（临时支承槽罐和中转泵等）或者研究采用台车输送方式。

另外，泥水加压式盾构时，排泥管的弯曲管后面的部分磨耗量加大，所以按照土质情况加大管壁的厚度，还有需要考虑及时更换配管。另外，土压平衡式盾构采用土压压送方式时也要做同样的考虑。

不管哪种情况，在长距离施工时，对施工设备进行充分日常的维修非常重要。

5) **安全卫生**：关于安全卫生，必须参照第188条，采用适当的卫生设备，同时还要参照第199条，采取紧急避难措施。另外，长距离施工时要防止移动等作业造成实际作业时间下降，为了能在隧道内进行适当的休息，必须确保有卫生间、洗脸间、休息场所等安全卫生设施。

> **第 152 条　高速施工**
>
> 进行高速施工时，不仅要逐个地提高每个设备的施工能力，还需要有机地将各个设备和系统组合起来。另外，还必须完全确保质量和安全施工。

【解说】 所谓高速施工，系指为了缩短掘进周期，重新审视设备和系统，将盾构的施工能力提高到通常情况下的 1.5 倍以上的施工。一般中、小口径时，只要缩短掘进、装配周期，就能实现高速施工了。但是，对于大口径，大多数是土砂运出和处理能力占支配地位。

1) <u>掘进</u>：通过提高盾构各个部分，如盾构千斤顶和切削刀的能力就可缩短掘进时间，但是需要注意各个设备的耐久性和设备相互之间的关联性。

①为了缩短掘进时间，要提高掘进时的盾构千斤顶的动作速度，并需研究具有与该速度相对应的挖掘能力的切削刀装备能力的规格。

②对于土压平衡式盾构，要提高螺旋排土器的能力；对于泥水式盾构，则要提高送排泥能力。

2) <u>管片组装</u>：改进管片的尺寸、形状和结构，可缩短掘进、组装周期，为此开发了各种各样型号的管片。

①为了减少装配次数，扩大管片宽度。

②为了缩短装配时间，减少管片的分段数量和接头数量，并简化接头的连接方法。

③为了缩短装配时间，提高管片组装机和盾构千斤顶速度。

3) <u>掘进、装配同时施工</u>：这是一种通过盾构掘进和管片装配同时施工、缩短掘进和装配周期的技术。掘进、装配同时施工的盾构，在掘进过程中，为了缩短盾构千斤顶的一部分，装配管片，盾构的姿态控制是个需要解决的课题。作为解决该问题的方法，系指实际使用了一种可使各个盾构千斤顶独立的液压控制和切口环部分的摇头装置等同时使用的设备。

掘进、装配同时进行的盾构大致可分为长千斤顶式和双千斤顶式（请参照第 125 条）。

①在长千斤顶式中，盾构千斤顶的行程取与管片 2 环宽度相对等的长度，与此同时，盾尾部分也变长，所以需要注意盾尾内的管片的拱顶。

②在双千斤顶式中，盾构千斤顶的行程取与管片 1 环宽度相对等的长度，对于管片的拱顶，则与通常的盾构同等，但掘进、装配结束后每次均需有一个让后躯前进的作业工序。

不管是哪种方式，盾构长度比通常的都长了，所以对急曲线需要注意。另外，竖井也要比通常要大，对此务必注意。

4) <u>运输设备</u>：需要提高物资、机械、材料运进运出和土砂运出能力，以便能满足掘进、装配周期的需要。

①通过加大蓄电池机车和竖井运进运出设备的速度等方法而提高运力，配备适当的交叉道口和设置复线等高效的轨道。

②制订能满足掘进速度的泥浆输送设备和土砂压力输送设备的建设计划。

5) <u>其他设备</u>：扩大能力，满足掘进、装配周期的需要。

①对于泥浆式，提高泥浆处理设备的能力。

②对于土压力式，提高土砂坑和泥土固化设备的能力。
③扩建物资、材料堆料场。
④确保天气难以影响的、稳定的、伴随施工产生的土的接收场。

还有，对于中小口径，坑道内临时设备的尺寸会受到限制，所以需要认真研究提高生产能力的措施。

6) 施工管理：随着高速施工的出现，需要更加慎重地加强线路管理和安全管理。

①高速施工时，会有过大的施工荷载作用于管片，因此需要特别注意。尤其掘进与装配同时进行时，由于会让推力作用于作为环尚未形成的不稳定状态的管片上，所以需要特别注意。

②关于线路管理，需要提高自动测量系统的实时管理和测量频度等等。

③关于安全管理，需要对运输送设备的高速化等进行研究和采取措施。

为了高速施工，需要提高整个设备的能力，对整个工程费会有很大的影响，所以需要认真研究，选择最佳成本和工序，制订具体计划。

第 153 条　切削刀头的交换

切削刀头的交换，必须考虑掘进距离、土质条件等、研究切削刀头的磨耗、耐久性、及交换方法，选择适当的方法，进行安全施工。

【解说】　切削刀头往往因磨耗使刀刃脱落、缺损而必须进行交换。磨耗量受施工法、土质、滑动距离、刀头形状、材质等因素所影响，因此，必须充分探讨刀头的耐磨耗性，事前预测磨耗量，确定交换所需的地点，制订切实可行的对策，以便施工能顺利进行（参照第 96 条）。另外，最好要记录切削刀头磨损量等数据，作为资料以备后用。

刀具交换的方法，除了中间竖井和地中刀盘前面直接交换的方法外，近年来机械式交换方法也已经实用化了。关于更换方法，因与工程总体计划和盾构设计也有关系，需要事先进行充分的研究。一般判断刀头的磨损程度时，是根据记录的推进数据的变化，从土质和机械方面进行综合的判断。另外，有时并用辅助性磨耗探测装置。磨耗探测装置有油压式、电气式、超声波式等。

1) 切削刀前面的直接刀具更换方法：作为切削刀头的安装方法，有销钉、螺栓和焊接安装法。估计到会有更换时，最好使用装拆容易的销钉或螺栓安装。

在竖井等类场所更换切削刀头时，必须事先做好充分的考虑，以便能安全、高效地进行更换作业。不得已在地下进行时，必须制订强有力的措施，采用化学药剂灌注施工法、高压喷射搅拌施工法、冻结施工法等辅助施工法，保证开挖面的稳定和截水，以便能进行安全、可靠地施工。

作业顺序依次为清除压力舱内泥浆和泥土、清扫粘附在刀头上的泥砂、设置脚手架、确认更换用的刀头、工具和物资·机械·材料进场、更换作业。

2) 机械式刀头更换方法：在切削刀头和轮辐结构上下工夫，使之适宜于在地下采用机械式更换刀头，且可多次更换。尤其不需要辅助施工法是该机械式更换法的特点。

而且通过刀头高差配置和更换刀片材料·延长刀头使用寿命以及配备可动式备用刀头等方法也已经付诸实施。

> **第 154 条　地下接合和地下分岔**
>
> 地下接合地下分岔时，必须考虑围岩条件、施工条件，选用适当的方法，力求一边稳定围岩和止水，一边安全施工。
>
> （1）地下结合时，必须进行双方位置的调整和确认，进行精确施工。
>
> （2）地下分岔时，必须考虑发车和分岔带来的既设隧道的影响，进行安全施工。

【解说】　通常作为盾构隧道的接合部会使用竖井，而作为省略竖井、使隧道直接相互接合的方法有地下接合和地分岔的方法。所谓地下接合系指盾构到达另一个隧道进行的接合；所谓地下分岔系指盾构从隧道内发车，或由连接的盾构进行的分岔。

这些施工法都是在由于海底下和交通状况、埋设物等现场条件难以设置竖井时、施工深度大、设置竖井不经济等时采用。另外，传统的施工方法都采用辅助施工法。最近，利用可简化或可省略辅助施工法的盾构的情况日渐增多，各种各样的施工法投入实际使用。使用这些方法时，必须考虑围岩条件、施工条件、经济性和工期等诸因素，选择适当的方法，施工时，必须充分考虑保证围岩稳定和确保止水性。

关于（1）：地下接合有下述两种情况，即在接合地点正面接合和从侧面使盾构与已设隧道接合（侧面接合）（参照解说图 4.9）。前者在盾构的施工长度较长、希望工期短时也可使用。

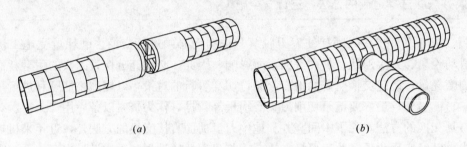

解说图 4.9　地下接合方法
(a) 正面连接；(b) 侧面连接

盾构进行正面接合时，最近通过在切口环和刀具上下工夫，让相对的盾构机械性的接合的方法得到了普及（参照第 125 条）。另外大小不同的隧道接合，也不乏其例。

另外，侧面接合时，除了有利用辅助施工法的接合方法外，利用装备了特殊刀头的盾构直接切削原有隧道的衬砌的接合方法也已得到了实际使用（参照第 125 条）。侧面接合时，原有隧道便为缺圆结构，所以对于原有隧道的补强和接合部的止水结构必须进行充分的研究（参照第 156 条）。

施工时，除了围岩的稳定和止水外，还必须认真确认盾构双方的位置，努力确保接合精度。此外还必须考虑接合地点双方的盾构到达时间的差异大时的应对措施、侧面接合时的原有隧道一侧的止水用的隔墙的设置等等，确保安全。

关于（2）：地下分岔的方式如下（参照解说图 4.10）。

①隧道内直角方向（横向和朝上）的分岔

②利用球体的直角连续掘进盾构的直角分岔

③连接起来的盾构的分岔

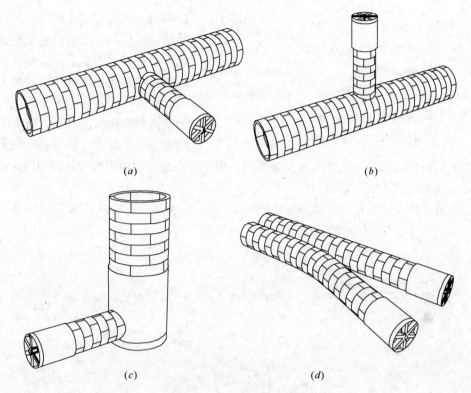

解说图 4.10 地下分岔方法

(a) 直角分岔（横向）；(b) 直角分岔（向上）；(c) 直角连续掘进盾构（纵横）；(d) 联结盾构分岔

直角分岔有从已建隧道、利用辅助施工法让盾构发车的分岔法，以及预先利用发车隧道洞口和内装了小一号盾构的机械式分岔方法（参照第 125 条）。还有，作为深竖井建造方法之一，也有从盾构隧道内垂直向上让盾构发车的方法。

施工时，发车部位的围岩的稳定和截水措施极为重要，开口隧道需要加固（参照第 156 条）。在已建隧道上，发车时的推力将作用其上，不仅需要考虑隧道的弹性极限强度和变形，而且还需要考虑确保已建隧道背面一侧的地基反力等。另一方面，为了让盾构从狭窄的隧道内发车，也需要研究位于区间内的盾构的进场、装配和施工设备。

另一方面，在使用球体和切削刀的缩径机械装置的直角连续掘进盾构（参照第 125 条）上，有竖井和与其直交的横向盾构的分岔（纵横连续掘进盾构）以及水平直角方向的分岔（横横连续掘进盾构）。虽然适用于深竖井的高水压下的盾构发车、适用于省略了旋转竖井的直角分岔等场合，但由于母机和子机的大小及其比率受到制约；还有，由于是在狭窄的空间内发车，所以适用时，需要进行充分的研究。

另外，相互联结的 2 台单圆形盾构在地下分岔的事例也不乏其例。此时，通过解除盾构之间的联结可向各自的方向分岔。分岔之后，相当于非常邻近的并列设置盾构的施工状态，因此，对开挖面和隧道之间的围岩稳定需要采取措施，需要加固管片等等（参照第 159 条）。

第 155 条　断面变化

利用盾构使截面变化时，必须对盾构、施工设备、施工方法进行充分研究，以便使截面变化顺利地、安全地进行，在相关截面上能妥当地进行掘进。

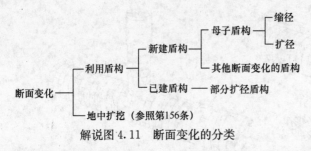

解说图 4.11　断面变化的分类

【解说】　盾构隧道往往会按其用途和功能的需要，在路线中途实施截面变化，或扩大、或缩小。此时，传统的做法将在截面变化地点设置竖井，用两台截面不同的盾构施工；或用 1 台大截面的盾构施工；或者用加宽开挖的方法加以处置。近年来，随着路线距离的不断增长，和经济上等等方面的理由，用 1 台在路线中途可改变截面的盾构进行施工的方法逐渐得到了实际应用。

盾构隧道的截面变化的分类如解说图 4.11 所示，而其方法则如解说图 4.12 所示。

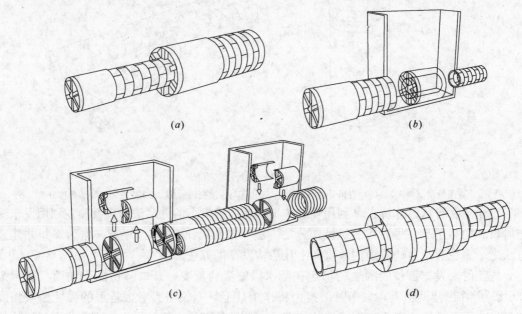

解说图 4.12　截面变化的方法
(a) 母子盾构（缩径）；(b) 母子盾构（扩径）；(c) 其他截面变化盾构
（站与站之间的盾构）；(d) 局部扩径盾构

1) 母子盾构：有小盾构（子盾构）从大盾构（母盾构）上分离的方法（缩径）和将小盾构改造成大盾构的方法（扩径）。这些截面变化大多利用了中间竖井，但也有在地下缩径的例子（参照第 125 条）。

施工时，截面变化必须能顺利安全地进行。大小不同的各种各样的截面，在挖掘时需要确保截水性和开挖面稳定性，需要配备有适当推进·挖掘机制和能力的盾构和施工设备。尤其在地下缩径时，切口环和盾尾的安装、发车时的截水性和反力的确保等等，均需要认真考虑。

2) 其他截面变化盾构：除了母子盾构外，在圆形盾构的侧翼部分，通过安装半圆形的盾构，使截面发生变化，变为双圆形盾构截面，有地铁车站之间盾构隧道和车站盾构隧道两者施工的事例。

3）局部扩径盾构：为了在地下对现有隧道进行扩径，首先利用辅助施工法稳定围岩和实现截水；然后通过地下加宽开挖，建设发车基地；并利用环状盾构，改变现有隧道截面，让其变成大一圈的隧道（参照第 125 条）。施工时，反复进行扩径开挖、衬砌和拆除现有衬砌的作业，将是一种与地下加宽开挖相同的施工。因此，需要注意围岩的稳定、隧道的变形、对地下水的应对措施等等（参照第 156 条）。

> **第 156 条 地中扩挖**
>
> 地下加宽开挖必须考虑围岩条件和竣工后的结构，用适当的方法施工。另外，还必须考虑防止偏压作用、造成衬砌扁圆、变形。

【解说】 为了与竖井和别的隧道等连接，在地下拆除衬砌的一部分或全部称之为地下加宽开挖。在以下等情况下，需要实施加宽开挖作业。

①检修孔和通风、排水竖井等的连接

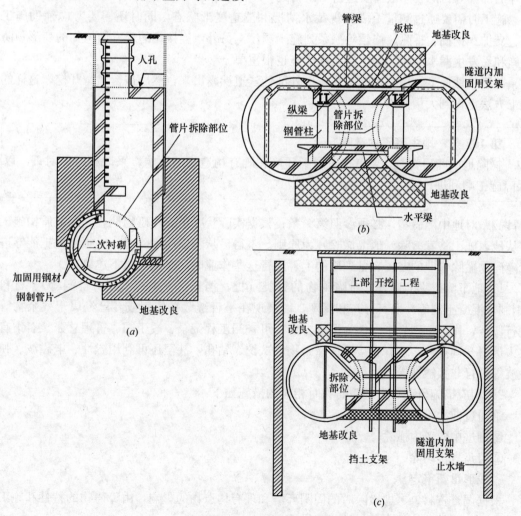

解说图 4.13　扩挖施工示例

(a) 检修孔连接示例（下水道）；(b) 火车站示例；(c) 分岔会合部位示例（道路）

②下水道的支管等隧道的地下分岔和向隧道侧面的地下连接（参照第154条）

③比排水泵房等隧道内侧空间大的各种地下设施的库存空间的营造

④利用并列设置的两条隧道的铁路车站和公路分岔会合部位等的结构物的建造

地下加宽开挖时，由于拆除衬砌，大多会出现围岩处于敞开状态，形成不稳定的缺圆结构。因此，需要注意围岩稳定、隧道变形、地下水应对措施等问题，需要有适合结构形式和围岩条件的周密设计和安全可靠的施工。

另外，为了达到稳定围岩和确保截水的目的，需要辅助施工法，而且根据地下加宽开挖的规模和形态，有时还需要钢管护顶、簪梁、半圆形盾构等的预先支承架、地下加宽开挖部位的隧道支架和挡土支架。而且为了防止衬砌的变形，隧道内部的加固也很重要。

作为加宽开挖路段及其前后路段的管片形式，大多使用容易拆除的、弹性极限应力大的钢制或球墨铸铁管片。作为其加固方法，除了增加管片自身的弹性极限应力之外，在许多情况下还使用钢材和钢筋混凝土结构的梁、柱，出于这些钢材的防腐蚀和加宽开挖部位管片的加固等目的，一般需要进行二次衬砌。

施工时需要通过测量手段监视截水情况和隧道变形状态，同时还需要考虑辅助施工法、支护、挖掘、拆除、修建等一系列施工顺序。另外，连接端的现有结构物的变形预防措施和易发生漏水的接头部位的防水措施也很重要。

甚至从地面上，用明挖施工法，由外部让隧道裸露出来，然后进行加宽开挖，这样的施工方法也得到大量使用。

第157条　地中障碍物撤除

撤除地中障碍物时，要考虑对周围环境和既有构造物的影响，采取相应的对策，以保障施工顺利进行。

【解说】　对地中障碍物，必须参照第7条，根据实际状况进行障碍物调查，以在盾构施工前从地表施工将其撤除（地上撤除）为原则。不得已从隧道内撤除时，必须事先把能够进行障碍物撤除作业的装置装备到盾构上。进行这些作业时，必须注意下述事项。

1）地下障碍物的调查：对障碍物的种类（桩、挡土、管渠、水井、空洞等）、材料（钢制、混凝土制等）及其分布和深度，以及现在是否继续在使用或者已经属于残余物等进行调查，作出特别规定。作为调查方法，可查阅工程记录、竣工图、管理总账、召集有关人员召开调查会，还有直接确认障碍物的试挖、钻孔，甚至还可利用磁性、电磁波、弹性波等进行非接触性探测。

2）相应措施研究：发现障碍物时相应的措施如下：

①通过前撤除

②掘进中隧道内撤除

③刀盘直接切除

④线形重新审定

根据调查资料，考虑撤除时的周围环境和现有构造物的影响，由障碍物的特性和施工条件选择合适的、确保安全性的相应措施。

3）事前撤除：多采用地上撤除，对现有构造物下的障碍物，可采用深基础施工法、开挖施工法和水平导坑法使障碍物暴露后再撤除。

从地上撤除的方法，一般采用拔除施工法，硬质地基大多使用螺旋钻施工法和全套管施工法等破碎，应根据障碍物的种类、深度、形状、材质等选择相应的合适施工方法。

与挡土墙和中间桩等原有结构物一体化时，也需要进行边缘修正等处理。而且作为基础桩等原有结构物的一部分发挥功能时，需要利用托换基础更换基础支承（参照第158条）。拆除后的场地，应进行适当填埋，以免盾构通过时不会因此造成地基松动和泥浆喷发。

4) 从隧道内撤除：从隧道内撤去地中障碍物时，作为辅助施工法，多单独使用化学加固法，或化学加固与压气施工法并用，以保持开挖面稳定和止水性。应采取足够的措施，以便在开挖面的狭窄空间内，能进行安全可靠的施工。此时，必须在盾构上装备开挖面化学注浆管，面板检修孔等适当的设施（参照解说图4.14）。

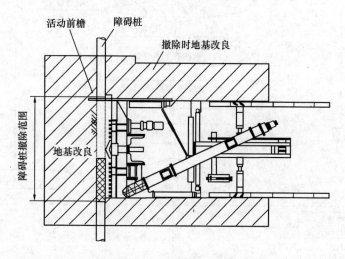

解说图4.14　盾构内撤除例

5) 切削刀头直接切削：关于木桩、漂石等，也有用盾构刀具直接切削的。此时，对于切削刀头的损坏程度和切削片的取入方法、切削时的振动和不能顺利地取入的切削片等对周围地基的松动和原有结构物的影响、甚至在有桩的情况下，还包括对衬砌的作用荷载等也需要加以考虑、研究。另外，有时也会装备适合切削障碍物的特殊刀头和勘查钻杆。还有，临时设置的桩和通行竖井的挡土墙等，如事前已经知道会妨碍盾构时，往往也会利用刀具可直接切削的材料，对中间桩和挡土墙的通行部分进行施工。

第158条　邻近施工

邻近已设构筑物施工时，必须进行事前影响的研究，以及根据需要采取防护对策。另外，还必须进行计测管理，监视对现有构筑物的影响。

【解说】　盾构工程靠近已有建筑物施工时，必须进行事前调查，预测盾构推进带来的周围地基的变形和对已有建筑物的影响。预测结果认为对已有建筑物的功能及结构上有可能带来障碍时，应根据情况采取对策。施工前，必须把安全率考虑到容许值中，设定管理基准值，以它为指标进行推进。施工时，测量现有建筑物的行为和周围地基变形，同时能够把计测结果反馈到后续区段的施工管理中。

管理者往往会对临近施工准备了关于影响范围和预防措施的指南，所以从计划阶段开始，就需要与原有结构物的管理者就分析方法、测量方法、管理标准值和紧急时的应对措施等进行协商。关于邻接施工，一般按解说图 4.15 所示的顺序进行设计和施工。

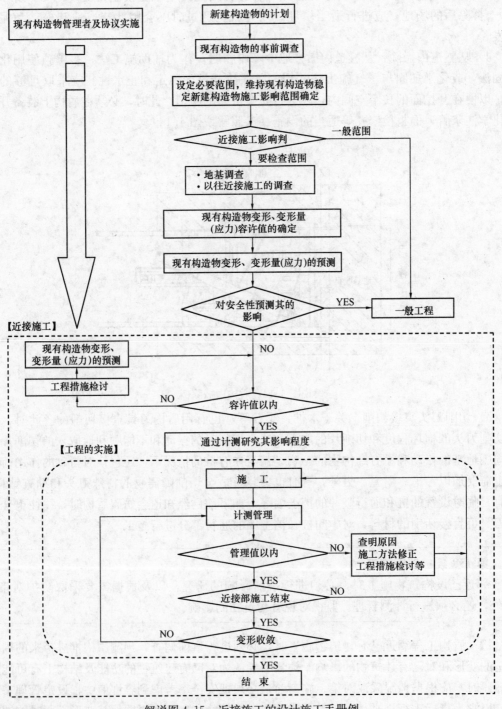

解说图 4.15 近接施工的设计施工手册例

1)事前调查：掌握对象结构物的形状尺寸、支承条件、周围地基的土层构成、土的性质等。这时，从设计时的文件等来确认设计条件、设计方法、容许值与现在应力和富余量，这是很重要的。特别是正在老朽化的建筑物，必须考虑充分的安全性。

另外，类似的近接施工实绩是宝贵的参考资料，希望收集。

2)近接施工影响度的判断与评价

①影响程度判定：由于盾构施工使周围地基的应力得到释放，或受到附加应力而发生下沉或隆起。这种地基变形使已设建筑物受到什么样的影响，因已设建筑物的位置、线路、中间地基的土性、已设建筑物的结构条件、刚度（断面形状，强度，变形特性，连接形式）等而异。研究近接施工的影响时，充分考虑这些事项，准确设想在现场的条件下可能发生的现象，是很重要的。

要判断是否是近接施工。一般看盾构开挖引起的地基变形影响区域达到已设建筑物支承地基的什么位置来判断，并根据其程度来进行分级。分级时，对盾构与已有建筑物的位置关系、间隔距离、对象地基的性质、已有建筑物的结构、特别是是否用桩支承以及重要性、有人或无人设施等也必须加以考虑（参考解说图 4.16）。

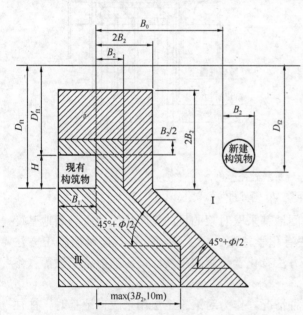

D'_{f1}：地表面到现有构筑物底面的深度
D_{f1}：地表面到现有构筑物顶面的深度
H：现有构筑物的高度
B_1：现有构筑物的宽度
B_0：现有构筑物与新建构筑物之间的距离
D_{f2}：地表面到新建构筑物基床面的深度
B_2：新建构筑物的宽度
Φ：土的内摩擦角（°）

Ⅰ：无条件范围　Ⅱ：要注意范围　Ⅲ：限制范围

解说图 4.16　近接施工影响程度判定例

②通过解析判定：根据上述判断明确可能产生某种程度的影响时，对其影响进行定量评价和对策施工方法的研究。这通常用有限单元法等数值解析来进行。但是由于地基条件的不同，变形状态、变形机理会有很大不同，所以，采用合理的方法进行解析计算是很重要的。另外，还必须根据现场条件，不仅对下沉，对隆起也要进行解析计算。

③评价和管理标准值：根据解析计算结果来确定作为施工指标的管理基准值时，必须在与管理人员协商的基础上，确定无论在功能方面，还是结构方面都令人满意的值。同时从尽早洞察危险，确保已有建筑物的安全性上来看，一般都分阶段设定具有富余量的容

许值。

3) 对策施工方法：作为对策，只采取像第 146 条所述那样的盾构施工方法不能满足要求时，要对已有建筑物进行加固，或对两者中间地基采取遮断，地基改良等防护措施。

①已有建筑物的加固方法：直接加固已有建筑物来提高刚度的方法和支承已有建筑物通过托换将支持层转移到下部的方法。直接加固有用加劲杆等直接加固建筑物内部的，也有增加桩等来加固下部或基础结构的情况。托换基础有，事先在已有建筑物的下部设置承载板，将该承载板下部的地基承载力作为反力，用千斤顶控制变位量的承载板方式和在盾构隧道影响范围以外处重新设置桩基等来支承的新设基础方式，以及这两种方式的并用方式（参照解说图 4.17）。

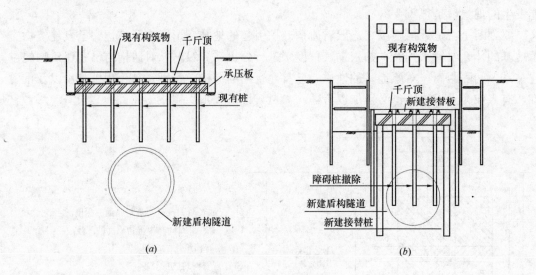

解说图 4.17　基础托换例
(a) 耐压板方式；(b) 基础新设方式

②隔断和地基强化、改良防护：对中间地基采取对策的目的是防止松弛，隔断地基变形和地基强化。隔断防护的主要施工方法有化学注浆、插入钢板、地下连续墙施工方法等。地基强化、化学改良防护的主要施工方法有化学注浆施工法、高压喷射施工法等（参照第 145 条）。

③对策施工方法的注意点：无论哪一种情况，作为对策施工法用来改良地基时，往往因对象地基、施工方法等而得不到充分的改良效果。此时，最好根据试验施工等来确认改良范围与均一性、竣工质量、效果，并制订详细的施工细则。

选择对策施工法时必须综合评价施工性、安全性、经济性，工期，环境条件等，同时参考过去的施工例，从上述对策施工法中选择最适合现场状况的施工方法。一般用的对策施工方法如解说图 4.18 所示。

4) 监测管理：监测管理必须分通过前、通过时、通过后 3 个阶段来实施。特别是在近接施工工区的前方区段，对相似地基条件的地点进行通过前监测，确认预测计算方法是否妥当，施工方法正确与否是极为重要的。通过前监测是按下述目的进行的。

①补充盾构的特征、操作人员的熟练程度、地基条件的不均匀等预先研究时尚未确定的因素，以制订最佳的施工方法。

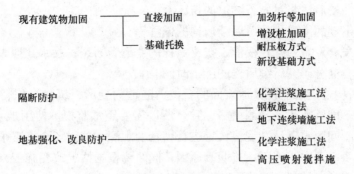

解说图 4.18 对策施工法例

②定量掌握地基变形,事前验证已有建筑物的安全性。

③事前找出各个监测项目的相关性,对通过时施工管理上,监视的项目进行筛选。

通过时的监测,是为监视已有建筑物的安全进行的。设置监测仪器时,最重要的是在能够确实掌握已有建筑物变形发生的位置设置适当的监测仪器。断面变化部位和已有损伤的部位是最容易产生变形的部位。从始终保证安全的观点出发,以自动观测为原则,并根据盾构的推进来合理变化监测频度。

监测值超过管理值时,停止盾构施工,查明原因,同时修正施工方法,采取应急对策等。必须在确认可以保证已有建筑物的安全后开始再推进。

通过后的监测,一般应持续到监测数据的变化逐渐稳定后。通常,盾构通过后监测间隔逐渐拉开,在 3 个月左右持续观测后结束。

5) 情报化施工:进行邻近施工时,有时会利用实时信息化进行施工管理,以便可根据原有结构物的重要性和邻近程度,实时监测原有结构物和周围地基等的变位,与盾构掘进管理数据进行对比,为了尽量抑制其影响,将这些信息反馈给盾构的开挖面压力、壁后注浆压力等的掘进管理。

第 159 条 平行盾构隧道的施工

平行设置两条以上的盾构隧道时,要特别留意相互影响,充分监视围岩、盾构隧道的动态,根据需要采取相应的辅助施工法等措施。

【解说】 在上下或左右平行设置两条以上的盾构隧道时,要考虑围岩条件、盾构形式、盾构隧道断面大小、距离等,研究其相互影响,采取十分安全的施工方法(参照解说图 4.19)。在施工时,要实施信息化施工,如使用各种监测仪器等,监视、掌握围岩及盾构隧道的动态,将这些信息立即反馈到开挖面压力、壁后注浆压力、开挖土量等盾构掘进管理。并且,根据需要进行辅助施工法等以防止围岩的松动和盾构隧道的变形等(参照第 36 条)。

1) 相互影响:关于平行配置盾构间的相互影响,因施工条件而各不相同,但一般要考虑:

①后续盾构的推进对先行隧道的挤压和松动。

②后续盾构的盾尾通过对先行隧道的松动。

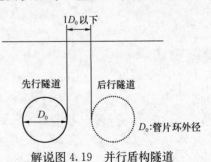

解说图 4.19 并行盾构隧道

③后续盾构的壁后注浆对先行隧道的挤压。

④先行盾构引起的围岩松弛对后续盾构的偏移等。

伴随这些现象会发生的管片变形、接头螺栓的变形和断裂、漏水、地表面下沉量的增大等，因此，需要充分研究后续盾构的施工时间。

2) 围岩、盾构隧道的监视：地表面的变位、隧道的变形、沉降、蛇行等，因围岩条件和施工方法等不同，往往与预测值不一致，所以需要经常监视。使用地下沉降记录仪、倾斜仪、土压计、间隙水压计、变位仪等进行精密的观测。这对安全施工很有效。在观测到异常变形时，要立即中止施工，查明其原因，同时要根据情况改变施工方法，采用辅助施工法等进行施工的对策（参照第 34 条、第 158 条）。

第 160 条　穿越河流

穿越河流施工时，必须考虑围岩条件及河流情况，进行充分地研究，以便能进行可靠的施工。

【解说】 穿越河流施工时，要考虑围岩条件及河流情况等施工条件，在不给河流或周围结构物带来影响的前提下，制订出充分的对策，以便能进行可靠的施工。在穿越河流的施工时，应该注意如下几点：

1) 土质、地下水的调查：一般而言，河流部分地质情况变化急剧，而且，地下水的流动也快。土质及地下水的状况，是考虑盾构形式和施工法非常重要的要素，所以，要详细地进行调查。

2) 开挖面的稳定：如前所述，土质和地下水状况往往很复杂，而且水底部分，与覆土压力相比水压力会更大，因此，必须根据围岩的土水压力而设定适当的开挖面压力。

特别是水压力主导的施工，除了要对开挖面的稳定、泥浆或添加材的泄漏或喷出进行研究外，还需要特别考虑隧道上浮问题和管片的变形问题。

3) 防止对堤防、周围结构物的影响：预测盾构施工对堤体、周围结构物的影响，根据需要考虑辅助施工法的使用。关于堤防，周围结构物的影响预测，要参照第 158 条。

另外，根据地基条件或围岩条件等，要按照需要采用辅助施工法，或采用在河床上填筑黏土或在桥面上浇筑耐压混凝土板等措施。

4) 其他：在穿越河流时，因为有时受施工期制约或者需要一些特别的设备如防水设备，所以，需要事先与河流管理部门协商。

第5章 施 工 设 备

第161条　施工设备的一般原则

施工设备必须具备能满足计划进度的能力，与工程规模和施工方法相适应，运转安全，符合环境保护的要求。

【解说】　施工设备因围岩条件、施工环境及施工方法不同而不同。一般包括材料堆放场、碴土运输设备、材料运输设备、电力设备、照明设备、通信联络设备、换气设备、安全保护防灾设备、给排水设备、一次衬砌设备、壁后注浆设备、二次衬砌设备等。根据施工方法必须具备添加剂装置、泥水处理设备、砾石处理设备、运转控制设备等。制订设备计划时首先要考虑推进作业的能力，要组成各种作业的工作循环，使每种作业都互相配合、紧密衔接、安全施工，并配置备用设备。

对于建设现场的施工设备，近年来，为提高施工安全性、施工效率和改善工作环境，各种自动化设备也在不断地研究开发并逐渐投入使用。在市中心区，由于用地困难，往往

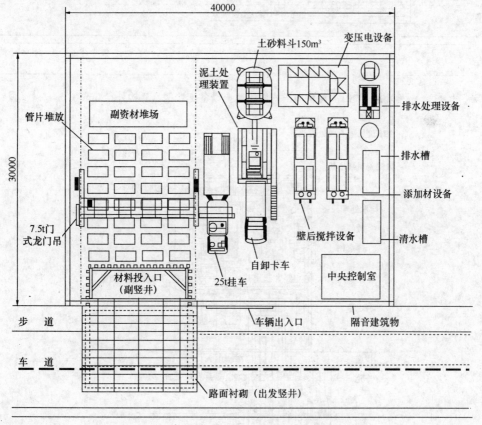

解说图 4.20　土压平衡式盾构地面设备的布置图（盾构外径 5m，土砂压送方式）

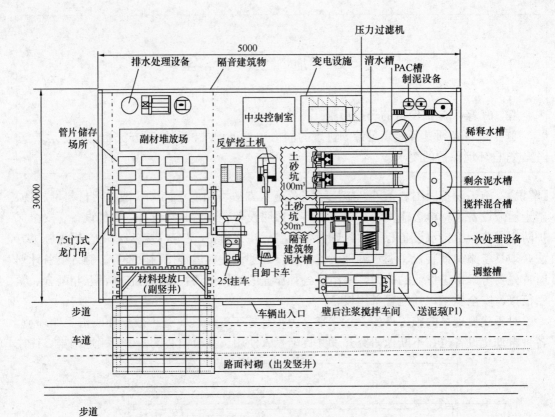

解说图 4.21 泥水加压式盾构地上设备配置例（盾构外径 5m）

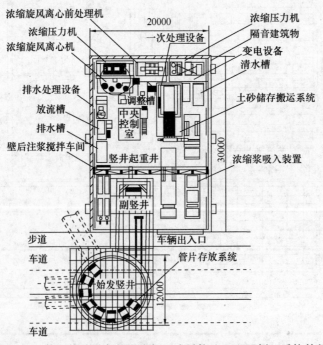

解说图 4.22 使用特殊设备的泥水加压式盾构地上配置例（盾构外径 3m）

很难得到充足的场地。当不能利用地面场地或为了防止噪声和振动，有时也利用竖井或道路下部空间。即使在可确保用地面积时，设备配置于地面上也需设置防振和防噪声设备。配置设备时，必须满足防止公害的法规规定的标准值。另外，还需考虑日照、电波的破坏及对周围景观的影响等因素。

解说图 4.20～解说图 4.25 表示闭胸式盾构的设备布置例。

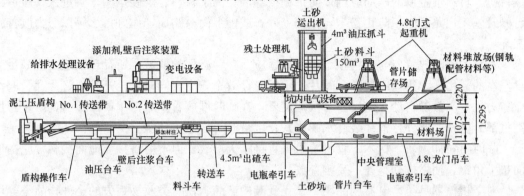

解说图 4.23 土压平衡式盾构地下设备配置例（盾构外径 5m）

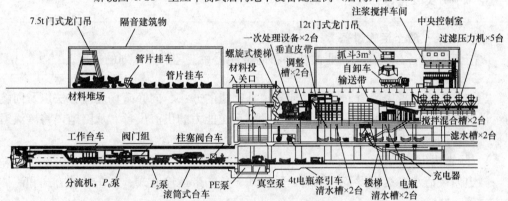

解说图 4.24 泥水加压式盾构地下设备配置例（盾构外径 5m）

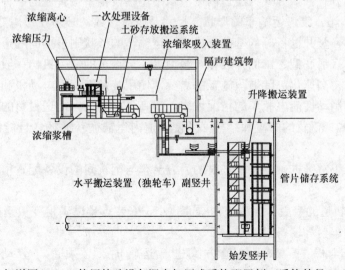

解说图 4.25 使用特殊设备泥水加压式盾构配置例（盾构外径 3m）

> **第162条 材料堆置场和仓库**
> 为了不影响工程进度，材料堆置场及仓库必须具有可贮存管片等衬砌材料、临时设备、施工用机具等所需的面积。

【解说】 材料堆置场的四周应围以防护栅或隔墙，为了材料、土砂运输车辆进入一般道路可修筑施工道路。为了防止粉尘，应铺上碎石或铺上简易路面，作好排水等以努力改善施工环境。

管片的临时放置应与盾构预定进度相适应，贮存必要的环数。所存环数至少应满足二日左右的需用量。用仓库架贮存管片，不但贮存效率较高，同时，已开发出管片存、取作业省力化，高效的自动存储设备。根据需要，在临时堆放管片时需用罩布覆盖，防止管片钢材部分生锈。此外，管片装有水膨胀式止水带时，需避免潮湿。

临时材料如钢轨、枕木、管材等虽可直接露天堆放，但不应直接与地面接触，应在下面垫上角钢，使之排列整齐、妥善存放。

对于机械器具类、电器用品类、禁止受潮的产品、铁器类及易丢失的小件物品类等均要在仓库中分类妥善保管。

> **第163条 渣土运输设备**
> 碴土运输设备必须考虑作业循环和布局条件，并满足工程计划的进度。

【解说】 必须综合考虑废渣的性质、向隧道外出渣的方法、向弃碴场运渣方法以及向隧道内运送材料的方法，根据这些来选择具有足够运送能力的出渣设备。从隧道内将废渣运至隧道外料斗的设备有以下几种：

1) 隧道内出渣设备

隧道内废渣水平运输设备有轨道运输方式、传送带运输方式、卡车运输方式和流体运输方式等。

①轨道运输方式：该方式为隧道内废渣水平运输设备中最普通的一种。

i) 废渣运输车：废渣运输车的形状、尺寸及所需台数，必须在考虑隧道断面的大小、隧道内运输循环、竖井设备等的基础上决定。运输车的形状则根据向隧道外出渣的方法而定。通常使用的有活底型、单侧开放型、箱型等。运输车的牵引机构一般使用电瓶车。近年来，为满足盾构高速化、陡坡段施工的需要，使用装备有伺服电动机和高黏性车轮，并且有良好的刹车制动性能电瓶车的情况增多，提高了向隧道内运送材料的速度。

ii) 铺轨方式：钢轨的布置和结构必须使隧道内运输循环通畅，且能够确保重型车辆的行驶安全。

此外，对于正常推进、出发推进时的后方台车与钢轨间的设备配置须考虑施工性、安全性的因素。

iii) 运输车轨道的变更：当隧道内空间狭小，安装点难以满足变更运输车轨道时，可利用回转台、转车台等设备。

iv) 运行安全保护：采用轨道方式进行运输时，必须遵守劳动安全卫生规程（195条～236条）。为了防止车辆脱逸发生交通事故，应设置车辆制动装置及运行所需安全装置、防止挂钩脱离装置、失控停止装置、驾驶室、人及车辆、确保引导人员安全的设备、安全通道、躲避场所、信号装置等各种所需设备。车辆运行时，必须遵守隧道内的运行速度，确保车辆滞留时的安全。不得已要倒车时，必须准备好安全装置，让施工人员熟知其信号、显示、指挥信号的方法。

陡坡段需研究设置特殊制动装置，确保车列、运行循环所需要的制动力（参照第150条）。

v) 充电器：使用电瓶车时，要考虑其列车编组运行循环等蓄电池的放电率。根据需要，应配备备用蓄电池及充电器。在隧道内进行充电时，需进行通风。

②传送带方式：在盾构后续设备内，由于开挖出来的土砂的输送与管片运入、组装作业同时进行，所以开挖土砂运送到运输车上，有一部分往往会使用皮带式输送机和螺旋式输送机输送。另外，在长距离隧道中，也有连续使用传送带运送开挖土砂的连续输送的事例。

③连续出渣设备

连续出碴设备是采用管道运输方式从隧道内将废渣连续地向隧道外运出的设备。由于其可与推进进程并行运出废渣，隧道内运输和竖井运输可同时进行，提高了工作效率。此外，隧道内没有渣车行驶，安全性高，实现了自动运渣省力化。管道运输方式有流体输送式、泵压送式、空气输送式、筒式集尘输送式等。

i) 流体输送式：流体输送式是用排泥泵将隧道内废渣送至地面上的泥水处理设备的方式。用于泥水加压式盾构的情况，第182条。

ii) 泵压送式：泵压送式对土压平衡式盾构开挖软质地基时较为有效。近年来，由于掘进添加材开发，以往适用困难、发生压送管闭塞的砂砾层已经有适用的实例。采用该方式时，需事先认真研究泵的能力、配管阻力、压送距离等因素。使用高压泵时，由于管道振动变大，所以必须注意管道的固定、接头强度等。

2）竖井出渣设备

竖井出碴设备是将竖井底部待运出的废渣运送到地面的土砂料斗中的垂直运送设备。运输方式有门吊式、抓斗式、吊斗提升塔架式、垂直传送带式等。这些设备对整个的循环时间有重大影响，因此选定要慎重。

3）掘削土砂料斗设备

料斗的容量应不会影响预定工程进度的弃渣量。此外，还必须根据废渣的性质，选择能够满足功能的料斗设备。运输车辆的搬运要考虑与城市的作业时间相协调。除此以外，还有夜间、雨天、降雨时的弃渣物的接收制度等。根据以上这些选择制订土砂储存容量计划。

根据施工方法，用自卸车直接运出废渣比较困难时，为了运出这些废渣，就需要对泥土固化设备等制订输送计划。（参见第180条）。

第164条 材料运输设备

材料运输设备必须考虑作业循环和布局条件，以满足工程计划的进度。

【解说】 材料运输设备必须是能够在不影响废渣的运出时，及时将所需材料运到的设备。

1）隧道内运输设备：隧道内的材料运输多数采用轨道运输方式。运输车的选用必须适合运送材料的重量、大小和形状,并且在运输中,要做好防止货物倒塌的防护措施。

关于轨道运输方式的详细说明参见第163条。

2) 竖井运输设备:在竖井内运输施工材料的设备,采用的设备有门吊、悬臂吊等。近年来,竖井深度较大时,工程用的升降梯和建设用的电梯等将开挖土砂搬入竖井内的系统得到实用。另外,在竖井内设置管片库存系统,有效地利用隧道内空间和作业基地的方法也得到实际应用(参照解说图4.22,解说图4.25)。

3) 连续运输设备:为提高施工效率、节省劳力、提高安全性,从地面到竖井下,从竖井下到隧道内开挖面,实现了连续地自动运送管片。但在引入自动运输装置后,必须设置探测前方障碍物的传感器、应急停车装置、集中监视装置等确保安全的系统。

第 165 条 电力设备

(1) 必须根据电气设备的技术标准及劳动安全卫生规则进行电气设备的设置及维护管理。

(2) 对超高压及高压设备必须使用密封型电器,在线路中必须使用绝缘电线或绝缘电缆,以防发生触电事故。

(3) 应根据隧道内使用设备的容量、考虑到盾构的延长、设置具有一定余量的隧道内电气设备。

(4) 由于停电可能导致重大事故发生,因此,必须配备自用发电设备。

【解说】 关于(1):电力设备中的变电设备应设置于大容量的机械设备较为集中的出发竖井附近。根据所使用的电气机械的输出及各种类别的负荷率算出最大负荷容量,来决定变电设备的容量。

确定供电设备计划时,必须向电力公司、消防部门申请办理设置自用电气设备手续。采用压气施工法时,由于电气设备故障会引发重大事故,因此,除应进行细心的维护管理外,还必须进行大部分设备的防护和必要的维护检查,做到万无一失。

关于(3):隧道内设置高压电气设备(变压器、开关、高压电动机等)时,必须考虑防止与操作人员、沿线运输车等接触而发生事故,而且还必须在适当的地方设置安全保护装置(断路器、报警装置等)。隧道内配线必须选用能防止触电、电压较低、绝缘好且足够粗的电缆。选定隧道内使用的电气设备时,需充分考虑盐蚀、湿度等隧道内环境。

关于(4):预计因停电会发生重大事故时,需采用双系统供电或作为应急用,同时还应考虑设置自用发电设备。

自用发电设备至少应能满足停电时排水用电力、维持开挖面的供气动力以及照明用电的容量。

第 166 条 照明设备

在作业场所及通道内必须设置照明设备。隧道内照明的亮度要能确保施工安全。照明器具必须选用室外防水型或同等品。

【解说】 照明设备与电力设备一样必须按照各技术标准、规范要求进行设置。开挖面的照

明应与盾构内装配的设备一样。局部需要照明时，可采用投光器。隧道内作业区照明度需达到 70 勒克司，其他地方需要 20 勒克司左右。隧道内有阶梯的地方决不能使用亮度大的照明器具。

为了在隧道内停电时，作业人员能够安全退到安全地段，必须在通道、出入口、阶梯等必要处设置应急照明设备。关于照明设备的维护管理参见第 188 条。

第 167 条　通信联络设备
为了掌握隧道内施工进度、确保隧道内作业安全、各作业场所及各种设备间的紧密联系，必须设置通信设备和发生紧急事故时可立即通知的报警装置。

【解说】　必须在遵守劳动安全卫生规则、高压作业安全卫生规则及考虑操作性能的基础上选定合适的通信联络设备。

1) 隧道内与隧道外的通信：在隧道内与隧道外之间必须设置可通话的电话机、对讲机等通话装置。

2) 报警装置：在预料可能会发生危险的隧道中，必须在必要之处设置能通知发生紧急事态的汽笛、紧急响铃等报警装置。

3) 备用电源：当报警装置、通话装置的电源发生异常时，可立即使用的备用电源。

第 168 条　通风设备
为了在隧道内作业区创造安全、卫生的作业环境，必须设置合适的通风设备，提供隧道内所需的空气。

【解说】　1) 通风设备：当隧道内作业区自然通风不够时，必须考虑导致空气污染的机械设备和作业人员的数量等因素，确保提供足够的空气量。通风方式有送气式、排气式以及排、送组合式等。通风必须根据盾构直径、送风距离、需要通风量、衬砌的施工方法，使用的机械种类等选择合适的设备。送风距离长，将数台送风机连接使用时会产生负压，所以，风管要使用钢制管，通风管的材质也需研究。隧道内通风首先应考虑通风方式，但由于连接部位的漏气，会降低通风效果。所以，需要进行风管、风口的适当维护修理管理。送气管前端最好延至盾构机附近，还必须定期测定其送风量。

2) 缺氧气体、可燃性气体、有害气体等：必须注意从围岩中释放出的缺氧气体、可燃气体、有害气体等，必要时，必须采取通风或其他措施。此时需要的通风量除提供可有效稀释扩散可燃气体以外，还需将其排出。此外，还必须注意防止产生局部性循环流。

必须在必要的场所，定时测量这些气体的浓度。当达到危险及有害状态时，必须采取使作业人员退出或禁止进入隧道等必要措施。

关于有可能发生可燃气体的情况时使用机器的防爆结构参见第 172 条，进行换气设备的配置。对有害气体的种类情况参见第 188 条。

第 169 条　安全通道、升降设备
为使作业人员能安全通行、升降，必须设置安全通道及升降设备。

【解说】 安全通道及升降设备必须按照劳动安全卫生规则（第205条、第540条～第557条）和吊车等安全规则（第138条～第171条）进行设置。安全通道必须确保通道路面的状态以及通道与侧壁或障碍物的间距，使作业人员能够安全通行。根据需要，还必须设置躲避场地、信号装置以及配备监视人员。竖井下的作业人员的升降设备必须选用适合工程规模、竖井深度的设备。

1) 安全通道：
①通道路面：要防止绊脚、滑倒、踩空等危险现象发生，并需设置照明装置。从路面到1.8m高的范围内不得放置障碍物。

②间隔：铺设轨道时，在车辆限界外必须确保有60cm以上的通道。由于截面窄小，不能保证此间隙时，必须在适当的间距设置可明确识别的躲避所，或设置信号装置、配置监视人员。在车辆运行中，禁止作业人员入内。

机械室或机械室与其他设备间的通道宽度必须大于80cm。

③架设通道、爬梯：架设通道的坡度应在30°以下。当坡度超过15°时，必须采用踏板及其他防滑板，或在容易发生坠落的危险处设置牢固的扶手。扶手高度为90cm，最好有中间栏杆。竖井内架设通道长度超过15米以上时，必须每隔10m设一处平台。爬梯的坡度应在80°以下，其上端要突出地板60cm以上。在竖井内，在接触起吊装置和作业人员的危险地段，必须设置隔板或用其他方法设置隔墙。

2) 升降设备：必须根据空间的大小、深度、升降所需时间、作业人员的疲劳程度等进行仔细研究后再选定。

①梯子：通常多采用梯子，有时也采用起吊式的、并能折叠式的梯子。

②旋梯：旋梯占地面较小，竖井空间窄小时较为适用。

③电梯：深竖井时，作业人员的升降最好使用电梯。

第170条 给排水设备

给排水设备必须具有足够处理给水及涌水的能力，在施工期间，能够保证正常运行及维持正常给、排水处理。

【解说】 1) 给水设备：应具有可确保作泥装置用水、压浆装置用水、清扫用水等所需要水量的能力。对于各种用途水的质量也须充分注意。

给隧道内供水时，通常使用高压泵或涡轮泵，要考虑因使用水量的压力损失。给水管一般采用25～50mm的水管。在计划配管时，必须采取防止向上游水道回流的措施。

2) 排水设备：
①隧道内排水：隧道内排水是将隧道内漏水、作业用水排出。由于开挖面经常移动，盾尾内的底拱的排水需尽量采用移动性好的设备。

②竖井排水：竖井排水除考虑从隧道内排出的水量外，还应考虑周围的漏水等的水量。

③备用设备：为防止意外灾害，需通过自备或其他发电系统供电等，确保排水能力。备用机器也必须具备足够的容量。

④排水处理：排水通常是通过沉淀槽后再排到下水道。排到下水道的水，根据排水标准，多数需要进行化学处理。因此，在排水时必须遵守水质污染防止法规、下水道法规等相关法律。（参见第195条）。

⑤排水能力：计划排水时，需研究排水前方的容纳能力。

第171条 消防、防火设备

在施工期间，为了防止火灾，必须设置必要的消防、防火设备。

【解说】 必须遵守劳动安全卫生法、劳动安全卫生规则、高气压作业安全卫生规则、消防法、火灾预防条例等相关法则，进行消防、防火设备的设置和管理（参照第190条）。

1) 设置场所：在存放危险品或使用危险品的场所、设置电气设备、用火、进行焊接、切割作业等场所必须设置必要的消防设备。

2) 消防设备：在选定适合预想火灾的性状、周围工作空间、湿度、有无压气等周围环境的消防设备的同时，还必须注意其设置方法、功能的维护及管理。

3) 消防设备的种类：

①灭火器：解说表4.1表示目前所使用的普通灭火器的分类及名称。

②用水灭火设备：使用注满水的水桶、给水栓等。但是，为了确保水量，需设置软管。

4) 防火设备：在休息室等动用烟、火的地方，设计为防火结构，但在预防火灾的基础上还必须设置必要的设备。

灭火器的种类　　　　　　　　　　　　　　　　　解说表4.1

类 别	一般名称	使用方式	火灾级别	备 注
粉末灭火器	ABC粉末灭火器 BC粉末灭火器	加压式，蓄压式 加压式，蓄压式	A，B，C B，C	
二氧化碳灭火器	各种氧化碳气体灭火器	蓄压式	B，C	
增强液灭火器	增强液灭火器	蓄压式	A，B，C	
泡沫灭火器	机械泡沫灭火器 化学泡沫灭火器	蓄压式 倒转式（反应式）	A，B A，B	有倒转式和 破盖倒转式

注：A—普通火灾，B—油火灾，C—电气火灾

第172条 可燃性气体、有害气体的处理设备

在施工期间，为了防止因可燃性气体、有害气体等引起的灾害，必须设置必要的设备。

【解说】 通过事前调查，预计会发生可燃性气体、缺氧气体、有害气体时，应先于盾构推进，在这些区段增加可有效稀释和扩散这些气体的通风设备，并研究必要的处理装置。

1) 可燃性气体处理设备：有可能会产生可燃性气体时，需设置气体浓度的测量、记录及报警装置。除了增加使用机器的防燃性能，还必须采取防止措施，防止可燃性气体引

发爆炸、火灾等。参见第 190 条。该场合的电气设备，必须是具有适应该气体的防爆性能的防爆结构。解说表 4.2 表示防爆结构的种类。

防爆结构（实例）　　　　　　　　　　　　　解说表 4.2

a	增强安全防爆结构	在正常运转时不发生电火花，能保证在异常高温下安全的结构
b	耐压防爆结构	在密封结构的容器内部发生爆炸性气体爆炸时，使容器可承受其压力，且不会引燃外部爆炸性气体的结构
c	本质安全防爆结构	在弱电流回路的机器中，无论是正常运行还是发生故障时产生的电火花及在高温部气体也不会引发火灾，并经相关机关部门的试验而确认的结构

2) 有害气体处理设备：有可能会发生缺氧气体、有害气体时，必须采取防止灾害的措施，设置气体浓度的测量、记录、报警装置及通风设备等。

第 173 条　盾构出发、到达、转向设备

盾构的出发、到达、转向设备必须能够使盾构安全出发、到达、转向、并满足计划进度要求。

【解说】　设置盾构的出发、到达、转向设备，根据竖井的形状、盾构断面的大小不同，其规模也不同。但是，必须保证盾构施工的安全高效。

1) 出发设备：出发设备包括支撑盾构机的组装台和出发使用的反力座。另外为了防止壁后注浆或泥水式盾构的泥浆从缝隙中漏出，还必须设置竖井止水圈。为了组装盾构，组装和拆除临时衬砌和支护设备，需在侧墙和顶板中埋设吊钩。

2) 到达设备：盾构进入竖井内，就可结束盾构推进时，不需要出发时的那些设备。但是，为了拆卸盾构，在侧壁和顶板上埋设吊钩则会很方便。如果到达后要使盾构转向后再推进或者在竖井中吊出再利用，则需要组装台。关于出发，到达的方法，详细参见第 136 条。

3) 转向设备：当盾构在竖井内需转向后再推进时，要有转向设备。通常采用的架设台为转向结构。盾构需在竖井内水平移动距离远时，采用移车台。小直径且重量轻的盾构，竖井地面有足够空间时，也可用起重机直接起吊转向。

第 174 条　一次衬砌设备

一次衬砌设备必须能够考虑衬砌的材质、形状、尺寸、重量等，能够正确组装衬砌且使用方便。

【解说】　一次衬砌设备及其器具主要有组装机、衬砌组装紧固工具（棘轮扳手、套筒扳手、电动扳手、扭矩扳手）以及真圆度保持设备等。关于组装机参见第 103、104 条，真圆度保持设备参见第 105 条。

近些年，在小口径盾构施工过程中，由于作业空间小、作业姿势弯曲，工作环境较恶劣。在大口径盾构施工过程中，需进行高空作业、起重超重物体等情况。为了避免这些施工环境，确保安全，提高效率，一次衬砌组装使用了自动化装置。自动化装置可以从抓握管片、定位、紧固螺栓等单一动作等，到管片的供给全部自动完成。

第175条 壁后注浆设备

壁后注浆设备必须配置能够高效率地进行注浆，同时具有在规定作业循环内能够完全填满盾尾空隙的能力。

【解说】 壁后注浆设备在配合盾构推进注浆的同时，随着注浆长度的增加，从设置在竖井口附近或隧道外的拌和装置向隧道内注浆装置输送浆液，多数采用管道压送方法。

拌和装置包括各种骨料、水泥类、添加剂、水等贮存槽及计量器、搅拌机和防止分离沉淀的旋转搅动罐等。这些装置应避免雨淋。此外注浆设备的设置还需考虑便于注浆材料的投入、维护、修理的操作等因素。

注浆泵有活塞式、螺旋式、挤压式。传送衬砌砂浆多用活塞式，有时也选用适合定压注浆、注浆量、注浆压无级变更的脉动少的螺旋式注浆泵。此外，还需考虑输送管的管道清洗装置，延迟注浆材料固化的添加剂等。

大口径隧道需要有大容量的注浆能力，需考虑围岩条件、注浆时间、注浆地点，必须计划好注浆泵数量、拌和设备、传送泵等，使之能够提高注浆效率。

通过自动控制跟踪盾尾空隙的大小，进行壁后注浆压力和盾尾空隙大小的管理，或使用二者同时管理的壁后注浆系统。既能达到满足同步注浆的要求，又能实现注浆作业的省力化（参见解说图4.26）。

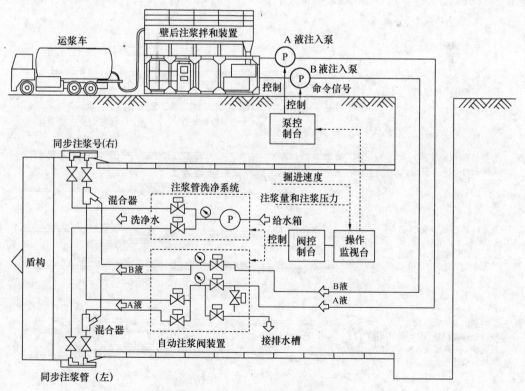

解说图4.26 自动壁后注浆系统（例）

第176条 操作台车

操作台车必须具有进行各种作业场所、容纳各种作业用的材料、机械设备的规模。

【解说】 为了进行二次注浆、嵌缝、管片螺栓紧固、处理漏水等需设置操作台车。操作台车的形状、配置必须根据作业内容、作业流程以及工程进度确定。

第177条 二次衬砌设备

二次衬砌设备必须具备满足工程进度的能力，并能够高效率地进行二次衬砌的浇筑。

【解说】 二次衬砌模板有移动式钢制模板和组装式模板（可变式拱支架）。通常采用移动式钢模板，特殊断面和小规模的衬砌采用组装式模板。

根据移动方式分类 ── 一般型（不可伸缩）
　　　　　　　　├─ 针梁
　　　　　　　　└─ 可伸缩

根据浇注方式分类 ── 全断面
　　　　　　　　├─ 拱式
　　　　　　　　└─ 其他（仰拱，隔墙等）

解说图4.27 移动式钢制模板的分类

移动式钢模板有不可伸缩型、针梁型和可伸缩式。通常在浇筑仰拱部位时，采用非伸缩型；一次性浇筑圆形断面时，采用针梁式；有钢筋的二次衬砌进行曲线浇筑时，则采用比较容易进行曲线线形浇筑且浇筑性能较好的可伸缩式模板。

进行曲线部位施工时，要在模板端部插入弯曲衬垫进行曲率对合。此时的曲线外侧保护层厚度会减少，而在内侧则会增加，因此，需考虑模板的长度、分隔情况，以防止超

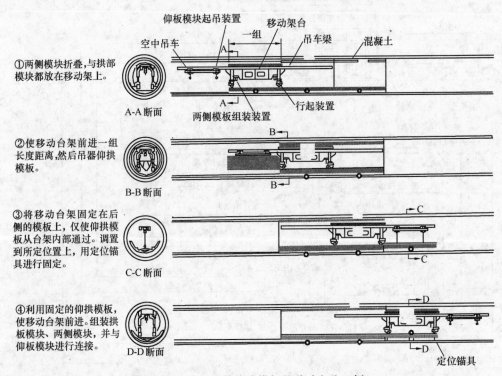

① 两侧模块折叠，与拱部模块都放在移动架上。
A-A断面

② 使移动台架前进一组长度距离，然后吊器仰拱模板。
B-B断面

③ 将移动台架固定在后侧的模板上，仅使仰拱模板从台架内部通过。调置到所定位置上，用定位锚具进行固定。
C-C断面

④ 利用固定的仰拱模板，使移动台架前进。组装拱模块、两侧模块，并与仰板模块进行连接。
D-D断面

解说图4.28 可伸缩式模板的移动方法（例）

出保护层厚度的允许范围。

二次衬砌混凝土浇筑中，在选择混凝土的运输机械和浇筑机械的组合时，必须考虑衬砌断面尺寸、运输、压送距离以及模板上浮和浇筑速度等因素。

不同断面形状的移动式模板要根据各段形状进行分割，由于混凝土的浇筑和模板移动较为复杂，所以，在设计时需考虑混凝土的浇筑时间、养生时间，模板的脱模、移动、安装等循环因素。

> **第178条 压气设备**
> 采用压气施工法进行作业时，需要设置达到送风容量的鼓风机和其预备机，并配置气闸设备、驱动电力设备、冷却设备、储气罐、送风管道，以清洁、温度和湿度适中的空气满足所计划的空气压力。

【解说】 1) 设备容量：

①气体消耗量：一般采用压气施工法的气体消耗量为：

i) 从开挖面至围岩的漏气；

ii) 从盾构尾部及一次衬砌的漏气；

iii) 开关气闸时的消耗等的总和。

主要原因有：i) 情况主要由围岩的透气性、盾构截面积、压气压力、覆盖土情况等左右；ii) 情况根据衬砌部位的面积、密封材料、衬砌注浆好坏等的不同有相当大的差异；iii) 情况可从工程规模、施工速度等算出。

计算空气消耗量的方法有 Hewett，Johanssen 的经验公式。

$$Q = \alpha D^2$$

式中　Q——空气消耗量（m³/min）（吸入侧）；

　　　D——盾构直径（m）；

　　　α——土质系数。

α 为依据经验考虑 i）～iii）情况所决定的系数。一般为 3.65，砂层或砾石层为 7.3 左右。这些数值在计算设备容量时采用。但是，实际空气消耗量为各自的一半左右。

②空气压缩设备：空气压缩机能供给运行计划的最高压力所需要的空气量，对于供气压力必须能够使用压力调节阀或者辅助阀进行调节。

考虑到最高压力和所需要的送气量，应考虑配备备用机械，决定设备的容量和机械的台数。

2) 压气施工法送入空气和冷却用水：由于隧道内空气的温度、湿度都高，所以，干球温度控制在30℃、湿球温度在25℃以下，隧道内实际风速在0.2m/s以上（不快指数80）为宜。使用空气压缩机时，为了防止油混入排出空气，最好使用含油式汽缸。当冷却水出入口温度差保持5℃以上时，鼓风机和空气压缩机所需冷却水量为 1.8～2.0L/min·kW 左右。

3) 气闸设备：盾构施工中的气闸根据设置方法有水平闸和竖闸，并根据施工条件进行选择。一般情况，水平闸用于隧道内的压气，竖闸用于竖井的压气。气闸设备有隔墙、运送废渣、衬砌等机械和材料的材料闸、作业人员用的人员出入闸及送排气管等。这些设备必须依据劳动安全卫生法、劳动安全卫生规则、高气压作业安全卫生规则、锅炉和压力容器安全卫生规则以及压力结构规则进行设置和管理。

4) 附属设备：为了能减少压缩空气压力的脉动，除去分馏水、油分，以提高散热效果，储气罐必须确保足够的容量。空气通过吸气清洁器吸入。吸气清洁器的滤芯需定期清洗或更换。此外，还需安装自动报警装置，一旦排出空气温度异常上升时，可立即通知操作人员。同时还应设置可掌握平时温度变化的温度计等。如果空气压缩机设置在地下室为封闭结构，则需充分注意通风条件，防止温度上升。

5) 送、排气管：

①敷设管道时，送出的空气应不受大气温度的影响，同时还要选定不易损坏的敷设位置，并根据需要，采取防护措施。管道品种、接头必须采用强度高的安全结构。

②送气管路从主供气管分接到人员出入闸、材料闸和隧道内。送气管必须配置2根，以免发生故障，且每根管路都必须安装止回阀。隧道内送气必须根据所需压力，设置管理可供空气的自动压力调节阀。送气干管应直接延伸到靠近开挖面的地方。人员出入闸的排气必须采用内径为53mm以下的排气管，排气速度不得超过法规规定的减压速度。气闸的送、排气管应符合高气压作业安全卫生规则的第4条，第6条的规定。

6) 管理：压气设备必须根据所有法规规定的要求进行管理。（参见劳动安全卫生施工条令第6条第1项及高气压作业安全卫生规则第189条）。

第179条　土压平衡式盾构施工法的控制设备

土压平衡式盾构施工法的控制设备必须具有能保持开挖面稳定、安全且高效率掘进的能力。

【解说】　土压平衡式盾构施工法的运转控制设备，由测量压力舱内的土压力（泥土压）、推进量和排土量、盾构运行时的负荷、压力泵的负荷等计测设备，和根据测定数据进行运行管理的控制设备组成。向开挖面、压力舱内、排土机构注入添加剂时，需要另外有注入压力和注入量的控制设备。

运转控制设备主要有以下功能：

①开挖面的土水压力管理功能：控制推进速度，使压力舱内土压力与开挖面的土水压力平衡。

②排土管理功能：控制螺旋式排土器等的运转速度，使取土量与排土量均衡。

③添加剂管理功能：为使排土的塑性流动状态保持在适度范围，设定适合于围岩土质的添加率和添加量。

④推进状态管理功能：在盾构操作室和中央控制室综合监视盾构的运行状况，同时收集、显示、分析和记录运行数据。

近年来，使用回转罗盘等的盾构姿态控制、使用监测装置和计算装置的壁后注浆管理和挖掘土量管理等的综合管理系统得到了实际应用。

第180条　泥土处理设备

泥土处理设备必须具有将随开挖所产生的泥浆和呈流动性的废渣在不妨碍施工循环的情况下，高效率地处理成可进行一般运输状态的能力。

【解说】 泥土处理的目的是将开挖土砂改造成通常能够高效率运出场外的状态，经常确保场内的临时储存容量，维持施工的正常运转。泥土处理方法有以下几种：

①太阳晒干处理：如能保证废渣堆置场，将渣土进行临时堆放，由太阳照晒而减少水分的方法。该方法需要占用大量的用地，天气不好的季节和含黏土的废渣类干燥需花费较长时间。

②添加材料处理：这是一种将开挖土砂和添加材料进行混合搅拌加以改良的方法。添加材料的混合搅拌方法有在土砂坑中用翻铲挖土机进行搅拌的方法，还有用叶片式搅拌机等搅拌装置进行混合处理的方法。使用添加材料的处理，可以使泥土处理设备系统化，该系统由开挖土砂供给装置、搅拌装置、添加材输入装置组成。泥土处理实例如解说图 4.29 所示。

添加材主要有水泥系、石灰系添加材、高分子系和无机系中性添加材等。

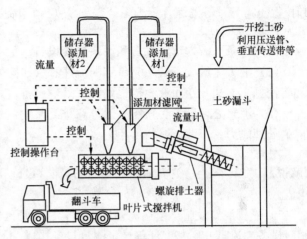

解说图 4.29　泥土处理系统（例）

水泥系、石灰系添加材料与开挖土砂的水分反应，降低含水率，改良效果高，处理土呈碱性。另外，反应需要数小时，所以，需用砂土坑临时放置。高分子系和无机系的添加材，是利用添加材的吸水效果和添加材的土颗粒的团粒化进行改良，搅拌后短时间内就可见改良效果，其优点可以省略开挖土砂的临时放置坑，需要达到填埋所需要的强度时，有时也会需要同时使用水泥系、石灰系的添加材和高分子系、无机系中性添加材。

关于开挖土砂的最佳的处理方法，需要考虑制订降低环境负荷的设备计划（参照第 198 条，第 199 条）

第 181 条　泥水加压式盾构施工法的控制设备

泥水加压式盾构施工法的控制设备必须具有能够稳定开挖面，与泥水循环、泥水处理同步进行的综合性管理，并具有能够安全、高效地进行推进的能力。

【解说】 泥水加压式盾构的控制设备中，开挖面的加压和送、排泥采用多台泵进行推进，并与后面同步进行处理，故需有可对这些作业进行综合控制的设备。通常用仪器测量开挖面状态、盾构状态、泥水处理、泥水循环等状态，然后将其输送到中央控制设备进行运行控制。

运行控制设备主要功能说明如下：

①开挖面的土水压力管理功能：控制送排泥流量，使压力舱内泥水压力与开挖面的土水压力相平衡。

②泥水质量管理功能：为了循环使用泥水，在分离排泥水的土砂成分之后，调整并保

持送泥水的性状。

③泥水循环管理功能：进行开挖面泥水压力、送排泥流量的测量、监视和控制。

④推进状况管理功能：在盾构操作室或中央控制室综合监视盾构的运行状况，同时收集、显示、分析和记录运行数据。

近年来，使用回转罗盘等的盾构姿态控制、使用监测装置和计算装置的壁后注浆管理和挖掘土量管理等的综合管理系统得到了实际应用。

第182条　液力输送设备和泥浆处理设备

（1）液力输送设备必须有足够的流速和输送能力，以便能正确保持开挖面泥浆压力，和将挖掘土方从开挖面液力输送到泥浆处理设备。

（2）泥浆处理设备必须能有效分离排泥浆中的泥土和水分，且具有与推进速度相适应的处理能力。

【解说】　关于（1）：液力输送设备由送排泥管设施和送排泥泵设施以及中央管理仪表设施构成。

1) 送排泥管设施：由送泥管、排泥管、配管延长用的伸缩管、旁通管等的配管设备、阀门设备和流量计、密度计等计量测量设备构成。

①管径：管径需要根据盾构直径、土质和计划掘进速度等设定。通常大多采用解说表4.3所示管径。其中，因固体物质（砾石、土块等）的大小关系而设置循环线路时和盾构外径超过8m的盾构上，排泥管往往会配备2系列。类似此种情况时，往往会不在表所示之值范围内。还有，黏性土时，为了防止压力舱内发生粘附、堵塞，往往也会扩大排泥管径，同时加大排泥流量。

送排泥管设备示例　　　　　　　　　　　　　　　解说表4.3

盾构外径（m）	排泥管径（A）	送泥管径（A）	盾构外径（m）	排泥管径（A）	送泥管径（A）
～2	～100	～150	8～11	200～250	250～300
2～5	100～150	150～200	11～14	250～350	300～400
5～8	150～200	200～250			

注：给出了送泥管径和排泥管径的对应关系

②堵塞预防措施：液力输送途中有时会发生堵塞，因此，需要预先掌握挖掘截面上的砾石大小和异物存在情况，以便选择管径。另外还需要采取措施，让堵塞发生在限定的位置上。

③磨损预防措施：在砂层、砂砾层中长距离掘进时，管道磨损量会加大，因此在管路的弯曲部位、盾构内的不能更换的部位采取预防措施，如使用厚壁管等等。

④其他：最好要配备在盾构停止运转时能自动切换到旁路的旁通阀自动切换装置、开挖面水压不能控制时备用的应急泄压阀、水击防止装置等等。

2) 送排泥泵设备：由送泥泵（P_1）、排泥泵（P_2～P_n、P_e）构成。需要处理砾石等时，往往也会使用循环泵（P_0），送排泥设备和送排泥泵设备（示例）如解说图4.30所示。

送排泥泵需要认真选用，使之与管径相匹配；而泵的台数则需要对于输送总长能确保

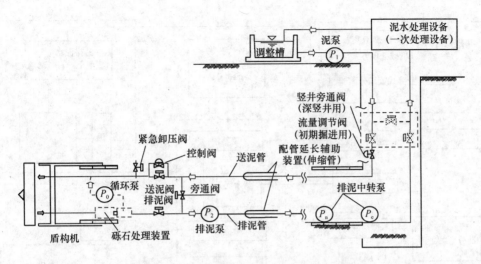

解说图4.30 送排泥设备和送排泥泵设备例

有足够的输送能力。排泥泵必须考虑能让开挖土方的固体物质通过。泵能力需要根据排泥管内的极限沉淀流速设定，管内不能有土粒子沉淀，作为能输送的流速，一般用（Durand）计算式计算。

$$V_1 = F_1 \sqrt{2gd \frac{\rho - \rho_0}{\rho_0}}$$

式中　V_1——极限沉淀流速；

　　　F_1——粒径；

　　　d——管内径；

　　　g——重力加速度；

　　　ρ——土粒子的真比重；

　　　ρ_0——母液比重。

3) 中央管理仪表设备：中央管理仪表设备由中央监视控制盘、数据收集解析仪、遥控装置和监视器构成。该设备按土质和计划掘进速度等随时对开挖面泥浆压力、排泥流量等进行集中控制，保证掘进作业顺利、稳妥进行。在通常情况下，一般与泥浆处理和掘进管理的监视控制盘合在一起组成中央控制室，进行综合管理（参照第181条）。

关于（2）：作为流体运输的排出泥浆需进行土渣与水分的分离处理。而且，调节开挖面再循环的送入泥浆的性状的设备属于该泥浆处理设备的一部分。

卵石等大直径排出物需用第183条所述的砾石处理设备挖出或进行破碎处理。处理设备大致分为一次处理、二次处理和三次处理，通常砂质土主要采用一次处理，黏性土采用二次处理。泥浆处理系统（例）如解说图4.31所示。

1) 一次处理设备：一次处理设备是通过物理分级法将开挖面送出的排泥水中的砾石、砂及75μm以上的黏土、粉砂块进行分离的设备。根据设备厂家不同，其名称也有多种多样，但基本结构大致相同，其中振动筛和湿式离心机的组合较多。离心机多与75μm以上的砂粒土专用的泥浆泵进行组合。最近，为了提高一次处理的效率，多数采用振动筛对砾石、凝结黏土块进行预处理。

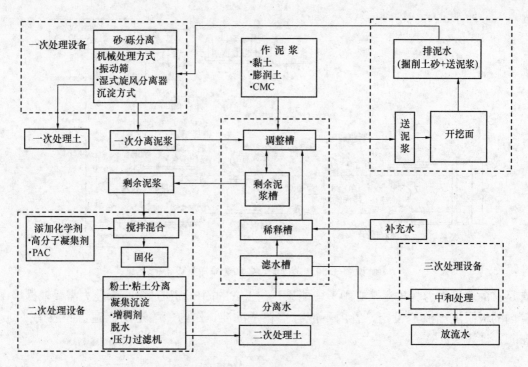

解说图 4.31 泥浆处理系统（例）

2）二次处理设备：二次处理设备是将残余泥水中 $75\mu m$ 以下颗粒中较细的粉沙黏土、胶质土等直接难以分离的排出物用凝结剂等凝结，待其呈絮状物（团粒）后，再采用凝结沉淀或压缩等方法脱水，使泥与水分开。一般，泥水分开多数采用压滤机。其形状和容量应根据盾构直径、土质进行选择。也可局部使用凝结沉淀装置（增稠器）、离心分离脱水装置等脱去水分。

3）三次处理设备：经过二次处理分离出的水作为排放水 pH 值一般偏高，三次处理设备是将这些水进行中和及浓度管理的设备。pH 中和装置有分批处理和连续处理方式。处理量大时，多数通过连续处理的自动控制进行中和处理。此外，也有使用与二次处理相同的增稠器进行清除污物。关于排放水的水质参照第 195 条。

考虑环境负荷削减的开挖土砂的适当处理与处分的设备计划，是必要的（参考第 198 条，第 199 条）。

第 183 条　砾石处理设备
砾石处理设备必须具有能够挖取或破碎砾石的能力，能可靠地进行砾石处理作业。

【解说】　大直径砾石不能进入盾构压力舱经常成为问题的原因，因此，需通过钻孔、大口径探井的调查，事先正确掌握砾石的直径。

土压平衡式施工法：用车出碴时，若能从开挖面挖取砾石就可解决问题，但用管道或泵进行土砂压送时，必须考虑防止堵塞的措施。

泥水式施工法：对从刀盘开口进入的砾石需通过破碎等手段进行处理。需制订详细计划以防止在管道或泵内发生堵塞。

解说图 4.32 表示砾石处理装置，根据砾径、砾石量、设置位置（机内、机外）进行选定。

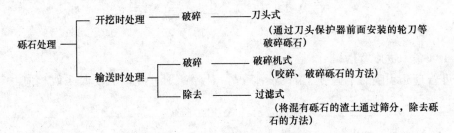

解说图 4.32　砾石处理装置分类

第6章 施工管理

第184条 进度管理

进度管理必须随时掌握施工的实际情况，对照计划进度，必要时采取相应对策，使全部工程顺利、合理地进行。

【解说】 进度管理应围绕制订的进度计划，使工程顺利进展，并为在规定的工期内完成任务而开展工作。计划进度和施工设备应根据开工前进行的地质调查和对附近建筑物等情况进行的调查结果而定。由于在实际施工过程中，实际进度未必能与计划进度相一致。为此，需经常分析实际进度与计划进度的差异，掌握关键点，并对此进行进度管理。

1) 循环时间的研究：在盾构施工的各项作业进度中，推进的循环时间对整体进度的影响很大，故对此进行研究特别重要。在盾构施工过程中，推进中的围岩条件有时在同一施工区段间也会发生很大变化。另外，实际使用的机械、设备等也常常不能按计划发挥能力。因此，必须充分研究计划进度的基本循环时间与实际状况是否相符，将事先制订的进度表与实际进度相比较，确保工程的进展。

除此以外，还需综合各方面的实际情况进行研究，如材料运输和碴土运输（特别是市中心的道路交通堵塞、运输场地的位置等）以及材料堆场、作业人员的保证情况、竖井周围环境的作业时间有无限制等。当实际进度比计划进度慢时，必须立即查找并分析其原因，力争恢复原计划进度。解说图 4.33 表示循环时间记录的例子。

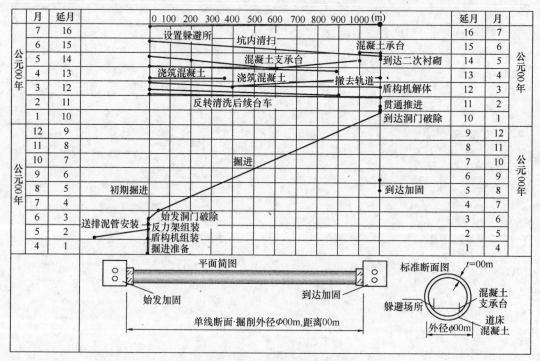

解说图 4.33 工程表记录实例

2) 施工方法的变更：决定施工方法是否要变更，首先应尽快判断该工期延迟对整体工程有多大的影响。因此，工程进度表对明确掌握施工间的相互关联至关重要。

> **第 185 条　质量管理**
>
> 作为质量管理必须对如下所示的材料、制品质量和施工进行管理。
>
> （1）材料、制品管理
>
> 对修建隧道所用的主要材料及制品必须进行必要的试验检查。确认其质量、形状、尺寸、强度等符合规范之后再使用。对容易破损、变质的材料，必须加以严格管理。
>
> （2）施工管理
>
> 在施工过程中，必须不断地努力做好日常管理工作。随时注意开挖面的状态、隧道中心线的位置、管片的变形、破损、漏水和围岩下沉等情况，在进行各种调查、测量等作业时要慎重，使工程按技术规范完成。

【解说】　关于（1）：包含了材料和制品的管理、管片等本体结构的试验和检查，除此之外，还有存放时的管理。

1）试验和检查：需进行试验和检查的主要材料有：

①管片：管片制品的精度和质量好坏，直接关系到一次衬砌组装的难易程度和盾构推进的精度。此外，对隧道的变形、漏水、地基下沉等也有影响，故在严格管理的同时，还必须细心制造（参照第 67 条～第 71 条）。

②盾构：盾构的制造精度不高的话，在推进过程中会产生蛇行、偏转等种种弊端，因此需精心制造和管理（参照第 126 条～第 128 条）。

③壁后注浆材料：由于流动性、强度、收缩率、防水性、硬化时间等是注浆材料的重要特性。这些特性直接关系到施工的好坏，还会对隧道的变形、形状、围岩的下沉、漏水漏气产生影响。为此，应选定与围岩土质和注浆方法相适应的材料，除对材料的质量进行管理外，还必须对材料的配合比严格管理（参见第 142 条）。

④一次衬砌防水材料：由于隧道的使用目的、管片的形状和施工环境的不同，一次衬砌防水材料所需的特性也各自不同。其材料的品种也多种多样。无论何种情况，都应该选择符合规范标准和施工条件且经济的材料。关于其粘接性、拉伸率、强度、耐久性、耐蚀性、硬化时间等必要事项可参考试验和施工实际情况，确认其质量（参见第 143 条）。

⑤二次衬砌混凝土：混凝土必须具有所需强度、耐久性及不透水性，质量稳定。其管理依据《混凝土技术规范（2000 年）》和《隧道混凝土施工指南（2000 年）》。

2）主要材料及制品的贮存

关于主要材料及制品的贮存参见第 73 条，第 162 条。

关于（2）：作业管理系指开挖面的稳定管理、掘进·开挖土方运出管理、一次衬砌管理、壁后注浆管理、二次衬砌管理等对隧道主体的质量有影响的工序的施工管理。

伴随着施工进行的日常作业的管理工作最好通过能正确掌握作业情况的调查和计量测量工作进行，其记录要整理记载在作业日报表上，并应用于日常作业管理。在变化的征兆和异常得到确认时，必须作为立即查明原因，制订相应措施的资料加以充分应用。日常作业的主要管理项目如下。

1) 开挖面的稳定管理：为了确保开挖面的稳定，必须采用适合各自盾构形式的管理方法加以管理（参照第 117 条、第 123 条、第 138 条～第 140 条）。

作为掘进时的主要管理项目，就是要实施下列计量测量作业，并根据其数据综合判断开挖面的稳定性，同时加强管理，使这些计量测量值始终保持在最佳范围内。

①推力、切削转矩、螺旋转矩、掘进速度等

②泥土压、泥浆压等

③挖掘土方量

2) 掘进、挖掘土方运出管理：关于掘进管理参照第 137 条；关于挖掘土方运出管理则参照第 138 条～第 140 条。

3) 一次衬砌管理：一次衬砌施工的好坏对管片的变形变状、隧道上的偏土压、地基沉降、漏水等，甚至掘进精度均有影响，所以在装配管片时，必须注意确保装配精度，必须慎重施工，以免管片出现损坏、密封材料出现剥离等现象。

隧道内出现漏水，不仅会给隧道竣工后的维修管理带来问题，而且在铁路隧道内会造成电蚀问题，所以必须进行严格的作业管理，以免发生漏水（参照第 141 条、第 143 条）。

4) 壁后注浆管理：壁后注浆施工的不良将会引发隧道上的偏土压、地基沉降、漏水等等。因此，对注浆材料的选择及其配比、注浆压力、注浆量和注浆方法等必须认真研究、妥善管理（参照第 142 条）。

5) 二次衬砌管理：二次衬砌施工的好坏对隧道竣工后的耐久性、水密性和将来的维护管理有很大的影响。对于拟用混凝土、混凝土的浇灌、养护方法、模板的脱模时间等需要进行认真研究，并根据施工计划，实行严格的作业管理，确保必备的衬砌厚度和内部空间（参照第 144 条）。

第 186 条　施工质量管理

施工质量管理必须使用事先规定的管理标准将设计值和实测值进行比较，通过管理，使结构物能满足设计文件和标准的要求。

【解说】 施工质量管理需要使用施工计划等文件中规定的管理标准，以确保设计文件中给出的结构物位置、形状、尺寸为目的，将设计值和实测值进行对比，加以确认。重要的是要在工程施工期间，按工种或路段为单位，对实测值的倾向等施工技术进行评估，并按需要改进施工方法和研究管理体制，将其结果充分运用到下个阶段的施工质量管理上。测量等数据每次均应记录在施工质量管理图和施工质量管理表上，同时对于施工后难以确认的内容需要利用照片等记录下来。发现不良部位，必须调查其原因，并采取必要的措施，迅速修正。

施工质量管理有下列方法。

1) 使用管理图表的施工质量管理方法：使用数据表将测量的数值整理出来，将平均值的变动和波动程度编制成图形或图表的管理方法。

2) 使用测量结果一览表的施工质量方法：编制施工质量测量结果一览表，将设计值、实测值、误差等填写在该表上，掌握施工期间和施工后的施工质量和倾向的方法。

3) 其他：关于不能用数值表示的施工质量和状态，可利用检查表等确认、管理。

进行施工质量管理时,需要在施工前掌握施工内容,并编制施工质量管理标准,并在其上注明管理项目、规格值、测量方法。一般来说,规格值因工程施工条件和功能而异,大多都由发包方提供。

另外,施工质量管理不仅在施工期间要充分运用,而且还是将来维护管理时的参考,所以必须注意做好记录,而且要记录得准确,谁都能看懂。

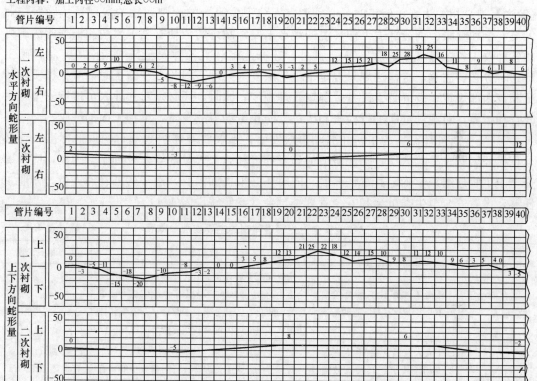

解说图 4.34　隧道线形施工质量管理图记载例

第7章 安全卫生管理

第187条 安全卫生管理原则

施工时,必须严格遵守有关法规,全面进行安全卫生管理,防止发生劳动灾害事故。

【解说】 1) 相关法规:施工时,必须遵守安全卫生第一的原则。相关法规是从确保作业人员安全和健康、创造舒适工作环境的观点出发,制订的劳动安全卫生法和根据此法制订的各种政、省令等(参见第3条)。此外,还据此制订了各种安全技术指南等。制订施工计划时务必要注意,这些法规只规定了最低限度的条件。因此,在施工时,应根据实际情况制订内部规定,设置必要设备,确定管理制度。同时,还必须对作业人员进行安全卫生教育和指导,对现场定期进行检查和改进。防止劳动事故发生,维护工人的健康。

2) 安全管理体制:为了防止劳动事故发生,不仅要遵守法规制订的最低标准,还必须积极开展防止事故活动,确保舒适的施工环境和施工人员的安全及健康。为此,应明确安全卫生管理组织,确定其责任体制。同时还必须根据需要,选举各种管理人员,作业主任等,设置安全卫生委员会和安全管理委员会(参照解说表4.4)。

土木建筑业安全卫生管理体制的主要规则一览表　　　　解说表4.4

名　称	拟需要的工场规模等	主　要　业　务	主要相关法规
综合安全卫生管理者	派遣工和临时工等合起来有100名以上工人作业的工场	指挥安全管理者和卫生管理者,综合管理安全卫生业务。例如①工人工伤事故或妨碍健康行为的防止、②安全或卫生教育、③体检和体质增强④事故原因调查和预防措施的制订	安施行令2条、安卫法10条1项
安全管理者	工人人数通常在50人以上的工场。其中,工人人数通常在300人以上时,至少要有1名专职安全管理员	对综合安全卫生管理者进行的业务中的、有关安全的技术性业务进行管理和巡视工场	安施行令3条、安卫法11条1项、安卫则5条
卫生管理者	工人人数通常在50人以上的工场。其中,工人人数通常在300人以上时,至少要有1名专职安全管理员	对综合安全卫生管理者所承担的业务中的有关安全的技术性工作进行管理。从事有害业务的工人人数较多的工场的卫生管理者,尤其要加强对有关卫生工程学的技术性工作进行管理	安施行令4条、安卫法12条1项、安卫则7条
产业医务人员	工人人数通常在50人以上的工场,需要选拔任命;不足50人时,应尽量让医师或保健护士等负责全部或一部分健康管理。需要专职产业医务人员系指工人人数在1000人以上的工场或从事有害业务的工人在500人以上的工场	从事对工人的健康管理及其他福利·劳动省条令规定的下列事项。①体检和保健措施、②作业环境的维护管理、③作业管理、④健康管理、⑤健康教育、健康咨询、健康保持·增进的措施、⑥卫生教育、⑦影响健康的原因的调查及其防治措施	安施行令5条、安卫法13条、安卫则14条1项

续表

名 称	拟需要的工场规模等	主 要 业 务	主要相关法规
作业主任	关于安全施行条令第6条特定的全部31个项目的危险有害作业单位,需要选拔任命。隧道等挖掘作业和衬砌作业包括在其中	关于从事特定的、有害的、危险作业,一方面对从事该作业的工人加强指挥,另一方面认真执行福利劳动省的有关规定。其作业主任原则上不是具体作业成员,而要对该作业进行直接监督	安施令6条、安卫法14条
安全委员会	工人人数通常在50人以上的工场	每月召开会议一次以上,为了防止对工人造成危险,审议安全卫生规则21条规定的事项	安施令8条、安卫法17条1项、安卫则21条和23条1项
卫生委员会	工人人数通常在50人以上的工场	审议安全卫生规则22条规定的事项	安施行令9条、安卫法18条1项、安卫则22条
安全卫生委员会	将安全委员会和卫生委员会合在一起	与安全委员会和卫生委员会时相同	安卫法19条
安全卫生推动者	工人人数通常在10人以上、50人不足的工场,需要选任	主要业务有①设施、设备等的检查和使用状况的确认、②作业环境的检查及按检查结果提出的改进措施的实施、③体检和健康保持增进措施的实施、④安全卫生教育、⑤发生异常情况时的应急措施、⑥灾害原因调查和预防措施的实施、⑦有关安全卫生的信息的收集等、⑧提交给有关行政主管机关的安全卫生的各种报告	安卫法18条之1、安卫则12条2项和3项
综合安全卫生负责人	特定总承包方在安卫法第30条1项规定的条件下,且工人人数在50人以上的企业需要选拔任命综合安全卫生负责人。其中,对于隧道等土木建筑工程,30人以上时就需要选拔任命	主要业务有①指挥总承包方安全卫生管理者、②指挥救护技术管理者、③设置、管理救护组织、④负责作业期间的联系和调整、⑤巡视工地、⑥对承包商为工人进行的安全或卫生教育进行指导和帮助等	安施行令7条2项、安卫法15条1项、安卫则18条2项。
安全卫生负责人(土木建筑业)	与综合安全卫生负责人有关系关的承包商,自己也要亲自进行该项工作的施工单位、即分包商需要选拔任命安全卫生负责人	主要业务有①与综合安全卫生负责人的联系、②将联系事项告知各有关人员、③确认有无不同作业混在一起进行引起的危险等	安卫法16条1项、安卫则19条
总承包方安全卫生管理员	在配有安全卫生总负责人的企业里,由总承包商选拔任命	主要业务有①辅助综合安全卫生负责人的工作、②接受综合安全卫生负责人的指挥、负责管理综合管理事项中的有关技术性事项等	安卫法15条之2第1项、安卫则18条4项

241

续表

名 称	拟需要的工场规模等	主 要 业 务	主要相关法规
隧道等救护技术管理者	在相当于施行条令9条2之第1项和第2项的隧道建设工程等中，需要选拔任命	主要业务有①负责管理救护工作中的有关技术性事项；②编制关于救护安全的规定文件；③进行救护训练，对必要的救护机械等装备进行准备和管理等	安施行令9条2项、安卫则24条之6第1项和24条之7
各分包商安全卫生管理者	在建设施工现场，工人人数含有关负责人，通常在50人（隧道等土木建筑20人）以上时，由总承包商选择任命	主要业务有①防灾工作所需要的有关人员之间的联系等业务、②每月巡视现场1次以上、③对负责现场综合安全隆重管理的人员进行指导等。	安卫法15条之3第1项、安卫则18条这6第2项、19条

3) 安全卫生教育、人员挑选：为了防止因施工管理不善、施工人员知识贫乏和不熟练人员的不当处理、维修管理不良等引起灾害。在招工时，变更作业内容时，或让作业人员从事危险、有害的工作时，必须适当进行必要的安全卫生教育（参照解说表4.5）。

主要安全卫生教育一览表　　　　　　解说表4.5

教育种类	内 容 等	主要相关法规
工人雇用后的教育	对下列事项中的工人业务工作需要的内容进行教育。①关于机械、原材料等的危险性或有害性以及使用方法、②关于安全装置、有害物抑制装置或保护器具的性能及其他们的使用方法、③关于作业顺序、④关于作业开始时的检查、⑤关于有可能与业务有关而发生的疾病的原因和预防、⑥关于整理、整顿和清洁卫生的保持、⑦关于发生事故等时的应急措施和转移、⑧关于安全卫生需要的事项	安卫则35条1项和2项
作业内容发生变更时的教育	因部署出现变动、作业发生大幅度变更时，需进行必要的教育。内容同上	安卫则35条1项
让工人从事福利劳动省指令中规定的、有危险或有害的作业时的教育	业务拟需要的教育因危险性的程度而异。按特殊教育、技能培训、驾驶执照领取的顺序，教育等级依次提升	安卫则36条、37条、38条、39条等
晋升为工段长等时的教育	对于土木建筑业及其他施行条令19条中规定的工种中、新升为直接领导或监督工人的工段长应进行安全卫生教育	安卫法60条、安卫则40条、安施行令19条
就业后的教育	安全管理者和其他工人灾害防治业务负责人，必须努力对从事危险或有害业务的就业工人进行教育	安卫法19条之2第1项、安卫法60条之2第1项

4) 监督等：为了确保施工期间工程安全，在制订施工计划的阶段，对施工期间可预知的危险，充分研究安全卫生措施。

关于整个工程的施工计划或者施工用的机械设备，有义务按照安全劳动卫生法，提供计划（参照解说表4.6）。

主要监督（申报、报告等）事项一览表　　　解说表 4.6

需要申报的状况等	需要申报的工场等	内　容　等	接收单位	提交日期	主要的有关法规
设置或转移工场的有关土木建筑、机械等，或将这些机械或机械的主要结构拟作变更使用时（计划）	电气使用设备的额定容量的合计为 300 千瓦以上的工场	在相当于电力业、煤气业、汽车修配业、机械修理业的工场内设置机械设备等生产时，不伴有危险的有害的业务，不足 6 个月便撤销时不要申报·报告、部分申报·报告、有些行业除外	劳动标准监督局长	工程开工 30 日前	安卫法 88 条 1 项、安施行令 24 条 1 项、安卫则 87 条
设置、或转移需要进行危险、或有害的作业的机械等，或者将这些设备的主要结构部分拟作变更时（计划）	拟将设置一定的机械等的工场	关于土木建筑业的脚手架、高架道路、模型板、还有安全卫生规则附表第 3 表所示的全部 20 个项目需要申报	劳动标准监督局长	工程开工 30 日前	安卫法 88 条 2 项、安卫则 86 条和另表第 7
关于安全卫生规则 90 条规定的 10 个项目工程的计划	属于土木建筑业和土石开采业的工场	拟需要的主要的建设工程如下：①隧道等、②高度或深度在 10m 以上的围岩的挖掘、③最大计算跨径在 50m 以上的桥梁、④气压施工法、⑤通过坑道内挖掘完成土砂采集所需要的开挖。其他	劳动标准监督局长	项目开工 14 日前	安卫法 88 条 4 项、安施行令 24 条 2 项、安卫则 90 条
关于安全卫生规则 89 条之 2 规定的 6 个项目的工程计划	属于土木建筑业和土石开采业的工场	拟需要的主要的建设工程如下：①高度 300m 以上的塔、②堤高 150m 以上的水坝、③最大计算跨径在 500m 以上的桥梁、④长度 3000m 以上的隧道、⑤长度 1000m 以上、不足 3000m 的隧道；伴有深度 50m 以上的竖井挖掘作业、⑥采用计示压力在 0.3MPa 以上的压气施工法进行施工的工程	福利劳动大臣	项目开工 30 日前	安卫法 88 条 3 项、安卫则 89 条 2 项
出现工人伤亡事故时（报告）		工人因灾害发生负伤、窒息或急性中毒死亡或停产时，应报告。虽然不属于劳动灾害，但工人在就业期间或在工场内或其他的附属建筑物内由于负伤、窒息、或急性中毒死亡，或停产时，同样要报告。发生放射线伤害和缺氧症和硫化氢中毒时，虽属不需要休息的灾害，也必须报告	劳动标准监督局长	及时	安卫则 97 条 1 项

续表

需要申报的状况等	需要申报的工场等	内 容 等	接收单位	提交日期	主要的有关法规
发生了特定的灾害时（报告）	即便没有发生工人伤亡，但只要发生了火灾或爆炸、砂轮机等高速转子破裂、建筑物倒塌、锅炉和吊车等事故，必须报告		劳动标准监督局长	及时	安卫则96条、电离放射线伤害防止规则43条、缺氧症等防止规则29条
派遣工人伤亡病报告	由接受派遣的单位的业主报告，并将其复印件交付给派遣单位的业主		劳动标准监督局长	及时	工人派遣法施行规则42条

根据业务的内容，对于从事该业务的作业人员，按法规规定需要取得一定的资格、就业限制、健康体检。

5）安全检查：在工程进行中，由于作业习惯或业务繁忙，忽视了围岩、作业环境、机械、设备等发生的变形和缺陷，也会导致意外灾害和事故。为了防止这些事故的发生，必须随工程进度进行适当的安全检查，以确保施工安全。

安全检查的内容因工程情况、施工方法、使用机器、设备的不同而异。除法规中规定的内容外，根据工程的实际情况进行内容补充尤为重要。此外，对某些特殊项目的检查，必须由责任人或指定的检查人员进行。

进行检查的时间应根据具体的检查内容适当安排。此外，检查需填写检查登记表，并保存检查结果的记录。关于缺氧、可燃性气体的测量、记录的保管等已有法规。

确认检查结果有异常时，必须立即采取补救及其他适当措施。

第188条 作业环境的保持维护

施工中，必须设置必要的设备，采取必要的措施和对策，使作业环境能一直保持安全、卫生。

【解说】 进行盾构施工时，必须考虑地下开挖作业的特殊性，周密地保持维护作业环境，以便能够安全、舒适地进行施工。在隧道内，需确保通风设备、照明设备、通道等的安全，采取消除影响作业人员健康的措施。在规范中规定了这些内容的最低标准。

为了保持安全的环境，必须根据实际情况，制订现场所用的机械、设备的设置及作业标准等，力求作业安全。为适应工程大型化、机械化、快速施工等要求，需认真研究保持作业环境安全的问题。

1）通风：确保安全、卫生的作业环境，隧道内通风是必不可少的。必须根据地质条件、盾构规模、施工方法、进度等选用合适的通风方式及通风设备。此外，在事前调查中，在有发生缺氧气体、有害气体的可能时，应充分研究其对策，使隧道内具有足够的换气能力，同时还要考虑能处理意外事态的发生。压气施工时，除了需要研究开挖面的稳定所需要的供气量，还要从安全的角度来研究所需要的供气量及其他事项，另外还需制订压气设备的计划。

隧道内作业场所的二氧化碳的浓度应控制在1.5%以下。但是，使用空气呼吸器、氧气呼吸器或者防毒面具进行抢救、防止人身伤亡事故等作业时不受此限制（安全卫生法则第583条：隧道内二氧化碳浓度标准）。通常，仅由隧道内作业人员的呼吸带来的空气污染每人就需 $3m^3/min$ 的通风量。

出现缺氧气体及有害气体时，对含氧量不满18％或者硫化氢含量超过十万分之一的地方是禁止人员进入的。有害气体、可燃烧气体的浓度不超过其容许值。若超出容许浓度，必须立即采取措施改进通风设备和通风方式。解说表 4.7 表示有害气体、可燃性气体的容许值。表中的法定值是根据有无危险确定的。ACGIH（美国劳动卫生专门官会议）规定的值表示全体作业人员进行地下连续作业也不会受影响的数值。设计通风设备时，要以 ACGIH 值作为基本参考。此外，由于盾构机械设备产生的热量提高了隧道内温度时，必须采取措施使隧道内温度的容许值在 37℃ 以下（安全卫生法则第 611 条）。其措施一般采用通风装置送冷气。（参见第 168 条）。在隧道外也要注意出发竖井，到达竖井中的机械组装，以及解体时的焊接、切割作业产生的暂时污染。

隧道内有害气体、可燃性气体一览表　　　　解说表 4.7

种　类	颜色、气味等	预计的中毒、危险等	比重（空气1.0）	爆炸范围（Vol ％）	法令限制值[1]	容许浓度（ppm）[5]	
						日本产业卫生学会	ACGIH[2]
一氧化碳（CO）	无色，无味	中毒及其他	0.97	12.5～74	100ppm[5]以下	50	25
二氧化碳（CO$_2$）	无色，无味	欠氧，中毒	1.53	—	1.5％以下	5000	5000
一氧化氮（NO）	无色，刺激味	中毒	1.04	—	—	—	25
二氧化氮（NO$_2$）	赤褐色，青黄色，硝烟味	中毒	1.59	—	—	—	3
二氧化硫（SO$_2$）	无色，硫磺味	中毒	2.26	—	—	—	2
硫化氢（H$_2$S）	无色，臭蛋味	中毒	1.199	—	10ppm[5]以下	5	10
盐酸水（HCL）	无色，无味	中毒	1.27	—	—	5[3]	5[4]
欠氧空气（O$_2$）	无色，无味	欠氧	1.11	—	18％以上	—	—
氧过量（O$_2$）	无色，无味	剧烈燃烧	1.11	—	—	—	—
甲醛（H·CHO）	无色，刺激味	中毒	1.07	—	—	0.5	0.3[4]
甲烷（CH$_4$）	无色，无味	爆炸	0.55	5.0～15.0	1.5％[6]以下	—	—
乙炔（C$_2$H$_2$）	无色，无味	爆炸	0.91	2.5～100	—	—	—
丙烷（C$_3$H$_3$）	无色，无味	爆炸	1.56	2.2～9.5	—	—	—

1) 系为劳动安全卫生规则、缺氧防止规则、劳动省告示等所示之值，应视作禁止作业之值。
2) ACGIH：American Conference of Governmental Industrial Hygienists（美国产业卫生专家会议）。
3) 最大容许浓度，通常原则上要保持在该浓度以下。
4) 容许浓度的最高值，STEL（15 分）仅限短时间暴露。
5) ppm：Part Per Million，"容积比的百万分之一"。
6) 甲烷的爆炸极限为 5％～15％，按安全卫生规范，规定（可燃性气体浓度要在爆炸下限值30％以下），为方便起见，取 1.5％。

此外，采用以低温液化气进行冻结施工时，必须注意液态氮从配管接头漏出时引起缺氧的危险。

盾构工程中的粉尘浓度因地质条件、施工方法、使用机械、通风方式等多种因素而异。因此，粉尘浓度必须定期进行测量，掌握其实际情况，并努力改进和改善劳动环境。

2) 照明：在作业场所及通道必须有照明设施，以尽力防止灾害发生、保护作业环境。

对开挖面、组装机、各种机械的操作部位、注浆处、皮带输送机等直接进行作业的照明需确保可安全作业的充足照度，最低照度宜在 70 勒克斯以上（安全卫生法则第 604 条）。使用照明设备时，应尽力减小明暗对比，以防晃眼。由于移动型照明设备在频繁移动条件下容易损坏，故应采用有防水外壳的照明设备，并需经常进行检修。

即使作为通道使用的区段，为了确保作业人员行人安全和轨道车辆的行驶安全，也必须进行必要的照明。有时要在整个通道上保持同样照度比较困难，但在最暗的地方也需保证 20 勒克斯左右。有的照明根据盾构断面的大小而定，一般多采用 40W 的荧光灯，配置间隔 5~8m。这些固定式照明设备由于需长期使用，除需考虑耐久性外，还要经常进行维修检查。此外，对于有开口的特别危险的地方，需设置警戒标志灯。（参见第 166 条）。

3) 排水：为了在施工中不发生事故，必须进行隧道内排水。

由于大量的意外涌水和排水设备的故障等，有可能会引起重大事故，故需充分考虑备用排水设备和停电时的对策。

必须注意排水泵的使用，对断路器、接地、移动电线等应采取安全措施，防止触电。（参见第 170 条）。

4) 通道：为了防止隧道内轨道车辆等发生事故，作业人员通行安全，必须确保通道安全。

通道必须具有足够的空间，以防止作业人员接触运行中的轨道车辆。同时，通道的路面也须保证安全，且采用适当的照明设备。通道与轨道和运输通道间要用栏栅、安全绳等明确地区分开。（参见第 169 条）。

5) 劳动保护用品：除安全帽外，根据作业内容，需具备呼吸保护用品、安全带、口罩、耳栓、防护眼镜、防振手套、防水服等劳保用品。并根据不同需要，供作业人员使用。对于这些保护用品，必须使用合格的制品，而不允许使用破旧品。另外还需要使作业人员完全知道其使用方法。

6) 防止噪声：噪声不仅给作业人员造成不适感，而且还会妨碍以对话和声音进行联络的信号，导致影响安全作业。而且还会影响生理机能，造成噪声耳聋等。因此，需选用噪声较小的机械设备。考虑工程、作业方法，对造成噪声源内机械设备要采取声源改善、隔声、吸声等措施，以降低噪声程度。若有产生噪声性耳聋的可能时，除定期测量噪声等级外，还应监视防止噪声措施的效果，并考虑噪声程度，噪声的传播时间等。必要时，必须采取令工人戴耳塞等措施。（参见第 193 条）。

7) 防振措施：在盾构工程中，除风镐、混凝土振捣器等振动工具外，有时也采用其他的施工和运输机械、工具。作为防振对策，除应选用配有有效的防振装置的机械、工具、使用防震手套等保护用品之外，还需对有震动的作业进行管理。（参见第 194 条）。

第 189 条　压气管理

采用压气施工法时，需特别注意作业人员的健康、必要设备的管理和操作等，必须确保作业安全、卫生。

【解说】 采用压气施工法时,由于施工环境多较恶劣,从事与压气相关的各种机械设备的运行、操作、加减压操作时,作业人员在健康管理、防止火灾方面必须特别注意的安全卫生方面有很多,因此,以下包括一般的相关法规和高气压作业安全卫生规则等必须遵守。

1) 压气作业的一般管理:在隧道外醒目之处明示严禁无关人员进入隧道内。在隧道外应经常注明入洞人员姓名,进出洞时应点名,随时准确地了解人员情况。

在压气条件下作业时,禁止将火种或可燃性物品带入隧道内。(参见第190条)。

2) 压气设备的一般管理:压气施工法所使用的设备必须是能确保施工所需压气压力,可供足够空气量的可靠的设备,尤其是在空气压缩机系统和电力设备发生故障时,会对开挖面及作业人员产生很大影响。故需配备备用电源或考虑配置自用发电设备等措施,以便即使在停电或在发生意外事故时,也可确保最低限度的功能。另外,必须一直注意向隧道内供给空气的调节,尤其是必须在操作这些调节阀和阀门的操作之处设置隧道内压力计,以防万一。(参见第178条)。

3) 压气设备的使用管理及维护检查:应将压气作业的主要设备与运行、操作相关的联络信号的方法,详细地告诉给相关的运行和操作者。绝不允许指定外的人员操作送、排气阀和调节阀。对主要设备的维修检查需制订标准,并指定负责人。必须按照规定标准进行维修检查。并将其检查结果予以记录、保存。主要设备的检查周期如解说表4.8所示。

高气压作业主要设备检查周期 解说表4.8

设 备	检查周期	设 备	检查周期
送气管,排气管,联络设备	1次/日以上	待避用具	1次/日以上
		自动报警装置(送气温度异常)	1次/周以上
送气调节阀及阀门	1次/日以上		
排气调节阀及阀门	1次/日以上	压力表	1次/月以上
空气压缩机	1次/周以上	空气过滤装置	1次/月以上
空压机附属冷却装置	1次/日以上	电路	1次/月以上

第190条 灾害防止

施工时,为防止灾害,必须采取必要的防止措施。尤其必须对盾构工程特有的作业环境、作业条件、作业方法等起因的灾害要特别注意。

【解说】 盾构工程中的施工事故中除落石、坍塌、轨道事故等与一般建设工程相同外,还必须特别注意防止因火灾、瓦斯爆炸、缺氧,有害气体中毒、淹没等引起的灾害。所以,除保持维护作业环境,整理整顿场地,制订适合现场状况的作业方法外,还需考虑防止上述灾害的措施。

1) 防止火灾:隧道内的火灾与隧道外火灾截然不同,应充分认识到消防演习、避难等方面的困难,认真采取措施。尤其在采用压气盾构时,必须注意避难时气闸室的出入、在压气条件下燃点的降低、火灾传播速度加快、灭火器具效率降低等问题。

液压机器的工作油根据消防法被指定为危险品。带入隧道内必须办理必要的手续,带入量少于规定的量时,根据市、镇、村火灾防止条例规定,作为少量危险品贮存在指定处,超出指定量则根据消防法规定,作为危险物品进行处理。

为了防止火灾，应尽量减少隧道内可燃物，并尽可能不动用明火。同时应建立防火体制，明确责任制，对火源，可燃物进行严格管理，排除火灾隐患，同时还需采取初期灭火措施。采用压气盾构时，严禁将火种、火柴、打火机或其他引燃物带入隧道内。原则上，禁止进行焊接、气割等明火或有电弧的作业。

此外，需使有关人员知道对火源的监督管理体制，对不同火源所使用的灭火设备的配置，明火作业场地的监督人的配置等，以便开展初期消防活动。

初期消防失败时，隧道内短时间内会处于危险状态。所以，必须根据规定，立即退到安全区，以防灾害扩大。

盾构工程中，由于施工条件限制，有可能会影响消防演习活动顺利进行。因此，必要时，最好从施工计划阶段开始，就与有关部门建立密切的联络关系和协商。

2) 瓦斯爆炸的防止：当开挖沼泽填筑地、污浊港湾围填地等腐泥层、甲烷地带、腐殖土地层时，甲烷等可燃性气体会从围岩涌出，或从隧道内涌水中游离出，有在隧道内引起瓦斯爆炸和燃烧的危险。

因此，在进行盾构施工时，必须事先对盾构预定通过地区及周围的地形、地质、水文等进行预先调查，同时也必须对现场周围以前或正在施工中的工程进行充分的调查。预计会发生可燃性气体时，必须通过钻探或其他方法，对有无可燃性气体及状态进行必要的调查。另外，根据需要，也可在推进盾构之前对地基进行改良或重新考虑盾构的形式，或对电气设备、机器的防爆化及其他措施进行研究。

可能会发生可燃性气体时，必须做好隧道内通风，排出可燃性气体。为此，需慎重地研究并选择合适的通风设备、通风方式和通风能力等。（参见第168条，第188条）。

另外，还必须研究防止隧道内漏水和出渣方法。在施工时，应有专人测量瓦斯浓度，每天作业开始之前，对有可能滞留瓦斯的地方进行浓度测量。

测量可燃性气体的装置有，测量个别地段用的便携式或经常使用的定位式等。测量瓦斯浓度时，必须连续观察瓦斯涌出量，必要时要做到能自动报警。采用可适应瓦斯变化的测量方法进行测量。

目前，对可燃性气体、有害气体、氧气浓度的测量已研制出各种测量装置及器具，有遥控自动测量、集中管理测量、自动记录等，也有可自动报警的装置。对这些瓦斯测量装置必须努力做好维修管理工作，每天检查1次以上。以保证其功能，使其一直处于正常使用状态，并记录、保存其测量结果。

当发生可燃性气体浓度超出容许值时，必须立即使作业人员退至安全区，禁止使用明火及其他引燃源物品，并进行通风和排气。甲烷等可燃性气体易停留在开挖面上方，隧道顶部和通风不畅的地方，会产生高浓度的甲烷层。因此，除了使用主要通风、排气设备外，还需考虑采用移动式辅助通风设备，充分搅拌稀释隧道内空气。

3) 缺氧、瓦斯中毒事故的防止：外边的空气不能流入或通风不良之处，由于空气中氧的消耗，会导致含氧量少的气体（缺氧气体）漏出，空气以外的气体（甲烷、二氧化碳、硫化氢等）漏出的原因，造成缺氧及瓦斯中毒事故。因此，在进行盾构施工时，需根据盾构通过地区及其周边的预先调查资料，预测缺氧气体、有害气体的危险性。通过钻探或其他方法，认真做好事前调查。

缺氧气体产生的原因及发生的状态根据土质条件、施工方法及气压变化的影响不同而呈复杂多样化。但是，通过或靠近以下所列的地层和地域时，隧道内有发生缺氧气体的危险。

①没有地下水或地下水少的砂砾层和砂层且上部有不透水层时；
②含有氧化铁或氧化锰等还原性化合物的地层；
③含有甲烷、乙烷的地层；
④含有腐殖、有机质的地层；
⑤涌水或有可能涌出碳酸水的地层；
⑥在地层中滞留缺氧空气的地层；
⑦在附近有其他工程采用压气施工法施工的地域。

因此，在进行事前调查时，除了地质条件外，还必须对现场周边曾经施工或正在施工的工程进行周密的调查。此外，在压气盾构中，有与本工程同时进行的盾构推进施工时，需密切注意其相互影响，必须考虑到将漏出的缺氧气体带入邻洞的可能性。

为了防止缺氧，瓦斯中毒事故发生，隧道内通风必须充足，并使隧道内的氧浓度不得低于容许极限，而有害气体浓度不得超过容许浓度。为此，需慎重研究，并选定合适的通风设备和通风能力等。(参见第168条，第188条)。

另外，在施工过程中，应经常在作业场所测量气体成分，一旦测出缺氧气体、有害气体时，必须立即采取充足的通风措施。关于施工中的空气中氧浓度、有无有害气体、有害气体状态的测量及其记录的必要事项，在缺氧症防止规范中有详细规定。

关于周围环境的缺氧防止参见第197条。

4) 淹没灾害的防止：在接近河流的地区和城市，由于集中下暴雨，往往会流出大量的水。另外，也有可能从邻近埋设的水管里冒出水来。这些水有可能从竖井中注入隧道内，造成淹没的危险。为了防止隧道淹没造成劳动灾害，调查过去发生的洪水历史和进行地形勘查等作业事先采取措施极为重要。出现集中暴雨时，不仅要注意本地的雨量及其水流情况，而且还需要注意上游地区的雨量及其下泄情况。在竖井里，为了防止雨水流入，要采取适当措施，如：提高加固挡水墙和配备备用排水泵等。还有，隧道内如有可能进入大量的水时，不得作业（安全卫生规则第378条之2）。

5) 高气压病的防治：从事压气作业的作业人员有患减压症、耳和副鼻腔障碍、沉箱病（多氮症）等影响健康的疾病的危险。为了防止这些高气压病的发生，必须依据医学上认可的方法，正确处理高气压隧道内的作业时间、气闸室内的加减压速度、作业结束后的有害气体压力减少时间等。对从事这些压气作业下的作业人员必须事先进行健康检查，以后对合格者每隔六个月仍需检查一次。另外，作业人员应各自留意日常健康状态，并对作业人员努力作好指导等健康管理工作。

其他对压气施工法的各种设备，对其结构、设置方法、使用管理、维修检查等必须严守相关法规，尽力实现安全作业。(参见第189条)。

6) 起吊、运输、轨道灾害的防止：需防止在隧道内、竖井内运送材料时，废渣输运、起吊作业时发生事故。为此，应考虑相关设备的设置方法和安全性，根据需要设置脱索防止等装置。必要时应设置接触防止、飞逸防止等设备。特别是对采用自动组装管片那样的自动化装置要有确保十分安全的机械装备，应制订相关人员的作业规程，并严格遵守。此外，相关机械设备结构、规格除要适合规定外，还需依照法规规定的事项对这些机械设备进行使用管理、维修检查。同时制订与现场条件相适合的运输、运行规定，并使相应作业人员通晓相关规定。(参见第163条、第164条、第169条、第188条)。

> **第191条 紧急时措施、救护措施**
> 必须预先制订发生紧急事故时应采取的措施、对策，以备紧急时、发生灾害时应用。

【解说】 为防备紧急事故发生，需对隧道内外所需机械，设备及通信联络设备采取备用措施。同时需建立与隧道内外的各作业场所、相关部门等立即取得联络的体制。

隧道内发生火灾、开挖面坍塌、涌水等紧急事故时，或者因有害气体、缺氧气体、可燃性气体的涌出发生中毒、瓦斯爆炸事件时，必须立即停止作业，采取切实可行的措施，使作业人员迅速退到安全地带（安全卫生规则第389条的7和8）。

1) 通讯联络设备：必须充分注意隧道内外的通讯设备，以及报警设备的配置、备用装置的配置、检查维修等。必要时，除通常的通讯设备外，也可考虑设置无线通话设备。

2) 避难用设备器具：根据需要，在合适的地方配备空气呼吸器、氧呼吸器等呼吸保护用具和携带式照明器具等避难用设备器具。另外，除采取确保避难通道通畅的措施外，还必须使作业人员对此有详细的了解。用于可能出现可燃性气体涌出地段的携带式照明器具应采用防爆型和用化学发光剂发光的制品。除了经常保持避难、救护设备随时处于可使用的状态之外，还需对作业人员进行避难、救护方面的教育及训练。特别是对于呼吸用保护用品，由于在压气中使用的环境条件不同，其性能变化较大，故需熟知其性能及正确的使用方法。

3) 急救措施：作业人员负伤或生病时，必须采取最有效的急救措施。事先准备好隧道内外的护送设备，指定急救医院和制订护送注意事项等措施也很重要。

4) 急救设备、器材：大雨时为防止雨水向竖井的流入，需预先准备好沙包及排水泵等器材。

5) 应急医疗设备：根据《高气压作业安全卫生规则》第42条规定，在0.1MPa以上的压力下工作时，应设有再压室（医疗闸）或急救时可利用的医疗设备。其构造规格应符合法令的规定，必须具有送、排气设备、与外部进行联系的设备、暖气设备及消防设备等。

对于再压室的设置、使用、维修等，必须遵守高压作业安全卫生规则的规定。

第8章 环境保护措施

第 192 条 环境保护的一般规定

为了保护施工地区的环境,应进行必要的调查,针对可能发生影响的因素采取相应的措施。

【解说】 盾构工程在市区或靠近民宅进行施工时,必须从工程计划阶段开始对环境的影响程度进行调查、预测和必要的研究,并采用切实可行的措施。关于地表下沉问题参见第146条。

1) 开工前主要调查项目:除了第 6 条～第 8 条所示调查项目以外,根据需要,还需调查下列关于周边环境的调查项目。

①特别需要注意的设施、建筑物的调查(振动、噪声方面有:学校、保育院、医院、诊疗所、图书馆、老人之家、拥有精密器械的建筑物等;下沉、移位方面有:铁路轨道、桥墩、桥台等各种设施及古老房屋等);

②附近居民生活环境的调查;

③附近本底噪声、振动的测量调查;

④附近的地下水利用状况。

2) 有关法规:有关公害法规依据公害对策基本法,对水质污染、大气污染、土壤污染、噪声、振动、地表下沉、恶臭等都有规定。地方团体根据法规制订条例。除此以外,还有很多有关环境保护的法规、方针、纲要等(参见第 3 条)。

此外,超出一定规模的泥浆处理设备类的废弃物处理设施需得到设置设施的许可,并配置技术管理人员。

关于交通措施参见建设省《建设工程公害灾害防治对策纲要(1993 年版)》。

3) 基本措施:

①技术措施:在工程计划阶段,必须考虑可预测的影响因素,努力选定施工方法、施工机械、辅助施工法等。同时还需要综合分析施工质量、工程费用、工期及安全性。研究对策时,重点研究发生源或作业现场的对策很重要。另外,针对某种因素采取措施会使另一种因素发生,故也需评价研究各相关因素,采取影响小的切实可行的措施。

②沿线措施:市区盾构工程施工中,关心沿线的居民很重要。为此,必须召开工程说明会,对工程的内容等进行说明,力求居民对工程的理解和支持。

第 193 条 噪声防止

为了防止施工噪声,必须遵守相关法规,根据事前调查的结果,采取合适的对策。

【解说】 施工噪声对附近的影响很大,故在工程计划阶段就须调查附近的本底噪声、环境条件等。选择低噪声施工方法和机器,采取隔声措施并努力取得居民的理解,而且还须建立管理体制。

盾构施工中主要噪声发生源有竖井的打桩机、挖土机等施工机械以及盾构隧道施工时的门吊、泥水处理设备、土砂料斗、鼓风机等隧道外设备。

1) 有关法规：

①噪声法规：按照特种建设作业的作业种类，都道府县知事在一定的地区内都有噪声规定。另外对汽车的噪声也规定了容许极限和要求标准。

②条例：对特种建设作业以外的作业也用条例加以规定。

2) 事前调查及预测：

①调查项目

i) 竖井附近及沿线房屋、设施等的密集度、生活时间带（特别要对建筑物、公共设施进行详细调查）；

ii) 噪声源与民房等的距离以及用地界线；

iii) 对作业时间带的周边本底噪声的测量调查；

iv) 预定使用的机器、设备等的噪声的实测值及采取对策的范例。

②影响预测：根据调查结果进行噪声的影响预测，并对此研究对策。在预测中需计算距离衰减、隔声、折射衰减、反射等因素。

3) 防止对策：主要对策举例如下：

①选择噪声较小的施工方法和机械，并通过安装防声罩、消音装置等，对机械进行防声处理；

②注意机械的维护检查及操作；

③在声源的配置方面下工夫；

④设置隔声设施。

4) 关于低频声：关于低频声没有明确的定义，但一般认为普通人能够听到的音频（可听频率范围）为 20～20000Hz，低于该频率的声音（1～20Hz：超低频音）和虽然是属于可听范围但难以听到的频率（20～100Hz）的音频为低频音。

窗户的振动和晃动，是由工厂机械设备等引起的地面振动所造成的，为了和这些相区别有时往往也会称之为低频空气振动。

低频音一般容易由鼓风机、空气压缩机、真空泵、集尘器、振动筛、燃烧器、柴油发动机动产生，易使玻璃窗、门发生振动，而对人的身体有影响，所以必须充分注意。

作为低频音的防止措施，降低振动力，改变振动频率，近年来还采用了低频音隔声板。

另外，关于低频音，国际标准规范（ISO7169G 特性）对超低频音的测量方法制订了标准。

详细情况参见建设省《建设施工噪声、振动防止对策技术方针》（1987年版），环境厅大气保护局《关于低频音的测量方法的手册》（1994年），环境省环境管理局大气生活环境室《低频音问题防止手册》（2004年）。

参考文献

1) （社）产业环境管理协会 ［新公害防止的技术与法规（2006）（噪声振动篇）］

第 194 条 振动防止

为防止施工振动公害，必须遵守相关法规，根据事前调查结果，采取适当对策。

【解说】 施工振动除对人产生心理影响外，还会对房屋、设施等产生影响，故考虑角度与噪声不同。

在传播途中减小振动非常困难，故在计划阶段就必须十分注意低振动的施工方法和机械的选择。

1) 主要振动发生源：盾构施工中的振动发生源与噪声基本相同。除此以外，还有泥水加压式盾构施工时使用的振动筛。另外，当覆盖层较薄时，盾构在推进时产生的振动，也需注意。

2) 有关法规：
①振动法规：指定了特种建设作业的作业种类，规定了都道府县知事指定的范围内的振动限制。也规定了交通限制标准。
②条例：对特种建设作业以外的作业也用条例加以规定。

3) 事前调查：振动的事前调查内容与噪声的调查项目相同。但是，振动调查根据地基的条件，要注意其随距离的衰减多少有些不同。

4) 防止对策：防止发生源的对策有以下几种，但这些对策需考虑变更附近的生活环境的作业时间。
①采用振动较小的施工方法或机械或两者同时采用；
②安装橡胶、空气垫层等防振装置；
③合理选定机器的配置场地。

详细说明参见建设省的《建设施工噪声、振动防止对策技术标准（1987年版）》。

第 195 条　水质污染防止

施工中产生污水时，为防止公共用水发生水质污染，必须遵守有关法规，采取相应对策。

【解说】 盾构施工中产生水质污染的因素有隧道内涌水、降低地下水位排出的水、清洗各种机器、车辆等的污水。

污水必须除去主要浮游物质（SS）。但是当混有水泥、化学药品时，需进行氢离子浓度（pH）的中和。另外对油污染也必须注意。

1) 有关法规：有关水质污染的法规等列出如下：
①水质污染防止法：规定了从具有特殊设施的工厂、事业场所向公共水域排水的排水标准；（参照水质污染防止法第3条，12条）；
②下水道法：对污浊水向下水道排放加以规定（参照下水道法第12条，该法施行令第8～9条）；
③河川法：规定向河川排放污水（50m³/日以上）时需申请手续（参照何川法施工令第16条）；
④水产资源保护法：以保护水产资源为目的，对法规规定的地域施工加以规定（参照水产资源保护法第18条）；
⑤天然公园法和自然环境保护法：对国立公园和国立公园范围内的排水加以规定（参照自然公园法第13条，自然环境保护法第25条）；

⑥条例：在都道府县和政府规定的城市中，很多地方规定了公害防止条例、下水道条例、废弃物处理条例、渔业权等。施工排水有时会受条例的限制；

⑦化学注浆施工方法的建设工程施工暂定方针：为了防止因化学注浆施工方法对人体健康产生危害和污染地下水，对必要的施工方法的选定、设计、施工及水质监督方面进行了规定。

2) 防止对策：开工前，必须调查污水发生源和污水有无影响、影响程度，并根据有关法规、规定值等，进行切实的净化处理之后再排出。排出水的排放量、水质等要根据条例的规定进行测量、汇报。

①调查项目
ⅰ) 向河流的排放系统、水量、水质、水使用状况等；
ⅱ) 排水标准等法规、条例及申报手续等；
ⅲ) 施工污水及废泥浆的水质、水量等；
ⅳ) 泥浆的处理方法；
ⅴ) 设置净化设备用地等。

②处理方法
ⅰ) 浮游物质：用沉砂池、沉淀池或使用凝聚剂在凝聚沉淀槽内使之沉淀；
ⅱ) 泥浆：用日晒或机械脱水，使之固化；
ⅲ) 排放水：排放沉淀池或沉淀槽上面的清水；
ⅳ) pH值：碱性或酸性水需调整pH值之后再进行排放；
ⅴ) 油质：排放水中的油质，采用漂浮或吸附分离方法除掉。

第196条 地下水措施

施工过程中，有可能影响地下水时，必须进行充分调查，并根据需要采取切实措施。

【解说】 在有地下水或软质地层上进行盾构工程施工时，通常选定闭胸型盾构。但当地下出现障碍物时，或在不得已的情况下，采用敞开式盾构。该情况下，为了保持开挖面稳定，多数情况需同时采用降低地下水位施工法、压气施工法、化学注浆法等。这些方法往往会对地下水产生影响。

因此，在工程开工之前，必须调查附近地下水的使用情况，对可能发生的影响进行研究并采取切实可行的措施。

1) 调查：
①调查附近地区的地层及地下水的水位、水质、流向等情况，并掌握全部动向（参见第8条）。
②调查附近地区有无水井、水塘、贮水池和其使用状况。特别要仔细调查生活用水及工业用水。
③采用化学注浆法时，根据建设省《关于化学注浆施工法的暂定指针（1974年版）》的调查项目进行调查。

2) 对策：
①辅助施工法的采用：通过压气施工法、化学注浆施工法、冻结施工法、防渗墙等适

当的辅助施工法进行隔水，以防止附近地下水的下降。该情况下，除土质条件外，还需考虑覆土、地层整体结构状态。并根据附近井的环境条件，选定切实可行的辅助施工法。

②防止化学注浆对地下水的污染：进行化学注浆施工时，必须在附近设置测量点。一边监视水污染状况，一边进行施工。详细说明参见建设省《化学注浆施工法暂定方针（1974年版）》。

> **第 197 条　缺氧症的防止**
> 采用压气盾构施工法施工时，为了防止缺氧气体的漏出对四周的影响，必须进行事前调查，采取切实可行的措施。

【解说】　采用压气施工法进行施工时，由于地层条件影响，有时缺氧气体和有害气体会漏到附近的水井、地下室或其他地下施工现场，故需充分调查土质及地下水条件。有漏出的可能性时必须决定最佳压气压力，并对此进行压气管理。观察有无漏出，及时采取措施防止缺氧症的发生。另外，地层中含有甲烷、硫化氢等有害气体时，由于危险性加大，故需采取其他措施。

1) 有关法规：

①缺氧症等规则：第 24 条（有关压气施工法的措施）中规定，在缺氧危险场所，进行压气施工法施工的调查、测量及防止对策；

②劳动安全卫生法施行令：第 6 条第 21 项中规定，在缺氧危险场所进行作业时，应选定作业负责人，进行作业环境量测。另外在同一法令的附表第 6 项中列出了缺氧危险场所。

2) 对策：

①事先调查与研究：根据土质及地下水的调查（参见第 8 条）结果，对有可能会漏出缺氧气体时，必须对影响范围内的障碍物体进行调查（参见第 7 条），并对下列事项进行调查、分析。

②防止对策：对有可能漏到附近一公里范围内的水井、地下室等场所，应测量空气中的氧浓度。为了避免泄漏造成的影响，应采取适当的防止措施和安全措施。

> **第 198 条　工程发生土的有效利用**
> 盾构施工产生的工程发生土必须作为再生资源努力加以利用和促进利用。

【解说】　工程发生土是建设副产品，应根据［重复循环法］(1991)，尽可能作为资源重新利用。盾构施工产生的工程发生土与重复循环法、废物处理法的关系如解说图 4.35 所示。

利用已成废物的建设污泥的方法如下：

①自己利用

②有偿销售

③再生利用制度的灵活应用（再生利用指定制度、再生利用认定制度）

建设污泥有时经过处理，可望再生利用，此举有助于废物抑制和环境保护。此时，需要进行有害物质含量试验，并根据作为物资器材规定的质量和所要求的性能等，还有盾构施工设备，进行中间处理。

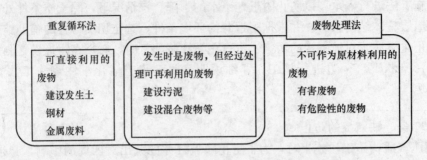

解说图 4.35 发生土与重复循环法、废物处理法的关系

进行中间处理时，需要考虑土质条件、隧道内搬运方法、竖井搬运方法、竖井占地范围、拟处理地的条件等因素，选择最佳处理方法。关于处理能力达到需要向自治团体备案的脱水处理设施等等设备，必须办理手续。

第 199 条 工程发生土的适当处理、处置

盾构工程施工中产生的废渣必须进行适当的处理及处置。

【解说】 盾构施工排放的废渣，含水率高、土颗粒细、呈泥状，作为无机质污泥处理（以下称污泥）。相对于废弃物的污泥，必须按照［废弃物处理法］进行适当地处理，一般所

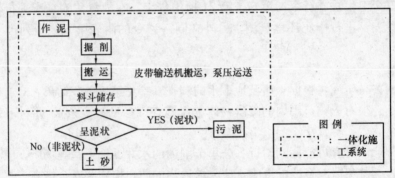

泥水非循环施工方法例
（泥水加压式盾构施工法）

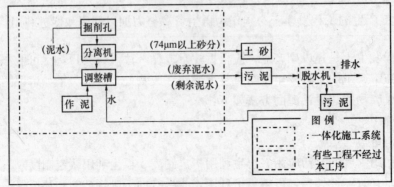

泥水非循环施工方法例
（泥水加压式盾构施工法，反向循环施工法）

解说图 4.36 盾构工程代表性的掘削施工法例

谓的泥状系指无法用标准卡车装运,而且不能上人的污泥。如果用土的强度来衡量这种状态,刺入指数大体在 200kN/m² 以下,或单轴压缩强度大致在 50kN/m² 以下。将开挖土砂装到自卸卡车上时,不能呈泥状,经过反复搬运就会呈现泥状,这样的土砂需要作为"污泥"处理。是土砂还是污泥其判断要在开挖工程排土时候进行。解说图 4.36 给出了泥水加压式盾构和泥土压式盾构的污泥的处理方法实例。另外,判断是土砂还是污泥必须服从工程所在地的地方自治体指导。

关于建设废弃物,随着法律的修改正在编写手册,施工时请必须注意最新的信息。

施工业主自行处理时,必须遵守有关废弃物处理法规定的处理标准,委托处理时,必须确认接受委托单位的工业废弃物处理专业的许可证,还要签订书面的委托合同,交付工业废弃物管理票据,并遵守委托标准。解说图 4.37 给出了废弃物处理的标准流程。

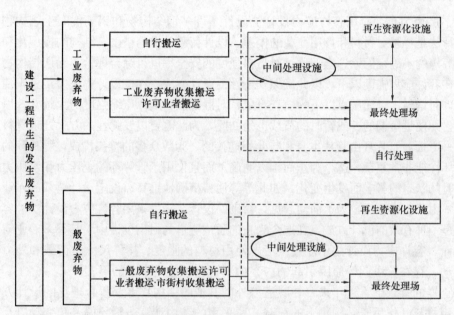

(图中中间处理设施,其处理能力和设备必须向自治体申请)

解说图 4.37　废弃物处理的标准流程

参考文献

1)（财）先进建设技术中心：建设污泥循环利用指南,pp. 87,2001
2)（社）全国建设业协会：Q&A 建设废弃物处理与循环利用 2002,pp. 7,2002

第 5 篇 极限状态设计法

第 1 章 总 则

第 200 条 适用范围

本篇将介绍使用极限状态设计法进行衬砌设计时的基本要求。

【解说】 迄今为止，应用容许应力设计法设计了许多钢结构物和钢筋混凝土结构物。容许应力设计法是一种对材料和作用荷载的偏差、设计荷载的推算精度、结构的模型化和结构计算方法等等的不确定因素，全部通过对材料强度的安全率进行综合评价、确认结构物上产生的应力在容许应力强度以下，以此确保安全性的设计方法。在该设计方法中，关于使用材料的强度，对钢材，以屈服点以下为核查对象；对混凝土，则以压缩强度的大致 2/3 以下为核查对象，即便是短期的、或暂时的荷载也是如此，为此需要以线弹性的方式处理材料。

另一方面，管片环由管片本身和与此相连接的、为数众多的接头构成，管片环的力学特性和破坏性能非常复杂，迄今为止尚难以明确。而且作用于管片环的土压力和水压力也会受到施工时的状态的影响而发生变化，如此等等使得精确地推算、设定设计荷载的作业变得十分困难。由于上述理由，为了简便起见，衬砌的设计，一直采用容许应力设计法。容许应力设计法是一种有效的设计方法，在迄今为止的盾构隧道的衬砌设计中，有很多的业绩。

然而，容许应力设计法不能直接考虑使用材料的强度、构件尺寸、荷载和外力等的偏差和变动，存在着由此等原因引起的内在的不合理性也是不争的事实。

在这样的背景下，近年来，在隧道以外的其他的结构物上获得合理化的设计方法、可以将使用材料、作用于结构物上的荷载、所采用的结构计算法等的偏差和变动以及不可靠性，分别设定各自的安全系数的极限状态设计法应运而生。

极限状态设计法是一种明确极限状态、确保结构物安全性和使用性、并且使极限状态达到适当的可靠程度的设计法。对于结构计算应该考虑的各种因素的偏差和不可靠性，通过引入概率统计论、可靠性理论，并重视结构计算上的实用性，将其凝缩为上述安全系数这一概念，从而形成了比容许应力设计法更为合理的设计体系。

最近，盾构隧道技术也在进步，考虑到上述社会发展趋势，衬砌设计引进极限状态设计法的必要性也日趋高涨，故本文特设一篇，作了专门论述。本篇主要介绍了用极限状态设计法设计圆截面盾构隧道衬砌时的情况，解说图 5.1 给出了极限状态设计法的设计流程。

设计时，对于一个结构物，不能按设计者的情况，对每个构件分别使用极限状态设计法和容许应力设计法等混用两个设计法的做法。其中，对于使用期间发生概率低的 2 级地震的抗震设计，需要考虑结构物的非线形性，所以考虑到构造物会受到损坏这一情况，需要按照核查等级确认损坏程度。为此，即便是常规以及用容许应力设计法对 1 级地震进行了研究时，对于 2 级地震也可使用极限状态设计法。

极限状态设计法一般认为尤其能提高各种安全系数的精度，因此更为合理，所以需要收集设计的实际业绩和今后的研究成果等有新见识的资料。

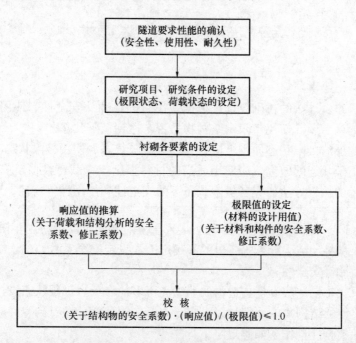

解说图 5.1 极限状态设计法的设计流程

第 201 条 符号

在本篇中,极限状态设计法使用符号规定如下。

F_k——荷载的特性值（$=\rho_f \cdot F_n$）；

F_d——荷载的设计值（$=\gamma_f \cdot F_k$）；

F_n——荷载的规格值或公称值；

f_k——材料强度的特性值（$=\rho_m \cdot f_n$）；

f_d——材料的设计强度（$=f_k/\gamma_m$）；

f_n——材料的规格值或公称值；

R——极限值的特殊性值；

R_d——极限值的设计值；

S——响应值的特性值；

S_d——响应值的设计值；

γ_m——材料系数；

γ_b——构件系数；

γ_f——荷载系数；

γ_d——结构分析系数；

γ_i——结构系数；

ρ_m——材料修正系数；

ρ_f——荷载修正系数。

第 2 章　设计的基本要求

第 202 条　一般事项

（1）极限状态设计法的衬砌设计，根据使用目的，确认安全性、使用性、耐久性是基本要求，应确认在设计使用年限内结构物是否未达到极限状态。

（2）盾构隧道的极限状态原则上应分为终极极限状态、使用极限状态。

（3）关于极限状态的研究，应使用适当的材料强度、荷载特性值、安全系数、修正系数和本篇所示的核查方法研究各极限状态下的安全性和使用性等特性。

【解说】　关于（1）：关于极限状态设计法，要通过在给定的设计使用年限内设定极限状态，并对荷载和材料、结构计算等各自的不确定因素设定安全系数，确认结构物是否未达到极限状态，而评价安全性。

在利用极限状态设计法设计构造物的业绩尚不多的今天，极限状态设计法中的安全系数应考虑过去建设的结构物的业绩加以设定，本标准规范充分注意到容许应力设计法和极限状态设计法的整合性，作了如此规定。

今后需要积累极限状态设计法的设计经验，随着技术的进步，吸收新的知识和研究成果，重新审视核查方法和安全系数等手段，将其发展为更合理的设计方法。

关于（2）：结构物的极限状态有各种各样的。据「混凝土标准规范（结构性能核查篇）」（2002 年制定）规定，极限状态设计法中的核查项目有终极极限、使用极限、疲劳极限，盾构隧道受到周围岩体的约束，一般认为受铁路和汽车等的振动引起的疲劳影响小，关于疲劳极限状态的核查基本上不进行，而将终极极限状态和使用极限状态作为研究的对象。

另外，构成盾构隧道的主要构件的管片有混凝土管片、钢制管片等，所考虑的极限状态认为是同样的。

终极极限状态是一种与承载性和变形性相对应的极限状态，是核查安全性所用的极限状态。其在盾构隧道上的代表性示例如解说表 5.1 所示。其中关于结构破坏的终极极限状态和变形的终极极限状态，其破坏机制、与地基的相互作用等方面探讨尚不充分，仍是今后需要研究的课题，所以该标准规范未将其列入。

使用极限状态是一种与通常的使用性和确保功能相关联的极限状态，是用于核查使用性或耐久性的极限状态。盾构隧道中的代表性示例如解说表 5.2 所示。还有，使用极限状态如「第 5 章　安全系数」所示的一样，安全系数一般使用 1.0，根据「第 4 章　荷载」所示的荷载特性值，与传统的容许应力设计法的通常设计法，在表面上是相同的研究方法。因此，容易产生误解，会误认为两者是相同的设计法。对此，设计时必须清醒地认识到：两者的指导思想是不同的。

关于（3）：关于极限状态的研究，对于各极限状态的安全性、使用性，要确认响应值不超过极限值。也就是说，要按照「第 2 章　设计的基本要求」和「第 7 章　终极极限状态的核查」、「第 8 章　使用极限状态的核查」所示的核查方法进行研究。此时用安全系数表达各种特性值的不可靠性。该安全系数需要考虑特性值的偏差等因素作适当的规定，并使用第 206 条规定的安全系数和第 207 条规定的修正系数。关于材料强度，要使用「第 3 章　材料的设计值」中规定的值。

另外，设计时需要设定与核查项目和各种极限状态相对应的荷载和荷载的组合，荷载和荷载的组合应按「第 4 章　荷载」的规定决定。

另外，关于抗震的研究，按「第 9 章　抗震设计」给出的方法进行。

终极极限状态示例　　　　　　　　　　　　　　　　　　　　　　　　解说表 5.1

截面破坏的终极极限状态	管片主体和接头的截面受到破坏的状态
结构破坏的终极极限状态	因出现截面破坏、隧道坍塌的状态
变形的终极极限状态	因结构物或构件变形而导致失去承载能力的状态
稳定的终极极限状态	因隧道上浮等原因而失去稳定的状态

使用极限状态示例　　　　　　　　　　　　　　　　　　　　　　　　解说表 5.2

开裂的使用极限状态	由于钢筋腐蚀或裂纹部分漏水，管片的耐久性、水密性受到损坏的状态
变形的使用极限状态	由于过大的变形，隧道所需要的建筑限制等必要的内空遭到损坏的状态
张开量的使用极限状态	为了确保隧道的止水性设计上所考虑的管片接头部地张开量变大，水密性、接头部分的耐久性受到损坏的状态
损坏的使用极限状态	构件出现损坏，不适合继续使用的状态

第 203 条　设计使用年限

盾构隧道的设计使用年限在考虑隧道的耐久性的基础上加以决定，而隧道的耐久性则取决于隧道规定的使用期、维护管理方法、环境条件等因素。

【解说】　盾构隧道由于是一种一旦启用，其后就难以补修、加固和改建的结构物，所以希望能长期使用。而盾构隧道只要没有包括极端的偏压作用、材料老化等外在原因和明显的初期缺陷等内在的原因在内的特别原因，与其他地面构造物相比，可长期使用。

降低盾构隧道使用性和耐久性的因素有：混凝土管片的中和作用和盐腐蚀、钢制管片的钢材腐蚀等引起的构件老化、密封材料的老化、流砂造成的磨损等等请参照「第 2 篇 衬砌」、「第 8 章　管片的耐久性」。引起这些现象的主要原因是漏水和混凝土管片的裂纹、覆土不足等等。尤其是漏水需要注意。反过来说，如能充分止水，则认为盾构隧道可长期使用。

一般来说，为了合理进行结构物的设计和维护管理，需要设定该设计使用年限（以下称"设计使用年限"）。在设计盾构隧道时也应该考虑上述之类的特性，设定设计使用年限。超过了该耐用设计期限，并非立即就会影响盾构隧道的使用，其使用并非受到限制，所以"耐用期"这一表达形式换成了另外的表达形式。

设计使用年限应考虑根据其使用目的所规定隧道的使用期和隧道周围的地基、地下水等的环境条件和衬砌的耐久性能适当地决定。

有例证表明,桥梁和基础之类的其他结构物,以 50～100 年左右为大致目标。

第 204 条　设计的前提

极限状态设计法的衬砌设计以材料的基本性能和设计细节得到满足、标准性的施工方法和施工管理得以实施为前提。

【解说】　设计时以混凝土和钢材等材料有应力-应变关系、拉伸软化曲线、弹性弹性模量等方面的基本性能为前提。为此以本篇的［第 3 章　材料的设计值］中规定的材料的基本性能得到满足为前提。

一般来说,盾构隧道根据其使用条件等等,要求有很高的耐久性和止水性,所以钢筋的保护层、接头的结构细节和密封层的结构等要求的功能得到充分的保证是基本的要求。因此,「第 2 篇　衬砌」、「第 7 章　管片的设计细节」中规定的细节得到满足是必要的前提。

另一方面,隧道的建设,是在狭窄的空间中进行的作业,是在不确定的因素大的地下进行的施工,所以为了确保隧道的质量,需要合理地施工。根据这样的现状,为了保证管片能承受施工时发生的各种各样的影响,在目前需要解决急曲线施工时的盾构机与管片接触及超计划的衬砌壁后注浆压力等与作用荷载增加联系在一起的与施工相关的一般问题。为此需要以满足「第 4 篇　施工和施工设备」规定的标准的施工方法和施工管理所要求的质量为前提。采用脱离了这些要求的施工方法时,需要另行研究和设计。

第 205 条　极限值和响应值的计算

(1) 极限值的计算,对材料强度等要素,考虑了实际值的偏差时,规定要使用能得到极限值的平均值的计算方法。极限值规定为与应当核查的极限状态相对应的项目。

(2) 响应值的计算应提供实际响应值的平均值,计算方法要求使用能得到核查所需要的响应值的计算方法。响应值为截面内力、变形量等,应当与核查的极限值相对应的项目要求进行计算。

【解说】　对极限值和响应值的计算规定了原则。因此,根据新的知识,使用与该标准规范不同的新的极限值和响应值的计算方法时,也需要遵循该原则。

关于(1):极限值有时是根据构件的性能进行计算的;有时不是依据构件的性能,而是另行根据隧道的使用目的设定的。关于所使用的极限值的设定方法,必须设定考虑了极限值计算方法的精度和偏差等的构件系数 γ_b (参照第 218 条)。

另外,计算极限值,对于终极极限状态,一般可按「第 7 章　终极极限状态的核查」所示的方法进行,而对于使用极限状态,一般可按「第 8 章　使用极限状态的核查」所示的方法进行。

关于(2):对于使用的分析方法,必须设定考虑了分析方法的精度和偏差的结构分析系数 γ_a (参照第 220 条)。

另外,响应值的计算可按「第 6 章　结构分析」所示的分析方法进行。

第206条 安全系数

（1）安全系数设材料系数 γ_m、构件系数 γ_b、荷载系数 γ_f、结构分析系数 γ_a 和结构系数 γ_i。

（2）安全系数，根据实际结构物的条件，设计时应考虑变化量加以设定。

【解说】 关于（1）：安全系数规定为5种。各个安全系数必须按核查的极限状态和材料、荷载等分别使用。

各种安全系数与核查时的极限值计算和响应值计算的关系如解说图5.2、解说图5.3所示。

[极限值的计算]
材料强度的特性值 f_k（$=\rho_m f_n$）
　│　ρ_m：材料修正系数（第207条）
　↓　f_n：材料强度的规格值
材料强度的设计值 $f_d = f_k/\gamma_m$
　↓　γ_m：材料系数（第217条）
极限值的特性值 $R(f_d)$
　↓　$R(\ )$：极限值的计算方法
极限值的设计值 $R_d = R(f_d)/\gamma_b$
　↓　γ_b：构件系数（第218条）

[响应值的计算]
荷载的特性值 F_k（$=\rho_f F_n$）
　│　ρ_f：荷载修正系数（第207条）
　↓　F_n：荷载的规格值或公称值
荷载的设计值 $F_d = \gamma_f F_k$
　↓　γ_f：荷载系数（第219条）
响应值的特性值 $S(F_d)$
　↓　$S(\ )$：响应值的计算方法
响应值的设计值 $S_d = \sum \gamma_a S(F_d)$
　↓　γ_a：结构分析系数（第220条）

[核查]
$\gamma_i \cdot S_d / R_d \leqslant 1.0$
γ_i：结构系数（第221条）

解说图5.2 核查公式与各安全系数的关系

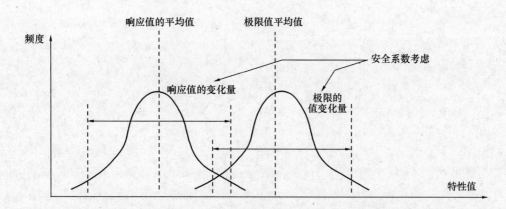

解说图5.3 响应值和极限值的平均值和变化量与安全系数的关系

关于（2）：对于作用于实际结构物的荷载和应力、变形量，设计计算出来的值由于种种原因会出现差异。因此，设计计算出来的值和实际结构物的值之差作为安全系数加以规定，以确保安全性。

为此，针对设计值的安全系数，是在考虑实际结构物上产生的误差即应考虑全部变化的基础上设定的值。

> **第 207 条 修正系数**
> (1) 修正系数以材料修正系数 ρ_m 和荷载修正系数 ρ_f 为基本系数。
> (2) 修正系数应考虑特性值和规格值或公称值的差异而决定。

【解说】 关于(1)：关于材料修正系数 ρ_m，详见第 208 条；关于荷载修正系数 ρ_f 详见第 215 条。

关于(2)：与《混凝土标准规范（结构性能核查篇）》（2002 年制定）一样，由规格值和公称值按特性值定义得到，且对过程处理措施作了规定。

对于材料强度和荷载，与特性值不同的别的体系的规格值或公称值已规定时，这些特性值可通过用修正系数变换规格值或公称值求得。还有，荷载修正系数 ρ_f 可对各自的极限状态求得。

作为必须考虑修正系数的例子，使用尚未按 JIS 等进行标准规格化的材料等时，就属于此种情况。

第3章 材料的设计值

第208条　一般事项

(1) 衬砌使用的材料见第39条。

(2) 材料强度的特性值 f_k 应考虑试验值的偏差加以决定。

(3) 材料强度的设计值 f_d，要求取材料强度的特性值 f_k 除以材料系数 γ_m 所得商值。

(4) 材料强度的特性值与其规格值 f_n 不同时，材料强度的特性值 f_k，取该规格值 f_n 乘以材料修正系数 ρ_m 所得之积。

【**解说**】 关于(1)：衬砌使用的材料、机械性质、试验方法等见第39条和第40条，需要考虑使用目的、环境条件、设计使用年限、施工条件等因素，使用适当种类和质量的材料。材料的质量，应按设计上的需要，用压缩强度、抗拉强度、加上其他的强度特性、弹性模量以及其他的变形特性等表示。

关于(2)：材料强度的特性值 f_k，由于衬砌使用的材料一般均使用按JIS规格化了的材料，所以原则上要使用JIS标准中规定的值。使用JIS标准品以外的材料时，应利用各种试验等方法决定适当的特性值。

一般特性值的含义如下，可用下式求得。

$$f_k = f_m - k\sigma = f_m(1-k\delta)$$

式中　f_m——试验值的平均值；

　　　σ——试验值的标准偏差；

　　　δ——试验值的变异系数；

　　　k——系数。

系数 k 是根据小于特性值的试验值的概率和试验值的分布形态决定的，对低于特性值（下侧不良）的概率取5%、并采用正态分布时，其值便为1.64（请参照解说图5.4）。

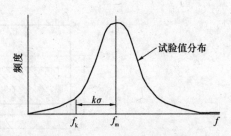

解说图5.4　一般特性值的含义

第209条　强度

衬砌使用材料强度的特性值规定如下。此处未给出强度等级等的各种特性值，应通过强度试验等适当决定。

(1) 管片使用的混凝土强度的特性值见表5.1。

混凝土的强度特性值（管片）（N/mm²）　　　　表5.1

压缩强度（设计规范强度）f'_{ck}	42	45	48	51	54	57	60
抗拉强度 f_{tk}	2.7	2.9	3.0	3.1	3.2	3.4	3.5
弯曲开裂强度[1] f_{bck}	2.7	2.8	2.9	3.0	3.1	3.2	3.3

续表

黏结强度（异形钢筋）f_{bok}	3.3	3.5	3.6	3.8	4.0	4.1	4.2
承压强度（全截面受压）f'_{ak}	42	45	48	51	54	57	60
承压强度（局部受压）[2] f'_{ak}	$f'_{ak}=\eta f'_{ck}$, $\eta=\sqrt{A/A_a}<2$						

注：1) f_{bck}是以管片厚度250mm，粗骨粒最大尺寸20mm计算出来的，除此以外的要素应按下式求出。

$$f_{bck}=k_{0b} \cdot k_{1b} \cdot f_{tk}$$

$$k_{0b}=1+\frac{1}{0.85+4.5(h/l_{ch})}, k_{1b}=\frac{0.55}{\sqrt[4]{h/1000}} \geq 0.4, l_{ch}=1000 \cdot G_F \cdot E_c/f_{tk}^2$$

式中 k_{0b}——表示由于混凝土张拉软化特性的抗拉强度和抗弯强度关系的系数；

k_{1b}——表示干燥、水化热及其他原因引起的开裂强度下降的系数；

h——构件厚度（mm）>200；

l_{ch}——特征长度（mm）；

G_F——破坏能量（N/mm）；

E_c——弹性模量（kN/mm^2）；

f_{tk}——抗拉强度特性值（N/mm^2）。

破坏能量G_F对于一般的普通混凝土可用下式求出。

$$G_F=1/100 \sqrt[3]{d_{max}} \sqrt[3]{f'_{ck}}$$

式中 d_{max}——粗骨料的最大尺寸（mm）；

f'_{ck}——压缩强度的特性值（N/mm^2）。

2) A为混凝土的承压分布面积，A_a为承压面积。

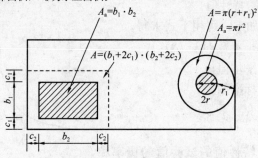

图5.1 承压面积的计算方法

(2) 现场灌注混凝土的强度特性值见表5.2。

混凝土的强度特性值（现场浇筑）（N/mm^2） 表5.2

压缩强度（设计规范强度）f'_{ck}	18	21	24	27	30
抗拉强度 f_{tk}	1.5	1.7	1.9	2.0	2.2
弯曲开裂强度[1] f_{bck}	1.6	1.8	1.9	2.0	2.2
粘结强度（异形钢筋）f_{bok}	1.9	2.1	2.3	2.5	2.7
承压强度（全截面受压）f'_{ak}	18	21	24	27	30
承压强度（局部受压）[2] f'_{ak}	$f'_{ak}=\eta f'_{ck}$, $\eta=\sqrt{A/A_a}<2$				

注：1) f_{bck}是以衬砌厚度250mm，粗骨粒最大尺寸20mm计算出来的，所以应与管片使用的混凝土一样计算。

2) A、A_a与管片所用的混凝土一样。

(3) 钢筋强度特性值见表 5.3。

钢筋强度的特性值（N/mm²）　　　　表 5.3

钢筋种类	SR235	SR295	SD295A，B	SD345	SD390
拉伸屈服强度 f_{yk}	235	295	295	345	390
压缩屈服强度 f'_{yk}	235	295	295	345	390
抗剪屈服强度 f_{vyk}	135	170	170	195	225

(4) 钢材和焊接部分的强度的特性值见表 5.4～表 5.6。表 5.4 为不考虑弯曲时的值，而表 5.5 则为考虑弯曲时的值。

钢制管片对局部弯曲的强度的特性值见表 5.6。强度不同的钢材接合时，应使用对强度低的钢材规定的值。

钢材和焊接部分的强度的特性值（N/mm²）　　　　表 5.4

强度类别			钢材种类	SS400 SM400 SMA400 STK400	SM490 STK490	SM490Y SMA490 SM520	SM570 SMA570
结构钢材			拉伸屈服强度 f_{yk}	235	315	355	450
			压缩屈服强度 f'_{yk}	235	315	355	450
			抗剪屈服强度（全截面）$f_{vy,k}$	135	180	205	260
			承压强度（钢板和钢板）f_{ak}	350	470	530	675
焊接部分	工厂焊接	坡口焊接	拉伸屈服强度 f_{yk}	235	315	355	450
			压缩屈服强度 f'_{yk}	235	315	355	450
			抗剪屈服强度（全截面）$f_{vy,k}$	135	180	205	260
		角焊接	焊道方向拉伸压缩屈服强度	235	315	355	450
			关于焊缝厚度的拉伸压缩屈服强度	135	180	205	260
	现场焊接			原则上取上述的 90%			

考虑压屈时的强度特性值（N/mm²）　　　　表 5.5

强度种类		钢型号	SS400、SM400 SMA400、STK400	SM490、STK490	SM490Y、SMA490 SM520	SM570、SMA570	—
关于压缩屈服强度·全截面	轴向		$0 < l/r \leqslant 9: f'_{yk}$	$0 < l/r \leqslant 8: f'_{yk}$	$0 < l/r \leqslant 8: f'_{yk}$	$0 < l/r \leqslant 7: f'_{yk}$	①
			$9 < l/r \leqslant 130:$ $f'_{yk} - 1.33(l/r - 9)$	$8 < l/r \leqslant 115:$ $f'_{yk} - 2.06(l/r - 8)$	$8 < l/r \leqslant 105:$ $f'_{yk} - 2.46(l/r - 8)$	$7 < l/r \leqslant 95:$ $f'_{yk} - 3.51(l/r - 7)$	

续表

强度种类 \ 钢型号		SS400、SM400 SMA400、STK400	SM490、STK490	SM490Y、SMA490 SM520	SM570、SMA570	—
关于压缩屈服强度·全截面	弯曲方向	（1）对于强轴的弯曲 使用下式所示的等效长细比 $(l/r)_e$ 替代上述 l/r。 $(l/r)_e = F \cdot l/b$ 式中，I 形截面时：$F = \sqrt{12 + 2\beta/\alpha}$ 箱形截面时 $\beta < \beta_0$：$F = 0$ $\beta_0 \leqslant \beta < 1$：$F = \dfrac{1.05(\beta - \beta_0)}{1 - \beta_0}\sqrt{3\alpha + 1}\sqrt{b/l}$ $1 \leqslant \beta < 2$：$F = 0.74\sqrt{(3\alpha + \beta)(\beta + 1)}\sqrt{b/l}$ $2 \leqslant \beta$：$F = 1.28\sqrt{3\alpha + \beta}\sqrt{b/l}$ $\beta_0 = \dfrac{14 + 12\alpha}{5 + 21\alpha}$ U 形截面时：$F = 1.1\sqrt{12 + 2\beta/\alpha}$ （2）对于弱轴的弯曲：f'_{yk}				②

注：1）①中的 l 表示构件的压屈长度，r 则表示所考虑的轴的全截面的截面二次半径。

2）②中的 l 表示翼缘固定点距离；b 在 I 形截面时，表示翼缘的宽度，还有箱形截面和 U 形截面的宽度；在箱形截面和 U 形截面时，表示腹板中心间隔。

α 为翼缘的厚度（t_f）和腹板厚度（t_w）之比（t_f/t_w），β 则为腹板高度（h）和翼缘宽度（b）之比（h/b）。

钢制管片的对局部压屈的强度特性值（N/mm²）　　表 5.6

钢型号	不受局部压屈的影响		受局部压屈影响	
	宽厚比（板宽/板厚）	强度	宽厚比（板宽/板厚）	强度
SS400 SM400	$\dfrac{h}{t_r \cdot f \cdot K_r} \leqslant 13.1$	235	$13.1 < \dfrac{h}{t_r \cdot f \cdot K_r} \leqslant 16$	$40800\left[\dfrac{t_r \cdot f \cdot K_r}{h}\right]^2$
SM490	$\dfrac{h}{t_r \cdot f \cdot K_r} \leqslant 11.2$	315	$11.2 < \dfrac{h}{t_r \cdot f \cdot K_r} \leqslant 16$	$40800\left[\dfrac{t_r \cdot f \cdot K_r}{h}\right]^2$

$$f = 0.65\phi^2 + 0.13\phi + 1.0, \phi = \dfrac{\sigma_1 - \sigma_2}{\sigma_1}, K_r = \sqrt{\dfrac{2.33}{(l_r/h)^2} + 1.0}$$

式中　h——主梁高度（mm）；

　　　t_r——主梁板厚度（mm）；

　　　f——应力梯度修正值；

　　　K_r——压屈系数比；

　　　l_r——主梁压屈长度（mm）；

　　　σ_1、σ_2——主梁边缘应力强度（N/mm²）（$\sigma_2 \leqslant \sigma_1$：压缩为正）。

不通过计算求 f、K_r 时，则取 $f \cdot K_r = 1.39$。

(5) 球墨铸铁的强度特性值见表5.7～表5.9。表5.7是不考虑压屈时的值，而表5.8则是考虑压屈时的值。

球墨铸铁扇形衬砌块对局部压屈的强度的特性值见表5.9。

球墨铸铁的强度特性值（N/mm²）　　表5.7

种　类		FCD450-10	FCD500-7
抗拉屈服强度	f_{yk}	280	320
压缩屈服强度	f'_{yk}	320	360
抗剪屈服强度	f_{vyk}	220	250

考虑压屈时的强度特性值（N/mm²）　　表5.8

强度类别 \ 种类	FCD450-10	FCD500-7
轴向压缩屈服强度 全截面	$0<l/r\leqslant 7$：f'_{yk}	$0<l/r\leqslant 7$：f'_{yk}
	$7<l/r\leqslant 105$：$f'_{yk}-2.34(l/r-7)$	$7<l/r\leqslant 100$：$f'_{yk}-2.79(l/r-7)$

球墨铸铁扇形衬砌块对局部压屈的强度特性值（N/mm²）　　表5.9

种类	不受局部压屈的影响		受局部压屈影响	
	宽厚比（板宽/板厚）	强度	宽厚比（板宽/板厚）	强　度
FCD450-10	$\dfrac{h}{t_r \cdot f \cdot K_r} \leqslant 15.2$	320	$15.2 < \dfrac{h}{t_r \cdot f \cdot K_r} \leqslant 21.7$	$75400 \cdot K \cdot \left[\dfrac{t_r \cdot f}{h}\right]^2$
FCD500-7	$\dfrac{h}{t_r \cdot f \cdot K_r} \leqslant 14.3$	360	$14.3 < \dfrac{h}{t_r \cdot f \cdot K_r} \leqslant 20.5$	$75400 \cdot K \cdot \left[\dfrac{t_r \cdot f}{h}\right]^2$

$$f = 0.65\phi^2 + 0.13\phi + 1.0, \phi = \frac{\sigma_1 - \sigma_2}{\sigma_1}$$

$$K = \frac{4}{\alpha^2} + \frac{40}{3\pi^2} + \frac{15\alpha^2}{\pi^4} - \frac{20\nu}{\pi^2} \quad \alpha = \frac{l_r}{h} \leqslant 2.26$$

式中　h——主梁高度（mm）；

　　　t_r——主梁板厚度（mm）；

　　　f——应力梯度修正值；

　　　K——压屈系数比；

　　　l_r——主梁压屈长度（mm）；

　　　σ_1、σ_2——主梁边缘应力强度（N/mm²）（$\sigma_2 \leqslant \sigma_1$：压缩为正）；

　　　ν——泊松比（球墨铸铁时，0.27）。

(6) 焊接结构用的铸钢件的强度特性值见表 5.10。

焊接结构用的铸钢件的强度特性值（N/mm²）　　　　表 5.10

钢种类	SCW480	钢种类	SCW480
抗拉屈服强度 f_{yk}	275	抗剪屈服强度 f_{vyk}	155
压缩屈服强度 f'_{yk}	275		

(7) 螺栓强度特性值见表 5.11。

螺栓强度特性值（N/mm²）　　　　表 5.11

强度分类	4.6	6.8	8.8	10.9
抗拉屈服强度 f_{yk}	240	480	660	940
抗剪屈服强度 f_{vyk}	135	275	380	540

【解说】 关于（1）、（2）：混凝土的各种强度的特性值应遵照《混凝土标准规范（结构性能核查篇）》（2002 年制定）的规定，原则上按龄期 28 天的试验结果决定。其中，也可以按照使用目的、主要荷载的作用时间和施工计划等因素，根据适当龄期的试验强度决定。试验方法和试件制作方法等应以 JIS 规定的方法为准。

抗拉强度的特性值 f_{tk} 和黏结强度 f_{bok}，可按压缩强度的特性值 f'_{ck}，分别用下式计算求出。式中的强度单位为 N/mm²。

$$f_{tk}=0.23f'^{2/3}_{ck}$$

$$f_{bok}=0.28f'^{2/3}_{ck} \text{ 式中，} f_{bok} \leqslant 4.2$$

计算黏结强度的特性值 f_{bok} 时，使用的钢筋必须是能满足 JIS G 3112 规定的异型钢筋。如是普通圆钢，则应取异型钢筋时的 40%，钢筋端部应设置半圆形弯钩。

弯曲开裂强度的特性值 f_{bck} 应考虑拉伸软化特性加以决定。拉伸软化特性是通过数值计算、分析混凝土的断裂特性时作为本构模型而被列入的。长期以来，混凝土的裂纹是通过将混凝土的梁假设为完全弹性体，设想边缘的最大拉伸应力达到抗拉强度时所发生而求解出来的。但是，由于将混凝土的拉伸软化特性列入本构模型，则抗弯强度将比抗拉强度还要大，可以认为具有尺寸效应。

混凝土的拉伸软化特性依据《混凝土标准规范（结构性能核查篇）》（2002 年制定），可使用解说图 5.5 所示的双线性模型的拉伸软化曲线。

承压强度的特性值（全断面载荷）f'_{ak} 应作为与抗压强度的特殊性值 f'_{ck} 相等的值而加以规定。

关于（3）、（4）：抗拉屈服强度的特性值 f_{yk}，必须符合 JIS 标准，并应取 JIS 标准值的下限值。对于 JIS 标准件以外的钢筋和钢材，要求根据抗

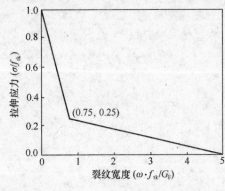

解说图 5.5　混凝土的拉伸软化曲线

拉试验等适当决定。试验方法和试件制作方法等应以 JIS 规定的方法为准。

压缩屈服强度的特性值 f'_{yk}，可以取与抗拉屈服强度的特性值 f_{yk} 相等的值。这是因为压缩试验时的弹性变形向塑性变形过渡期间的特性，基本上与抗拉试验时一样；在使用实际截面面积求出的实际应力中，压缩屈服强度和抗拉屈服强度相等。JIS Z 2241（金属材料抗拉试验方法）规定的抗拉屈服强度由于不使用原截面面积，所以不是实际应力，但一般认为这在研究极限状态时，不会有大的影响，所以规定压缩屈服强度的特性值 f'_{yk}，取与抗拉屈服强度的特性值相等的值。

抗剪屈服强度的特性值 f_{vyk} 可适用剪应变能量理论的屈服条件，用下式求出。

$$f_{vyk} = \frac{f_{yk}}{\sqrt{3}}$$

表 5.4～表 5.6 所示的钢材的各种强度的特性值，对于板厚度 16～40mm，为 JIS 规定的值。与厚度 16～40mm 板的强度特性值相比，厚度 16mm 以下的板强度的特性值较大，但其差小，在研究极限状态时，其影响小，对于板厚 16mm 以下的钢材，也可适用本表。另外，使用的钢板的厚度超过 40mm 时，关于各个强度的特性值，应根据 JIS 确定的标准等适当决定。

现场焊接时的焊接部分的强度的特性值，考虑到施工环境等因素，原则上取工厂焊接时的 90%。但如施工管理与工厂的施工管理同等程度，并经确认，焊接质量与工厂焊接同等时，也可取工厂焊接的强度特性值。

关于（5）：抗拉屈服强度的特性值 f_{yk}，如果是适合 JIS 标准的，决定使用 JIS 规定的标准值的下限值。

抗剪屈服强度的特性值 f_{vyk} 可适用最大应变能量理论的强度计算式，用下式求出。

$$f_{vyk} = \frac{\sigma_y}{1+\nu}$$

球墨铸铁扇形衬砌块对于局部压屈的强度的特性值，一般考虑到管片的板的厚度较大，而且是一种采用起模梯度的梁腋等加固的整体成型件，作为求取压屈系数时的约束条件，要求 3 边固定，1 边自由。当纵肋间隔特别大和板厚度特别薄等时，最好在认真研究约束条件是否妥当的基础上再使用。还有，关于 $l_r/h > 2.26$ 时的压屈系数 k 的设定，需要另行研究。

关于（6）、（7）：抗拉屈服强度的特性值 f_{yk}，应符合 JIS 的标准，并取 JIS 规定的标准值的下限值。关于 JIS 标准件以外的制品应当根据抗拉试验等适当规定，关于试验方法和试件制作方法等，应以 JIS 规定的方法为准。

压缩屈服强度的特性值 f'_{yk} 和抗剪屈服强度的特性值 f_{vyk}，应与钢材时一样地考虑。

第 210 条 应力-应变曲线

（1）对于应研究的极限状态，必须规定适当的应力-应变曲线。

（2）在对终极极限状态进行研究时，混凝土使用图 5.2（a）所示的应力-应变曲线；而钢材、钢筋、球墨铸铁和螺栓则使用 5.2（b）所示的应力-应变曲线。

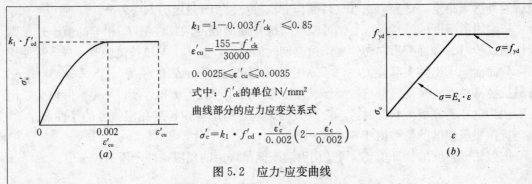

图 5.2 应力-应变曲线
(a) 混凝土；(b) 钢材、铁筋、球墨铸铁、螺栓

(3) 在对使用极限状态进行研究时，应将应力-应变曲线视为线性。此时的弹性模量应按第 211 条决定。

【解说】 关于 (2)：混凝土的应力-应变曲线可使用图 5.2 (a) 所示的曲线。关于图 5.2 (a)，考虑到混凝土强度变大的同时会出现用构件的弹性极限应力求出的混凝土强度会低于圆柱体试件强度这一现象，让设定长方形应力块上的混凝土的应力强度使用的系数依附于 f'_{ck}；考虑到破坏也是脆性的，规定让终极应变也减小（解说图 5.6）。

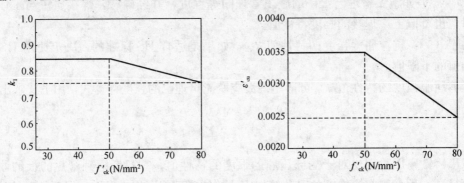

解说图 5.6 k_1、ε'_{cu} 和 f'_{ck} 的关系

此处所示的应力-应变曲线是一般性的，如果由于钢筋等的约束效应，压缩强度和终极应变变大，而这些值，通过实验等已经得到时，也可使用该结果。

还有，钢材、钢筋、球墨铸铁、螺栓的应力-应变曲线因材料的种类、化学成分、制造方法等而异。例如：钢筋的屈服点强度与抗拉强度之比为 65%～80%，而结构用钢材（非调质）则为 55%～80%左右。因此，需要根据研究的目的，设定适当的应力和应变关系。一般来说，研究构件截面的应力强度、弹性极限应力等可使用图 5.2 (b) 所示的应力-应变曲线。

第 211 条 弹性模量

(1) 管片使用的混凝土的弹性模量原则上应根据 JIS A 1149（混凝土的静弹性系数试验法）求得，但一般根据其设计标准强度，使用表 5.12 所示之值。

混凝土的弹性模量（管片）　　　　　　　　　　　表5.12

设计标准强度 f'_{ck} (N/mm²)	42	45	48	51	54	57	60
弹性模量 E_c (kN/mm²)	31.4	32.0	32.6	33.2	33.8	34.4	35.0

（2）钢、铸钢和球墨铸铁的弹性系数应使用表5.13所示之值

钢、铸钢和球墨铸铁的弹性系数　　　　　　　　　表5.13

材料种类	弹性模量（kN/mm²）
钢和铸钢 E_s	210
球墨铸铁 E_d	170

（3）二次衬砌使用的混凝土的弹性模量原则上应根据JIS A 1149（混凝土的静弹性系数试验法）求出，而一般应根据其设计标准强度使用表5.14所示之值。

混凝土的弹性模量（二次衬砌）　　　　　　　　　表5.14

设计标准强度 f'_{ck} (N/mm²)	18	21	24	27	30
弹性模量 E_c (kN/mm²)	22.0	23.5	25.0	26.5	28.0

【解说】 关于（1）：使用极限状态下的弹性变形或超静定力的计算所使用的混凝土的弹性模量一般可使用表5.12所示之值。由于按极限状态设计法进行衬砌设计，表5.12所示之值是按照《混凝土标准规范（结构性能核查篇）》（2002年制定）决定的。

使用表5.12所示之值以外的设计标准强度时，可在 $f'_{ck}=42\sim60\text{N/mm}^2$ 的范围内，通过比例插值，决定弹性模量。

使用超过该范围的设计标准强度时，需要根据压缩试验等方法决定。

关于（2）：使用极限状态下的弹性变形或超静定力的计算所使用的钢、铸钢和球墨铸铁的弹性模量可使用表5.13所示之值。

关于（3）：可将二次衬砌视为结构构件时，使用极限状态下的弹性变形或超静定力的计算所使用的混凝土的弹性模量一般可使用表5.14所示之值。表5.14所示之值，是为了能按极限状态设计法进行二次衬砌设计，与管片一样，按照《混凝土标准规范（结构性能核查篇）》（2002年制定）决定的。

使用表5.14所示之值以外的设计标准强度时，可在 $f'_{ck}=18\sim30\text{N/mm}^2$ 的范围内，通过比例插值，决定弹性模量。使用超过该范围的设计标准强度时，需要准照《混凝土标准规范（结构性能核查篇）》（2002年制定），或根据压缩试验等方法决定。

第212条 其他材料的设计值

(1) 混凝土、钢、铸铁和球墨铸铁的泊松比应使用表5.15所示之值。

泊 松 比　　　　　　　　　　　　　　表5.15

材料种类		泊松比
混凝土 ν_c	弹性范围内	0.17
	容许裂纹时	0.00
钢和铸钢 ν_s		0.30
球墨铸铁 ν_d		0.27

(2) 混凝土的收缩原则上应考虑结构物周围的湿度、构件截面的形状尺寸、混凝土的配比等影响而决定,但一般应使用表5.16所示之值。

另外,按弹性理论计算超静定力时,混凝土的收缩变形可取 150×10^{-6}。不过,使用该值时,不得加上蠕变的影响。

混凝土的收缩应变（$\times10^{-6}$）　　　　表5.16

湿度大致标准	混凝土的龄期				
	3日以内	4～7日	28日	3个月	1年
65%	400	350	230	200	120
40%	730	620	380	260	130

(3) 混凝土的蠕变应变应与发生作用的应力产生的弹性应变成正比,一般应用下列计算式求出。

$$\varepsilon'_{cc} = \varphi \cdot \sigma'_{cp}/E_{ct}$$

式中　ε'_{cc}——混凝土的压缩蠕变应变;

　　　φ——蠕变系数;

　　　σ'_{cp}——发生作用的压缩应力强度;

　　　E_{ct}——加载龄期的弹性模量系数。

此时,混凝土的蠕变系数原则上应考虑结构物周围的湿度、构件截面的形状尺寸、混凝土的配比、应力作用混凝土的龄期等的影响决定。

【解说】 关于（1）：使用极限状态下的弹性变形或超静定力的计算一般可使用表5.15所示之值。表5.15所示之值是按极限状态设计法进行衬砌设计,所以需要遵照《混凝土标准规范（结构性能核查篇）》（2002年制定）的规定。

关于（2）：混凝土的收缩会受单位体积水量和养护环境等的影响。管片使用的混凝土与一般性的混凝土相比,一般认为收缩小,但是关于管片使用的混凝土的收缩所收集到的信息并不充分,所以此处按照《混凝土标准规范（结构性能核查篇）》（2002年制定）决定的。

关于（3）：计算管片上使用的混凝土的蠕变应变时,希望能考虑管片在荷载作用之前有足够的养护时间,并在水中有养护的事例等等举措。

第4章 荷 载

第213条 一般事项
(1) 衬砌设计必须按照研究的极限状态、在适当的组合之下考虑施工期间和使用期间发生作用的荷载。
(2) 设计荷载应使用荷载的特性值乘以荷载系数所得之积加以决定。

【解说】 关于 (1)：作为核查对象考虑的荷载的种类及其组合不受设计法左右，所以从该观点出发，便与「第二篇 衬砌」的内容一样。

第214条 设计荷载的种类和组合
(1) 衬砌设计时考虑的荷载如下：
1) 垂直土压力和水平土压力
2) 水压力
3) 衬砌的自重
4) 上覆荷载的影响
5) 地基反力
6) 施工荷载
7) 地震的影响
8) 邻近施工的影响
9) 地基下沉的影响
10) 平行设置隧道的影响
11) 内部荷载
12) 其他荷载
(2) 对各自的极限状态，设计荷载必须考虑荷载的组合来设定。

【解说】 关于 (1)：设计使用的荷载可按发生作用的频度、持续性和变化程度分类。总覆土荷载或松动荷载的垂直和水平土压力、水压力、衬砌的自重、结构物等引起的上覆荷载的影响等等是属于荷载的变动小到可以忽略不计的、会持续发生作用的荷载，是设计时必须始终考虑的基本荷载。另外，千斤顶推力和壁后注浆压力等施工时起作用的荷载虽不是持续起作用的荷载，但设计时也必须始终考虑的基本荷载。还有，包括内部积水压力等在内的内部荷载、平行设置隧道的影响、邻近施工的影响、地基下沉的影响等等是荷载变动连续发生或频繁发生、不可忽视的荷载，而且还是必须根据隧道使用目的、施工条件和布局条件等加以考虑的荷载。再者，还有一种使用期间发生作用的频度极小、但是一旦发生，其影响非同小可的荷载，例如地震等。

衬砌设计时，应从上述荷载中，对施工期间和使用期间中必须研究的极限状态加以选择，并对各种荷载，适当地决定设计荷载。

关于（2）：关于终极极限状态的研究，对主体部分、接头部弹性等的极限状态要设定应考虑的荷载，如：地震影响等。关于使用极限状态的研究，对裂纹和变形等的极限状态要设定应分别考虑荷载的组合。

第 215 条　荷载的特性值

（1）荷载的特性值必须对应研究的极限状态分别决定。

（2）终极极限状态研究时所使用的荷载的特性值取隧道施工期间和设计使用年限间发生的最大荷载的期待值。其中，荷载小而不利时，取最小荷载的期待值。

（3）使用极限状态研究时所使用的荷载的特性值，应对其大小在隧道施工期间和设计使用年限内较为频发程度的加以规定。

（4）荷载的特性值与其规格值或公称值不同时，荷载的特性值取用该规格值或公称值乘以荷载修正系数 ρ_f 所得的值。

（5）作为垂直土压力，采用松动土压力时，是采用设计垂直土压力的下限值，还是采用松动土压力，对此充分研究后再行决定。

【解说】　关于（2）：作为终极极限状态研究时使用的荷载的特性值可使用超过使用期的再现期的荷载的最大值或最小值，但关于荷载的数据未必充分，考虑到判断这样的特性值缺乏资料，在该标准规范中，决定将最大荷载或最小荷载的希望值作为特性值。

关于（3）：使用极限状态研究时所使用的所谓（较为频发程度的）荷载系指直至该荷载阶段为止，不希望达到会出现裂纹、变形等的极限状态的荷载。因此，需要按衬砌的特性和荷载的种类、应研究的极限状态决定。

关于（5）：在「第 2 篇　衬砌」中也作了叙述，一般来说，作为垂直土压力采用松土压力时，考虑到施工过程中的荷载和隧道竣工后的荷载的变化，对其设置下限值的为多，该下限值因隧道用途而异。用极限状态设计法进行设计时，其荷载特性值基本上与容许应力设计法时一样。

第5章 安 全 系 数

第216条 一般事项

衬砌设计使用的安全系数如下。

1) 材料系数 γ_m
2) 构件系数 γ_b
3) 荷载系数 γ_f
4) 结构分析系数 γ_a
5) 构造物系数 γ_i

【解说】 关于1)、2)：在用材料强度特性值和构件的要素求出设计截面弹性极限的过程中，引用了材料系数 γ_m 和构件系数 γ_b。计算截面弹性极限，是将材料强度作为实际的值求截面弹性极限的平均值，以此为标准，并需要使用构件系数 γ_b 考虑其变动。

关于3)、4)：用荷载的特性值求出设计截面内力的过程中，引用了荷载系数 γ_f 和结构分析系数 γ_a。计算截面内力将荷载作为实际值求截面内力的平均值，以此为标准，并需要使用结构分析系数 γ_a 考虑其变动。

关于5)：在对设计截面内力和设计截面弹性极限应力进行比较的阶段引用了构造物系数 γ_i。决定构造物系数 γ_i 时，要考虑构造物的重要性、达到极限状态时的社会影响、经济性等因素。

第217条 材料系数

材料系数 γ_m 应作为一种安全系数，考虑材料强度的特性值的变异、试件和结构物的材料强度的差异、材料强度的极限状态及影响、材料强度的老化等因素决定，对于混凝土、钢筋、钢材等可取适当规定的值。

【解说】 衬砌设计使用的材料系数可使用解说表5.3所示之值。

材料系数的大致标准　　　　　　　　　　　　　　　　解说表5.3

极限状态	材料系数 γ_m						
	混凝土		钢筋	钢 材		球墨铸铁	螺栓
	管片	现场浇注		主梁、纵肋	翼缘板		
终极极限状态	1.2	1.3	1.00	1.05	1.00	1.10	1.05
使用极限状态	1.0	1.0	1.00	1.00	1.00	1.00	1.00

1) 混凝土：现场浇注混凝土的材料系数准照《混凝土标准规范（结构性能核查篇）》（2002年制定）取1.3。另一方面，工厂生产的管片，考虑到与一般的现场浇注的混凝土相比，混凝土的压实、材料的质量等管理严格等因素，材料系数取1.2。

2) 钢筋：钢筋的材料系数按照《混凝土标准规范（结构性能核查篇）》（2002年制

定）的规定。

3）钢材：主梁、纵肋的材料系数参考了第1条所示的铁路构造物设计标准的结构用钢材的系数。关于翼缘板此次规定为1.0。

4）球墨铸铁和螺栓：球墨铸铁和螺栓的材料系数，参考第1条所示的铁路结构物设计标准的结构用钢材的系数，作了规定。

第218条 构件系数

构件系数 γ_b 应考虑构件截面弹性极限应力计算上的不可靠性、构件尺寸偏差的影响、构件的重要性（作为核查对象的构件达到极限状态时对结构物整体的影响）等因素，采用规定的安全系数的形式，对混凝土管片、钢制管片作出适当的规定。

【解说】 衬砌设计用的构件系数可使用解说表5.4和解说表5.5所示的值。另外，二次衬砌施工不作为力学上的主体结构考虑时可适当减低。

构件系数的大致标准（混凝土系列管片）　　　　解说表5.4

极限状态	构件系数 γ_b					
	主体部分			管片接头	管片环接头	吊钩
	弯曲	压缩	剪切			
终极极限状态	1.10	1.30	1.30[1] 1.10[2]	1.10	1.15	1.30
使用极限状态	1.10	1.00	1.00	1.00	1.00	1.00

1）用于按混凝土强度规定的抗剪弹性极限应力计算。
2）用于按钢材的强度规定的抗剪弹性极限应力计算。

构件系数的大致标准（钢制管片）　　　　解说表5.5

极限状态	构件系数 γ_b					
	主体部分			管片接头	管片环接头	吊钩
	弯曲	压缩	剪切			
终极极限状态	1.05	1.15	1.15	1.10	1.15	1.15
使用极限状态	1.00	1.00	1.00	1.00	1.00	1.00

1）混凝土系列管片：混凝土系列管片的构件系数是以《混凝土标准规范（结构性能核查篇）》（2002年制定）和文献[1]为基础决定的。

2）钢制管片：钢制管片的构件系数是准照第1条所示的铁路构造物设计标准的结构用钢材的系数决定的。

3）接头：解说表5.4和解说表5.5给出了对螺栓接头进行核查时的值，其中，对管片接头通过弯曲进行核查，而对管片环接头则通过剪切进行核查。

管片接头和管片环接头种类繁多，有螺栓式、嵌镶螺栓式、楔式、插销式等等，破坏形态因结构上的、材料上的特性而异。因此，接头部分的核查，需要考虑所采用的接头的特性，参考过去的实验数据等资料，规定构件系数。

> **第 219 条　荷载系数**
> 荷载系数应考虑对于荷载特性值来说的向不理想方向的变动、荷载的计算方法的不可靠性、荷载的变化、荷载特性对极限状态的影响、环境作用的变化等因素，适当决定。

【解说】　作用于盾构隧道的荷载，如第 214 条所述，有垂直土压力和水平土压力、水压力、衬砌自重、上覆荷载的影响、地基反力等等。现列出荷载系数的大致标准，见解说表 5.6。终极极限状态下，按荷载种类，规定为 0.8～1.3；使用极限状态下，规定为 1.0。这些荷载系数，随着今后极限状态设计法的设计业绩的丰富、数据积累的增多，将需要重新研究、重新审视。

像盾构隧道那样的圆形拱形构造物，如荷载平衡好、则轴向力就大，结构就稳定，所以千篇一律加大荷载的特性值，未必就是安全的设计。因此，在设定终极极限状态的荷载系数时，对于垂直方向的荷载，设定得大于 1.0，而对于侧向土压力系数的荷载系数，则设定得小于 1.0，以便使设计截面内力变大。经确认，通过这样的荷载系数设定，软地基上设计截面内力会变大[1]，软地基发生结构性问题的实际情况得到了优于优良地基的整合性。因此，可以说，通过使用极限状态设计法，可以得到更符合实际情况的设计。

关于自重，终极极限状态的荷载系数设定为 1.0～1.1，但对于经过认真管理制作的混凝土管片则设定为 1.0 也不乏其例。另外，关于上覆荷载的极限状态的荷载系数，对于建筑物和填土等静载设定为 1.0；对于冲击荷载和变动大的车轮荷载等，根据荷载的特性和覆盖土等实际情况设定 1.1～1.3 范围内的值的事例也时有所见。

还有，解说表 5.6 所示之值，用现在的技术可对地基进行充分的调查等等，即能把握住条件是前提。未能进行充分的地基调查和掌握情况时，设计上最好要设定更为安全的荷载系数。

荷载系数的大致标准　　　　　　　　　　　解说表 5.6

极限状态	土压力		侧向土压力系数	水压力	地基反力系数	自重	上置荷载	其他
	松土压力	总覆盖土压力						
终极极限状态	1.0～1.3[1]	1.05	0.8～1.0	0.9～1.0	0.9～1.0	1.0～1.1	1.0～1.3	1.0～1.3
使用极限状态	1.0	1.0	1.0	1.0	1.0	1.0	1.0	1.0

1) 采用垂直土压力的下限值时，可采用 1.0。

> **第 220 条　结构分析系数**
> 结构分析系数 γ_a 应考虑计算截面内力时的结构分析的不可靠性，适当决定。

【解说】　结构分析系数 γ_a 是考虑到计算截面内力时的结构分析结果的偏差和不可靠性而使用的系数，按所用的结构分析的特性、妥当性、精度等设定适当的值。在本篇中，在计算截面内力时，以采用梁-弹簧模型计算法为前提，使用该结构分析系数 γ_a 时，可使用解说表 5.7。使用非线性的评价方法和采用接头特性值的设定方法，计算结果会有若干差异，所以对于终极极限状态，让结构分析系数有 1.0~1.1 的幅度。在采用没有实际使用过的分析方法时，最好在掌握了分析方法引起的计算截面内力时会出现的偏差后，再设定适当的结构分析系数。

结构分析系数的大致标准　　　　　　　　　　　　　　解说表 5.7

极限状态	结构分析系数	极限状态	结构分析系数
终极极限状态	1.0~1.1	使用极限状态	1.0

第 221 条　结构系数

结构系数 γ_i 应考虑构造物的重要性、达到极限状态时会造成的社会影响等因素，适当决定。

【解说】结构系数是考虑到构造物的重要性、达到极限状态时会造成的社会影响等而使用的系数，一般情况下，可使用解说表 5.8 所示之值。从构造物的重要性和社会影响等因素考虑，认为应进行更为安全的设计时，可设定比此更大的值。

结构系数的大致标准　　　　　　　　　　　　　　　解说表 5.8

极限状态	构造物系数	极限状态	构造物系数
终极极限状态	1.0~1.3	使用极限状态	1.0

参考文献

[1]（社）土木学会：隧道极限状态设计法的适用性，隧道系列专著第 11 号，2002.5.

第6章 结构分析

第222条 一般事项

在极限状态设计法中，必须正确评价管片主截面和接头的刚性下降造成的影响，使用能计算出各部分的响应值的分析方法。

【解说】 在极限状态设计法中，以终极极限状态为对象，进行高应力等级上的分析，所以必须采用能正确表现伴随着管片主截面和接头的塑性的进展而不断出现的刚性下降的分析方法。

有接头的管片环与没有接头的刚性一样的管片环相比，变形大，为此，在日本，在许多情况下，现在对每个管片环，沿着圆周方向将管片接头位置错开，形成错缝组合，沿着隧道轴方向用管片环接头连接，以期得到错缝组合的拼接效应。当然，这也要视周围岩体情况而定。此时，如何评价错缝组合的拼接效应，在衬砌设计上非常重要。

管片环的结构模型因管片接头和管片环接头的力学上的处理的不同而有各种方法，其内容在第48条作了解说，请参阅。

在管片上应用极限状态设计法时，关于终极极限状态、使用极限状态，需要对管片主截面、管片接头和管片环接头等各部位进行核查，所以能全面得到截面内力的梁-弹簧模型计算法甚为有效。

除了梁-弹簧模型计算法外，作为分析终极极限状态的方法，还有各种各样的方法。例如：使用让地基土和结构物连在一起的有限单元法的分析方法，通过分别考虑混凝土和钢筋等的材料等级上的非线性特性，直接分析结构物整体的残余变形、即损坏的程度的方法等等。在这些方法之中，如果有能正确评价接头和管片主截面的塑性的动态情况的结构模型，便可使用。

为了衬砌设计合理化，重要的是高精度地分析结构物的实际动态。因此，使用严密的分析方法将比使用简易的分析方法能促进设计的合理化。但是，并非一概使用严密的分析方法就好，重要的是在充分评价荷载的推算精度和荷载的计算精度等的关系的基础上，酌情考虑分析技术的等级、目标隧道的规模和重要性、或分析所需要的费用及其效应，然后选择分析方法。

第223条 结构分析使用的构件模型

结构分析时，必须使用能正确评价管片分布和配置、管片主截面和接头的刚性下降等的影响的构件模型。

【解说】 在极限状态设计法中，在核查终极极限状态时，需要对各构件达到终极极限状态的应力等级等等进行分析，所以必须在分析模型上将随着塑性进展而出现的构件刚性下降合理地反映出来。

管片环由于是一种由周围地基支撑的超静定构造物，所以即便构件塑性不断发展，形成塑性区域，而管片环仍然是稳定的构造物。即便处在不能期待地基反力的条件之下，直到形成3个塑性区域也是稳定的，所以管片环可以认为是一种结构稳定性很高的构造物。因此如果能通过适当分析，清楚地表达出塑性区域形成的过程，则便能清楚地反映了管片环特性的承载能力。可是，管片环是一种借助管片接头、管片环接头将为数众多的管片部件组装起来的结构，而且还是一种错缝组合，所以一旦考虑与地基的相互作用，则其机制极为复杂。因此，不仅通过单元实验等掌握各构件的刚性下降是必要的，而且弄清各构件的刚性下降是怎样反映到整个管片环的动态上，通过环荷载试验等掌握该动态也是必要的。并且在给结构分析模型引进各个构件刚性下降时，也需要确认能否正确表现在环荷载试验等中得到的、直到整个管片环塑性的非线性动态，并在该基础上判断其适用性。

在使用属于隧道横截面方向结构分析模型的梁-弹簧模型进行计算的计算法中，将管片主截面模型化为圆弧梁或直梁，将管片接头模型化为相对于弯矩进行旋转的旋转弹簧，将管片环接头模型化为剪切弹簧。下面对梁-弹簧模型计算法中使用的管片主截面、管片接头和管片环接头的刚性下降模型进行解说。

1）关于管片主截面

①混凝土管片：关于属于混凝土管片主截面的钢筋混凝土截面，承载变形特性（弯矩M和曲率φ的关系）的例子如解说图5.7所示。钢筋混凝土的弯曲刚度按混凝土出现裂纹、钢筋屈服、混凝土压坏顺序下降。因此，该弯曲刚度大致可分为4个阶段：荷载开始～裂纹发生前（$EI_①$）、裂纹发生后～钢筋屈服前（$EI_②$）、钢筋屈服后～混凝土压坏前（$EI_③$）、混凝土压坏后～（$EI_④$）。

使用极限由于是以钢筋屈服前的状态为对象，所以，弯曲刚度$EI_①$～$EI_②$的区间便为其对象，如弯曲刚度设定得高，则计算出来的截面内力就大，就是安全性的评价；由于弯曲刚性下降的程度小，即便以初期的弯曲刚性分析，与实际的动态之差小，因此，应与容许应力设计法一样，模型化时应使用初期的弯曲刚性$EI_①$。

另一方面，由于终极极限状态以超过钢筋的屈服高应力等级为对象，所以用初期的弯曲刚性$EI_①$分析，分析结果便为与实际动态大为背离，因此需要将塑性引起的弯曲刚度的下降适当地反映到分析模型上。为此，决定以到混凝土压坏之前为止的$EI_①$～$EI_③$的区间、或到混凝土压坏之后为止$EI_①$～$EI_④$的区间为对象，将弯曲刚度的非线性特性放入结构分析模型之中。另外，为了也将混凝土压坏后作为对象，需要对混凝土压坏部分的轴向力、剪力保证安全性，为此需要另行核查。理论上考虑的最大范围是容许构件塑性范围的上述$EI_④$范围，如果对最大容许3个塑性范围进行分析，可得到很大

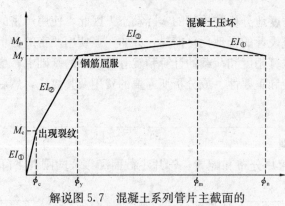

解说图5.7 混凝土系列管片主截面的弯矩和曲率的关系示例

M_c：发生弯曲裂纹时的弯矩；M_y：屈服时的弯矩；
M_m：最大弯矩；ϕ_c：发生弯曲裂纹时的曲率；
ϕ_y：钢筋屈服时的曲率；ϕ_m：能保持M_m的最大曲率；
ϕ_n：能保持M_y的最大曲率

的变形性，就可能进行步入隧道安全性的合理设计。该结构分析模型是否能够将上述错缝组合的影响和管片环与地基弹性的相互作用等的管片环特有的复杂的机制适当地模型化，需要通过管片环荷载试验等加以确认。

各构件随着塑性的不断进展而刚度下降的模型如解说图 5.8 所示，有真实地表现了非线性的四折线模型，和根据各等级应力、应变等价为等效刚度（割线刚度）简便地模型化的等效刚性线性模型。前者由于将各应力等级上的应变适当地模型化了，分析精度优异，但分析复杂，需要特殊的分析软件和熟练的技术员。而后者由于各阶段的应力等级上的应变与实际不同，所以分析精度差，但分析简便，所以用传统的分析软件便能应对，适用性优。

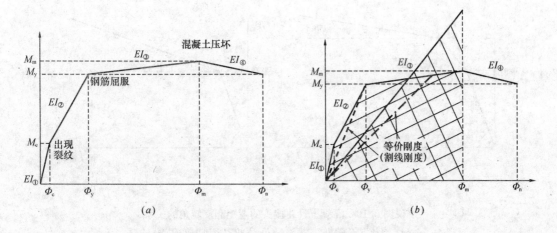

解说图 5.8　混凝土管片主截面、弯曲刚度的模型化示例
(a) 四折线模型；(b) 等价刚度线性模型

②钢制管片：关于钢制管片的弯曲刚性下降，需要考虑钢材的非线性特性、局部压屈等的影响后再决定。关于钢制管片，由于管片主截面的破坏试验的数据不足，本文仅将一般性的钢结构的刚性评价的指导思想介绍如下。在钢结构中，矩形截面和圆形截面的结构构件的非线性特性一般认为可以用解说图 5.9 所示的三线性进行评价，求解各自的转折点上的弯矩和曲率。

关于今后能否将该钢结构的刚性评价的指导思想用于钢制管片，需要实施管片主截面的破坏性试验，确认局部压屈的影响。在传统的容许应力设计法中，与有无二次衬砌无关，考虑到弯曲压屈，设定了主梁的容许应力强度。但在极限状态设计法的终极极限状态下，考虑弯

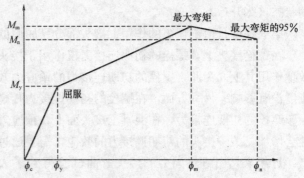

解说图 5.9　钢结构的构件的截面弯矩和曲率的关系示例
M_y：屈服时的弯矩；M_m：最大弯矩；
M_n：最大弯矩的 95%；ϕ_y：屈服时的曲率；
ϕ_m：能保持 M_m 的最大曲率；
ϕ_n：能保持 M_n 的最大曲率

曲压屈，终极弹性极限应力便明显下降，所以用容许应力强度设计法设计的以往的钢制管片失败了。包括地震时等在内的、在相当于终极极限状态的状态下，过去的钢制管片受到了损害的报告未有所闻，由此可见，对于终极极限状态，二次衬砌对防止压屈起到了非常积极的效应，但为了将此点反映到极限状态设计法中，需要用荷载试验加以确认。

2) 关于管片接头

①混凝土管片：一般来说，混凝土管片接头的弯曲刚度因是否有将拉力传递到接头的功能而异。各自的弯曲刚性如解说图 5.10 所示。

i) 有拉力传递功能的接头：该接头上的弯矩和接头旋转角的关系一般有如解说图 5.10（a）所示的三线性关系。关于各梯度的状态现解说如下。

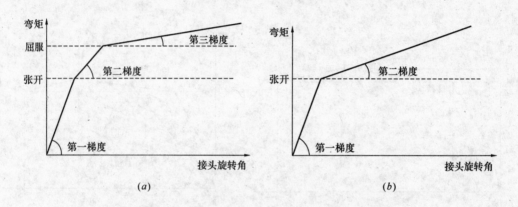

解说图 5.10 混凝土管片接头的弯矩和旋转角的关系
(a) 有拉力传递功能的接头；(b) 无拉力传递功能的接头

第一梯度是由接头初期连结力、或由因土水压力等作用产生的初期轴向力引发的接头部分的压缩应变在弯矩的作用下慢慢释放出来的状态，而接头部分则是张开前的状态，弯曲刚度高（张开前）。

第二梯度是由于弯矩作用、接头部分压缩应变得到释放的状态，接头部分处于已张开的状态（张开后）。

第三梯度是由于弯矩的作用、接头部分已屈服的状态（屈服后）。

在螺栓接头上，螺栓的初期连接力仅作用于接头板上，而对混凝土接头面，并没有有效地作用其上。为此，螺栓的初期连接力的预应力效应没有得到发挥，对接头初期的弯曲刚度没有影响。另一方面，在螺栓的初期连接力传递到混凝土接头面上的结构的接头上，由于螺栓的初期连接力，在混凝土接头面上，预应力效应会得到发挥，所以初期的弯曲刚性会增加。关于接头的初期连接力的效应，需要通过接头弯曲试验等确认其效果。

近年来，引进轴向力的接头弯曲试验得到了大量的实施，轴向力的效果因接头弯曲刚性的提高而得到了确认。本来，接头部分的变形特性，会因土水压力等荷载作用而产生的轴向力的大小而受到影响，通过考虑轴向力，表观上的接头部分的弯曲刚性会变高。因此一般认为通过考虑轴向力，可以得到合理的设计，但处理起来，需要充分注意。在计算管片装配时的截面内力时，因为管片接头上不会引进土水压力产生的轴向力，所以设定弯曲刚性时，对此需要注意。尤其在大口径的盾构隧道上，装配管片时产生的截面内力在设计截面内力中占的比例较大，所以需要注意管片接头的弯曲刚度、管片环周围的支撑条件的设定方法。另外，在计算土水压力产生的截面内力时，因为并不能保证与土水压力相当的轴向力会先于土水压力的弯曲影响导入管片接头，所以考虑轴向力的效应时必须打些折扣。其方法有：使用只考虑了与地下水压力相当的初期轴向力的弯曲刚度的方法、考虑初期轴向力的1/2的方法、依次计算出与产生的轴向力和弯矩相对应的弯曲刚性的方法等等，后者处理起来会复杂性一些。重要的是在使用这些方法之前要充分考虑各自的特点。

这样，有传递拉力功能的接头的承载变形性能便呈三线性关系，但是由于管片的主截面的弯曲刚度的处理方法的不同，有时可使用的荷载等级会变小，因此，接头的构件特性有时也会不需要考虑到第三梯度。因此关于第三梯度的处理，考虑发生作用的荷载的大小、管片主截面的弯曲刚性的使用方法，根据分析的合理性，适当判断即可。

<u>ii）没有拉力传递功能的接头</u>：该接头上的弯矩和接头旋转角的关系是一种如解说图5.10（b）所示的双线性关系。一般来说，如果是没有传递拉力功能的接头，要考虑土水压力等的荷载的作用产生的初期轴向力的影响。关于各梯度的状态解说如下。

第一梯度：此时，对接头部分起作用的弯矩和轴向力之比（e＝M/N）位于截面中心的内侧，是一种接头部分的受拉侧出现裂缝之前的状态（张开前）。

第二梯度：此时，弯矩和轴向力之比位于截面中心的外侧，是一种接头部分的受拉侧已出现裂缝的状态（张开后）。

如是没有传递拉力功能的接头，则一般认为张开后的状态会持续到接头部分的混凝土出现压缩破坏为止。但混凝土的压缩强度高时，在有些地基条件下，一般认为也可能到了不稳定的状态，需要进行充分的研究。

这样，没有传递拉力功能的接头的承载变形性能便呈双线性关系。与有传递拉力功能的接头不同，一旦考虑与管片的主截面的弯曲刚度组合，在任何时候，都需要使用双线性关系。

而且与有传递拉力功能的接头一样，该双线性关系是理想化的。实际上接头张开前后，一般认为在混凝土的压缩前的过渡区域，会显示非线性特性，对该过渡区域需要考虑时，则必须进行认真的研究。

②<u>钢制管片</u>：钢制管片的管片接头上的弯矩和接头旋转角的关系一般如解说图5.11所示，为三线性关系。各梯度一般认为分别为如下所示状态。计算弯曲刚度时，作为有有效宽度的梁，要评价接头板，按照接头板周围的固定条件，作为复合梁考虑接头板的变形性能。还有，弯曲刚性有时会极大地受到螺栓的初期连接力产生的接头板的压缩应变和螺栓的拉伸（解说图5.12）以及接头板的变形产生的杠杆反力（解说图5.13）等的影响，所以应按需要考虑这些影响。

第一梯度是通过土水压力等的作用产生的初期轴向力和起作用的弯矩

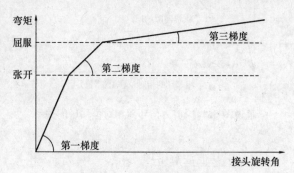

解说图5.11　钢制管片的管片接头上的弯矩和旋转角的关系

的平衡，拉力作用于螺栓之前的状态，弯曲刚度变高（张开前）。

第二梯度是通过弯矩、拉力作用于螺栓、接头板张开时的状态（张开后）。因此，第二梯度受接头板的弯曲刚度的影响大。

第三梯度是因弯矩的作用，接头板已屈服时的状态（屈服后）。第三梯度因接头板的屈服，比第二梯度明显下降。

3）关于管片环接头：管片环接头的剪切模式一般有解说图5.14所示的关系。各梯度可认为分别为下列所示的状态。

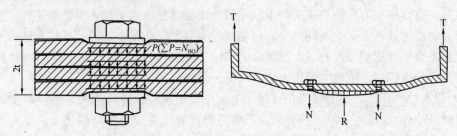

解说图5.12　螺栓的初期连接力产生的接头板压缩应力

解说图5.13　管片接头杠杆反力

第一梯度处在剪力比管片环接头的摩擦力小的范围内，其值取决于接头部分的抗剪弹性变形。

第二梯度是一种剪力大于摩擦力而滑出的状态，只有接头具有的几何学上的剩余部分（例如螺栓和螺栓孔的剩余部分）保持其剪力的位移状态。

第三梯度是一种依靠接头部分的剪切变形而出现的状态。

这样，管片环接头的承载变形模式便为三线性关系，用结构分析再现该关系虽然相当详细，但其模型非常复杂。因此，一般将第一梯度、第三梯度中的某一个作为管片环接头的剪切刚性用于结构分析。

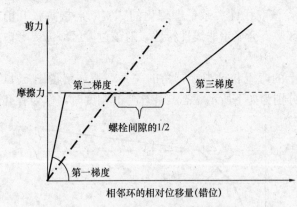

解说图5.14　剪力与环间相对位移量的关系

一般来说，管片环接头的剪切刚性如使用第一梯度，则错缝组合的拼接效应评价便大，管片环的变形计算出来的偏小、而产生的截面内力计算出来的就偏大。如采用第三梯度，则相反，管片环的变形计算出来的偏大、产生出的截面内力计算出来的就偏小，所以实际选用时需要注意。另外，管片环接头的剪切刚性有时也会使用如解说图5.14的点画线所示的、相当于连接螺栓间隙的1/2位移的坐标和原点的割线梯度的剪切刚性。

4）关于其他注意事项

①关于地基弹簧取值时的注意事项：在梁-弹簧模型计算法中考虑地基弹簧时，便会使用衬砌和地基的相互作用模型，地基弹簧系数大时，如降低衬砌的刚性，则截面内力有

时便会明显下降，所以处理地基弹簧时需要注意。

②与常规的分析相加在一起：在使用线性分析的容许应力设计法中，在许多情况下，需要对从常规到地震时的荷载增加部分进行计算，并通过对荷载增加部分进行结构分析、计算出截面内力，并与常规产生的截面内力加在一起来，进行核查。可是，在对终极极限状态的结构分析中，当考虑各构件刚性下降时，因为必须考虑直至终极极限状态为止的应力历史，所以需要进行相应的分析，以便从初期的应力状态下，追加与增加的荷载相对应的等级。

第7章 终极极限状态的核查

第224条 一般事项

(1) 必须确认盾构隧道在整个设计使用年限内是否能保持需要的安全性。

(2) 盾构隧道的安全性核查，原则上在设计荷载作用下，通过确认全部结构构件没有处于截面破坏状态和没有处于失稳的终极极限状态来进行。

(3) 对截面破坏的终极极限状态的研究，应通过查明设计截面内力 S_d 与设计截面弹性极限应力 R_d 之比乘以构造物系数 γ_i 所得之积在 1.0 以下来进行。

$$\gamma_i S_d / R_d \leqslant 1.0$$

1) 关于设计截面弹性极限应力 R_d 系为用设计强度 f_d 计算出构件截面的弹性极限应力 R（R 是 f_d 的函数）、再用构件系数 γ_b 除之所得之商。

$$R_d = R(f_d)/\gamma_b$$

2) 设计截面内力 S_d 系为用设计荷载 F_d 计算出截面内力 S（S 为 F_d 的函数）、再乘以结构分析系数 γ_a 所得之积。

$$S_d = \Sigma \gamma_a S(F_d)$$

(4) 对于稳定的终极极限状态的研究，应通过确认盾构隧道不失去稳定性来进行。

【解说】 关于 (1)、(2)：在设计盾构隧道的构件时，需要研究的对象主要是截面破坏的终极极限状态，其他的终极极限状态能成为问题的频度较少。但是，需要时，对稳定的终极极限状态等的其他极限状态的研究也要进行。

关于 (3)：在弯矩、轴向力、剪力等中，受到其中之一影响时，对截面破坏的终极极限状态的安全性的研究，概念上如解说图 5.15 所示。

关于对同时受到弯矩和轴向力影响的构件的截面破坏的终极极限状态的安全性研究，也与上述一样，对设计截面内力与设计截面弹性极限应力进行比较即可。

终极极限状态的主要的核查项目和极限值　　　　　　　　　　解说表 5.9

部 位	核 查 项 目	极 限 值
主截面	弯矩、轴向力	弯曲弹性极限应力、轴向弹性极限应力
	剪 力	抗剪弹性极限应力
接头部分	弯矩、轴向力	弯曲弹性极限应力、轴向弹性极限应力
	剪 力	抗剪弹性极限应力

第225条 混凝土管片主截面的核查

混凝土管片主截面的终极极限状态的核查，原则上要对弯矩和轴向力进行安全性核查和对剪力进行安全性核查。

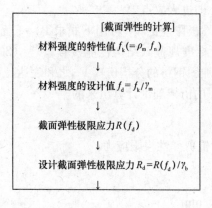
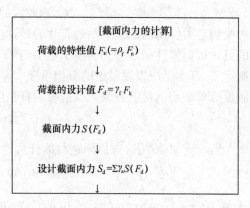

解说图 5.15 对截面破坏的终极极限状态的安全性核查

【解说】 受到弯矩和轴向力作用的混凝土管片的设计截面弹性极限应力的计算应根据下列①~④的假设进行。此时,构件系数 γ_b 见第 218 条。

①纤维应变与离截面的中性轴的距离成正比。

②混凝土的拉应力忽略不计。

③混凝土的应力-应变曲线原则上见图 5.2 (a)。

④钢材的应力-应变曲线原则上见图 5.2 (b)。

①的假设是关于应变分布,②和③是关于混凝土的应力分布,④则是关于钢材的应力-应变曲线。②至④的材料特性由于是一般性的材料的一般结构时的材料特性,所以使用纤维加强混凝土时和利用足够的横向辅助钢筋加大约束应力时,可使用根据实验结果等规定适当的特性。

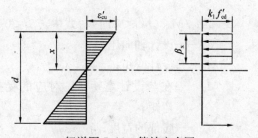

解说图 5.16 等效应力图

$k_1 = 1 - 0.003 f'_{ck} \leqslant 0.85$

$\varepsilon'_{cu} = \dfrac{155 - f'_{ck}}{30000} \leqslant 0.0035$

当 $f'_{ck} \leqslant 80 \text{N/mm}^2$ $\beta = 0.52 + 80 \varepsilon'_{cu}$

另外,除了构件截面的应变全部为压缩应变时,可假设混凝土压缩应力强度的分布如解说图 5.16 所示的等效应力混凝土块。该等效应力混凝土块是根据图 5.2 (a) 所示的应力-应变曲线近似地规定的,除了压缩钢筋量特别多时外,一般与按①~④的假设求出的弯曲弹性极限应力几乎一致。

轴向力和弯矩同时作用于构件截面时的设计轴向弹性极限应力和设计弯曲弹性极限应力的关系,可作为如同解说图 5.17 所示那样的曲线求出。因此,在关于轴向力和弯矩的安全性的研究中,基本的指导思想就是要如该图所示,

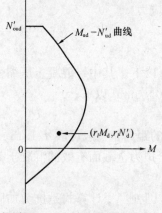

解说图 5.17 轴向弹性极限应力和弯曲弹性极限应力的关系

点（$\gamma_i M_d$、$\gamma_i N'_d$）进入（M_{ud}、N'_{ud}）曲线的内侧，即进入原点侧。

受到剪力作用的混凝土系列管片的设计抗剪弹性极限应力 V_{yd} 可用下式求得。下面所示的设计抗剪弹性极限应力计算式援用于《混凝土标准规范（结构性能核查篇）》（2002年制定）。基本上应以混凝土的分担份额 V_{cd} 和抗剪加固钢材的分担份额 V_{sd} 之和表达，V_{sd} 是假设抗剪加固钢材的屈服，以压缩斜杆角度为 45°的桁架理论计算出来的。

$$V_{yd}=V_{cd}+V_{sd}$$

式中　V_{cd}——不使用抗剪加固钢材的杆构件的设计抗剪弹性极限应力：

$$V_{cd}=\beta_d \cdot \beta_p \cdot \beta_n \cdot f_{vcd} b_w d/\gamma_b;$$

$f_{vcd}=0.20\sqrt[3]{f'_{cd}}$（N/mm²），式中，$f_{vcd} \leqslant 0.72$（N/mm²）

$\beta_d=\sqrt[4]{1/d}$，式中，$\beta_d>1.5$ 时，取 1.5

$\beta_p=\sqrt[3]{100 p_w}$，式中，$\beta_p>1.5$ 时，取 1.5

$\beta_n=1+M_0/M_d$（$N'_d \geqslant 0$ 时），式中，$\beta_n>2$ 时，取 2

　　$1+2M_0/M_d$（$N'_d<0$ 时），式中，$\beta_n<0$ 时，取 0

　　N'_d——设计轴向压力；

　　M_d——设计弯矩；

　　M_0——在与设计弯矩 M_d 对应的受拉翼缘上，消除轴向力产生的应力所需要的弯矩；

　　b_w——腹部的宽度；

　　d——有效高度；

　　$p_w=A_s/(b_w \cdot d)$；

　　A_s——牵引端钢材的截面面积；

　　f'_{cd}——混凝土的设计压缩强度，单位为 N/mm²；

　　γ_b——见 218 条；

　　V_{sd}——因抗剪加固钢材而承受到的设计抗剪弹性极限应力

　　$V_{sd}=A_w f_{wyd} z/s_s/\gamma_b$；

　　A_w——区间抗剪加固钢材的总截面面积；

　　f_{wyd}——抗剪加固钢材的设计屈服强度，取 400N/mm² 以下。其中，混凝土压缩强度的特性值 f'_{ck} 在 60N/mm² 以上时，可取 800N/mm² 以下；

　　s_s——抗剪加固钢材的配置间隔；

　　z——压缩应力的合力的作用位置至受拉钢材的形心的距离，一般可取 $d/1.15$。

M_0 的指导思想如解说图 5.18 所示。该 M_0 的计算可用于拟为全截面有效的混凝土截面的计算。

一般来说，管片中的抗剪加固钢材与构件中轴正交，所以上述 V_{sd} 计算式是抗剪加固钢材与构件中轴形成的角度取 90°时的计算式。不正交时必须另行考虑。

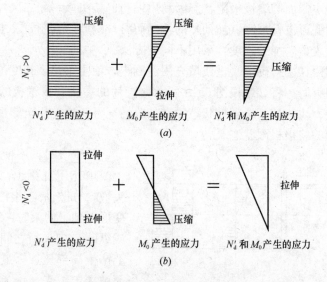

解说图 5.18 M_0 的考虑方法

> **第 226 条 混凝土管片接头的核查**
> (1) 管片接头的核查,应按接头的结构特性进行。
> (2) 管片接头的终极极限状态的核查,对结构分析计算轴向力、弯矩和剪力时,应考虑接头部分的弹性极限应力进行。
> (3) 管片环接头的终极极限状态的核查,对按结构分析计算的剪力,应考虑接头部分的弹性极限应力进行。

【解说】 关于 (1):管片接头有多种多样的结构,应按其结构特性进行核查。届时,必须切实考虑抵抗工作荷载的机制来计算弹性极限应力,同时对接头结构的细节也要注意,必须核查其安全性。

关于 (2):混凝土管片的接头部分的终极极限状态的核查,应采用与计算接头部分的截面内力时所采用的分析模型相同的指导思想进行。

例如:将管片接头作为不受轴向力影响的旋转弹簧模型化时,接头部分的终极极限状态的核查,应只对通过结构分析计算的弯矩进行核查。尽管进行了这样的模型化,但是,当按计算出来的轴向力和弯矩对接头核查时,对接头,就等于给予不太安全的评价。

关于 (3):对于混凝土系列管片的环接头的终极极限状态的核查,应对利用结构分析计算出来的剪力进行,核查接头部分的各构件的抗剪弹性极限应力。

> **第 227 条 钢制管片主截面的核查**
> (1) 对于由二次衬砌混凝土或填充用混凝土构成的钢制管片主截面的终极极限状态,应利用对混凝土忽略不计的管片主截面的全塑性弹性极限应力进行核查。
> (2) 对于不是由二次衬砌混凝土或填充用混凝土构成的钢制管片主截面的终极极限状态,应考虑主梁的局部压屈进行核查。

【解说】 钢制管片主截面的终极极限状态因利用纵肋、接头板、和二次衬砌混凝土等针对主梁的平面外部的变形进行加固(加劲)的情况而异。因此,钢制管片主截面的终极极限状态的核查,根据主梁的加劲程度,采用不同的方法。

关于(1):利用二次衬砌混凝土或填充用混凝土,使主梁整个长度范围内,向平面外部的变形得到了约束时,将如解说图 5.19 所示,管片的主梁和翼缘板的各个部分全部屈服,形成了矩形应力块,处于全塑性状态。在如此情况下,决定用全塑性弹性极限应力核查钢制管片主截面的终极极限状态。

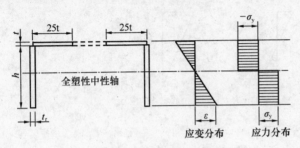

解说图 5.19 全塑性状态的概念图
t_r:主梁板厚度;h:主梁高度;
t:翼缘板厚度;ε:梁边应变;
σ_y:屈服应力强度

关于(2):不使用二次衬砌混凝土或填充用混凝土,而是用纵肋、接头板,分散性地使主梁的平面外部的变形得到了约束时,纵肋与纵肋之间、或纵肋与接头板之间,有时会在主梁上产生局部压屈,最大弹性极限应力便被决定下来。作为这样的主梁的截面分区有;边缘应力强度达到屈服强度或弹性极限应力之前、由于局部压屈、主梁的弹性极限应力便被决定下来的压屈强度截面;在边缘应力强度未达到屈服强度或弹性极限应力之前不会发生局部压屈的屈服强度截面;截面的一部分塑性化后、由于局部压屈、主梁的弹性极限应力被决定下来的塑性强度截面;全截面塑性化、由于全塑性状态、主梁的弹性极限应力被决定下来的塑性设计适用截面。

关于球墨铸铁的局部压屈现象的研究实例尚少,根据模拟箱形管片的主梁的试件的压缩试验结果,也有报告称:迄今为止宽厚比已有实例的管片主梁、连在与压缩弹性极限应力相当的荷载之下、也没有发生局部压屈。现在考虑到与钢制管片的整合性,决定适用钢结构的压屈理论。

关于球墨铸铁的弹性极限应力,0.2%的永久变形作为残余点加以定义,在达到弹性极限应力之后,发生塑性变形,关于这一点决定以材料系数考虑。

钢制管片主截面的设计终极力矩 M_{ud} 可使用第 209 条的表 5.6 或表 5.9 所示的对局部压屈的强度特性值和第 217 条规定的材料系数 γ_m 按下式求出。

$$M_{ud} = \left[\left(f_{yd} - \frac{N}{A}\right) \cdot Z\right]/\gamma_b$$

式中 M_{ud}——设计终极力矩;
f_{yd}——强度的设计用值($f_{yd} = f'_{yk}/\gamma_m$);
f'_{yk}——对局部压屈的强度特性值;
γ——材料系数;
N——作用轴向力;
A——管片主体的截面面积;
Z——管片主体的截面一次力矩;

γ_b——构件系数。

关于局部压屈应力强度,如第 204 条之表 5.6 或表 5.9 所示,但对局部压屈如有充分的研究,也可使用这些表中所示的局部压屈应力强度以外的值。

第 228 条 钢制管片接头的核查

(1) 钢制管片的接头部分的核查应按接头的形式进行。

(2) 关于管片接头的终极极限状态的核查,对于通过结构分析计算的轴向力、弯矩和剪力,应考虑螺栓、接头板、焊接部位的弹性极限应力进行。

(3) 管片环接头的终极极限状态的核查,应对通过结构分析计算出来的剪力,考虑螺栓、接头板的极限应力进行。

【解说】 关于(1):作为钢制管片的接头形式,螺栓接头形式是其基本形式。现在使用的接头形式各种各样,这些接头达到终极状态的分析模型多种多样。因此,关于钢制管片的接头部分的终极极限状态的核查,决定按与计算接头部分的截面内力时所使用的分析模型相同的指导思想进行。

例如,将管片接头作为不受轴向力影响的旋转弹簧模型化时,接头部分的终极极限状态的核查,应只对利用结构分析进行计算的弯矩进行核查。尽管进行了这样的模型化,但按计算出来的轴向力和弯矩进行接头核查时,关于接头仍会给予不太安全的评价。

关于(2):钢制管片的接头核查所用的分析模型,如解说图 5.20(a)所示,以主梁的受压翼缘为旋转中心。配有多个螺栓时,也有的实验结果表明:对于正弯曲,只有与主梁邻接配置的螺栓有效;对于负弯曲,则由于翼缘板的影响,所有的螺栓均有效。

接头板因螺栓朝平面外方向变形时,接头板上会形成连接螺栓孔和主梁的屈服线,直至崩溃破坏,然而也有如解说图 5.20(b)所示,简化后核查的方法。

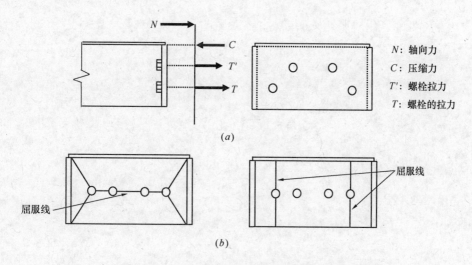

解说图 5.20 管片接头核查作用的分析模型
(a)力的平衡模型;(b)接头板上形成的屈服线的示例

关于(3):对于钢制管片的环接头的终极极限状态的核查,应对按结构分析计算出来的剪力进行，并就螺栓的抗剪弹性极限应力和接头板（主梁）的抗剪弹性极限应力进行核查。

> **第 229 条　稳定性核查**
> 关于盾构隧道的稳定性核查，应对隧道的上浮进行核查。

【解说】　直径较大的盾构隧道用较小的覆土设置时、和担心受地震的影响周围地基会液化失去抗剪强度时，需要对浮力的影响造成的盾构隧道的稳定性进行研究，根据需要，采取适当的措施。

第8章 使用极限状态的核查

第230条 一般事项

(1) 必须核查衬砌在设计使用年限内是否保持所需要的使用性。

(2) 使用性的核查，原则上通过确认在设计荷载作用下、衬砌未达到使用极限状态来进行。

(3) 必须对一般性的下列项目设定使用极限状态，同时使用适当的方法进行研究。

1) 混凝土管片的核查项目

关于管片主截面，以应力、变形、裂纹为对象。关于接头部分，以应力、变形为对象。

2) 钢制管片的核查项目

关于钢制管片主截面，以应力、变形为对象。关于接头部分，以应力、变形为对象。另外，关于翼缘板的应力、纵肋的应力也要作为核查的对象。

(4) 其他，应按需要设定必要的使用极限状态，同时使用适当的方法进行研究。

【解说】 关于 (1)、(2)：衬砌在设计使用年限内必须保持足够的功能，以便能满足使用目的的需要。衬砌必备的功能有符合需要的安全性、水密性等使用性和在设计使用年限内完全经得起使用的耐久性等等。必须设定适合使用目的的使用极限状态，用精度和适用范围已明确的方法进行研究。本篇给出了以［第二篇 衬砌］规定的各种构件的使用材料和结构细节得到满足为前提的、不考虑材料的劣化、核查使用性的方法的标准。因此，在材料的劣化不可避免的条件下，必须另行考虑其影响。另外，与钢筋混凝土构件的耐久性和水密性相关的裂纹的极限状态，本篇也将展开研究。

关于 (3)：衬砌的使用极限状态按使用条件，如解说表 5.2 所示，可考虑有各种各样状态。一般来说，对应力、裂纹、变形等设定使用极限状态。解说图 5.21 给出了研究使用极限状态时的设计流程。

解说表 5.10 是对各种使用极限状态设定了核查项目和极限值的一般示例。在该表中，关于截面内力和应力的极限值描述为"限制值"；关于变形量和裂纹的极限值描述为"容许值"。另外，关于混凝土管片的千斤顶推力的核查和钢制管片的翼缘板和纵肋的应力的核查，按［第2编 衬砌］即可。

在容许应力设计法中，管片主截面和接头部分产生的剪力，用容许剪应力强度进行了核查。对此，伴有剪力的脆性破坏，在终极极限状态下确认安全性即可，所以在使用极限状态的核查中可省略关于剪力的核查，在解说表 5.10 中只保留了混凝土系列管片的剪裂纹的核查。

关于 (4)：构成衬砌的构件材料的劣化，在混凝土管片中，有随着中和作用以及氯化物离子的影响而产生的钢筋腐蚀；在钢制管片中，则有金属材料的腐蚀。为了应对这些劣化，在混凝土管片中，需要保护层；在钢制管片中，需要变更翼缘板的厚度等。这些劣化受盾构隧道的使用环境的影响很大，应按需要规定适当的使用极限状态，然后进行研究。

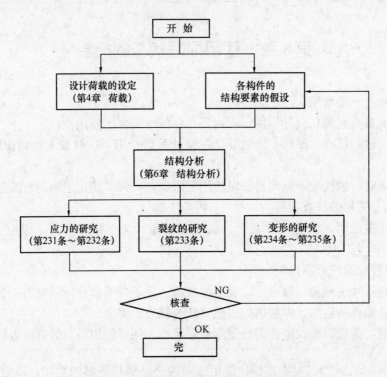

解说图 5.21 研究使用极限状态时的设计流程

使用极限状态的主要核查项目和极限值的示例   解说表 5.10

(a) 混凝土管片示例

	部 位	核查项目	极限值
应力强度	主截面	混凝土应力	应力强度的限制值
		钢筋应力	应力强度的限制值
	接头部位	混凝土应力	应力强度的限制值
		钢筋应力	应力强度的限制值
变 形	管片环	管片环变形量	容许变形量
	接头部位	开裂	容许开裂量
		错位	容许错位量
裂 纹	主截面	弯曲裂纹宽度	容许裂纹宽度
		剪力	剪切裂纹弹性极限应力

(b) 钢制管片示例

	部 位	核查项目	极限值
应力强度	主截面	钢材应力	应力强度的限制值
	接头部位	钢材应力	应力强度的限制值
变 形	管片环	管片环变形量	容许变形量
	接头部位	开裂	容许开裂量
		错位	容许错位量

第 231 条 应力的计算

使用极限状态下的构件截面上产生的应力强度的计算应按下列（1）、（2）的规定进行。

（1）管片的主截面的应力强度，应使用最大发生的截面力作为直线性的横梁构件进行计算。混凝土和钢材的应力强度的计算应根据下列的①至④的假设进行。

①纤维应变与离截面的中性轴的距离成正比；
②混凝土和钢材视为弹性体；
③混凝土的抗拉应力强度一般忽略不计；
④混凝土和钢材的弹性模量见本篇的第3章。

（2）管片的接头部分的应力，应按接头种类，使用适当的模型进行计算。

【解说】 关于（1）：管片的主截面的应力强度，应采用按［第6章 结构分析］中规定的管片环的截面内力的计算法计算出来的截面内力中的正的或负的最大的弯矩及其位置上的轴向力进行计算。关于有关管片的主截面的假设条件，见第51条。

在计算弯矩和轴向力的应力时，如解说图5.22所示，对混凝土的抗拉应力一般可忽略不计，纤维应变可视为与离截面的中性轴的距离成正比处理。

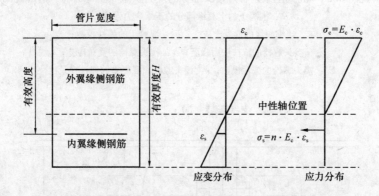

解说图 5.22 混凝土系列管片主截面的应力状态的解说图

σ_c：混凝土的上翼缘部分的压缩应力强度；

ε_c：压缩翼缘的混凝土应变；

E_c：混凝土的弹性模量；σ_s：钢筋的抗拉应力强度；

ε_s：钢筋的受拉应变；E_s：钢筋的弹性模量；

n：钢筋和混凝土的弹性模量比

关于（2）：在使用梁-弹簧模型的管片环的截面内力计算法中，可以直接计算出管片接头和管片环接头上产生的截面内力。因此，各接头的弯曲应力强度用正的或负的最大弯矩及该位置上的轴向力计算。另外，研究剪切裂纹使用的剪力使用最大剪力（参照第233条）。

近年来，管片的接头形式，除了传统的螺栓接头外，还有各种各样的接头，但本文将对象锁定在传统的螺栓接头上，对研究方法加以解说。

在混凝土系列管片上,一直以螺栓被视为受拉钢筋的钢筋混凝土截面进行应力强度计算。接头板以作用于螺栓的拉力计算板厚度。解说图5.23是混凝土系列管片的扇形接头部分的应力状态解说图。

另一方面,钢制管片使用以管片受压翼缘为旋转中心的模型计算螺栓的应力强度。解说图5.24为钢制管片的扇形接头部分的力的平衡状态的解说图。在钢制管片上,计算螺栓的发生应力强度时,应考虑接头部分因杠杆反力而需要的增幅,其值可按〔第2篇 衬砌〕计算。

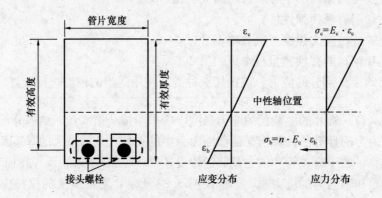

解说图5.23 混凝土系列管片接头部分的应力状态(正弯曲时)的解说图

σ_c:混凝土的上翼缘部分的压缩应力强度;

ε_c:压缩翼缘的混凝土应变;E_c:混凝土的弹性模数;

σ_b:接头螺栓的抗拉应力强度;ε_b:接头螺栓的受拉应变;

E_b:接头螺栓的弹性模数;n:接头螺栓和混凝土的弹性模量比

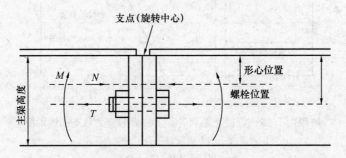

解说图5.24 钢制管片接头部分的力的平衡状态的解说图

M:弯矩;N:轴向力;T:螺栓的拉力

第232条 应力的限制

因弯矩和轴向力产生的构件的应力各自均不得超过下列(1)~(5)所示的极限值。

(1)管片混凝土的弯曲压缩应力强度和轴向压缩应力强度的极限值,永久荷载作用时取$0.4f'_{ck}$之值。此处的f'_{ck}系为混凝土的压缩强度的特性值。

(2)钢筋的应力强度的极限值取屈服强度的特性值。

（3）钢材的压缩应力强度的极限值取屈服强度的特性值的90％之值。受局部压屈的影响时，取考虑了压屈的影响而规定的值的90％。钢材的抗拉应力强度的极限值取屈服强度的特性值的90％的值。

（4）球墨铸铁的压缩应力强度的极限值取应变为0.2％的弹性极限应力强度的75％之值。受到局部压屈影响时，取考虑了压屈影响而规定的值的75％。球墨铸铁的抗拉应力强度的极限值取应变为0.2％的弹性极限应力强度的75％之值。

（5）螺栓的抗拉强度的极限值取屈服强度的特性值的75％之值。

【解说】 关于（1）：为了避免过度蠕动应变、较大的压缩力引发的轴向裂纹等，应按照《混凝土标准规范（结构性能核查篇）》（2002年制定）的规定，限制混凝土的压缩应力强度。另行规定混凝土的弹性模量、蠕变系数时，可不按本条规定，另行规定极限值。此时，需要考虑设计使用年限内发生的非线性蠕动应变等的影响，核查安全性。

一般来说，受多轴约束的混凝土，压缩强度将随约束度上升，蠕变的渐进性也会受到抑制，所以可按比例提高本条的应力强度的极限值。盾构隧道时，如对施工时的千斤顶推力的残余抱有期望，则对钢筋混凝土可期待二轴约束状态，但在应用时需要慎重地研究。另外，此时的按比例提高不得超过10％。

关于（2）：如对第233条的混凝土的裂纹宽度进行研究，不必限制钢筋的抗拉应力强度，但是，抗拉应力强度一旦超过弹性极限，则会发生使用状态下的结构分析和应力强度计算时的假设便不能成立的不良情况，因此需要注意。

关于（3）：考虑到屈服前后的材料特性的急剧变化时的安全性，将钢制管片的应力强度的极限值限制为屈服强度的90％。另外，钢制管片的主截面的与局部压屈相对应的应力强度的极限值可按［第2篇 衬砌］计算。

关于（4）：球墨铸铁的屈服强度由于是用偏装法规定的0.2％弹性极限应力强度定义的，所以屈服强度便会含有一部分塑性应变，与第210条的图5.2（b）所示的应力-应变曲线有部分差异。由于该原因，此次关于使用极限状态下的变形量，为了达到钢制管片和球墨铸铁管片的整合的目的，球墨铸铁的应力强度的极限值，取0.2％弹性极限应力强度的75％；其上限规定为应力-应变曲线大致能显示出弹性行为的地方。

关于（5）：螺栓的应力强度的极限值，考虑到滞后破坏时的安全性，限制为屈服强度的75％。

第233条 裂纹的研究

（1）必须用适当的方法研究管片上产生的裂纹如何能不损坏盾构隧道的使用性和耐久性等等的盾构隧道的使用目的。

（2）管片上产生的裂纹，基本上是要对其中的因弯矩和轴向力产生的裂纹进行研究。

【解说】 关于（1）：管片上产生的裂纹，将导致水密性之类的隧道的使用性下降、钢材的腐蚀造成的隧道耐久性的下降。尤其处在干、湿反复重复的环境条件下的隧道，其裂纹对隧道的使用性和耐久性影响极大。因此，必须用适当的方法研究管片上产生的裂纹如何能不损坏隧道的使用性和耐久性等隧道的使用目的。

关于（2）：管片上产生裂纹的原因一般如下。

①弯矩和轴向拉力等截面内力引起的

②混凝土的中和作用和氯化物离子对管片的渗入导致的钢材的腐蚀引起的

③盾构的千斤顶推力和管片的搬运、装配期间的操作等施工作业引起的

④混凝土的干燥收缩和反应性骨料等使用材料引起的

在这些因素中，关于①，应按照1）进行研究。关于②，如2）所述，对标准性的盾构隧道，其影响小，可省略研究。不过，由于隧道内外环境条件的缘故，混凝土中和作用和氯化物离子渗入管片令人担忧时，必须参考「混凝土标准规范（结构性能核查篇）」（2002年制定）等文件，用适当的方法进行研究。关于③，原则上要通过第73条、第74条、第137条和第141条规定的适当的施工管理加以防止，因此不作为本条的研究对象。但是，对千斤顶推力进行研究，认为需要对裂纹进行研究时也可援用本条。关于④，由于管片从制造到出厂大多要经过数月或半年以上，管片大多是按JIS和「混凝土标准规范（标准篇）」（2005年制定）等的规定，在工厂生产的，所以不列为本条的对象。

1）关于裂纹的研究：裂纹的研究，一般可规定用下式求得的裂纹宽度在容许裂纹宽度以下。

$$w = l_{max} \cdot \left(\frac{\sigma_{se}}{E_s} + \varepsilon'_{csd} \right)$$

式中 w——裂纹宽度（mm）；

l_{max}——分布钢筋的最大间隔（mm）；不过，在计算裂纹宽度时，l_{max}的下限取$1/2 l_1$；

σ_{se}——钢筋应力强度的增加量（N/mm²）；

E_s——钢筋的弹性模量（N/mm²）；

ε'_{csd}——考虑到混凝土的收缩和蠕变等导致的裂纹宽度的增大所需要的数值，一般可取150×10^{-6}；

l_1——《混凝土标准规范（结构性能核查篇）》（2002年制定）规定的裂纹的发生间隔$l_1 = 1.1 \cdot k_1 \cdot k_2 \cdot k_3 \{4 \cdot c + 0.7 (c_s - \phi)\}$；

k_1——这是表示钢筋的表面形状对裂纹宽度的影响的系数，异型钢筋时，可取1.0；

k_2——这是示混凝土质量对裂纹宽度的影响的系数$\left(k_2 = \frac{15}{f'_c + 20} + 0.7 \right)$；

f'_c——混凝土的压缩强度（N/mm²）；

k_3——这是表示抗拉钢筋的节数的影响的系数，$\left(k_3 = \frac{5 (n+2)}{7n+8} \right)$；

n——抗拉钢筋的节数；

c——钢筋混凝土的保护层（mm）；

c_s——钢筋的中心间距（mm）；

ϕ——钢筋直径（mm）。

上面的计算式是根据研究成果得出来的，该研究成果表明：因弯矩而在管片上产生的裂纹在管片表面呈分散性分布，其间距大致与分布钢筋的间隔一致。其中，对于合成管片等的分布钢筋配置在主钢筋的内侧的一部分管片，必须另行适当研究。

需要对剪切裂纹进行核查时，应参考《混凝土标准规范（结构性能核查篇）》（2002

年制定）等，用适当的方法研究。

另一方面，容许裂纹宽度应考虑隧道的用途、隧道的环境条件、周围山体的状况等加以设定。在《盾构工程专用标准管片（2001）》中，在解说表 5.11 所示的隧道内的环境条件下，设定了解说表 5.12 所示的容许裂纹宽度。

2）关于混凝土的中和作用和氯化物离子的渗入：一般来说，管片上使用的混凝土是一种单位水量少、单位水泥量多的富配比。因此，一般认为管片上使用的混凝土与二次衬砌等使用的现场浇筑的混凝土相比，氢氧化钙含量多，对中和作用有利。能满足 1) 所示的容许裂纹宽度、并处于不受干湿反复交替影响的环境条件下的隧道，可省略对中和作用的核查。但是，如果处在中和作用被认为是个问题的环境条件下，钢筋的保护层极小时，则需要参考《混凝土标准规范（结构性能核查篇）》（2002 年制定）等文件，进行适当的研究。

除了海底下面的隧道、位于地下水含有盐分的滨海附近的隧道、冬季需要防止路面结冰材料的寒冷地带的公路隧道等外，一般的盾构隧道可以认为不易受外部的氯化物离子的影响。对于一般环境条件下的盾构隧道可以省略对氯化物离子的核查。但是，对于估计海底下面的隧道等会受到氯化物离子渗入的环境条件下，即便是 1) 所示的容许裂纹以下，也必须参考《混凝土标准规范（结构性能核查篇）》（2002 年制定）等文件，适当考虑混凝土的质量、保护层厚度、裂纹宽度等因素，核查对钢材腐蚀的抵抗性。

隧道内的环境条件的分类示例　　　　　　　　　　　　　　　解说表 5.11

环境条件	内　　　　容
一般性环境	・处于一种不会经常时干、时水满；不会干、湿反复交替的环境条件下 ・不必考虑耐久性
腐蚀性环境	・干、湿反复交替 ・管片直接暴露在有害物质下 ・需要考虑其他的耐久性

容许裂纹宽度的示例　　　　　　　　　　　　　　　解说表 5.12

钢 材 种 类	环 境 条 件	
	一般环境	腐蚀性环境
异形钢筋、普通圆钢	$0.005c$	$0.004c$

注：c—主钢筋的保护层（mm）。

第 234 条　管片环的变形研究

对于管片环的变形不损坏设计使用年限内的隧道的使用性，必须用适当的方法加以研究。

【解说】　管片环的明显变形是造成隧道衬砌内侧空间截面缩小、管片的装配施工性下降和过度开裂等的原因。必须根据隧道的使用目的，考虑各种各样条件，进行适当的研究。管片环的变形的研究，一般可规定要确认根据［第 6 章　结构分析］得到的垂直直径变形量和水平直径变形量必须在容许变形量以下。

管片环的容许变形量应充分考虑隧道的用途、隧道的形状和大小、建筑极限的形状、管片接头的结构及其特性、隧道的维护余量和曲行余量等因素加以设定。

> **第 235 条 接头部分的变形研究**
> 对于管片接头的变形不损坏设计使用年限内的隧道的使用性，必须用适当的方法加以研究。

【解说】 管片接头的明显变形是造成接头部分的止水性下降、隧道内漏水的原因。隧道内漏水不仅会加速隧道的劣化、损坏其耐久性，而且还是造成岩体脱水、致使周围岩体变形、并伴随其发生的隧道变形的恶化、与隧道的用途相对应的使用性下降等等的原因。因此，必须用适当的方法研究管片接头的变形不损坏设计使用年限内的隧道的使用性。接头部分的变形的研究，一般可规定要确认接头部分的开裂量必须在根据接头部分的截水性规定的容许开裂量以下。接头部分的开裂量应使用与接头形式和接头的弯曲刚性的计算方式相适合的适当方法进行计算。一般的螺栓接头不考虑轴向力时，对于钢制管片，可利用以管片边缘为旋转中心的模型计算开裂量；而对于混凝土系列管片，则可利用将螺栓视为抗拉钢筋的单筋混凝土截面模型计算开裂量。

第9章 抗震设计

第 236 条　一般事项

进行抗震设计时，应考虑结构物的重要性、作为抗震设计考虑对象的地震的规模、地区位置选择条件和岩体条件、结构和形状等，同时使用适当的方法核查按隧道使用目的规定的地震的安全性。

【解说】 盾构隧道的抗震设计的基本事项见［第2篇　衬砌］，现就利用极限状态设计法进行抗震设计时的设计方法解说如下。

盾构隧道的抗震设计中所指的地震，从作为核查对象的地震的发生几率考虑，可大致分为1级地面震动和2级地面震动。

对于设想在盾构隧道使用期限内发生1～2次的1级地面震动，作为城市生命线的重要的结构物的盾构隧道，其受损程度应当极其轻微，构造物的功能应得到保持，以便能迅速恢复使用，因此，根据容许应力设计法核查其安全性可以认为是没有问题的。但是，对于像陆地附近发生的大规模板块边缘地震和兵库县南部地震时见到的正下方地震所引起的地面震动那样的、在使用期限内发生几率很低的最大级的2级地面震动，需要考虑构造物会受到损坏，需要确认构造物的安全性，为此，在核查时，最好按极限状态设计法进行。

另外，用极限状态设计法核查了常规的安全性时，对于1级地面震动的影响，也同样需要通过使用极限状态设计法统一设计思想。

由于上述原因，按常规的设计法和抗震设计所用的地面震动等级，将解说表5.13所示的安全性核查方法的组合作为基本的设计方法。按容许应力强度设计法进行盾构隧道的抗震设计时，见［第2篇　衬砌］。

还有，对一个构造物，混合使用了容许应力强度设计法和极限状态设计法时，关于容许应力设计法中使用的结构分析模型和极限状态设计法中使用的结构分析模型，在发生裂纹后，对于构件的非线形性等的评价往往有差异。为此，将容许应力设计法用于常规的安全性核查，将极限状态设计法用于2级地面震动的安全性核查时，在将常规的设计截面内力和地震时的设计截面内力叠合在一起时，需要考虑各自所使用的结构模型的整合性。

抗震设计中的安全性的核查方法　　　　　　　　　　　　解说表 5.13

常规设计	1级地面震动	2级地面震动
容许应力设计法	容许应力设计法	极限状态设计法
极限状态设计法	极限状态设计法	极限状态设计法

另一方面，抗震设计所使用的设计地面震动，需要考虑作为核查对象的构造物的重要性和地区特性，然后适当加以规定。日本土木学会关于以兵库县南部地震为基础的、对土木构造物的抗震标准等提出的建议表明：作为基本的设计思想，抗震设计使用的设计地面震动必须在考虑建设地点附近的地震活动的程度、震源和建设地点的距离、建设地点的地形和地基等的特性的基础上加以决定；而关于地震的规模，则要将耐用期限内其大小属于

数次发生的地面震动（1级地面震动）和耐用期限内发生几率极小的最大级的地面震动（2级地面震动）作为设计地面震动考虑。另外，在第三次建议中，作为2级地面震动的下限值标准，定位在M6.5左右的正下方型地震。

正因为如此，设计土木结构物时，需要按上述原则，对各个不同的现场和每一个结构物设定设计地面震动，极其麻烦、复杂，所以一般还认为，由于与设计地面震动的设定相关的条件的设置方法的不同，设计地面震动也会产生偏差。于是，按照各自单位或地域设定设计地面震动的便日趋增多。

第237条 安全系数

抗震设计使用的安全系数应按作为核查对象的地面震动的规模和盾构隧道所要求的抗震性能适当规定。

【解说】 盾构隧道设计使用的安全系数如［第5章 安全系数］所示，由材料系数、构件系数、荷载系数、结构分析系数、构造物系数构成。但是，对常规荷载条件下的安全性和地震条件下的安全性用同等的安全系数进行核查，当细心斟酌大规模地震发生几率和设计地面震动的设定方法等时，便觉得不合理。另一方面，对1级地面震动的影响和2级地面震动的影响作出同等处理，由于对各自的设计地面震动，盾构隧道要求的抗震性能大不相同，所以也会认为是不合适的。于是，便按1级地面震动和2级地面震动分别要求的盾构隧道的抗震性能规定适当的安全系数。

抗震设计使用的安全系数，对于按照隧道的使用目的和重要性规定的盾构隧道抗震性能，需要作出适当的规定，以便能恰当地评价容许的受害程度。需要将隧道的受害程度控制在最小限度内、发生地震后需要迅速恢复使用时，需要将安全系数设定得大一些。另一方面，如能容忍隧道受害，发生地震后容忍一定的修复期时，可将安全系数设定得小一些。

解说表5.14给出了一则与设计地面震动的规模相适应的安全系数的示例，该安全系数的示例，其前提条件是容许地面震动给隧道造成某种程度的损害，恢复使用时需要修理和加固。

抗震设计使用的安全系数的示例　　　　　　解说表5.14

设计地面震动	材料系数				构件系数	荷载系数	结构分析系数	构造物系数
	混凝土	钢筋	钢	球墨铸铁				
1级	1.20	1.00	1.05	1.05	1.05～1.20	1.00	1.00	1.00～1.30
2级	1.00	1.00	1.00	1.00	1.00[1)]	1.00	1.00	1.00

1) 对于混凝土的剪切，考虑到破坏方式是脆性的和极限应力有不均匀性等因素，构件系数取1.20。

对于1级地面震动的材料系数和构件系数，以确保盾构隧道的功能为基本指导思想而考虑的，所以决定与终极极限状态时的安全系数同等。另一方面，对2级地面震动的材料系数和构件系数，即便盾构隧道的各构件的一部分达到了终极弹性极限应力，剪切破坏或变形量如未达到极限，估计作为结构物能维持隧道截面，除了对于混凝土的剪切破坏之外，全部取 1.0。

还有，一般来说，盾构隧道的抗震计算所使用的设计地面震动，是考虑到过去的大规模地震的发生几率和建设盾构隧道的地域特性等因素而设定的，所以认为发生比此更大的地面震动的几率极小，对于1级地面震动、2级地面震动，荷载系数均取 1.0。

第 238 条　结构分析

（1）抗震设计使用的结构分析应使用适当的结构模型进行。

（2）结构分析时的地面震动的输入应采用考虑了与地基的振动分析方法的整合性以及周围地基与隧道构造物相互作用的适当的方法进行。

（3）通过抗震设计的结构分析求出的截面内力与常规的截面内相加在一起作为设计截面内力，考虑抗震设计中使用的结构构件的非线形性特性时，应将常规的设计截面内力作为初期值，进行结构分析。此时，用极限状态设计法进行常规设计时，拟作核查对象的常规截面内力取使用极限状态下的截面内力。

【解说】　关于（1）：盾构隧道的抗震设计时结构分析使用的结构模型可使用［第 6 章　结构分析］中规定的模型。此时，最好使用能评价隧道的结构构件直至破坏为止的非线形性的特性的结构分析模型。一般来说，横断方向的设计，大多将管片环作为圆周方向的梁构件加以模型化；隧道纵断方向的设计，则大多将隧道作为纵断方向的梁构件加以模型化。

隧道横断方向的抗震设计，在考虑构件的非线形性时，一般都要注目于裂纹、屈服、最大弹性极限应力、最大曲率，求出各自的弯矩与曲率的关系，依次将各点插入线形中，以确定其特性。在常规设计的终极极限状态的结构计算中，一般来说，直到最大弹性极限应力为止均作为核查对象，决定其特性。而在抗震设计中，往往会使用连最大曲率都作了考虑的非线性特性。还有，管片是一种轴向力较大的构造物，所以决定其非线性特性时，需要考虑轴向力的依存性。此时，结构分析假设的轴向力，认为使用结构分析求出的轴向力会给出最合适的分析结果。然而，在今天的结构分析技术下，考虑依次变化的轴向力，决定、分析结构构件的非线形性很难，而假设一定的轴向力，决定结构构件的非线形性特性是很现实的。在常规的结构分析中，作用于管片环的轴向力大致在一定的水准上，可以认为，如此假设轴向力，也不会给结构计算带来大的影响，但在评价地面震动的影响时，由于管片环的剪切变形，地面震动的影响产生的轴向力，有的区域会是压缩，有的区域则会是拉伸，管片环的轴向力会有很大的变化，所以设定的轴向力的大小会影响设计结果，对此务必注意。

在隧道纵断方向的抗震设计中，管片主截面的刚性，在抗震设计上，轴向拉力作用于盾构隧道时，在轴向拉力的作用下，接头变形，吸收地基位移，管片主截面不会达到塑性区；轴向压缩力作用时，管片主截面直接阻抗地基位移，所以需要考虑会产生很大的轴向压缩力。由此可以认为：管片主截面的刚性一般作为全截面有效弹性体对待，没有问题。另一方面，作为考虑了环接头存在的结构分析模型，可以认为是纵断方向的梁-弹簧模型和等效刚性模型。除了针对地基骤变部分和竖井安装部分等的变形局部容易集中的条件进行抗震设计外，一般均采用等效刚性模型。

关于（2）：盾构隧道是线状构造物，与周围地基相比，其质量小，所以一般根据反应位移法进行结构分析。

按反应位移法进行结构分析时，通过隧道周围地基的振动分析计算地基的位移量，其结果借助地基弹力输入给隧道构造物，该地基弹力是用于地面震动在地基上产生的应变级相对应的地基的变形模量决定的。在进行隧道横截面的抗震研究时，由于要将自然地基转换为隧道构造物，为了保持自然地基上产生的剪应力的平衡，需要考虑反应位移和周面剪力，该周面剪力与通过自然地基的振动分析所得到的地基的剪应力相等。

考虑剪应力用反应位移法求解出来的截面内力基本上与动态分析结果一致。

关于（3）：对盾构隧道进行横断方向的抗震设计时，一般认为土压力和水压力等在管片环上产生的截面内力和地震时发生的截面内力或相加在一起。对1级地面震动，用容许应力强度设计法进行研究安全性核查时，一个一个地求出常规时和地震时的截面内力，将其结果相加，便没有问题。但是，2级地面震动和用极限状态设计法对1级地面震动进行安全性核查时，考虑到结构材料的非线形性，需要将受到地面震动影响前的各构件的截面内力的状态作为初期值进行结构分析。

此时，用极限状态设计法进行常规设计时，作为核查对象的常规的截面内力便作为使用极限状态时的截面内力。这是出于下列判断，即：极限状态设计法中的终极极限状态以可想到的最危险的状态作为对象，将其与地面震动影响加在一起，一定会求得过大的安全性。

在进行隧道纵断方向的设计时，隧道纵断方向产生的截面内力非常小，几乎可以忽略不计，所以一般只以地面震动影响产生的截面内力作为对象。但是，当由于周围地基的不同沉降等原因出现隧道纵断方向弯曲之类的事态时，还是考虑其影响为好。

第 239 条　安全性核查

盾构隧道的针对地面震动影响的安全性核查应根据核查对象的构造物的重要性和使用目的以及设计时所考虑的地面震动的等级进行。

【解说】抗震设计中作为安全性核查对象的极限值系指构件的弹性极限应力或变形。一般来说，对于1级地面震动的抗震研究，将响应值控制在各构件的弹性极限应力值以内是基本的方法，所以就用构件的弹性极限应力进行安全性核查了。此时的安全性核查和弹性极限应力的计算方法可按［第7章　终极极限状态的核查］进行。另一方面，对2级地面震动的抗震研究，如构件的变形量不超过极限值，一般认为，作为管片环，可维持截面，所以结构计算也就考虑了线形性，安全性的核查则便是对构件的变形量进行了。此时，在超过弹性范围的区域的核查方法中，拟为核查对象的变形性能的极限值，可认为是以管片主截面和接头部分为对象的管片环变形量和构件极限曲率、以接头部分为对象的开裂量和错位量。管片环变形量、接头部分的开裂量和错位量的极限值最好设定如下：按受到地震的影响后出现的设定的损害等级，限定在短时期内能修复隧道功能的程度的范围内，或者限定在以大规模修复、加固为前提，能全部或部分恢复隧道功能的程度的范围内。

计算设计截面内力、考虑构件的非线形性时，构件的非线性特性，一般根据受轴向力控制的弯矩和曲率的关系决定。解说图 5.25 和解说图 5.26 给出了弯矩和曲率关系的决定方法的一则实例。

混凝土系列管片的最大弯矩和变形性能、需要考虑混凝土的裂纹、轴向钢筋的屈服等材料的非线形特性和保护层混凝土的剥离、轴向钢筋的压屈等的构件的损坏状况加以计算。此时，剪切破坏预先发生时，需要另行设定模型。

钢制管片的最大弯矩和变形性能需要考虑钢材的非线形特性和局部压屈的影响加以计算。弹性极限应力和变形性能可用有限单元法计算，但是由于模型化麻烦复杂、运算时间长等理由，作为用于设计的分析方法不适合。为此，在第 1 条列出的铁路构造物抗震设计标准中，规定可将钢构件模型化为线材、可给设置在构件端部的材料的端弹性汇集构件的非线形性，并给出了弹性极限应力和变形性能的计算方法。

另一方面，关于容许构件的局部塑性变形的 2 级地面震动的安全性的核查，需要按结构构件的曲率核查。此时，一般通过为结构构件的最大曲率考虑一定的安全率、决定极限曲率；让结构计算上的结构构件的曲率不超过该曲率，以此进行安全性核查。

受到地面震动影响的盾构隧道的安全性核查，由于不能忽视未受到地面震动影响的状态下发生的截面内力的影响，所以一般将常规的设计截面内力和地震时的设计截面内力加在一起所得到的截面内力作为设计截面内力进行核查。在受到地面震动影响的状态下，常规的设计截面内力是否原封不动地保留下来，有待于今后的研究，而现实情况是以常规的设计截面内力加上地面震动的影响进行评价。

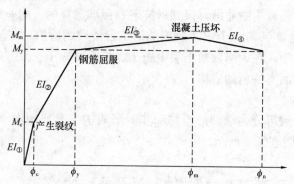

解说图 5.25　混凝土系列管片的构件截面的弯矩和曲率的关系的示例
M_c: 产生弯曲裂纹时的弯矩；M_y: 发生屈服时的弯矩；M_m: 最大弯矩；
ϕ_c: 产生弯曲裂纹时的曲率；ϕ_y: 屈服时的曲率；ϕ_m: 能保持 M_m 的最大曲率；
ϕ_n: 能保持 M_y 的最大曲率

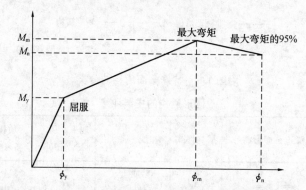

解说图 5.26　钢制成品管片的构件截面的弯矩和曲率的关系的示例
M_y: 发生屈服时的弯矩；M_m: 最大弯矩；M_n: 最大弯矩的 95%；
ϕ_y: 屈服时的曲率；ϕ_m: 能保持 M_m 的最大曲率；ϕ_n: 能保持 M_n 的最大曲率

资 料 篇

【特殊盾构】

现选择应用事例分别在3例以上的9种特殊盾构列示如下：
1. 特殊断面盾构
2. 地下接合盾构
3. 母子盾构
4. 掘进组装同步盾构
5. 直角连续掘进盾构
6. 现场浇注衬砌盾构
7. 局部扩经盾构
8. 分支盾构
9. 敞开式盾构

难以介绍全部特种盾构的业绩，仅列示按下列标准选择的盾构业绩。

①1994年1月至2006年3月日本国内隧道工程使用的盾构（实验机除外）。

②上述特殊盾构中，在大厚度覆土层中施工、长距离施工、大截面施工、隧道截面形状、隧道用途等等方面有特色的盾构。

1. 特殊断面盾构

特殊断面盾构大致可分为双圆形盾构和非圆形盾构（参照附图1.1）。这些盾构的主要业绩如附表1.1、附表1.2所示。

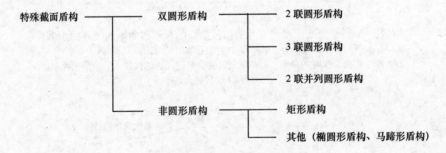

附图1.1 特殊截面盾构的分类

双圆形盾构的主要业绩　　　　　　　　　　　附表1.1

编号	截面种类	隧道截面形状	盾构形式	土质	地下水压 (kN/m²)	盾构形状 全高×全宽 (m)	总长 (m)	用途
1	2联圆形		泥土压	砂质土、黏性土	157	Φ5.48×9.76 开挖面同一平面型	303	铁路
2	2联圆形		泥土压	黏性土、砂质土、砾石	310	Φ6.52×11.12 开挖面同一平面型	1238	铁路

续表

编号	截面种类	隧道截面形状	盾构形式	土质	地下水压 (kN/m²)	盾构形状 全高×全宽（m）	总长 (m)	用途
3	纵向2联并列圆形地下分支后单圆		泥浆式	粉土、砂质土、黏性土	180	Φ6.24×3.29 开挖面同一平面型	736 929	下水道
4	横向2联并列		泥浆式	砂质土、黏性土、砾石、粉土	100	Φ2.09×4.23 开挖面同一平面型	2564	上水道
5	3联圆形		泥浆式	黏性土、砂质土、砾石	290	Φ8.84×17.44 开挖面同一平面型	275	铁路车站
6	3联圆形		泥浆式	黏性土、砂质土	260	Φ10.04×15.84 开挖面同一平面型	120	铁路车站

矩形盾构的主要业绩　　　　　　　　　　　　　附表1.2

编号	截面种类	隧道截面形状	盾构形式	土质	地下水压 (kN/m²)	盾构形状 全高×全宽（m）	总长 (m)	用途
1	矩形（横向长）		泥土压	亚黏土层、砂层	20～40	3.98×4.38 偏心多轴支承方式	809	下水道
2	矩形（横向长）		泥土压	粉土、砂质土、砂砾	50	3.83×4.28 旋转轴偏心方式	98	通道
3	矩形（横向长）		泥土压	黏性土、砂砾	160	6.87×10.24 摇动切削刀方式	760	铁路
4	矩形（横向长）		泥土压	黏性土、砂质土	320	3.7×8.6 开挖面同一平面型	540×2	公路
5	矩形（纵向长）		泥土压	黏性土、砂质土	123～274	7.68×3.05 开挖面同一平面型	540×2	公路

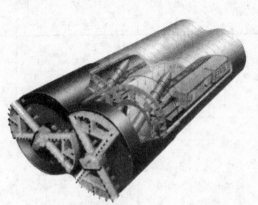
附图1.2 2联圆形盾构（开挖面同一平面型）示例

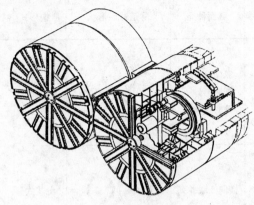
附图1.3 横向2联并列圆形盾构（开挖面同一平面型）示例

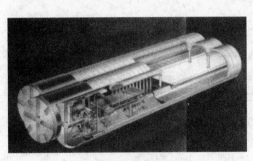
附图1.4 3联圆形盾构（开挖面前后型）示例

附图1.5 矩形盾构（偏心多轴支承方式）示例

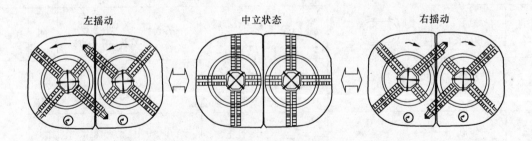
附图1.6 矩形盾构（摇动切削刀方式）示例

2. 地中接合盾构

地下连接盾构按连接形式，可分为正面连接盾构和侧面连接盾构。这些盾构的业绩如附表2.1、附表2.2所示。

正面连接盾构的主要业绩 附表2.1

编号	盾构外径(m)	盾构形式	土质	连接点的地下水压力（kN/m²）	管片外径(m)	总长(m)	用途
1	7.26	泥浆式贯入端	砂质土、砾质土、泥岩	200	7.1	1326	铁路铁路车站
1	10.3	泥浆式接收端	砂质土、砾质土、泥岩	200	10.1	660	铁路铁路车站
2	8.07	泥浆式贯入端	砂质土、黏性土	390	7.9	2830	合用沟
2	8.08	泥浆式接收端	砂质土、黏性土	390	7.9	2887	合用沟
3	4.44	泥浆式贯入端	细砂、粉土	150	4.3	1576	下水道
3	4.69	泥浆式接收端	细砂、粉土	150	4.55	594	下水道
4	3.59	泥浆式贯入端	黏性土、砂质土、砾石	570	3.44	9030	电力
4	3.62	泥浆式接收端	黏性土、砂质土、砾石	570	3.44	9030	电力
5	2.83	泥浆式贯入端	砂质土、砾石	390	2.7	1411	上水道
5	4.5	泥浆式接收端	砾质土、砂质土、黏性土	390	4.35	2382	上水道

侧面连接盾构的主要业绩 附表2.2

编号	盾构外径(m)	盾构形式	土质	接合点的地下水压力（kN/m²）	管片外径(m)	原有管片外径(m)	总长(m)	用途
1	5.85	泥土压力	砂质土、黏性土	100	5.7	7.45	1986	下水道
2	3.29	泥浆式	砂质土	400	3.15	7.45	732	下水道
3	2.89	泥浆式	黏性土、砂质土	400	2.75	4.3	700	下水道

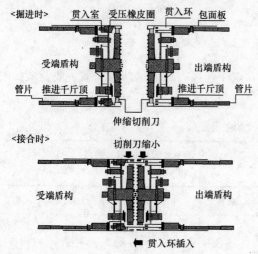

附图2.1 正面接合盾构示例

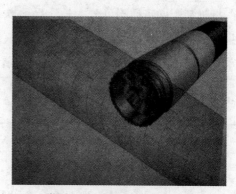

附图2.2 侧面接合盾构示例

3. 母子盾构

母子盾构的主要业绩　　　　　　　　　　　　　　　　　　　附表3.1

编号	盾构外径（m）	盾构形式	土质	地下水压力（kN/m²）	管片外径（m）	分支方式	总长（m）	用途
1	7.27	泥浆式	砂质土、黏性土	80~230	7.1	竖井分支缩径	1736	电力
	5.0	泥浆式	砂质土、黏性土	150~230	4.85		958	
2	4.93	泥浆式	粉土、胶结土	170	4.8	地下分支缩径	990	下水道
	3.93	泥浆式	粉土、胶结土	170	3.8		1136	
3	4.93	泥土压力	砂质土	70	4.8	地下分支缩径	86	下水道
	3.93	泥土压力	粉土、砂质土、砾石	70	3.8		1463	
4	14.18	泥浆式	泥岩、细砂	170~190	13.94	竖井分支缩径	364	铁道
	9.7	泥浆式	泥岩、细砂	150~170	9.5		777	
5	10.3	泥浆式	粉土、砂质土	200	10.1	竖井分支缩径	430	铁道
	7.26	泥浆式	粉土、砂质土	165	7.1		224	

附图3.1　将大盾构（母机）缩径、变为小盾构（子机）的示例

附图3.2　将小盾构（子机）扩径、变为大盾构（母机）的示例

4. 掘进组装同步盾构

掘进装配同步盾构可分为长千斤顶方式和双千斤顶方式。这些方式的主要业绩如附表4.1、附表4.2所示。

长千斤顶方式的主要业绩　　　　　　　　　　　　　　　　　　　附表4.1

编号	盾构外径（m）	盾构形式	盾构机长度（m）	土质	地下水压力（kN/m²）	管片外径（m）	总长（m）	用途
1	5.81	泥浆式	10.19	砂质土、砂砾、黏性土	400	5.65	2400	引水道
2	3.59	泥土式	8.14	黏性土、砂质土、砂砾	200	3.45	1934	电力
3	11.56	泥浆式	11.39	砂砾、砂质土	230	11.36	1520	道路

双千斤顶方式的主要业绩　　　　　　　　　　　　附表4.2

编号	盾构外径 (m)	盾构形式	盾构机长度 (m)	土质	地下水压力 (kN/m²)	管片外径 (m)	总长 (m)	用途
1	4.68	泥土式	6.3	黏性土、砂质土	150	4.55	2500	下水道
2	2.48	泥浆式	8.53	细砂、砂质土、粉土	270	2.35	1215	上水道

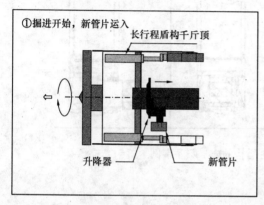

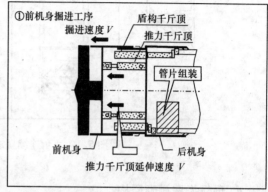

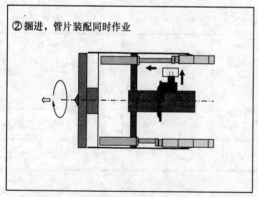

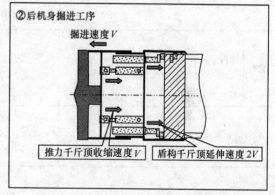

附图4.1　长千斤顶方式工作顺序示例　　　附图4.2　双千斤顶方式工作顺序示例

5. 直角连续掘进盾构

直角连续掘进盾构的主要业绩　　　　　　　　　　附表5.1

编号	盾构外径 (m)	盾构形式	切削刀转矩 (kN·m)	推力 (kN)	土质	分支点地下水压力 (kN/m²)	管片外径 (m)	总长 (m)	用途
1	5.9（立）	泥浆式	1510	16000	砂质土、黏性土	200	5.75	30	下水道
	4.2（卧）	泥土式	1510	16800	砂质土、黏性土		4.05	2017	
2	5.95（立）	泥浆式	951	32000	砂质土、黏性土、砂砾	550	5.8	54	下水道
	3.94（卧）	泥浆式	951	16800	砂质土		3.8	182	

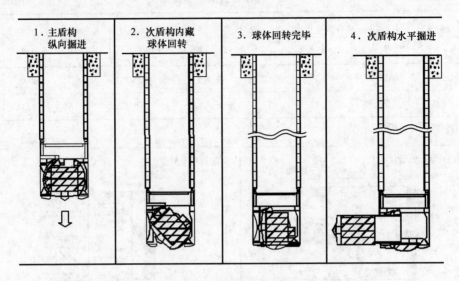

附图5.1 直角连续掘进盾构的施工顺序事例

6. 现场浇注衬砌盾构

现场浇注衬砌盾构的主要业绩　　　　　　　　　附表6.1

编号	盾构外径(m)	盾构形式	土质	地下水压力(kN/m²)	环境条件	精加工内径(m)	一次衬砌厚度(mm)	二次衬砌厚度(mm)	总长(m)	用途
1	6.6	泥浆式	砂砾	131～161	道路下	5.5	300	200	1850	共同沟
2	11.44	泥土压	砂质土、黏性土	227	山岭区	10.18	330	300	3000	铁路

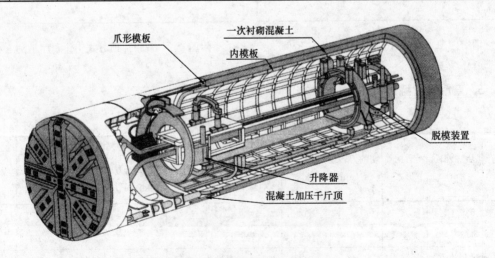

附图6.1 现场浇筑衬砌盾构示例

7. 局部扩径盾构

局部扩径盾构的主要业绩　　　　附表7.1

编号	盾构外径(m)	土质	地下水压(kN/m²)	覆土厚(m)	管片外径(m)		管片宽度(mm)		管片材料	扩径部总长(m)	用途	辅助施工法
					原有	扩径	原有	扩径				
1	8.89	胶结粉土	304	37~38	6	8.7	500	500	钢制	11	下水道	化学注浆
2	7.34	砂砾	36	9	4.65	7.2	1300	500	钢制	18	共同沟	化学注浆

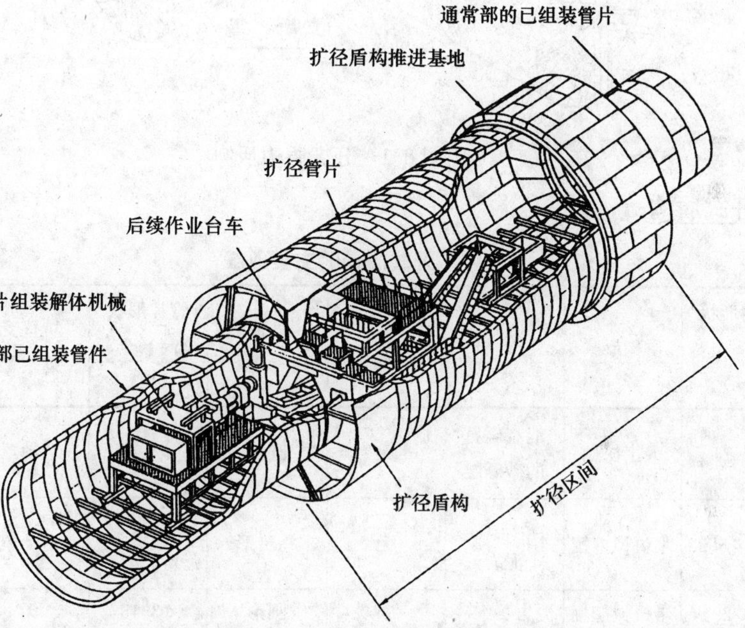

附图7.1　局部扩径盾构概念图

8. 分支盾构

分支盾构的主要业绩　　　　附表8.1

编号	盾构外径(m)	盾构形式	盾构机长度(m)	土质	分支点的地下水压力(kN/m²)	管片外径(m)	分支方式	总长(m)	用途
1	7.26	泥浆式	17.74	砂质土、黏性土、砂砾	420	7.1	地中分支	2647	电力
	4.24	泥浆式	6.2	砂质土、黏性土、砂砾		4.1		854	
2	4.5	泥浆式	10.69	砾质土、砂质土、黏性土	355	4.35	地中分支	2382	上水道
	2.39	泥浆式	5.42	砾质土、砂质土、黏性土		2.25		1017	

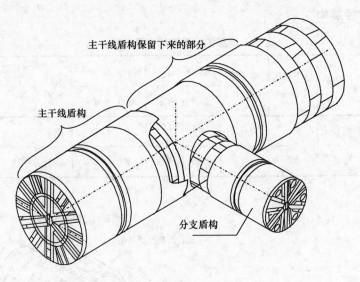

附图 8.1 分支盾构示例

9. 敞开式盾构

敞开式盾构的主要业绩 附表 9.1

编号	盾构形状 全高×全宽 (m)	盾构形式	土 质	地下水压力 (kN/m²)	截面种类	管片形状 全高×全宽 (m)	坑壁支撑装置	总长 (m)	用途
1	Φ2.24	人工挖掘	混有砾石的砂砾层	无	圆形	Φ2.15	活动罩	146	下水道
2	4.73×5.28	半机械挖掘	黏性土、泥岩	无	马蹄形	4.55×5.1	活动罩	83	通道
3	Φ3.29	半机械挖掘	泥岩、细砂	56	圆形	Φ3.15	无	418	下水道
4	3.38×3.71	半机械挖掘	黏性土	无	矩形	3.2×3.5	活动罩开挖面千斤顶	68	通道
5	Φ2.69	机械挖掘	岩石	无	圆形	φ2.55	无	636	下水道

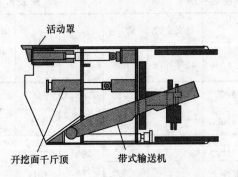

附图 9.1 人工挖掘式盾构示例

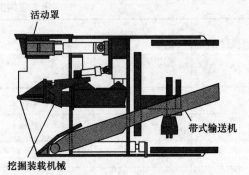

附图 9.2 半机械挖掘式盾构示例

隧道标准规范一览表和今后的修订计划（2006年7月）

书　名	开　本	页数	定　价	会员优惠价	当前最新版本	下次修订
2006年制定　隧道标准规范［山岭施工法］·及其解说	A4开本	322	6,300日元（税前6,000＋税）	5,670日元	2006年制定	2016年度
2006年制定　隧道标准规范［盾构施工法］·及其解说	A4开本	303	6,300日元（税前6,000＋税）	5,670日元	2006年制定	2016年度
2006年制定　隧道标准规范［开挖施工法］·及其解说	A4开本	318	6,300日元（税前6,000＋税）	5,670日元	2006年制定	2016年度